Ulrike Bergmann · Das Chorgestühl des Kölner Domes

Rheinischer Verein für Denkmalpflege und Landschaftsschutz

Jahrbuch 1986/1987

Das Chorgestühl des Kölner Domes

Verlag Neusser Druckerei und Verlag GmbH · Neuss

Ulrike Bergmann

Das Chorgestühl des Kölner Domes

Band 1: Text

Verlag Neusser Druckerei und Verlag GmbH · Neuss

1987

Meinen Eltern

Alle Rechte vorbehalten.
Herausgeber: Rheinischer Verein für Denkmalpflege und Landschaftsschutz e. V., Köln
Druck und Verlag: Neusser Druckerei und Verlag GmbH, Neuss 1987
ISSN: 0342 – 0116
ISBN: 3 – 88094 – 600 – 0 (Gesamtausgabe)
ISBN: 3 – 88094 – 601 – 9 (Band 1)
ISBN: 3 – 88094 – 602 – 7 (Band 2)
Lithos: Peukert GmbH & Co. KG, Köln

Zum Geleit

Vor mehr als achtzig Jahren begann unser Verein im Schatten des Kölner Domes seine Tätigkeit. Sein eigentlicher Begründer, Paul Clemen, blieb dem grandiosen Denkmal verbunden. 1937 erschien sein maßgebend gebliebener Band „Der Dom zu Köln" in der Reihe „Die Kunstdenkmäler der Rheinprovinz", von Heinrich Neu und Fritz Witte unterstützt. Paul Clemens Nachfolger, Franz Graf Wolff Metternich, verfaßte 1971 eine Denkschrift des Rheinischen Vereins für Denkmalpflege und Landschaftsschutz zur Umgebung des Domes. Das sind nur einige unserer Zeichen einer stets lebendigen Teilnahme am Geschick des Bauwerks, dessen Besucherzahl sich stetig steigert. Die Sorge um die Erhaltung der steinernen Substanz steigert sich ebenso. Wie tief und stark die weite Bevölkerung diesem Gotteshaus verbunden ist, bewies die Feier des Domjubiläums 1948.

Seit diesem Jahr mehren sich die Veröffentlichungen zu dem Entstehen und Weiterleben des Bauwerks wieder. 1974 erschien der fundamentale Band von Herbert Rode „Die Glasmalereien des Kölner Domes". Und zu den Chorschranken ist 1985 die bedeutende Untersuchung von Ute Wachsmann-Linnan erschienen. Vieles steht noch offen für eine endgültige Klärung, so z. B. die ursprüngliche Farbbehandlung des Innenraumes und deren weitere Entwicklung.

Zur rechten Zeit legen wir nun diese Zusammenfassung über „Das Chorgestühl des Kölner Domes" vor. Sie entstand aus einer Dissertation bei Professor Dr. Eduard Trier an der Philosophischen Fakultät der Rheinischen Friedrich-Wilhelms-Universität zu Bonn. Sie hat wissenschaftlichen Rang, und ein solcher gebührt dem Thema. Die Verfasserin erhielt dafür 1984 das Paul-Clemen-Stipendium des Landschaftsverbandes Rheinland. In ihrer musealen Tätigkeit konnte sie sich ebenfalls Funden aus dem Domchor widmen.

Mehr und mehr schält sich die grandiose Urgestalt der Kathedrale heraus.

Das Gestühl selbst spricht uns an. Aus der hohen Qualität des Kunstwerks mit seiner breiten und packenden Entfaltung, seiner zarten wie robusten Gegenwärtigkeit erwuchs diese Zusammenstellung und Deutung.

Nicht nur der wissenschaftlich-methodische, systematische Rang dieser Arbeit, sondern auch die Fülle des dargebotenen Reichtums bewegt uns, diese Zusammenstellung als Jahrbuch auszubreiten. Als ein Höhepunkt der europäischen Bildhauerkunst dieser Art um 1320 macht das Gestühl eine einzigartige deutsche, rheinische künstlerische Kulmination aus. Tritt man nahe an „dieses größte aller mittelalterlichen Gestühle" heran, so entdeckt man, daß diesem Superlativ die Vielfalt der Darstellungen entspricht.

Diese will unser Buch deuten. Unversehens weitet sich der Blick zu Erfahrungen, die dem ganzen Bauwerk zugute kommen.

Eigens ließ der Herausgeber Fotos von Wolfgang Sander anfertigen. Diese sprechen für sich, indem sie die außerordentliche, packende Gegenwärtigkeit des Lebens um 1320 auffangen, das uns auch heute noch in seiner Menschlichkeit fesselt. Bedenkt man den Untergang des Chorgestühls von St. Gereon in Köln durch den Zweiten Weltkrieg, das eine andere Spielart rheinischer Möglichkeiten bot, so wächst der Wert des Domchorgestühls für uns und die Zukunft noch mehr.

Allen, die am Zustandekommen dieses zweibändigen Werkes tatkräftig mitgewirkt haben, gebührt unser aufrichtiger Dank.

Köln, im Herbst 1987

Professor Dr. Werner Bornheim gen. Schilling
Vorsitzender des Rheinischen Vereins für Denkmalpflege und Landschaftsschutz

Vorwort

Die vorliegende Arbeit wurde der Philosophischen Fakultät der Rheinischen Friedrich-Wilhelms-Universität zu Bonn 1983 als Dissertation vorgelegt. Sie wurde für den Druck als Jahrbuch des Rheinischen Vereins für Denkmalpflege und Landschaftsschutz in einigen Teilen überarbeitet und erweitert, dazu um jüngst erschienene Literatur ergänzt. An den wesentlichen Ergebnissen der Arbeit hat sich dadurch nichts verändert.

Ich möchte an dieser Stelle dem Rheinischen Verein für Denkmalpflege und Landschaftsschutz für die großzügige Bereitschaft danken, eine so aufwendige Drucklegung zu finanzieren, vor allem auch seinem Vorsitzenden Professor Dr. Werner Bornheim gen. Schilling für sein großes Interesse an diesem Thema und seine Initiative, ohne die das Unternehmen wohl nicht zustande gekommen wäre.

Danken möchte ich an dieser Stelle noch einmal den Betreuern dieser Arbeit, meinem Doktorvater Professor Dr. Eduard Trier und dem zweiten Referenten Professor Dr. Rainer Haussherr, die mich stets hilfreich unterstützten und förderten.

Ein ganz besonderes Dankeschön gilt der Dombauhütte in Köln, vor allem Dombaumeister Professor Dr. Arnold Wolff, der als stets aufmerksamer Diskussionspartner manche Idee beitrug. Dr. Rolf Lauer, der Leiter des Dombauarchivs, und Martin Seidler waren stets bereit zu technischer und fachlicher Unterstützung, ersterer bemühte sich zudem um die Korrektur und Diskussion dieser Arbeit. Für technische Hilfe sei weiter gedankt Domschreinermeister Rücker, Restaurator Matthäi vom Diözesanmuseum und Frau Dr. Elisabeth Jägers. Dank auch an den Fotografen Wolfgang Sander, der sich viel Mühe mit dem recht unfotogenen Chorgestühl gab, und an die Personen und Institutionen, die ihre Aufnahmen zur Veröffentlichung zur Verfügung stellten. Und last not least Dank an meine Freunde in Bonn und Köln, die mich vor allem in der Abschlußphase der Dissertation so tatkräftig unterstützten.

Inhalt

Vorwort — 7

Ausstattung und Nutzung des mittelalterlichen Domchores und derzeitiger Forschungsstand — 11

Aufbau und Zustand des Gestühls — 24

Geschichte und Rekonstruktion — 36
1. Das Chorgestühl in der Zeit des Barock — 36
2. Das Chorgestühl im 19. Jahrhundert — 43
3. Das Chorgestühl im 20. Jahrhundert — 46
4. Rekonstruktion des mittelalterlichen Zustandes — 47

Der Stellenwert im Verhältnis zu anderen Chorgestühlen — 59

Zur Technik — 67

Architektonische Einzel- und Schmuckformen — 69
1. Das Maßwerk — 69
2. Der Vierpaß — 79
3. Rosetten — 81
4. Lilien in Rauten — 82
5. Blattwerk — 82

Bemerkungen zur Ikonographie — 88

Stilkritische Untersuchung — 111
1. Forschungsstand — 111
2. Probleme der stilkritischen Methode — 116
3. Allgemeine Stilbeschreibung — 119
4. Die kölnisch-lothringische Gruppe — 123
   a. Beschreibung — 123
   b. Ableitung des Stils — 131
   c. Nachfolgewerke — 142
5. Die Pariser Werkstatt — 160
   a. Beschreibung — 160
   b. Ableitung des Stils — 166
6. Werkstattarbeiten — 181
   a. Beschreibung — 181
   b. Nachfolgewerke — 183

Zusammenfassung 190

Literaturverzeichnis 198

Abkürzungen 213

Nachweis der Abbildungen 213

Ortsregister 214

Ausstattung und Nutzung des mittelalterlichen Domchores und derzeitiger Forschungsstand

Die vorliegende Monographie ist dem Chorgestühl des Kölner Domes gewidmet, mit seinen 104 Sitzen das umfangreichste erhaltene Gestühl in Deutschland, dem Rang der Kölner Kathedrale auch in Schönheit und Erfindungsreichtum seiner Schnitzwerke angemessen. Denn seine Stallen sind überzogen mit einer fast unüberschaubaren Vielfalt von Skulpturen, die inhaltlich einen eigenen Kosmos im Gesamtzusammenhang des mittelalterlichen Kölner Domchores bilden.

Doch vor die Untersuchung des Gestühls seien hier einleitend und auch zum umfassenden Verständnis einige übergreifende Anmerkungen zum Domchor, zu seiner Ausstattung und seiner wissenschaftlichen Bearbeitung gestellt.

Den Kölnern hat ihr Dom schon immer am Herzen gelegen. Nicht erst seit dem Ende des Zweiten Weltkrieges, als er wie durch ein Wunder den Bombenregen überstanden hatte und so zum Zeichen der Hoffnung und des Durchhaltewillens werden konnte, ist er der „Volksseele Erinnerungsmonument"[1]), besungen und mit Sentiment beladen, das eigentliche „Stadtzeichen" von Köln. Warben die Kölner bereits im Mittelalter außerhalb ihrer Stadt für den Weiterbau, so wurde dieser im 19. Jahrhundert zu einem nationalen Anliegen.

Diese Zuneigung vermochten die Kunstwissenschaftler eher selten zu teilen, zu sehr war dieser monumentale Bau mit dem negativen Ruf behaftet, eigentlich in großen Teilen ein Produkt des historisierenden 19. Jahrhunderts ohne eigene schöpferische Qualitäten zu sein, ganz abgesehen von seiner ideologischen Befrachtung mit den Stimmungen der deutschen Romantik, mit dem Pathos des sich konstituierenden deutschen Nationalstaates und auch mit den Programmen des kämpferischen rheinischen Katholizismus.

Die ablehnende Haltung gegenüber den Leistungen des 19. Jahrhunderts übertrug sich auch auf den mittelalterlichen Dom. Doktrinär und reduziert mochte so im Schatten der kristallklaren Bauformen Dombaumeister Zwirners der hochgotische Kathedralchor erscheinen.

Werturteile können sich allerdings ändern. Im Zuge der Aufarbeitung der rheinischen Kunst des 19. Jahrhunderts und einer damit einhergehenden, grundlegenden Neubewertung ihrer spezifischen Eigentümlichkeiten[2]) gelangte man auch weiterhin zu einer differenzierteren Sicht des neugotischen Domes und seiner Ausstattung[3]).

Doch auch der mittelalterliche Dom sollte nicht länger ein Stiefkind der Forschung bleiben. Eine ganze Reihe von wissenschaftlichen Unternehmen, in die sich auch die vorliegende Arbeit einreihen möchte, wurden zu Architektur und Ausstattung vor allem des Domchores in Angriff genommen, meist in Zusammenhang mit den Kustoden des Domes in Bauhütte und Bauverwaltung.

So gelang es Dombaumeister Wolff in seiner grundlegenden Untersuchung zur Bauchronologie des Chores nicht nur, unsere Kenntnis von den verschiedenen Phasen des

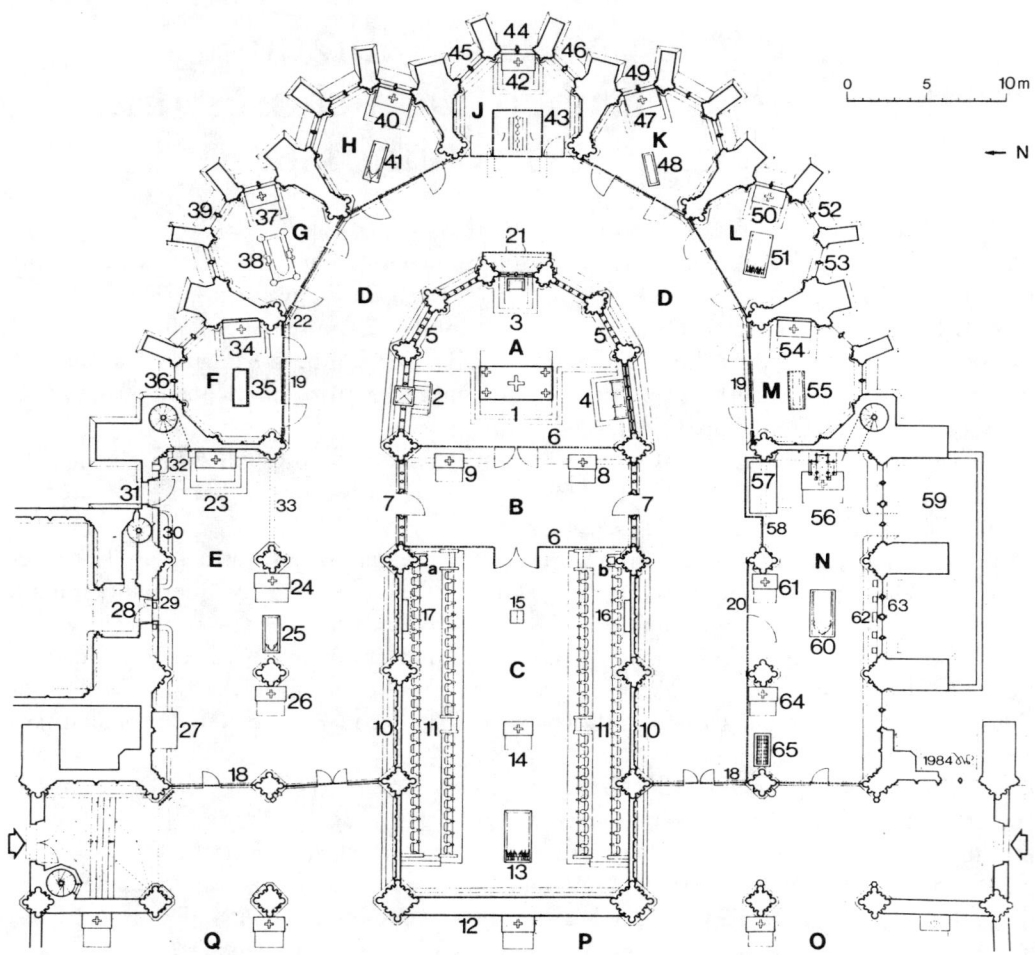

T 1 Der Kölner Domchor und seine Ausstattung zur Zeit des Kölnischen Krieges. Plan A. Wolff, Legende M. Seidler

Zeichenerklärung: → versetzt, + zerstört

Binnenchor oder Hoher Chor
Im Grundriß nicht vermerkt sind die Königsfenster im Obergaden, Anf. 14. Jh., die Wandmalereien in den Arkadenzwickeln (Engelzyklus, 1843/45 vollständig übermalt) und die Chorpfeilerfiguren (Christus, Maria und die Zwölf Apostel) auf Laubwerkkonsolen und unter Baldachinen mit musizierenden Engeln, um 1290.

A Sanktuarium oder chorus superior = oberer Chor
1 Hochaltar mit Skulpturenzyklus, Anf. 14. Jh., wahrscheinlich im 17. Jh. zwei Meter nach Osten verschoben (ein großer Teil der um 1767 entfernten Figuren von drei Seiten des Unterbaus heute im Schnütgen-Museum, Köln)
2 +Sakramentshaus, nach 1508, eingebaut in die gleichzeitig erneuerte Chorschranke (Reste erhalten)
3 +Kathedra des Erzbischofs, um 1300 (?)
4 +Dreisitz mit reichem Baldachinaufbau und Skulpturen, um 1300

5 +Durchbrochene Chorschranken, um 1300 (Reste erhalten)

B Zwischenjoch
6 +Abschlußgitter von Sanktuarium und Presbyterium mit jeweils einer großen Mitteltür zum Zwischenjoch, 14. Jh. (?)
7 +Chorportale in den seitlichen Schranken mit Gittertüren, darüber Skulpturenzyklus, um 1300 (Reste erhalten)
8 +Patroclus-Altar, gestiftet 1498, die an dieser Stelle gefundene quadratische Fundamentplatte kann auch die steinerne +Lesebühne, um 1300 (?), getragen und der Altar südlich oder nördlich daneben gestanden haben
9 Antonius-Abbas-Altar, vor 1505, Standort unklar (vgl. 8)

C Presbyterium oder chorus inferior = unterer Chor
10 Chorschranken, um 1300, mit Wandmalereizyklus über dem Chorgestühl, um 1330/40, und Wandmalereien im Blendmaßwerk der Außenseiten zum Chorumgang (nur Reste erhalten), um 1350/60

11 Chorgestühl (westlicher Abschluß unklar), Anfang 14. Jh., mit (a) Papstsitz und +Silvester-Statue und (b) Kaisersitz und +Konstantins-Statue
12 +Provisorische Trennwand zwischen Vierung und Chor, vor 1304, in der oberen Hälfte großes Wandgemälde; an der Wand seit 1572 die große +Domorgel (Reste des Prospekts erhalten)
13 → Hochgrab des Erzbischofs Wilhelm von Gennep, vor 1362 (vom +Unterbau Reste erhalten, Platte und Liegefigur heute Kreuzkapelle)
14 +Altar im unteren Chor, geweiht den hll. Eustachius, Ivo, Barbara u. a., vor 1356
15 +Kreuzleuchter und → Grabmal des Johann von Eppenstein, um 1544 (kniende Grabfigur, heute Modellkammer)
16 → Wandgrabmal des Erzbischofs Adolph von Schauenburg, 1561 (heute Stephanuskapelle)
17 → Wandgrabmal des erwählten Erzbischofs Anton von Schauenburg, 1561 (heute Engelbertuskapelle)
Bei der spätbarocken Umgestaltung (1730–1770) des Binnenchores wurden das Sakramentshaus, der Dreisitz, die Kathedra (evtl. früher), die durchbrochenen Chorschranken, die Chorportale, die Gitter, die Nebenaltäre, die große steinerne Lesebühne und das Hochgrab Erzbischof Wilhelms entfernt oder durch Neubauten ersetzt.

Chorumgang und Chorkapellen
18 Abschlußgitter des Chorumgangs und der großen Chorkapellen zum Querhaus (errichtet auf steinernen Schranken 1622/25 als Nachfolger älterer Gitter?)
19 Abschlußgitter der Radialkapellen zum Chorumgang auf durchbrochenen Maßwerkschranken, 14. Jh.
20 +Abschlußgitter der Marienkapelle zum Chorumgang, 14. Jh. (?)

D Chorumgang
21 Grabmal des Erzbischofs Dietrich von Moers hinter hohem Gitter, 1460, darüber an den Chorpfeilern Wandmalereien, um 1350/60 (nur Reste erhalten)
22 Epitaph des Reinhard von Leiningen und Westerburg, um 1540

E Kreuzkapelle
23 Hauptaltar, geweiht dem hl. Severin, um 1260, darüber seit Mitte des 14. Jh. das Gero-Kreuz, vor 976
24 +Alexius-Altar, vor 1368
25 Hochgrab des Erzbischofs Engelbert III. von der Mark, vor 1368
26 +Sebastians-Altar, gestiftet vor 1367
27 +Astronomische Uhr, vor 1559
28 Sakristei-Eingang, in der Sakristei-Halle (heute Sakramentskapelle) +Silvester-Altar (eigentlich Thomas von Canterbury u. a.), geweiht 1277, und Sakramentshäuschen, um 1470/80
29 Verkündigungsgruppe über der Sakristeitür, 1. H. 16. Jh.
30 Wandgemälde mit Kreuzigung, um 1470
31 Ausgang zur Stiftskirche St. Maria ad gradus (heute Sakristei-Eingang)
32 Figur des Ritters von Einenberg, E. 15. Jh.
33 Bruderschaftsbalken der Schneider, gestiftet 1361, neu bemalt im 15. Jh., mit spätgotischem Kerzengitter

F Katharinenkapelle (heute Engelbertuskapelle)
34 Katharinen-Altar, um 1260
35 +Hochgrab des Erzbischofs Engelbert I. von Berg, um 1260 (Rest erhalten), umschlossen von einem +Gitter, 14. Jh. (?)
36 → Allerheiligen-Fenster, um 1320

G Jakobuskapelle (heute Maternuskapelle)
37 Jakobus-Major-Altar, vor 1260
38 Hochgrab des Erzbischofs Philipp von Heinsberg, um 1300
39 → Jakobus-Fenster, um 1320

H Johanneskapelle
40 Johann-Baptist-Altar, vor 1260, darüber Wandgemälde, um 1320
41 Hochgrab des Erzbischofs Konrad von Hochstaden, nach 1261, bis um 1322 in der Achsenkapelle (Unterbau +)

I Dreikönigen- oder Marienkapelle (Achsenkapelle)
42 (+) Marienaltar, vor 1260 (mehrfach neu errichtet)
43 → Dreikönigenschrein, etwa 1180/1225 (heute hinter dem Hochaltar), in einem großen +Gittergehäuse, um 1322 (Reste erhalten); ursprünglicher Standort des Grabmals Konrads von Hochstaden (heute Johanneskapelle)
44 Bibelfenster I, um 1250/60
45 Dreikönigen-Fenster, um 1320
46 Petrus-Maternus-Fenster, um 1320

K Agnes- oder Irmgardiskapelle
47 Agnes-Altar, vor 1260, darüber Wandmalereien, um 1340/50
48 Hochgrab der sel. Irmgardis (Irmentrudis), um 1270/80
49 Agnes-Kunibert-Fenster, um 1320

L Michaelskapelle oder Engelschörchen
50 Michaels-Altar, vor 1260
51 Hochgrab des Erzbischofs Walram von Jülich, nach 1349
52 → Marienkrönungs-Fenster, um 1320 (heute Johanneskapelle)
53 → Gereon-Mauritius-Fenster, um 1320 (heute Johanneskapelle)

M Stephanuskapelle
54 Stephanus-Altar, um 1260, darüber Wandgemälde, um 1330/40, in der Mitte vermutlich zuerst das Gero-Kreuz (heute Kreuzkapelle)
55 Hochgrab des Erzbischofs Gero, um 1260, mit der ursprünglichen Grabplatte aus dem Alten Dom, nach 976, und von einem Gitter umschlossen, 14. Jh. (?)

N Marienkapelle
56 (+) Hauptaltar, geweiht den hll. Cosmas und Damian, um 1260 (mehrfach neu errichtet), darüber zuerst Wandgemälde des Marientodes, um 1265, davor steinerner +Baldachin, um 1290 (Reste erhalten), mit der → Mailänder Madonna, um 1290 (heute in der Sakramentskapelle)
57 Hochgrab des Erzbischofs Friedrich von Saarwerden, nach 1414
58 (→) Bruderschaftsbalken der Kannegießer, um 1400 (Original heute im Erzbischöflichen Diözesan-Museum, Köln), mit spätgotischem Kerzengitter
59 +Sakristei der Marienkapelle (Eingang heute vermauert)
60 → Hochgrab des Erzbischofs Rainald von Dassel, um 1290 (heute in der Süd-West-Ecke der Kapelle, Platte und Liegefigur +)
61 +Dreikönigen-Altar, wohl vor 1341
62 Anna selbdritt, Joachim und Joseph (Heilige Sippe) sowie Barbara und + Katharina, gestiftet von Victor von Carben, nach 1473
63 → Fenster mit den hll. Silvester, Gregor von Spoleto, Felix und Nabor, um 1320 (heute Michaelskapelle)
64 +Hubertus-Altar, gestiftet 1341
65 Hochgrab des Grafen Gottfried IV. von Arnsberg, nach 1372

Bauablaufs auf gesicherte Grundlagen zu stellen, sondern auch erstmals in aller Klarheit die Einmaligkeit dieser Architektur herauszuarbeiten, die, wenn man so will, die Summe aller zuvor gebauten gotischen Kathedralen darstellt[4]).

1248 legte Erzbischof Konrad von Hochstaden den Grundstein für die Kathedrale St. Peter und Maria, die beide Patrozinien des doppelchörigen karolingischen Vorgängerbaus übernimmt. Bauherr war jedoch das Domkapitel, das sich in Köln durch besondere Vornehmheit auszeichnete: es waren wie in Straßburg nur Mitglieder edelfreier Abkunft zugelassen[5]). Der Besitz der Reliquien der Heiligen Drei Könige hatte zum Neubau geführt, nicht nur zur Aufnahme der Pilgerströme, sondern auch zur eindrucksvollen Zurschaustellung und inhaltlichen Überhöhung dieses Schatzes, so wie Ludwig der Heilige in Paris die Sainte Chapelle als gläsernen Schrein für die Dornenkrone Christi hatte errichten lassen. So wurde in Köln im Jahr der Weihe der letzten romanischen Kirche St. Kunibert die erste klassische gotische Kathedrale im deutschsprachigen Raum begonnen. Während der Chor im Osten hochgezogen wurde, blieben große Teile des Alten Domes stehen und dienten weiterhin dem Gottesdienst. Um 1265 war das Chorerdgeschoß fertig, um 1300 der Hochchor weitgehend vollendet. Spätestens 1304 stand die westliche Trennwand, die den gotischen Chor vom karolingischen Dom abschloß und so die Nutzung des Baus ermöglichte. Die Schlußweihe des Chors fand 1322 statt[6]).

Zu diesem Zeitpunkt war auch die Ausstattung von Hochchor und Kapellen weitgehend vollendet. Ungewöhnlich vollständig ist sie uns trotz aller Modernisierungen im Laufe der Geschichte erhalten geblieben. Und gerade auf diesem Gebiet hat die kunsthistorische und historische Forschung in der letzten Zeit beträchtliche Fortschritte gezeitigt.

Ein wissenschaftliches Kolloquium zu Architektur und Ausstattung des Kölner Domchores, das von der Dombauverwaltung in Köln und dem Münchner Zentralinstitut für Kunstgeschichte am 2. und 3. November 1978 in Köln durchgeführt wurde[7]), war der Anlaß für intensive Quellenstudien von Renate Kroos, die unser Bild von den liturgischen Handlungen im Alten und Neuen Dom, aber auch von der nicht mehr erhaltenen Ausstattung beträchtlich erweiterten[8]). Dazu kamen Grabungsfunde und in Speichern gelagerte, bis dahin ungedeutete Bruchteile der alten Ausstattung, die kürzlich die Kenntnisse vom Dom und seiner gotischen Bauhütte weiter modifizieren konnten[9]).

Als Einführung zu meiner Arbeit zum Domchorgestühl möchte ich an dieser Stelle ein – wenn auch nur summarisches – Bild vom Domchor zur Zeit seiner Weihe vor Augen führen, um dem Gestühl einen liturgischen und räumlichen Rahmen zu geben, der sein

F 1 Verständnis als Teil des Gesamtwerkes erleichtern mag. Beginnen wir im Binnenchor, dem liturgischen Zentrum: er war im Mittelalter, wie auch heute noch, durch eine Schrankenarchitektur vom Chorumgang getrennt. Im Bereich des Langchores oder unteren Cho-

T1, Nr. 10 res haben sich diese mittelalterlichen Schranken erhalten als geschlossene Wände, die als
F 2, F 3 Rückseite für das Chorgestühl fungieren. Im Bereich des oberen Chors gingen sie in durchbrochene Maßwerkschranken über, die den Durchblick auf das liturgische Geschehen am Hochaltar vom Umgang aus gestatteten. Sie sind heute durch barocke Eisengitter
T1, Nr. 5 ersetzt.

Dieser abgeschrankte Chorbereich war durch zwei quer verlaufende Gitter, die im Zuge der barocken Chormodernisierung abgerissen wurden, in zwei Bereiche unterteilt: den
T1, Nr. 6 chorus superior oder oberen Chor und den chorus inferior[10]). Mittelpunkt des oberen

T 2   Hochaltar, Westseite

Chors ist der Hochaltar, heute noch ungefähr an der gleichen Stelle wie im Mittelalter. Vor den großen Altarblock aus schwarzem Marmor sind ringsum Arkaden mit eingestellten Figuren aus kontrastierendem weißen Marmor vorgelegt, ein ästhetisches Zusammenspiel, wie es vor allem im Umkreis des französischen Königshofes zu dieser Zeit für Grabmäler aktuell wurde[11]). Skulpturen und Architektur waren mit einer sparsamen Goldfassung akzentuiert, welche die Kostbarkeit dieses Ensembles noch gesteigert haben muß. Nur die Westseite des Hochaltars hat heute noch den originalen Bestand, die übrigen drei fielen der barocken Neugestaltung des Hochaltars zum Opfer und wurden im 19. Jahrhundert durch Kopien ersetzt[12]). Das Programm des Altars ist Maria, bereits im Alten Dom Patronin des Ostchors, gewidmet: im Zentrum des umfangreichen Zyklus steht die Marienkrönung, flankiert von der Apostelschar[13]). Der Hochaltar selbst ist jedoch Petrus geweiht als Ersatz für seinen Altar im nicht mehr vorhandenen Westchor[14]).

Auf dem Hochaltar standen Silberfiguren der Zwölf Apostel, dazu der Dompatrone Petrus und Maria, gestiftet von Erzbischof Wilhelm von Gennep (1349–1362)[15]). Dazu kam liturgisches Gerät wie Kreuze und Monstranzen[16]). Bei besonderen Festen wurden dazu Reliquiare aus der Domschatzkammer auf den Altar gestellt wie etwa das Silvester-Büstenreliquiar am 31. Dezember[17]).

Zum Domschatz gehörte auch eine große silberne Sitzmadonna, wohl aus dem dritten Viertel des 13. Jahrhunderts, die zu bestimmten Gelegenheiten neben dem Hochaltar aufgestellt wurde[18]). Rings um den Petersaltar standen vier große Silberleuchter mit Engeln, die Altarvelen, an Stangen befestigte Stoffbahnen, trugen[19]). Man konnte diese Velen in ihrer Position verändern, je nachdem, ob man den Blick auf den Hochaltar freigeben wollte oder nicht.

Hinter dem Hochaltar befand sich mit großer Wahrscheinlichkeit die Kathedra, der Sitz des Erzbischofs. Zur Ausstattung des oberen Chors gehörte dazu ein steinerner Dreisitz für die Celebranten, der an der Südseite vor den durchbrochenen Schranken aufgestellt war. Er hatte als auszeichnenden Schmuck einen Baldachin mit Skulpturen[20]). Auch er fiel der barocken Chorumgestaltung zum Opfer, genau wie das herrliche, spätgotische Sakramentshaus, das gegenüber auf der Nordseite stand[21]). Sein Verlust wurde schon von Zeitgenossen bitter beklagt[22]).

T 3 Chorpfeilerfigur, Maria   T 4 Chorpfeilerfigur, Christus

                Zwischen oberem und unterem Chor wurde durch die erwähnten Gitter ein Durchgang gebildet, der durch die beiden Choreingangsportale auf der Nord- und Südseite zugäng-

T1, Nr. 7   lich war. Wie die Schrankenarchitektur selbst sind auch die Portale abgerissen worden, doch wurden Skulpturenfragmente zusammen mit Teilen der Schranken bei der Domgra-

72, 73   bung gefunden[23]). Wahrscheinlich waren über den Portalen Figurenreihen aufgestellt, ähnlich wie sie uns an den Xantener Domchorschranken erhalten sind[24]). Das Programm – weibliche Heilige mit einem Bischof auf der Nordseite, Ritterheilige u. a. auf der Südseite – war möglicherweise den Kölner Stadtheiligen Ursula und Gereon gewidmet.

                Im Bereich des Chordurchganges muß noch eine Art Lesebühne gestanden haben, die ebenfalls Skulpturenschmuck besaß. Dazu gehörte wahrscheinlich ein Prophet aus Tuff, der schon im 19. Jahrhundert aufgefunden wurde[25]).

T1, Nr. 11 Im Presbyterium oder unteren Chor steht auf beiden Längsseiten vor den Chorschranken das Gestühl, das vor der Chorweihe 1322 fertig aufgestellt war. Etwas später entstanden die Chorschrankenmalereien an der Rückwand, ein umfangreicher Zyklus zur Vita der im

F2–F4   Dom besonders verehrten Heiligen, der Patrone Petrus und Maria sowie der Heiligen Drei Könige, des Papstes Silvester und der hll. Felix, Nabor und Gregor von Spoleto[26]). Zur

F 2   Langchor mit Südseite des Chorgestühls von Nordosten

◀◀ F 1   Binnenchor des Kölner Domes von Westen

F 3   Nordseite des Chorgestühls von Südosten

F 4 Mitteleingang der Nordseite mit Wangen NC und ND

Ausstattung des unteren Chores gehörten Pulte und Leuchter, in späterer Zeit auch Grabmäler und ein Altar[27]).

Der Binnenchor war also gänzlich mit verschiedenen Einrichtungsgegenständen möbliert und vollgestellt. Von all dem sind nur der Hochaltar (mit Einschränkungen), das Gestühl und die Schrankenmalereien erhalten geblieben.

Unversehrt blieb auch, in der nächsthöheren Zone über dem Erdboden, das sicherlich bedeutendste Skulpturenensemble aus der Erbauungszeit des Domchores: die Pfeilerfiguren Christus, Maria und die Apostel, die 5 m über dem Grund auf Konsolen den Binnenchor umstehen. Wahrscheinlich ist hier – wie am Hochaltar – die Krönung Mariens in Szene gesetzt, doch ließen die Einzelfiguren an den Pfeilern nur eine modifizierte Darstellung zu[28]). Über den differenziert gestalteten Architekturbaldachinen der Apostel stehen musizierende Engel, welche die Zeremonie mit himmlischer Musik begleiten. Die farbige Fassung der Chorpfeilerfiguren wurde zwischen 1840 und 1842 erneuert, wobei man ausdrücklich dem mittelalterlichen Bestand folgte. So geben die goldgemusterten, kostbaren Stoffe der Gewänder, die importierte Seidenstoffe des späten 13. Jahrhunderts imitieren, aber auch die Figurenkonsolen mit ihren Mustern aus farbigen Glasplättchen im Wechsel mit plastisch strukturierten Goldmustern noch einen Eindruck von der mittelalterlichen Fassung[29]).

Über den Chorpfeilerfiguren, in den Zwickeln der Arkaden, schwebten auf Goldgrund gemalte, weihrauchschwenkende und musizierende Engel, an deren Stelle 1843 der Engelzyklus von Edward von Steinle trat[30]).

Den krönenden Abschluß des Binnenchores bildet der Lichtkranz der riesigen Obergadenfenster, die bei Aufstellung des Chorgestühls 1311 bereits fertiggestellt gewesen sein müssen[31]). Im Scheitelfenster ist ein weiteres Mal ein zentrales Thema des Domes, die Anbetung des Kindes durch die Heiligen Drei Könige, aufgenommen[32]). In den übrigen Fenstern stehen unter Baldachinen insgesamt 48 Könige, die zuletzt von H. P. Hilger als Abfolge der Herrscher des Sacrum Imperium gedeutet wurden[33]). Gestiftet wurden die Obergadenfenster des Domes, wie die erhaltenen Wappen dokumentieren, von Erzbischof Heinrich von Virneburg, vom rheinischen Adel und kölnischen Patriziat. Hierdurch wird die Funktion der Kölner Kathedrale als gleichzeitige Pfarrkirche der Edelfreien der Diözese augenfällig dokumentiert.

An höchster Stelle, neben dem Schlußstein des Chorgewölbes, befand sich in einem Vierpaß ein halbfiguriges Bild Christi[34]). Denn in der vielschichtigen Symbolik der gotischen Kathedrale ist der Schlußstein ein Bild für Christus, der die Kirche zusammenhält, wie der Stein das Gewölbe[35]).

Auch auf der 1863 abgerissenen Westwand befanden sich Wandgemälde, und zwar in der Spitze des Bogenfeldes der thronende Christus als Weltenrichter, darunter stehend die Apostel Petrus und Paulus[36]).

Insgesamt sind von dem Gesamtkunstwerk, das der Kölner Hochchor zur Zeit seiner Weihe 1322 bildete, erstaunlich viele Komponenten erhalten geblieben. Architektur und Ausstattung müssen allein von der Farbgebung her einen überwältigenden Eindruck vermittelt haben. Der Grundton der Architektur selbst war wahrscheinlich ein goldartiger Ocker, das Blattwerk der Kapitelle war über einem roten Grund golden gefaßt[37]). Die abgerissenen Maßwerkschranken und die Portale mit Skulpturen waren im wesentlichen

in den Tönen Zinnober, Azurit und Gold gehalten³⁸). Dazu kam die intensiv leuchtende
F 2 Farbigkeit der Chorschranken, der Malereien an Westwand und Arkadenzwickeln, das hell
leuchtende Band der Obergadenfenster. Die allerorts auftretende Vergoldung muß diese
Wirkung fast der von Goldschmiedekunst nahegebracht haben. Dazu kamen die goldenen
Geräte und Reliquiare, bunte Behänge und Paramente beim Gottesdienst, in der Ausstrahlung intensiviert durch das Licht der zahlreichen Kerzen, die den Chorbereich erhellten³⁹).
Das Chorgestühl bildete in all dieser Pracht eine sehr ruhige Zone mit seinem gleichmäßigen Eichenholzton.

Sogar nach außen zum Chorumgang hin strahlte der paradiesesgleiche Glanz des Hoch-
T1, Nr. 10 chores aus; denn die Schranken waren auch nach außen mit Reihen von Heiligenfiguren
auf einem plastisch strukturierten Goldgrund bemalt, jeweils in die einzelnen Bahnen des
heute noch erhaltenen Blendmaßwerks eingesetzt⁴⁰).

Umgekehrt wurde für den Binnenchor auch die umgebende Raumschale des Chorumgangs und der Kapellen mit ihren herrlichen Grisaille-Fenstern, die uns das Domwerk von
Boisserée überliefert hat, optisch wirksam⁴¹). Die jeweils vier unteren Felder waren mit
farbigen Scheiben geschlossen, die noch vor der Chorweihe 1322 die ursprünglich durchlaufende Grisaille-Verglasung ersetzten.

T1, Nr. 44 Nur die Achskapelle hatte von Anfang an mit dem noch erhaltenen „älteren" Bibelfenster
(um 1260) eine durchgehend farbig verglaste Mitte. Auch inhaltlich war sie hervorgehoben: zum Zeitpunkt der Chorweihe 1322 hatte man hierhin die Gebeine der Heiligen Drei
Könige aus dem Alten Dom übertragen⁴²). Der goldene Schrein wurde in einem Mausole-
T1, Nr. 43 um geborgen, einem eisernen Gittergehäuse mit Walmdach, das rot gefaßt und mit goldenen Sternen bedeutungsvoll besetzt war⁴³). Kerzen beleuchteten das Ziel der Pilger, die
nach dem Zug durch den Chorumgang, vorbei an dort aufgestellten Heiltümern und Gnadenbildern, durch ein Fenster die kostbaren Reliquien betrachten konnten. Die Häupter
der drei Weisen aus dem Morgenland waren an bestimmten Festtagen hinter der Trapezplatte des Schreines sichtbar. Ein oder zwei Kustoden waren eigens zu ihrer Wacht
ständig anwesend. Sie nahmen die Geschenke der Pilger entgegen und stellten Zeugnisse
über die Wallfahrt aus⁴⁴).

So muß im Chorumgang, einer breiten Straße gleich, stets ein emsiges Treiben geherrscht
haben. In allen Kapellen wurden zahlreiche Messen gelesen. Jede von ihnen barg, außer
T1 dem Altar, das Grab eines Erzbischofs, jeweils auf diesen ausgerichtet. Während des Neubaus hatte man nacheinander die im Alten Dom bestatteten Erzbischöfe umgebettet und
ihnen neue Grabmäler geschaffen⁴⁵). Spätere Gräber kamen hinzu.

Die wichtigsten Kapellen nach der Achskapelle waren die beiden längsrechteckigen im
T1, Nr. 23 Anschluß an das Querhaus, die Kreuzkapelle mit dem einst als wundertätig verehrten
Kreuz des Erzbischofs Gero (hier seit Mitte des 14. Jahrhunderts) und die Marienkapelle,
T1, Nr. 56 die einst die Mailänder Madonna (heute in der Sakramentskapelle) in einem zierlichen
Altarbaldachin beherbergte, davor das Grab des Rainald von Dassel, der die Madonna
T1, Nr. 60 zusammen mit den Gebeinen der Heiligen Drei Könige aus Mailand nach Köln gebracht
haben soll⁴⁶).

Was hier nur knapp umrissen werden konnte, ist von anderen Autoren ausführlich dargelegt worden⁴⁷). Auch zu den vielfältigen liturgischen Vorgängen findet sich dort detaillierte Information. Die verschiedenen Nutzungen der Kölner Kathedrale als Sitz von Erzbischof und Domkapitel, als Pilgerkirche und als Pfarrkirche des rheinischen Adels spielten sich im wesentlichen in dem allein vollendeten Chor ab. Wäre der Dom vollendet und der Dreikönigenschrein, wie ursprünglich geplant[48]), in der Vierung aufgestellt worden, hätten sich die Nutzungsbereiche deutlich verschoben. Doch so mußte auch der Binnenchor, der eigentlich der ausschließlichen Nutzung durch Erzbischof und Kapitel zugedacht war, bei Rechtsakten und anderen Versammlungen offiziellen Charakters einer breiteren Öffentlichkeit zugänglich gemacht werden[49]). Daher wird zu manchen Gelegenheiten sogar das riesige Gestühl nicht ausreichend gewesen sein, das eigentlich dem Kapitel für den Chordienst vorbehalten war.

Die Forschung der jüngeren Zeit hat nicht nur auf diesem Gebiet neue Einblicke verschafft. Der Unermüdlichkeit Herbert Rodes ist es zu danken, daß auch die Beschäftigung mit den einzelnen Teilen der künstlerischen Ausstattung wieder aufgenommen wurde. Ausgangspunkte dafür waren die Grabfigur des Erzbischofs Konrad von Hochstaden und die Chorpfeilerfiguren[50]). In einer Forschungssituation, die von einem Import eigentlich aller Teile der Chorausstattung ausging[51]), schien dieses Erkennen eines Zusammenhangs zwischen der bronzenen Liegefigur und den großformatigen Steinfiguren besonders wichtig, da es den Weg freimachte für eine zeitlich, aber auch qualitativ neue Beurteilung der Domskulptur und ihrer Zusammenhänge. Denn auch für eine qualitativ neue Sicht öffnete Rode die Augen, indem er sich entschieden gegen die so häufig erfolgte Klassifizierung dieser Skulptur als asketisch, körperlos, exaltiert usw. wandte, Attribute, welche die Pfeilerfiguren in negativem Sinne von anderer Kunst unterscheiden sollten[52]).

T3, T4

So schrieb ungefähr gleichzeitig noch Otto v. Simson in einem Standardwerk der Kunstgeschichte: „Der künstlerische Impuls für die Skulptur (des 14. Jahrhunderts; Anm. d. Verf.) im deutschsprachigen Raum geht noch einmal und verstärkt von Frankreich aus. . . Der ideale Menschentyp jener Kunst ist zugleich asketisch und aristokratisch, feingliedrig, schlank, gebrechlich, die vollkommene Synthese höfischer Eleganz und weltentrückter Vergeistigung. . . Plastik, Malerei und Kleinkunst stellen dieses Ideal in kaum wandelbarer, oft ermüdender Gleichförmigkeit dar. Eine so vollkommen normierte Kunst läßt individueller Erfindung wenig Spielraum. Sie ist dazu verurteilt, allmählich zu erstarren"[53]).

Gerade unter diesem Verdikt der Sinnentleerung und höfischen Koketterie, letztendlich zurückgehend auf eine tief verwurzelte Feindseligkeit gegen alles Französische, an der zahlreiche Kunsthistoriker festzuhalten beliebten, litten die Kölner Chorpfeilerfiguren seit jeher.

Dem neu erwachten Interesse an den Zusammenhängen in der mittelalterlichen Domwerkstatt war es nun aber zu danken, daß man mit Hilfe naturwissenschaftlicher Methoden die Forschung auf sichere Füße stellen wollte: 1966/67 ließ man das Chorgestühl durch E. Hollstein, Trier, dendrochronologisch untersuchen. Die Entstehungszeit des Gestühls ließ sich mit Hilfe der entnommenen Eichenholzproben auf 1308 bis 1311 festlegen[54]). Das Untersuchungsmaterial umfaßte neun verschiedene Holzproben. Die 1966 entnommenen Holzteile stammen alle von der Nordseite des Gestühls: ein Teil eines reichgeschnitzten Anschlußstückes an den Sockel des Pfeilers D 13, vier Stücke aus vorderen Balken der unteren Reihe, eines aus dem Innenbalken der unteren Reihe. Durch Vergleich der Jahresringkurven mit der „Westdeutschen Eichenchronologie"[55]) ergaben sich folgende Fälldaten für die verwendeten Bäume: zwei Stücke, unter anderem das geschnitzte, stammen sicher von 1308 gefällten Bäumen, ein drittes wegen starker Übereinstimmung im Wuchsverlauf wahrscheinlich ebenfalls. Die Waldkanten bei den ersten beiden Proben sind so gut erhalten, daß sich sogar die Jahreszeit der Fällung abschätzen läßt: der Baum von Probe 1 (dem reichgeschnitzten Anschlußstück) wurde im Sommer oder Herbst gefällt, der andere sicher 1308 gefällte Baum im Frühjahr[56]).

Bei zwei weiteren Holzproben ist das Fälldatum nicht exakt zu bestimmen, da zu viele Jahresringe abgebeilt sind[57]).

Ein Balken vom westlichen Ende des Chorgestühls stammt aus dem 19. Jahrhundert. Das Fälldatum ist 1863 ± 6. Mit der Restaurierung des Chorgestühls durch die Werkstatt Eschenbach wurde 1863 begonnen, und zwar auf der Nordseite[58]).

Durch eine zweite Untersuchung 1967 sollten noch fehlende Informationslücken geschlossen werden. Es wurden diesmal Holzproben von der Südseite, aus Längs- und Querbalken der Unterkonstruktion und ein Teil aus einer geschnitzten Bohle unter den Sitzen der oberen Reihe entnommen. Der Querbalken wurde im Frühjahr 1311 gefällt, die beiden anderen Stücke stammen von 1308 gefällten Bäumen[59]).

Aus diesen Daten wird ersichtlich, daß die Proben, die Längsbalken und geschnitzten Teilen entnommen wurden, auf beiden Seiten des Gestühls auf das Fällungsjahr 1308 zu datieren sind. Es ist also zu bemerken, daß beide Chorgestühlsseiten gleichzeitig in Arbeit waren. Nur ein Querbalken aus der Unterkonstruktion stammt von einem Baum, der erst 1311 geschlagen wurde. Mit Hilfe der Dendrochronologie erhält man einen terminus post quem für die Entstehung des Gestühls, der auch das früheste bisher angenommene Datum noch etwas unterschreitet.

Es bleibt natürlich die Frage zu klären, wie lange das Holz vor der Bearbeitung gelagert wurde und wie lange man am Chorgestühl arbeitete.

Darüber lassen sich jedoch mit ziemlicher Sicherheit Angaben machen.

Die Hölzer wurden wahrscheinlich im saftfrischen Zustand verarbeitet, da sie charakteristische Verformungen aufweisen[60]). Dies ist in der mittelalterlichen Holzverarbeitung keine Ausnahme[61]).

Als Zeitpunkt der Fertigstellung und des Einbaus an Ort und Stelle ist mit ziemlicher Sicherheit das Jahr 1311 anzunehmen. Aus dem Frühjahr dieses Jahres stammt die am spätesten datierte Holzprobe aus der Unterbauung des Bodenbelages der oberen Reihe der Südseite, die in keinem konstruktiven Zusammenhang mit dem eigentlichen Gestühl steht. Für den Unterbau konnte in jedem Fall ohne Gefahr frisches Holz verwendet werden.

Man hat also an dem riesigen Gestühl insgesamt nur rund drei Jahre gearbeitet, was eine ungeheure arbeitstechnische Leistung ist und allein schon darauf hinweist, daß mehrere Handwerker unter einer gut organisierten Oberleitung gearbeitet haben müssen[62]).

Mit einer Datierung in die Jahre 1308 bis 1311 ist das Domchorgestühl deutlich früher entstanden, als man in der Forschung bisher angenommen hatte. Die bisher früheste Datierung „um 1315" kam von Feulner 1953[63]), im übrigen hatte sich der Zeitpunkt der Chorweihe 1322 als Terminus für die Fertigstellung des Gestühls überwiegend durchgesetzt[64]). Es waren jedoch auch von einigen Kunsthistorikern deutlich spätere Termine, etwa um 1340 bis 1350, angesetzt worden, so auch von Tieschowitz in seiner 1930 veröffentlichten Dissertation über das Chorgestühl[65]). Diese Datierung hatte sich jedoch nie so recht durchsetzen können.

Mit der dendrochronologischen Untersuchung war eine neue Ausgangslage geschaffen. Eine Neubearbeitung des riesigen Gestühls mit seiner schier unüberschaubaren Menge an kleinplastischen Darstellungen schien – vor allem was die bisher gänzlich ungelösten Stil- und Herkunftsfragen betraf – ein dringendes Desiderat, welches zum Entstehen der vorliegenden Arbeit führte.

Denn viele wissenschaftliche Aussagen über das Domgestühl waren nun veraltet, vor allem Tieschowitz' Monographie. Jüngere Aufsätze zum Thema nahmen sich dagegen nur kleiner Teilaspekte an[66]).

Auf dem wissenschaftlichen Kolloquium in Köln 1978 trat ebenfalls sehr deutlich zutage, wie gering unsere Kenntnisse über die Werkstattzusammenhänge am Dom trotz der erwähnten Neuansätze eigentlich waren. Im übrigen wurde ein Teil der anfänglich zitierten Beiträge erst für diese oder nach dieser Zusammenkunft in Köln veröffentlicht. Die vorliegende Arbeit über das Chorgestühl, die bereits vor vier Jahren fertiggestellt wurde, fiel also zusammen mit anderen Forschungsarbeiten bzw. trug indirekt auch zu solchen bei[67]).

Da bisher monographische Studien zur übrigen Domskulptur – etwa Chorpfeilerfiguren oder Hochaltarmensa – fehlen, ist eine Beschäftigung mit dem exakt datierten Chorgestühl eine vielversprechende Möglichkeit, auch der Beurteilung dieser Figurenensembles näher zu kommen. Auch für die bisher kaum einschätzbaren Einzelwerke der kölnischen Werkstätten dieser Zeit versprach eine stilkritische Sichtung der Skulptur am Chorgestühl eben wegen der genauen Datierung neue Anhaltspunkte.

Aufgrund dieser Überlegungen habe ich den Hauptakzent meiner Arbeit auf die Beleuchtung der Stilprobleme gelegt. Auf einen Gesamtüberblick zur Ikonographie des Gestühls wollte ich dennoch nicht verzichten. Doch hier mußte manches ungelöst bleiben. Um gerade auf diesem Gebiet zukünftigen Forschungsarbeiten eine Grundlage zu bieten, war es mindestens ebenso wichtig, einen gründlichen Katalog mit detaillierten Angaben zu jedem einzelnen Bestandteil des Chorgestühls zu erstellen. Dieses Inventar erfaßt systematisch alle bildhauerisch bearbeiteten Stücke aller Entstehungszeiten und gibt eine kurze ikonographische Analyse. So hoffe ich, daß Inventar und Fotodokumentation, die auch die bisher unbekannte Gestühlswelt zugänglich machen, für die Forschung in Zukunft nützlich, darüber hinaus aber auch für eine breitere Öffentlichkeit von Interesse sein werden.

Anmerkungen

[1]) Zitat H. Borger, Der Dom zu Köln, Köln 1980, S. 9.
[2]) Für die Architektur: W. Weyres, A. Mann, Handbuch der rheinischen Baukunst des 19. Jahrhunderts, Köln 1968; für die Skulptur: P. Bloch, Skulpturen des 19. Jahrhunderts im Rheinland, Düsseldorf 1975. Grundlegend zuletzt: E. Trier, W. Weyres, Die Kunst des 19. Jahrhunderts im Rheinland, 5 Bde, Düsseldorf 1979–1981.
[3]) Die Zusammenfassung der neuesten Forschung im Ausstellungskatalog „Der Kölner Dom im Jahrhundert seiner Vollendung", 2 Bde, Köln 1980.
[4]) A. Wolff, Die Chronologie der ersten Bauzeit des Kölner Domes 1248–1277. In: KDBl. 28/29, 1968, S. 7–229.
[5]) R. Schieffer, Die Entstehung von Domkapiteln in Deutschland (Bonner Historische Forschungen 43), Bonn 1976; H. Stehkämper, Die Kölner Erzbischöfe und das Domkapitel zwischen Grundsteinlegung und Chorweihe des gotischen Domes (1248–1322). In: KDBl. 44/45, 1979/80, S. 11–34, S. 27; W. Kisky,

Die Domkapitel der geistlichen Kurfürsten in ihrer persönlichen Zusammensetzung im 14. und 15. Jahrhundert, Weimar 1906.

6) Zu den einzelnen Bauphasen vgl. die Zeichnungen bei A. Wolff, Der Kölner Dom, Stuttgart 1977, S. 9 ff.
7) Hierzu R. Haussherr, Der Kölner Domchor und seine Ausstattung. Bericht über ein Colloquium in Köln 2./3. November 1978. In: Kunstchronik 32, 1979, S. 229–238.
8) R. Kroos, Liturgische Quellen zum Kölner Domchor. In: KDBl. 44/45, 1979/80, S. 35–202.
9) U. Bergmann, E. Jägers, R. Lauer, Mittelalterliche Skulpturenfragmente aus dem Kölner Domchor. In: KDBl. 47, 1982, S. 9–50.
10) Kroos, S. 82.
11) Vgl. hierzu A. Erlande-Brandenburg, Le Roi est mort, Paris 1975.
12) Kroos, S. 73 f; vgl. auch W. Schulten, Der barocke Hochaltar des Kölner Domes. In: KDBl. 44/45, 1979/80, S. 341 ff.
13) W. Beeh, Die Ikonographie des Hochaltars im Kölner Dom. In: KDBl. 18/19, 1960, S. 7–24.
14) Kroos, S. 63 ff.
15) Ebd., S. 67; abgebildet auf dem Pilgerblatt von P. Schonemann; vgl. hierzu Verschwundenes Inventarium. Der Skulpturenfund im Kölner Domchor, Köln 1984, Abb. 107, Nr. 24.
16) Ebd., S. 68; Kroos, 1984, S. 94.
17) Kroos, 1984, S. 94.
18) Kroos, S. 68; abgebildet auf dem Pilgerblatt von Schonemann, Nr. 16.
19) Ebd., S. 69.
20) U. Bergmann, Der Skulpturenfund im Kölner Domchor. In: Verschwundenes Inventarium, Köln 1984, S. 23 f., vgl. dort auch Abb. 18.
21) A. Legner, Das Sakramentshäuschen im Kölner Domchor. In: Verschwundenes Inventarium, Köln 1984, S. 61 ff.
22) Vgl. ebd., S. 61 f., 64.
23) Bergmann, Jägers, Lauer, S. 30 ff.
24) Bergmann, 1984, S. 21, Abb. 15.
25) Bergmann, Jägers, Lauer, Kat. Nr. 1 und 2.
26) R. Haussherr, Die Chorschrankenmalereien des Kölner Doms. In: Vor Stefan Lochner. Die Kölner Maler 1300–1430, Ergebnisband Köln 1974, S. 28 ff.; ausführlich U. Wachsmann, Die Chorschrankenmalereien des Kölner Domes, Phil. Diss. Bonn 1985.
27) Kroos, S. 82 ff.
28) Ebd., S. 61 f.
29) B. Beaucamp-Markowsky, Zu den Gewandmustern der Chorpfeilerfiguren im Kölner Dom. In: KDBl. 42, 1977, S. 75 ff.
30) Zeichnungen der mittelalterlichen Engel haben sich im Dombauarchiv erhalten; vgl. Verschwundenes Inventarium, Taf. 7.
31) Wolff, Dom, S. 51.
32) Auch am Hochaltar und am Dreikönigenschrein.
33) H. P. Hilger, Das mittelalterliche Erscheinungsbild des Kölner Domchores. In: Verschwundenes Inventarium, Köln 1984, S. 86.
34) Im Zweiten Weltkrieg zerstört. Altes Foto vorhanden. Vgl. Verschwundenes Inventarium, Abb. 102.
35) Suger, De consecratione ecclesiae sancti Dionysii. In: Oeuvres complètes de Suger, hrsg. von A. Lecoy de la Marche, 5, Paris 1867, S. 227 f.
36) Eine Zeichnung der Westwand vor Abbruch im Dombauarchiv erhalten. Vgl. Verschwundenes Inventarium, Abb. 100. Ob die Wandmalerei noch aus der Zeit der Chorweihe stammte oder eine spätere Zutat aus der Zeit des als Stifter zu Füßen Petri dargestellten Erzbischofs Hermann IV. von Hessen (1480–1508) war, möchte ich zugunsten der zweiten Möglichkeit entscheiden. Gegenteiliger Ansicht ist H. P. Hilger. In: Verschwundenes Inventarium, S. 85.
37) Hilger, ebd., S. 84.
38) Bergmann, Jägers, Lauer, S. 38 ff.
39) Kroos, S. 91 f.
40) Reste der Malereien erhalten; Verschwundenes Inventarium, Abb. 106; Entstehungszeit wohl später als das Maßwerk um 1350. Vgl. Hilger. In: Verschwundenes Inventarium, S. 90.
41) Verschwundenes Inventarium, Abb. 98 nach Taf. VII bei S. Boisserée,
42) W. Schulten, Der Ort der Verehrung der Heiligen Drei Könige. In: Die Heiligen Drei Könige. Darstellung und Verehrung, Katalog Köln 1982, S. 61–72, S. 61.

43) In einer Zeichnung von 1633 im Kölner Stadtmuseum überliefert; Verschwundenes Inventarium, Abb. 112. Auch mehrere Gitter erhalten: ebd., Kat. Nr. 117.
44) J. Torsy, Achthundert Jahre Dreikönigenverehrung in Köln. In: KDBl. 23/24, 1964, S. 15 ff., S. 51 f.
45) Kroos, S. 90 ff.; U. Bergmann, R. Lauer, Die Domwerkstatt und die Kölner Skulptur. In: Verschwundenes Inventarium, S. 37 ff., S. 38 und Anm. 17.
46) Dazu zuletzt R. Lauer, Das Grabmal des Rainald von Dassel und der Baldachin der Mailänder Madonna. In: Verschwundenes Inventarium, S. 9 ff.
47) Kroos; etwas komprimiert: Kroos, 1984, S. 93 ff; vgl. dort auch den bereits zit. Beitrag von Hilger.
48) W. Schulten, Der Ort der Verehrung der Heiligen Drei Könige. In: Die Heiligen Drei Könige. Darstellung und Verehrung, Köln 1982, S. 61–72, S. 61.
49) Kroos, S. 86 ff.
50) H. Rode, Plastik des Kölner Doms in der zweiten Hälfte des 13. Jahrhunderts. In: Rhein und Maas II, S. 429 ff.
51) Vgl. Bergmann, Lauer, 1984, S. 37.
52) Rode, 1973, S. 440.
53) O. v. Simson. In: Propyläen Kunstgeschichte. Das Mittelalter II, Frankfurt a. M., Berlin, Wien 1972, S. 228.
54) E. Hollstein, Jahresringchronologien aus dem Chorgestühl im Kölner Dom. In: KDBl. 26/27, 1967, S. 57–64; mit einem Nachwort von A. Wolff.
55) Zum genauen Verfahren Hollstein, S. 58, zur „Westdeutschen Eichenchronologie" ebd., S. 57.
56) Hollstein, S. 59.
57) Vermutliches Fälldatum jedoch um 1260. Wolff, Nachwort, S. 64. Nach mündlicher Aussage von Dombaumeister Wolff handelt es sich wahrscheinlich um wiederverwendete Balken vom Bau der Chorpfeiler.
58) Hollstein, S. 59; siehe auch: Das Chorgestühl im 19. Jahrhundert.
59) Hollstein, S. 60 f.
60) Siehe dazu Hollstein, S. 60. Der Hinweis auf Verformungen, die auf unzureichende Trocknung des Holzes zurückgeführt werden müssen, stammt von Domschreinermeister Rücker, der dies bereits zu einem früheren Zeitpunkt festgestellt hatte. Dazu auch Wolff, Nachwort, S. 64.
61) Dazu Hollstein, S. 60; auch das Gerokreuz wurde aus saftfrischem Holz hergestellt.
62) Auch für die Baugeschichte des Kölner Domchores selbst ergeben sich neue Aspekte: das Chorgestühl ist 1311 sicher nicht in einer ungeschützten Baustelle aufgeschlagen worden. Also ist um 1311 auch mit einer Fertigstellung der Chorhalle inklusive Fenster zu rechnen. Dazu Wolff, Nachwort, S. 64.
63) A. Feulner, T. Müller, Geschichte der deutschen Plastik, München 1953, S. 169.
64) P. Clemen, Der Dom zu Köln, Düsseldorf 1938, S. 157–163; H. Beenken, Bildhauer des 14. Jahrhunderts am Rhein und in Schwaben, Leipzig 1927, S. 74; A. Stange, B. v. Tieschowitz, Das Chorgestühl des Kölner Domes. In: Kritische Berichte 3 und 4, 1930–1932, S. 122 ff.; O. Karpa, Die hochgotische Plastik des Kölner Domes. In: Der Dom zu Köln, Festschrift Köln 1930, S. 91, 93; Ders., Zur Chronologie der Kölnischen Plastik im 14. Jahrhundert. In: WRJb. II/III, 1933/34, S. 80 ff.; H. Rosenau, Der Kölner Dom. Seine Baugeschichte und historische Stellung, Köln 1931, S. 228; M. Medding, Die Hochchorstatuen des Kölner Doms und ihr künstlerischer Ursprung. In: WRJb. IX, 1936, S. 146; H. Peters, Der Dom zu Köln 1248–1948, Düsseldorf 1948, S. 22 f.
65) B. v. Tieschowitz, Das Chorgestühl des Kölner Domes, Berlin 1930, S. 45 f.; 1948 nennt er in seinem Heft über das Chorgestühl in der Reihe „Der Kunstbrief" dann eine frühere Datierung: bald nach 1322; eine späte Datierung um 1340 auch bei R. Hamann. In: R. Hamann, K. Wilhelm-Kästner, Die Elisabethkirche zu Marburg und ihre künstlerische Nachfolge, Bd. II, Die Plastik, Marburg 1929, S. 243, 264, 269, 289; ebenso vorher: H. Reiners, Das Chorgestühl des Domes zu Köln. In: Zeitschrift für christliche Kunst 21, 1908, S. 269–282, 309–316; Ders., Die rheinischen Chorgestühle der Frühgotik. Ein Kapitel der Rezeption der Gotik in Deutschland, Straßburg 1909, Phil. Diss. Bonn 1909; F. Lübbecke, Die gotische Kölner Plastik, Straßburg 1910, S. 64 f.; F. Witte, Tausend Jahre deutscher Kunst am Rhein (Jahrtausendausstellung Köln), Berlin 1932, Bd. I Textband, II–IV Bildbände, Bd. I, S. 95–97.
66) H. Krohm, Die Skulptur der Querhausfassaden an der Kathedrale von Rouen. In: Aachener Kunstblätter 40, 1971, S. 40–153, S. 97 ff.; R. Palm, Das Maßwerk am Chorgestühl des Kölner Domes. In: KDBl. 41, 1976, S. 57–82; W. Weyres, Die Zähmung des Aristoteles durch Phyllis im Chorgestühl des Kölner Doms. In: KDBl. 38/39, 1974, S. 157–160; Ders., Empirie und Intuition. Bemerkungen zu zwei Monatsdarstellungen am Chorgestühl des Kölner Domes. In: KDBl. 40, 1975, S. 213–216; Ders., Der Reiche Prasser und der arme Lazarus am Chorgestühl des Kölner Doms. In: KDBl. 41, 1976, S. 237–239.
67) Zusammengefaßt in: Verschwundenes Inventarium, Köln 1984.

T 5   Chorgestühl, Nordseite, Zugang von Osten

Aufbau und Zustand des Gestühls

T5, T1   Das Kölner Domchorgestühl ist in je zwei hintereinander aufsteigenden Reihen an den Längsseiten des Binnenchores zwischen den Langchorpfeilern C 10–13 und D 10–13[1]) vor den steinernen Chorschranken aufgestellt und erstreckt sich somit über die ersten drei
F1–F3   Joche von der Vierung nach Osten.
Es bildet die wichtigste Einrichtung des chorus inferior und kennzeichnet so diesen Chor-

T 6   Chorgestühl, Nordseite, Zugang von Westen

bereich als Versammlungsort des Domkapitels. Denn hier gingen die Stiftsherren ihrer vornehmsten Pflicht, dem Gottesdienst und dem Chorgebet, nach. Wie oft am Tag man sich im Mittelalter hier zum Gebet einfand, können wir nicht mehr mit Sicherheit sagen, da sich keine Statuten hierzu erhalten haben. Doch darf man annehmen, daß eine siebenmalige Zusammenkunft zum Chorgebet und tägliche Messen wie in mittelalterlichen Klostergemeinschaften die Regel waren[2]). Dann zogen die Mitglieder des Kapitels von der Nordseite her, wo Sakristei und Paramentenkammer lagen, in den Binnenchor ein[3]). Ob auch der mittelalterliche Kapitelsaal im Norden neben der Sakristei lag, wo sich der spätere,

T1, Nr. 7 1843 abgerissene Kapitelsaal befand, läßt sich heute nicht mehr feststellen⁴). Doch legt bereits die Lage der Sakristei einen Einzug durch das nördliche Binnenchorportal nahe. Während des Gottesdienstes waren die Kanoniker durch das im 18. Jahrhundert entfernte
T1, Nr. 6 doppelte Gitter von der heiligen Handlung am Altar getrennt. Es ist jedoch sehr wahrscheinlich, daß sich im Durchgang zwischen den zwei Chorbereichen ein Toxal befand,
T1, 3 von wo aus Lesung und Gebete vernehmbar vorgetragen wurden⁵).

Das Chorgestühl selbst entspricht den Anforderungen seiner Benutzer, während des langen Aufenthaltes im Dom ein möglichst komfortables Möbel zur Verfügung zu haben. Das Material Holz ist warm auch bei winterlichen Temperaturen, die Sitze sind breit und
T7 besitzen mit den Miserikordien eine Stütze zum Anlehnen auch bei stehend zu verrichtenden Teilen der Liturgie. Im Stehen kann man sich auch auf breite Accoudoirs stützen (vgl. die Beschreibung weiter unten). Dazu bleibt viel Raum für bequemes Knien vor den Sitzen, ebenfalls auf Holz. Die optimale Form für den geforderten Zweck wurde mit dieser Art Gestühl – denn in dieser Beziehung ist das Domgestühl keinesfalls einzigartig⁶) – erreicht.

Beim Chordienst muß das Kapitel einen prächtigen Eindruck vor den dunklen Sitzen abgegeben haben: die edlen Herren trugen rote Talare mit roten Pelzen, die Prälaten unter ihnen waren ausgezeichnet durch Hermelin, die Priesterkanoniker waren in Schwarz mit weißen Pelzen gekleidet⁷).

Diese vornehme Kleidung entsprach dem hochvornehmen Rang des Kölner Kapitels: es waren nur Mitglieder edelfreier Herkunft zugelassen⁸). Diese Beschränkung auf den Hochadel war keineswegs durch Kapitelsstatut gesichert, sondern ergab sich durch das energische Interesse der Kapitelsmitglieder, diese höchst einträgliche Pfründe an ein Mitglied der eigenen Familie weiterzugeben. Es gab für eine hochadlige Familie keine gewinnbringendere Art, einen ihrer Söhne zu versorgen. Verlangt wurden dazu nur die niederen Weihen, so daß ein Austritt später jederzeit möglich war, etwa wenn die Familie zu erlöschen drohte⁹). Beträchtlich flossen die Einkünfte der Kapitulare in Naturalien und Geld¹⁰), und nicht zuletzt war der geistliche, vor allem aber der politische Einfluß des Kölner Domkapitels außerordentlich groß. So wählte es den Kölner Erzbischof, einen der sieben Kurfürsten des Deutschen Reiches, und fast immer aus den eigenen Reihen¹¹).

Die Zahl der Kapitelsmitglieder scheint nach Aussage der Quellen zur Zeit der Chorerrichtung bei 72 gelegen zu haben, möglicherweise der Zahl der Jünger Christi entsprechend¹²). Denn nach den Statuten des Domkapitels von 1244/45 gab es insgesamt 72 Pfründen, die hier als Tische verschiedener Rangordnung aufgezählt werden¹³): es gab 24 Tische ersten Ranges (mensae maiores) für die „praelati in ecclesia", für die nach ihnen eingetretenen Kanoniker zwölf Tische zweiten Ranges, für die in der Rangordnung darauf Folgenden 16 Supplement-Tische und für die jüngeren Kanoniker 20 einfache Tische oder Präbenden¹⁴). Von den 72 Kapitelsmitgliedern waren also 24 im Rang den anderen übergeordnet, die stimmberechtigten Kapitulare. Diese Zahl ist bis zur Auflösung des Kapitels Ende des 18. Jahrhunderts gleich geblieben¹⁵).

Von diesen 24 wurden seit 1212/1218 acht Kanonikate an Geistliche, die sogenannten Priesterkanoniker, vergeben, um den Gottesdienst im Dom zu gewährleisten, der offenbar schon zu dieser Zeit zunehmend vernachlässigt wurde¹⁶). Die Priesterkanoniker waren im Gegensatz zu den anderen, hochadligen Kapitularen meist bürgerlicher Herkunft, hatten die gleichen Rechte wie die Edelkanoniker, konnten jedoch nicht zu Prälaten gewählt werden. Von den 16 übrigen, den Domgrafen, wurden acht durch diese besonderen Ämter ausgezeichnet: Dompropst, Subdekan, Chorbischof, Scholaster, Diaconus maior und minor. Dazu kamen der Domthesaurar und der Domkeppler, die jedoch nicht vom Kapitel gewählt, sondern vom Erzbischof ernannt wurden[17]).

Bei Freiwerden eines Kanonikates ergänzte sich das Kapitel selbst durch Ernennung eines Nachfolgers aus der Reihe der Anwärter, der Domizellare. Dieses Recht nahmen die amtierenden Kapitulare der Reihe nach wahr. Die Zahl der – ebenfalls hochadligen – Domizellare wechselt im Laufe der Zeit stark. Zum Zeitpunkt der Chorweihe werden es – wie die zitierte Quelle aus dem 13. Jahrhundert zu berichten weiß – noch insgesamt 48 von unterschiedlichem Rang gewesen sein[18]).

Zu den 72 Kapitelsmitgliedern kamen beim Chordienst noch die – recht zahlreichen – Vikare und Chorisocii (Kapläne)[19]). Auch Kaiser und Papst, die nachweisbar seit spätestens 1049 ehrenhalber ins Domkapitel aufgenommen wurden, waren durch Vikare vertreten[20]).

Das Chorgestühl mußte also für diese Benutzerzahl schon eine ungewöhnliche Größe haben und füllt daher den unteren Chor mit seinen unübersehbaren Sitzreihen bis auf den breiten Mittelgang vollständig aus: es hat im heutigen Zustand[21]) 104 Sitze, in der hinteren Reihe jeweils dreimal neun, unterbrochen durch die Pfeilerdienste der Langchorpfeiler C bzw. D 11 und 12. In der vorderen Sitzreihe befinden sich je 25 Stallen, die durch einen mittleren Durchgang nach dem 13. Sitz – vom Hochaltar aus gezählt – unterbrochen sind. Weitere Eingänge befinden sich jeweils am Ost- und Westende; der Zugang von Osten ist auf zwei Arten möglich: parallel zu den Gestühlsreihen von Osten und von vorn. Der vordere Eingang wird – wie der Mitteldurchgang – von zwei niedrigen Wangen flankiert, die östliche Wange steht frei (NA und SA). Den westlichen Abschluß des Gestühls bildet in der vorderen Sitzreihe auch jeweils eine Wange dieser Art, daneben der hier schräg angelegte Zugang zur hinteren Sitzreihe[22]).

Gefertigt ist das Chorgestühl aus rheinischem Eichenholz[23]). Es blieb ungefaßt, wie es zu seiner Entstehungszeit überwiegend für dieses Kirchenmobiliar üblich war[24]).

Die Sitze ruhen auf einem Holzboden aus Eichenbohlen, der wiederum auf einer stabilen Substruktion aus Eichenbalken ruht. Die hintere Reihe ist um zwei Treppenstufen gegenüber der vorderen erhöht, diese ist wiederum eine Stufe höher als der Steinfußboden des Binnenchores.

Die Rückwand des Gestühls bilden die Chorschranken. Es fehlt ein hölzernes Dorsal, wie es sonst bei gotischen Chorgestühlen, teilweise verbunden mit einer Baldachinkonstruktion, häufig als Rückwand auftritt[25]).

Ein Dorsal ist gewöhnlich architektonisch gestaltet: üblich ist eine Gliederung der Wand mit Arkaden in Blendwerk, die Arkadenfolge nimmt auf die Sitzfolge Bezug. Diese architektonische Gliederung übernehmen im Fall des Domchorgestühls die Chorschrankenmalereien, die sich in der Arkadenreihung der gemalten Szenen auf die Sitze der hinteren Chorgestühlsreihen beziehen[26]).

Den Abschluß der hinteren Gestühlsreihen zu seiten dieses gemalten Dorsals bildet nach Osten – vor den Langchorpfeilern C 13 und D 13 – jeweils ein niedriges Wangenpaar, das einen achteckigen, eingestellten Pfeiler der gleichen Höhe flankiert (Wangen H und I)[27]).

T 7   Chorgestühl, Nordseite, Sitze NI 5–7, NII 5 und 6

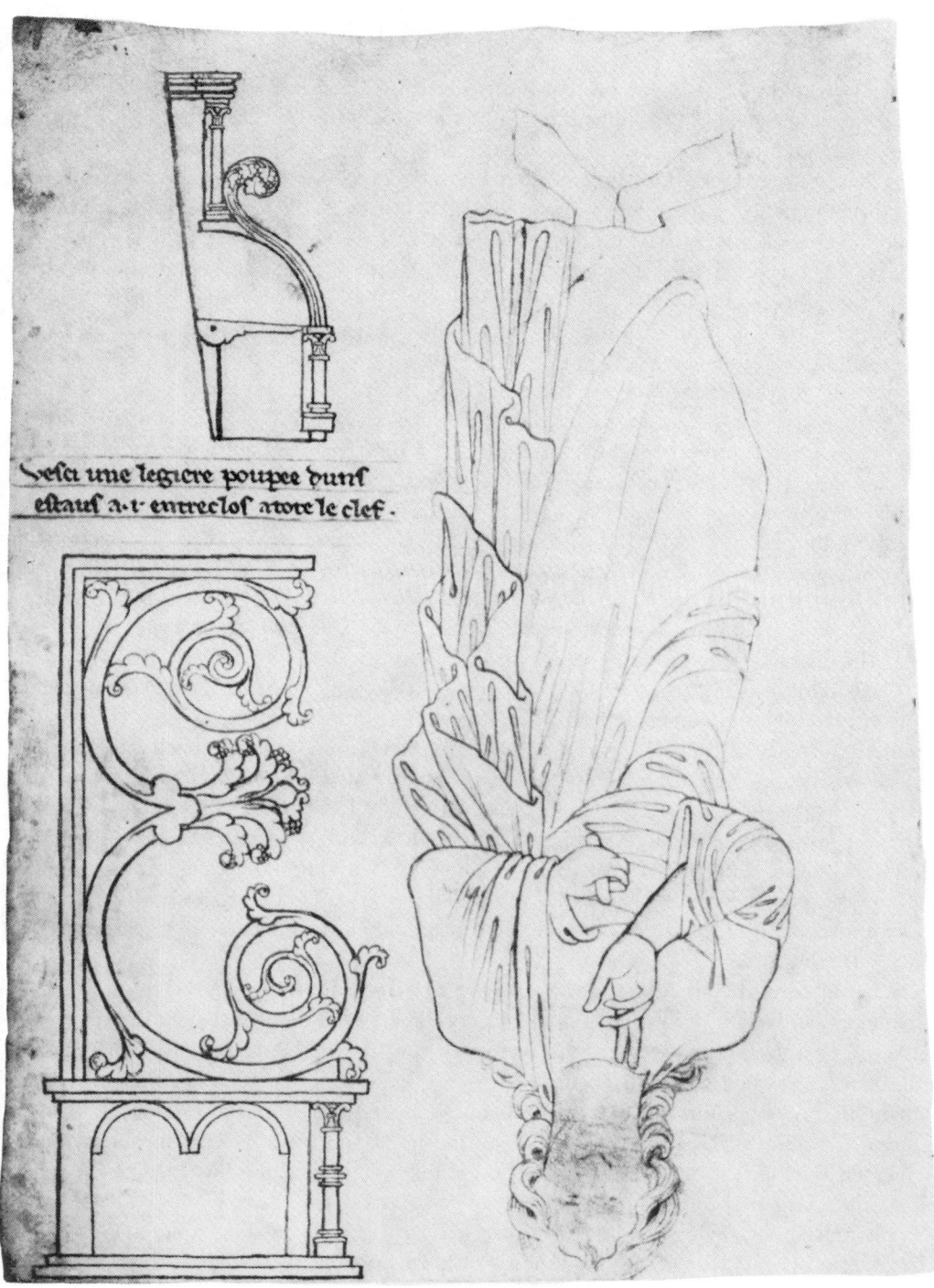

T 8   Aus dem Skizzenbuch des Villard de Honnecourt (S. LIV)

F 5   Nach Westen wird die hintere Sitzreihe von einem übereck gestellten Wangenpaar[28]) abgeschlossen (Wangen F und G). Dies ist der Grundaufbau des Gestühls.

T 7   Die Sitzkonstruktion sieht im Prinzip folgendermaßen aus: die untere Rückwand bildet eine jeweils über vier bis fünf Sitze durchlaufende Holzbohle von ca. 40 cm Höhe, auf der die Zwischenlehnen ruhen, welche die einzelnen Sitze voneinander trennen. An der Oberkante dieser Rückwand sind die einzelnen beweglichen Sitzplatten mit Scharnieren befestigt, dahinter liegen die oberen Rückwände der Sitze auf, die leicht schräg nach hinten verlaufen. Den oberen Abschluß bildet eine durchlaufende Deckplatte. Die einzelnen Teile – untere Rückwand, Zwischenwangen, Deckplatte und Abschlußwangen – sind fest miteinander verzapft.

In diesem Sitzaufbau folgt das Domchorgestühl der für gotische Gestühle seit Mitte des 13. Jahrhunderts üblichen Form[29]).

T 7   Die durchlaufende Bohle unter den Sitzen ist je Sitz mit zwei reliefgeschmückten Vierpässen versehen, und zwar abwechselnd liegenden Vierpässen mit Nasen (geschmückt mit figürlichen Darstellungen) und spitzblättrigen Vierpässen, die Blattwerk enthalten. Die alternierende Anordnung ist bei allen Sitzen durchgehalten. Derartiger Schmuck kommt bei anderen Gestühlen nicht vor.

F 6   Rechtwinklig zu der Rückwand ruht auf der Bohle die Zwischenwange als Trennung zwischen den einzelnen Sitzen. Sie entspricht im Aufbau der für gotische Gestühle schon früh festgelegten Form, die bereits in einer Zeichnung des Villard de Honnecourt auftritt, der
T 8   um 1230 sein berühmtes Bauhüttenbuch skizzierte[30]). Die Zwischenwange ist, diesem Vorbild folgend, dreiteilig aufgebaut.

T 5, F 6   Die Basis bildet ein fast quadratischer unterer Teil, der kassettenförmig durch ein reiches Profil mit Kehlen und zugespitzten Wülsten zurückgestuft ist, vorgelegt eine Dreiviertelsäule mit Blattkapitell und rechteckiger Deckplatte. Darüber schwingt sich das ungefähr viertelkreisförmige Mittelstück empor, das von einem kräftigen Profil (zugespitzter Wulst, Kehle, Wulst) umgeben ist. Dieses viertelkreisförmige Profil endet unten auf der Deckplatte der vorgelegten Säule. Die durch Kehle und Deckplatte gebildeten Ecken sind mit Blattwerk, Gesichtern oder Fabelwesen gefüllt[31]). In dem eingetieften Kreissegment des Mittelteils dreht sich die bewegliche Sitzplatte. Den oberen Abschluß der Zwischenwange bildet ein schmales, halsartiges Oberteil, dem wiederum ein Säulchen – ähnlich dem unteren – vorgelegt ist.

Es steht auf dem oberen Ansatz des Viertelkreisprofils, unmittelbar davor ist an die Zwischenlehne ein – volutenförmig nach vorn gedrehter – Knauf angearbeitet, der als Handstütze dient. Die Knäufe werden aus Blattwerk und figürlichen Darstellungen gebildet, und zwar in abwechselnder Reihenfolge. Diese Ordnung ist an den westlichen, im 19. Jahrhundert neu zusammengesetzten Teilen des Chorgestühls nicht immer durchgehalten (Knauf SI 25/26; Sitze SII 18–21). Die Anordnung ist außerdem gestört in der vorderen Reihe der Nordseite zwischen den Sitzen NII 7 und NII 13, was möglicherweise für spätere Veränderungen spricht.

Der obere Teil der Zwischenwange ist etwas gedrungener als bei den früheren Gestühlen. Charakteristisch für eine frühe Entstehung ist nach Loose[32]) die Ausbildung der Vorderkante des halbkreisförmigen Mittelteils als quasi selbständiges körperliches Gebilde[33]). Die Einzelformen und Profile am Domchorgestühl sind auffallend plastisch und körperhaft ausgebildet, im Vergleich zu früheren oder gleichzeitigen Gestühlen ausgeprägter in Tiefe und Volumen. Vor allem die Zier der Knäufe übertrifft an Variationsbreite des Dargestellten alles zuvor Dagewesene.

Doch ebenso vielfältig ist die Bildwelt der sogenannten Miserikordien. An der oberen Kante der durchlaufenden Vierpaßbohle sind mit je zwei Scharnieren[34]) die beweglichen Sitzplatten befestigt, auf der Unterseite die Miserikordien, nur bei hochgeklapptem Sitz sichtbar und während der Zeiten des Chordienstes, die im Stehen verbracht werden mußten, den Klerikern eine unauffällige Sitzgelegenheit[35]). T7

Sitzplatte und Miserikordie sind aus einem Stück gearbeitet[36]). Die Grundform der Miserikordie entspricht einem auf der Spitze stehenden Dreieck (Höhe ca. 25 cm), das zur oberen Stützfläche hin kegelförmig an Volumen gewinnt. Dieser Raum ist figürlich ausgestaltet, wobei die Grundform erkennbar bleibt. Die alternierende Anordnung von Blattwerk und gegenständlicher Darstellung ist hier nicht durchgehalten. Eine Ausnahme bilden die Sitze SI 1–9. Die Leiste, welche die Konsole im rechten Winkel nach oben abschließt, ist leicht gemuldet, um ein bequemes Sitzen zu ermöglichen. T38, T39

Mit seinem Miserikordienschmuck bildet das Domchorgestühl keine Ausnahme. Diese Bereiche sind schon bei früheren Gestühlen, wenn auch häufig rein ornamental, mit Dekor versehen[37]). Die leicht schräg nach hinten verlaufende Rückenlehne ist in der Vierpaßbohle hinter den Scharnieren des Sitzbrettes verzapft.

Auf Rückenlehne und Zwischenwange ruht die Deckplatte. Sie ist über den Sitzen hufeisenförmig ausgeschnitten und bildet über den oberen Abschlußsäulchen der Zwischenlehnen – quasi wie ein Gebälk – abgerundete Armstützen (Accoudoirs). Die Deckplatte ist vorn – im Bereich der Accoudoirs – mit einer Abfolge von vier Wülsten und drei Kehlen reich profiliert. Die unterste Kehle ist mit Rosetten – abwechselnd rund und eckig – besetzt. T7 F6

Für die hintere Sitzreihe dient die Deckplatte der vorderen – pultartig vorgezogen – als Ablagefläche. Senkrecht dazu verlaufen an der Rückseite der Sitze Maßwerkfriese, die durch kurze, vorgelegte Säulchen in Abschnitte von meist vier, teilweise auch fünf oder drei Maßwerkmotiven unterteilt werden[38]). Die Maßwerkfriese werden abwechselnd durch von einem Kreis umfangene Sechspässe (Durchmesser 26 cm) und zu Vierpässen geordnete sphärische Dreiecke, denen wiederum Dreipässe gleicher Art eingeschrieben sind, gebildet. Die Vierpässe sind zum Zwecke der Belüftung durchbrochen gearbeitet, das Zentrum in Form eines Quadrates mit leicht eingezogenen Seiten ist geschlossen und von stehenden Vierpässen mit Masken oder Blattwerk in der Mitte besetzt. Den alternierend dazu verwendeten Sechspässen ist je Paß wiederum ein Dreipaß mit Lilienenden eingeschrieben. Im Zentrum befinden sich wieder Masken oder kleinere figürliche Darstellungen. Die rückwärtige Sitzreihe ist heute durch eine durchlaufende schwere Holzplatte, die mit Scharnieren an die Deckplatte anschließt und hochzuklappen ist, direkt an die Chorschranken angeschlossen[39]). 224 T23

Eine Besonderheit am Kölner Chorgestühl sind die Verkleidungen der Langchorpfeiler C und D 11 bzw. 12, durch welche die hinteren Gestühlsabschnitte von jeweils neun Sitzen zu einer ununterbrochenen Folge verknüpft werden. Zwischen die beiden begrenzenden Zwischenwangen ist statt eines Sitzes eine Holzverschalung eingefügt. Sie wird auf beiden Seiten durch vorgelegte, bis zur Deckplatte hochgeführte Dreiviertelsäulen begrenzt, S1 T24 welche die gleiche formale Gestaltung wie die oberen Säulchen der Zwischenwangen zeigen. Die Verschalungen selbst sind – ähnlich wie die niedrigen Wangen – durch jeweils einen großen liegenden Vierpaß mit ausgesprengten Nasen und einer zweiten, darunterliegenden Reihe mit zwei kleineren, meist ebenso gestalteten Vierpässen[40]) – alle mit Reliefs geschmückt – versehen. Die Deckplatte läuft ununterbrochen um den Pfeiler herum.

T5, T16 Die obere Gestühlsreihe wird nach Osten von Wangenpaaren begrenzt, welche die Langchorpfeiler C 13 und D 13 flankieren und im Folgenden die Numerierung SH, SI (im Süden) und NH, NI (im Norden) – in Fortführung von Tieschowitz' Wangenzählung – erhalten. Zwischen diese Wangen ist jeweils ein achteckiger, herausnehmbarer Pfeiler (Höhe 108,5 cm), mit Maß- und Blattwerk geschmückt, eingestellt.

T17, T20 Die Wangenpaare sind an der dem Hochaltar zugewandten Seite mit reichem Blendmaßwerk versehen, in dem ehemals auf Sockeln je zwei Holzskulpturen von etwa 48 cm Höhe standen[41]). Die Figuren wurden durch vor das eingetiefte Maßwerkfeld vorgelegte Strebepfeiler gerahmt, die zwei vorspringende Baldachine[42]) trugen. Jeweils außen neben dem Maßwerkfeld läuft senkrecht eine mit Blattwerk geschmückte Kehle. Daneben eine zweite, die im jetzigen Zustand oben abrupt endet und wahrscheinlich am verschwundenen oberen Wangenaufbau weiterlief[43]).

Auch die Innenseiten der Wangen sind mit Blendmaßwerk ausgestattet[44]).

T16 Vorn an den Flanken sind Dienstbündel (mit drei Diensten) vorgelegt, die von rosettenbesetzten Kehlen begleitet werden. Sie tragen die aufliegende Deckplatte, die in der Form den Accoudoirs entspricht, darunter die Kehle mit Blattwerk. Ähnliche Form zeigt auch die Deckplatte auf dem eingestellten Pfeiler. So wird die hintere Sitzreihe des Chorgestühls durch ein durchlaufendes Gebälk zusammengefaßt. Nach Westen zu ist die äußere Zwi-

F6 schenwange der Sitze SI 1 und NI 1 direkt an die Wangen NH und SH angearbeitet. Die entstehenden Zwickel sind mit figürlichen Reliefs geschmückt.

Die Form der oberen Abschlußwangen ist – im jetzigen Zustand – ungewöhnlich. Es fehlt der Aufbau[45]).

T9 Die niedrigen Wangen, welche die Eingänge zur hinteren Sitzreihe flankieren, zeigen folgenden Aufbau. Sie bestehen aus zwei Teilen: einer unteren, rechteckigen Wange, an den Flanken vorgelegte Dienstbündel vor Rosettenkehlen (genau wie bei den Maßwerkwangen), darüber ein etwas ausladender Aufsatz, der von je zwei liegenden, aneinandergelehnten C's gebildet wird, die – an den Enden eingerollt – reich mit Blattwerk und eingestellten Figuren dekoriert sind, so daß die zugrundeliegende Form der gegenständigen Voluten oft nur noch mit Mühe zu erkennen ist.

Die ganze Wangenbekrönung ruht auf einem ausladenden Architrav, der in seiner Kehle mit Blattwerk besetzt ist und auf den flankierenden Säulen aufliegt. Die Volutenaufsätze sind getrennt gearbeitet und mit dem Unterbau verzapft. Sie selbst sind, mit Ausnahme von einigen etwas vorstehenden Verzierungen, aus einem Stück. Der Unterbau ist zu den Durchgängen hin jeweils mit zwei großen liegenden Vierpässen, darunter in einer klar abgetrennten Zone mit vier kleinen stehenden Vierpässen geschmückt. Alle Pässe sind mit figürlichen Reliefs gefüllt, ebenfalls die Zwickel, die an den Rückseiten der Wangen durch den Anschluß des nächsten Sitzes gebildet werden.

T 9   Wange NB, Ansicht von Osten ▶

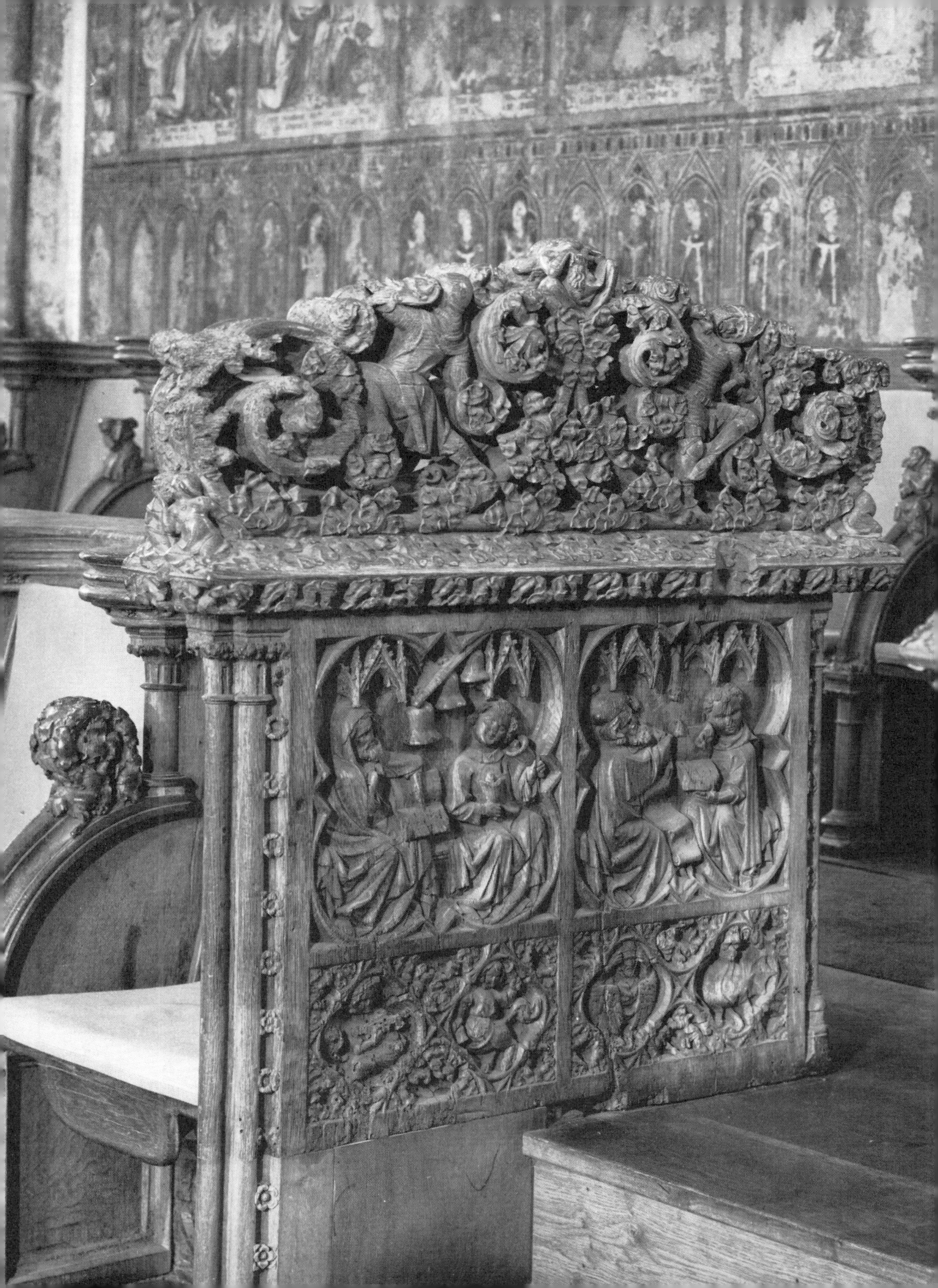

F2, F3   Die östlichen Wangen SA und NA sind zum Hochaltar hin im Barock abgearbeitet und mit dem Wappen des Kapitels versehen worden[46].

Die vorliegende Wangenform entspricht durchaus dem üblichen Typus bei gotischen Gestühlen[47], ist aber in der überaus sauberen Trennung der Geschosse, der Betonung des Lastens durch den Architrav tektonisch sehr viel mehr durchgebildet gegenüber den sonst eher kraftlosen niedrigen Wangen. Vor allem die Größe und der überaus üppige Schmuck übertreffen alle erhaltenen zeitgenössischen Chorgestühle.

Anmerkungen

[1]) Nach Wolff, Chronologie, Fig. 1.
[2]) Vgl. F. W. Oediger, Das Bistum Köln von den Anfängen bis zum Ende des 12. Jahrhunderts (Geschichte des Erzbistums Köln Bd. 1), Köln 1972, S. 333; Kroos, 1984, S. 93.
[3]) Kroos, S. 82.
[4]) W. Weyres, Die Domsakristei. In: KDBl. 20, 1961/62, S. 151 ff., hier S. 152, 156.
[5]) Bergmann, Jägers, Lauer, S. 31.
[6]) Vgl. hierzu das Kapitel „Stellenwert im Verhältnis zu anderen Chorgestühlen".
[7]) Stehkämper, S. 25 f.
[8]) Ebd., S. 20 f.; hierzu umfangreiche Literatur, die ältere zusammengefaßt bei Clemen, Dom, S. 15; vgl. hier auch S. 36. An neuerer Literatur zu nennen vor allem Stehkämper, S. 19–28; Oediger (2), S. 332–340.
[9]) Stehkämper, S. 20.
[10]) Ebd., S. 20 f.
[11]) Ebd., S. 19 f. und S. 21 ff.
[12]) Oediger (2), S. 333.
[13]) Die Einkünfte flossen nämlich teilweise in Form von täglichen Mahlzeiten genau spezifizierter Art, welche die Kapitulare in ihren Häusern im Bereich des Domklosters zu sich nahmen. Vgl. hierzu die Statuten des Domkapitels bei T. J. Lacomblet, Das Memorienbuch und die Statuten des Domstifts zu Cöln. In: Archiv für die Geschichte des Niederrheins, erste Abt., Bd. II, Heft 1, Düsseldorf 1854, S. 22 ff.
[14]) Lacomblet (13), S. 5; Oediger (2), S. 333.
[15]) Oediger (2), S. 333.
[16]) Ebd., S. 334; Stehkämper, S. 25.
[17]) H. Gerig, Das Domkapitel. In: KDBl. 11, 1956, S. 67–69, S. 67.
[18]) Hierzu Kisky, S. 24 f.; Oediger (2), S. 333 und Anm. 10; Stehkämper, S. 25 und Anm. 153; vgl. auch vor allem die unter (14) zitierte Stelle bei Lacomblet. Zur Zusammensetzung des Kapitels noch: H. Hüffer, Forschungen auf dem Gebiete des französischen und rheinischen Kirchenrechts nebst geschichtlichen Nachrichten über das Bistum Aachen und das Domkapitel zu Köln, Münster 1863; Clemen, Dom, S. 36.
[19]) d'Hame spricht etwa von 25 Domvikaren, nebst einigen Sängern und Chorisocii. A. E. d'Hame, Historische Beschreibung der berühmten Hohen Erz-Domkirche zu Köln am Rhein, Köln 1821, S. 344.
[20]) Clemen, Dom, S. 36; F. Walter, Das alte Erzstift und die Reichsstadt Cöln, Bonn 1866, S. 87; Kisky, S. 25 f.; zu den Kanonikaten von Papst und Kaiser ausführlich noch im Zusammenhang mit der Rekonstruktion der Ehrensitze.
[21]) Zur ursprünglichen Sitzanzahl siehe unter Rekonstruktion.
[22]) Siehe dazu auch unter Rekonstruktion.
[23]) Hollstein, S. 57 ff.
[24]) Auch die anderen rheinischen Gestühle dieser Zeit, z. B. im Xantener Dom oder in St. Gereon, Köln (im Zweiten Weltkrieg verbrannt), sind ungefaßt.
[25]) Siehe dazu M. Urban, Artikel „Chorgestühl" im RDK III, Stuttgart 1954, Sp. 517; ein Dorsal z. B. beim Chorgestühl der Kathedrale von Lausanne, um 1300, W. Loose, Die Chorgestühle des Mittelalters, Heidelberg 1931, Abb. 41; Konstanz, St. Stefan, um 1300, ebd. Abb. 54; ein Dorsal auch bei dem ungefähr gleichzeitigen Chorgestühl der Kathedrale von Winchester, 1308, L. Freeman Sandler, Peterborough Abbey and the Peterborough Psalter in Brussels. In: Journal of the British Archeological Association 3rd Ser. 33, 1970, S. 41, Pl. XIII, 3. Das etwas frühere Chorgestühl in St. Gereon hatte wie das Domgestühl kein Dorsal.

²⁶) Auf die Beziehung zwischen Chorgestühl und Chorschrankenmalereien wird im Zusammenhang mit der Rekonstruktion noch einmal einzugehen sein. Vgl. auch R. Haussherr, Die Chorschrankenmalereien des Kölner Doms. In: Vor Stefan Lochner. Die Kölner Maler 1300–1430. Ergebnisse der Ausstellung und des Colloquiums, Köln 1974, S. 28–59, Abb. 1.
²⁷) Siehe Inventar. Vgl. auch die Rekonstruktion des mittelalterlichen Zustands.
²⁸) 19. Jahrhundert. Siehe unter „Das Chorgestühl im 19. Jahrhundert".
²⁹) Urban, Sp. 514 f.
³⁰) Paris, Bibliothèque Nationale, Ms. fr. 19093. Vgl. H. R. Hahnloser, Villard de Honnecourt. Kritische Gesamtausgabe des Bauhüttenbuches Ms. fr. 19093 der Pariser Nationalbibliothek, Wien 1935, Taf. 37.
³¹) Siehe Inventar. Gleicher Schmuck am Chorgestühl von St. Gereon; dazu Reiners, Rheinische Chorgestühle, S. 57.
³²) Loose, S. 20.
³³) Dies ist z. B. auch in Poitiers, um 1250, Loose, Abb. 122, und Winchester, ebendort Abb. 2, der Fall.
³⁴) Zum Teil noch originale Montage; siehe Inventar.
³⁵) Zu Zweck und Entwicklung der Miserikordie siehe Loose, S. 24; G. L. Remnant, A Catalogue of misericords in Great Britain, Oxford 1969, S. XVII f.; Grössinger, S. 1 ff.; M. D. Anderson, Misericords, Harmondsworth 1954, S. 9 f.; D. und H. Kraus, The hidden world of misericords, London 1976, S. IX; Urban, Sp. 17.
³⁶) Bei Beschädigung der Platte wurden die figürlichen Darstellungen jedoch häufiger auf eine neue Unterlage übertragen, was oft nicht ohne Beeinträchtigung, vor allem der Ränder, vor sich ging. Siehe dazu das Inventar.
³⁷) In England bei frühen Miserikordien häufig Blattwerk oder Masken, in Frankreich ebenfalls. In Deutschland ist das Kölner Gestühl das erste, das diesen Reichtum und diese Originalität der figürlich geschnitzten Miserikordien aufweist.
³⁸) Insgesamt jeweils 15 Abschnitte. Anzahl der Maßwerkkompartimente von Osten nach Westen: 1, 5, 5, 5, 4, 3, 4, 3, 4, 4, 4, 4, 4, 4, 4. Die gleichmäßige Reihung nach Westen zu geht auf das 19. Jahrhundert zurück.
³⁹) Zur Rekonstruktion des ursprünglichen Zustands vgl. das folgende Kapitel.
⁴⁰) Variationen möglich; siehe Inventar.
⁴¹) Siehe unter Rekonstruktion des mittelalterlichen Zustands.
⁴²) Jetzt nicht mehr vorhanden; eine Vorstellung gibt die Rekonstruktion bei Schmitz, Lfg. 18, Bl. 4, Fig. 2.
⁴³) Siehe unter Rekonstruktion.
⁴⁴) Genaue Beschreibung im Inventar.
⁴⁵) Siehe unter Rekonstruktion. Eine Vorstellung gibt die Zeichnung bei Villard, Fig. 4.
⁴⁶) Zum ursprünglichen Aussehen vgl. das folgende Kapitel.
⁴⁷) Beispiele: Marienstatt: Loose, Abb. 53; La-Chaise-Dieu: Loose, Abb. 54.

Geschichte und Rekonstruktion

Das heutige Aussehen des Chorgestühls entspricht teilweise nicht mehr der ursprünglichen mittelalterlichen Anlage. In seiner Funktion als Gebrauchsmöbel wurde es im Laufe der Zeit verschiedentlich verändert und umgebaut, dem jeweiligen Zeitgeschmack und dementsprechender Gesamtgestaltung des Chorinnern angepaßt. Die entscheidendsten Eingriffe fanden im 18. Jahrhundert und nach dem Abriß der Chorwestwand 1863 statt.

1. Das Chorgestühl in der Zeit des Barock

Im 18. Jahrhundert wurden tiefgreifende Veränderungen am Domchor und seiner bis dahin wahrscheinlich noch relativ vollständig erhaltenen mittelalterlichen Ausstattung vorgenommen[1]). Pläne zu einer Modernisierung, vor allem des Hochaltars, wurden schon in den dreißiger Jahren protokollarisch geäußert[2]), zu entscheidenden Taten schritt man jedoch erst in den Sechzigern[3]). Als wichtigster Punkt stand die Modernisierung des Hochaltars auf dem Programm: er erhielt einen „mittleren Tabernacul" (entworfen von Etienne Fayn), zwei lebensgroße Holzfiguren von Petrus und Maria (in Lüttich gefertigt) an den Seiten[4]). Die in Arkaden eingestellten mittelalterlichen Marmorfigürchen der Mensa wurden mit Ausnahme der heute noch in situ befindlichen (im Westen) mitsamt der Rahmung entfernt. Der Umgestaltung fielen ferner 1766 das spätgotische Sakramentshaus[5]) und ein steinerner Dreisitz[6]), die beiden spätmittelalterlichen Seitenaltäre vor den Pfeilern C 14 und D 14, zusammen mit einem Toxal, und die durchbrochenen Chorschranken zum Opfer[7]). Die zerschlagenen Reste dieser Ausstattungsstücke wurden bei Ausgrabungen im 19. und 20. Jahrhundert zutage gefördert, und zwar in den Fundamenten für die damals neu errichteten barocken Seitenaltäre und in der losen Sandschüttung unter dem Binnenchorfußboden[8]).

Auch das Chorgestühl blieb von dieser Modernisierungskampagne nicht verschont. Zwei erst 1665 bei Heribert Neuss für den Hochaltar bestellte, lebensgroße Marmorfiguren von Petrus und Maria, die man jetzt offenbar als unmodern empfand, mußten den erwähnten hölzernen weichen und wurden 1770 vor den östlichen Abschlüssen der hinteren Gestühlsreihen aufgestellt: „wie ... die weiß-marmele aufm hohen Altar bishero gebrauchten Bildnussen der h. Mutter Gottes und des h. Petri vor die stalla des grossen Chors, wohn die Bildnussen des Pabsts und Kaysers gesetzt seynd, außgestellet werden"[9]). Grundrisse des Chores vom Ende des 19. Jahrhunderts, die während der Planungsphase für den Essenwein'schen Fußboden gezeichnet wurden, geben die Postamente für diese beiden Figuren wieder: sie stehen schräg vor den Langchorpfeilern C 13 und D 13 neben den hinteren östlichen Maßwerkwangen[10]). Die bis dahin dort auf den hölzernen Maßwerkpfeilern aufgestellten Statuen von Papst und Kaiser wurden im Zuge dieser Änderung entfernt und sind verlorengegangen. Die Aufbauten der Wangen wurden ebenfalls abgerissen, ihre Zapflöcher sind noch sichtbar. Auch die Schauseite dieser Wangen zum Hochaltar hin wurde verändert: man entfernte kurzerhand die vier mittelalterlichen Holzskulpturen mit

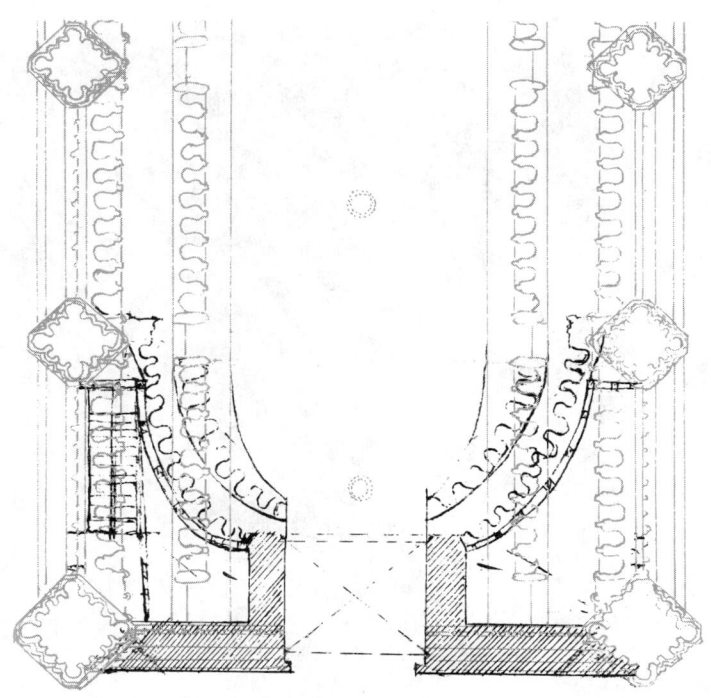

T 10   Grundriß der Barockorgel mit anschließendem Chorgestühl, Zeichnung von 1830/40.

Maßwerkbaldachinen und Sockeln[11]). Die Abschlußwangen der vorderen Sitzreihen wurden ebenfalls auf der Ostseite ihres mittelalterlichen Schmuckes beraubt: auch hier wurden Skulpturen und Maßwerk entfernt, auf die zur glatten Fläche abgearbeiteten Wangen wurde jeweils das Wappen des Kapitels montiert[12]). Offensichtlich hatte sich die kleinteilige mittelalterliche Verzierung nicht mit den großformatigen, barocken Figuren vertragen. Alle mittelalterlichen Figürchen sind leider verschollen.

Gleichzeitig wurde noch eine weitere, wesentliche Veränderung des östlichen Gestühlsabschlusses vorgenommen: die Wangen NA und SA wurden, etwas nach Osten versetzt, direkt vor die östlichsten Maßwerkwangen gesetzt, so daß dann NB und SB die vordere Sitzreihe abschlossen. Der entstandene Raum wurde durch je eine geschwungene Treppe gefüllt, die mit der barocken Treppenanlage vor dem Hochaltar korrespondierte. Diese Anlage des Gestühls muß Ende des 19. Jahrhunderts noch bestanden haben; denn die Zeichnung Dombaumeister Voigtels von 1889 (siehe Anm. 10) dokumentiert sie noch ebenso wie einige Aufnahmen des Binnenchores, die vor 1894 (Abriß des barocken Hochaltaraufsatzes) entstanden sind[13]). Kurz darauf, bei Anlage des neuen Chorfußbodens, wurden dann die Wangen NA und SA an die heutige Stelle versetzt und die jetzige Treppenanlage geschaffen; denn eine Essenwein'sche Entwurfszeichnung gibt bereits diese Situation wieder (vgl. Anm. 10).

Auch nach Westen zu wurden entscheidende Veränderungen am Chorgestühl getätigt. Auf einem Grundriß des Domes von 1830/40 ist das Chorgestühl mit nach Westen halb-

T 11   A. Quaglio, Innenansicht des Chores nach Ostnordosten. Bleistiftzeichnung (um 1810)

T 12 Fragment einer Chorinnenansicht, Kupferstich (vor 1838)

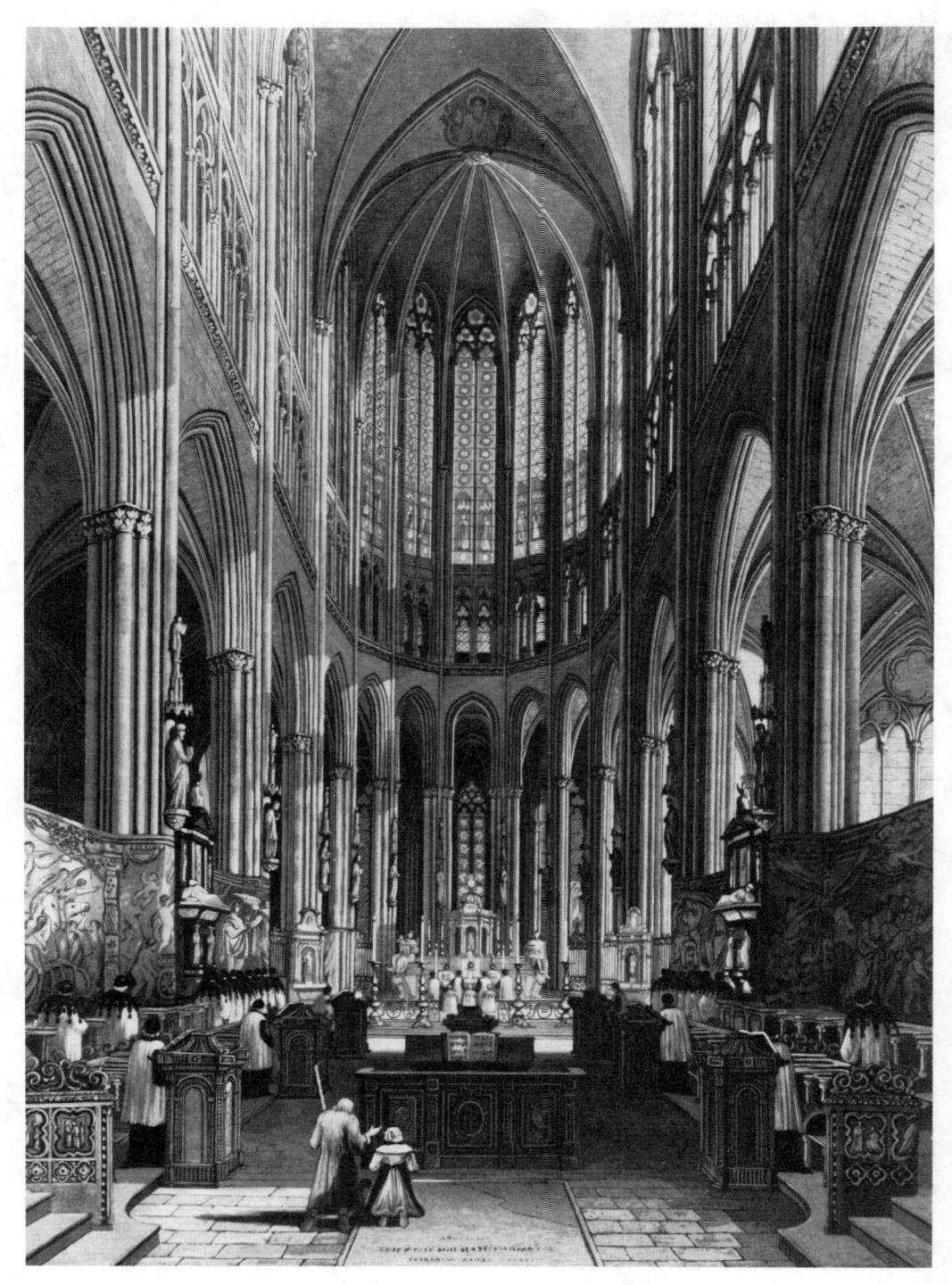

T 13 Innenansicht des Domchores, Aquatinta von C. Wild (um 1837)

T 14   Innenansicht des Domchores, Stahlstich (1834/40)

rund auf die mittleren Stützen der Orgelbühne zulaufender Anordnung eingezeichnet[14]). Beide Sitzreihen sind von der Höhe der Langchorpfeiler C und D 11 an parallel hintereinander in einem Bogen auf diese Stützen zugeführt. Außerdem werden in dieser Zeichnung Eingänge ins Gestühl vor den Pfeilern C und D 11 festgehalten. Außer dem Mittelportal in der Westwand gibt es Durchbrüche an den westlichen Enden der Chorschranken neben den Vierungspfeilern als Zugänge zum Binnenchor[15]). Weitere Hinweise für eine solche halbrunde Aufstellung des Gestühls finden sich auf Ansichten des Chorinnern vor Abriß der Westwand 1863, dem Zeitpunkt, an dem man mit der Wiederherstellung der „ursprünglichen Anordnung" des Chorgestühls begann[16]). So zeigt eine Bleistiftzeichnung von A. Quaglio (um 1810) deutlich den geschwungenen Aufbau ebenso wie das Fragment einer Chorinnenansicht (vor 1838), das wahrscheinlich für das Domwerk von Boisserée bestimmt war[17]). Auch auf anderen Choransichten des 19. Jahrhunderts, einer Aquatinta von C. Wild, etwa 1837, einem Aquarell von J. P. Weyer, um 1840, oder einem Stahlstich von 1834/40[18]) ist die abgerundete Anordnung zur Vierung hin klar zu erkennen. Auf der zuletzt genannten Ansicht sieht man außerdem, daß die hintere Gestühlsreihe bis zu den Orgelstützen läuft und in Aufbauten endet, die wohl ebenfalls aus der Barockzeit stammen. Der hintere Eingang verläuft nicht schräg wie im heutigen Zustand, sondern parallel zu den Chorschranken. Wie heute, ist die hintere Gestühlsreihe um zwei Treppenstufen gegenüber der vorderen erhöht. Ein weiterer Eingriff der Barockzeit ist deutlich sichtbar: die vorderen Abschlußwangen zur Vierung hin sind an den Außenseiten um je einen halben Vierpaß beschnitten, der Wangenaufsatz durch Entfernen der eingestellten Figuren verschmälert.

Es gibt Darstellungen aus dem späten 18. Jahrhundert und aus dem 19. Jahrhundert, die der Annahme widersprechen, daß das Chorgestühl in der antriebenen Weise geschwungen aufgestellt war. Diese sind jedoch im Sinne einer „antizipierten Vollendung" des Domes und nicht als originalgetreue Wiedergaben zu verstehen[19]).

Zur Unterstützung der These läßt sich zum weiteren eine Beschreibung des Domes von 1862 heranziehen: „Die nächsten Chorstühle zwischen den 7. und 8. Säulen, acht Sitze in der hinteren und fünf in der vorderen enthaltend, treten rundlich von beiden Seiten in den Chor hinein vor"[20]). Dieser Beschreibung entspricht der Grabungsbefund: 1959/60 wurden im Chorbereich Ziegelfundamente aufgedeckt, die dieser Halbkreisform entsprechen[21]).

Man darf also mit einiger Sicherheit annehmen, daß während der Chorumgestaltung des Barock das Chorgestühl nach Westen halbrund angeordnet wurde. Schriftliche Zeugnisse aus der Zeit für diesen Eingriff gibt es offensichtlich nicht. Da die Änderung des Chorgestühls ursächlich mit dem Aufbau des Orgelprospekts zusammenhängt, dürfte zumindest der Plan dafür aus der Zeit von 1729 bis 1735 stammen, der Zeit, in der die neue Orgelbühne gebaut wurde[22]). Wahrscheinlich ließ auch die Ausführung nicht lange auf sich warten. Das I-Tüpfelchen der barocken Neuerungen war die nach 1766 durchgeführte Illuminierung der Chorarchitektur in den Farben Grau und Weiß durch die Werkstatt des italienischen „Überweißerers" Johan Syrus[23]). Zu den Marmortönen und der Vergoldung an barockem Hochaltar und Seitenaltären traten als Hintergrund gelbseidene Vorhänge, die im Chorhaupt vor den Pfeilern aufgehängt wurden[24]). Die „Büldnissen im hohen Chor", d. h. die Chorpfeilerfiguren, wurden „sauber abgewaschen, mithin die denenselben überstrichenen Farb best-thümlichst wieder herausgebragt werde"[25]). Die Chorpfeilerfiguren blieben also in ihrer originalen Farbigkeit erhalten und hoben sich wirkungsvoll von der illuminierten Architektur ab.

Das Chorgestühl wurde im Zuge dieser farblichen Modernisierung des Chores mit einer hellen Tünche behandelt. Reste dieses Farbüberzugs finden sich noch heute an den östlichen Stallen, die im 19. Jahrhundert nicht abgelaugt und erst nach dem Krieg einer eingehenden Restaurierung unterzogen wurden. Mit Hilfe einer chemischen Analyse dieser Farbpartikelchen konnte die helle Fassung, die nur aus dieser Modernisierungskampagne des Barock stammen kann, nachgewiesen werden[26]).

Die von W. Weyres geäußerte Vermutung, daß das Chorgestühl in der Barockzeit weiß gestrichen war[27]), findet sich also bestätigt. Diese helle Fassung wurde dann später – noch vor 1863[28]) – wiederum mit einer braunen Ölfarbe überstrichen, die das Chorgestühl in einer dicken Schicht in den im 19. Jahrhundert nicht restaurierten Teilen bis nach dem Zweiten Weltkrieg überzog.

Wahrscheinlich war die helle Tünche schon nach kurzer Zeit abgenutzt, da man das Chorgestühl regelmäßig zu wienern und zu bohnern pflegte[29]). Ein weißer Anstrich war für ein Gebrauchsmöbel, das täglich strapaziert wurde, ohnehin unpraktisch. Parallel zur Holzoberfläche verlaufende Wurmgänge, die sich an vielen mittelalterlichen Teilen des Gestühls befinden, sind noch heute Indiz dafür, daß sich auf der Oberfläche lange Zeit ein dicker Farbüberzug befand.

So präsentierte sich also das Chorgestühl im Barock: mit modernisierter Front zum Hochaltar, mit geschwungenen Treppen, neben den beiden hinteren Abschlüssen Marmorstatuen, im Westen halbrund auf die Orgelbühne zulaufend, mit dieser optisch eine Einheit bildend, in farblichem Zusammenklang mit der Architekturfassung im Hochchor.

2. Das Chorgestühl im 19. Jahrhundert

Nach dem Abriß der Westwand im Jahre 1863 konnte und mußte die barocke Anordnung der Gestühlssitze wieder rückgängig gemacht werden. Diese Aufgabe wurde dem Königlichen Hoflieferanten und Bildhauer F. Eschenbach zu Köln übertragen. Geplant war eine Wiederherstellung des Gestühls in der ursprünglichen Anlage[30]). Nach Rechnungen im Dombauarchiv[31]) wurden die westlichen Gestühlssitze der Nordseite bis 1864, die der Südseite 1865 restauriert. Ein Foto von 1863 zeigt, daß zu dem betreffenden Zeitpunkt die Nordseite bereits abgebaut und in Arbeit war[32]). Es waren insgesamt vier Leute, zwei Bildhauer und zwei Schreiner, mit den Arbeiten beschäftigt[33]). In seinen Rechnungen unterscheidet Eschenbach zwischen „restaurirter Bildhauerarbeit" und „neuer Bildhauerarbeit", d. h. zwischen den lediglich überarbeiteten mittelalterlichen Stücken und neu angefertigten. Desgleichen wird zwischen „restaurirter Schreinerarbeit" und „neuer Schreinerarbeit" differenziert.

Eschenbach zählt zudem jedes Stück, jede Arbeit, mit den Preisen einzeln auf (leider nicht mit der Sitznummer), so daß der Umfang der Restaurierungsarbeiten bis in Einzelheiten vorliegt. Auf der Nordseite wurden 14 Chorbänke, an die alten anschließend, restauriert und vier neu hergestellt; außerdem sind die hinteren Abschlußwangen neu, bei der vorderen wurde das Paneel verlängert, und im Aufsatz setzte man die Statuen neu ein. Von den Miserikordien wurden 13 neu angefertigt und fünf restauriert, bei den Vierpässen 26 (unter 13 Sitzen) nachgearbeitet und acht neu hergestellt; von den Zwischenwangen sind vier neu. Die Pfeilerverkleidung Ny wurde abgelaugt und restauriert.

Auf der Südseite wurden ebenfalls 18 Chorbänke behandelt. Von den Miserikordien sind 13 neu, vier restauriert, bei den Vierpässen zwölf nachgearbeitet und sechs neu ausgeführt, außerdem werden drei neue und sechs nachgearbeitete Zwischenwangen aufgeführt. Für Wangen und Pfeilerverkleidung gilt das gleiche wie auf der Nordseite.

Durch diese Aufstellung wurde die Identifizierung der im 19. Jahrhundert neu angefertigten Teile sehr erleichtert[34]): auf der Nordseite sind die Miserikordien NI 1 und 21–25, NII 17–20, 23–25 neu, dazu kommen die Vierpässe NI 24 links, 27; außerdem 20 rechts; die Knäufe NI 27 sowie NII 22/23 und 24/25 sind ebenfalls neu. Auf der Südseite stammen folgende Stücke aus dem 19. Jahrhundert: die Miserikordien SI 19–27 und SII 17–19, außerdem SII 25. An Vierpässen sind neu: SII 18–20 links, 23 rechts (zwei mehr als angegeben); ebenfalls die Knäufe SI 27, SII 17/18 und 18/19.

Die farbige Einzeichnung der alten und der neuen Teile des Gestühls in dem schematischen Plan zeigt die unregelmäßige Verteilung der im 19. Jahrhundert neu angefertigten und überarbeiteten Teile. Aus der Reihe fällt die Miserikordie NI 1, die sich in dem vom 19. Jahrhundert nicht berührten mittelalterlichen Teil des Gestühls befindet. Sie wurde erst in späterer Zeit an diese Stelle versetzt, um als ikonographisches Pendant zum sterbenden Ritter auf der Kaiserseite einen stürzenden Teufel unter dem ersten Sitz der Papstseite zu erhalten[35]).

Der Maßwerkfries auf der Rückwand der vorderen Gestühlsseite stammt ab Sitz 17 aus dem 19. Jahrhundert. In den Rechnungen werden außerdem das Ablaugen des Gestühls und Schreinerarbeiten an Deckplatte, Rückenfüllungen, Sitzbrettern usw. aufgeführt. Auffällig ist, daß fast alle Miserikordien in den restaurierten Teilen des Gestühls neu sind, und zwar auf jeder Seite 13. Offensichtlich haben gerade diese Stücke die Barockzeit nicht überlebt. Die halbrunde Anordnung erforderte das Ersetzen der Sitzplatten. Die Vierpaßbohlen waren an diesen Stallen in der Mitte auseinandergesägt, um die Rundung zu erreichen. Im 19. Jahrhundert wurden sie neu zusammengesetzt und durch Leisten ergänzt. Auch die Deckplatte über den Sitzen war zersägt (auf der Nordseite z. B. in 18 Teile). Die Ständer sind fast durchgängig erhalten. Dieser Restaurierungsbefund unterstützt die These einer halbrunden Aufstellung im Barock.

Auch über die Anzahl der Sitze im Barock lassen sich Aussagen machen: auf jeder Seite sind 18 Sitze von der Restaurierung betroffen, d. h. für die obere Reihe die Stallen von Nx und Sx bis zur Vierung; für die untere die Sitze NI 17–25 und SI 17–25. Für die Nordseite wird deutlich gesagt, daß von den 18 Sitzen nur 14 restauriert und vier neu angefertigt wurden. Danach hätte das Chorgestühl vorher auf jeder Seite vier Sitze weniger gehabt, also insgesamt 96 Sitze. Dies stimmt mit der Beschreibung von Schneider 1862[36]) überein, nach der das Chorgestühl ebenfalls 96 Sitze hatte.

Bemerkenswert ist der behutsame Umgang mit der Originalsubstanz, der aus den Restaurierungsakten deutlich wird. Es sieht so aus, als habe man jedes nur mögliche Teil wiederverwendet. Die mittelalterlichen Stücke sind z. T. leider überschnitzt. Dies ist jedoch sehr geschickt gemacht. Die Gesichter sind vorsichtig nachgearbeitet oder es sind neue aufge-

T 15   Miserikordie NII 17 (19. Jahrhundert)

setzt worden. Abgebrochene oder verwitterte Teile wurden ergänzt, was manchmal durch den andersartigen Verlauf der Jahresringe im Holz ins Auge fällt. Durch diese geschickte Behandlung sind viele Skulpturen für die stilkritische Betrachtung nur mit Vorbehalt brauchbar.
Die im 19. Jahrhundert ganz neu angefertigten Stücke sind hingegen leicht zu identifizieren. Sie sind sehr viel gröber gearbeitet als die mittelalterlichen und zudem scharf in den Einzelformen. Die Miserikordien sind nicht zusammen mit den Sitzplatten aus einem Stück, sondern separat gearbeitet und dann später aufgesetzt worden. Dadurch gibt es keine fließenden Übergänge zwischen Brett und Miserikordie, kein allmähliches Herauswachsen der Form, kein Verschleifen durch aufgelegtes Blattwerk oder durch zarte Ränder. Die Skulptur steht vielmehr ohne Übergang abrupt und massiv vor dem Hintergrund. In einigen Fällen wurden alte Stücke des Chorgestühls – meist kleine Darstellungen aus den stehenden Vierpässen an den Wangen oder den Rosetten der Rückwände – als Vorbild für die Miserikordien des 19. Jahrhunderts herangezogen. So findet sich die Vorlage für die Miserikordie NII 17 in einem kleinen Vierpaß der Wange NA und diejenige für die Miserikordie SI 21 in einem winzigen Mischwesen im Laubwerk der Wangenbekrönung NC. Auch eine originale Vierpaßbohle (zwei Vierpässe), die auf unbekannte Weise in das Kölner Schnütgen-Museum gelangte[37]) und bereits zum Zeitpunkt der Restaurierungsarbeiten nicht mehr am Gestühl eingebaut war, wurde in den Vierpässen NI 26 exakt kopiert. Andere Darstellungen sind Erfindungen des 19. Jahrhunderts, häufig mit historisierendem Charakter[38]).

Zeichnungen aus dieser Zeit, die sich im Archiv der Dompropstei befinden[39]), halten jedes restaurierte und neue Stück fest, leider ohne genaue Unterscheidung. Ein schriftlicher Kommentar dazu erläutert die zugrundeliegenden Bildinhalte.

Mögen für uns auch mittlerweile die Skulpturen des 19. Jahrhunderts neben den mittelalterlichen einen durchaus beachtlichen Eigenwert besitzen und die Restaurierungsarbeit als bemerkenswerte Leistung in künstlerischem wie auch in denkmalpflegerischem Sinne durchaus einer Würdigung wert scheinen, so fehlte es im 19. Jahrhundert selbst bald nach dem Wiederaufbau des Gestühls nicht an kritischen Kommentaren. So hält Ennen die Arbeiten für „sinnlos und roh in der Ausführung, daß jedes ästhetische Gefühl sich dadurch verletzt findet . . ."[40]).

In dem Sinne auch Mohr: „Ein Holzschnitzler der untern Rangstufe, im Figuralischen ganz unerfahren, hat hier Rittergestalten geschaffen, die höchstens einem Liebhabertheater vom Lande als Muster dienen könnten, nicht zu reden von der frevelhaften und unwissenden Art, wie das Alte noch Vorhandene mit dem Holzmeissel überarbeitet worden ist . . .". Er endet mit dem Hilferuf: „Findet sich denn niemand von maßgebender Seite, um unsere öffentlichen Denkmäler, zu denen die Chorstühle gehören, zu schützen?"[41]) Bei der Restaurierung von 1864/65 wurde nur die Westseite des Gestühls betroffen, die barocken Eingriffe am östlichen Abschluß des Gestühls wurden – wie bereits bei Beschreibung des barocken Zustands erwähnt – erst Ende des 19. Jahrhunderts, soweit es noch möglich war, rückgängig gemacht.

3. Das Chorgestühl im 20. Jahrhundert

Wie die meisten anderen Ausstattungsstücke des Domes überlebte auch das Chorgestühl den Zweiten Weltkrieg relativ unbeschädigt. Es wurde zum Schutz mit Sandsäcken bedeckt und, soweit es zum Halt der Sandsäcke notwendig war, mit Holz verschalt[42]).
Beim ersten größeren Angriff auf Köln, am 31. Mai 1942, wurde auch der Dom von Brandbomben getroffen, es gab 42 Brandstellen. Spuren davon sind heute noch an Teilen des Chorgestühls sichtbar[43]). Daraufhin wurden die vorderen Gestühlsreihen vom 3. bis 7. August 1942 ausgebaut und in den Dombunker gebracht. Die einzelnen Teile wurden mit aufgeklebten Zetteln durchnumeriert. Die hinteren Stallen sicherte man zusammen mit den Chorschranken durch den Bau einer Mauer. Beim Ausbau der vorderen Sitze wurde ein Gutachten über ihren Zustand verfaßt[44]). Diesem ist zu entnehmen, daß alle Wangen in den unteren Teilen vom Wurm zerfressen waren, ebenso wie die Zwischenwände und fast alle Vierpaßbohlen unter den Sitzen. Einige Zwischenwände und Rückenlehnen waren gerissen.

Nach dem Krieg begannen 1947 die Restaurierungsarbeiten am Gestühl[45]). Sie beschränkten sich auf die Sitze, die im 19. Jahrhundert nicht bearbeitet worden waren. Die braune Ölfarbe und die helle Schicht darunter wurden in langwieriger Arbeit mit Salmiakgeist gelöst, so daß die östlichen Stallen nun einen hellen Eichenholzton, die westlichen Sitze hingegen durch die Behandlung mit Spiritusbeize im 19. Jahrhundert ein tieferes Braun aufweisen. Vom Wurm stark zerfressene Teile wurden in altem Eichenholz ergänzt. Im Herbst 1951 hatte man die Arbeiten abgeschlossen, und das Gestühl wurde wieder eingebaut. Dabei kamen offensichtlich einige Verwechslungen vor, die darauf zurückzuführen sind, daß sich die beim Ausbau 1942 angebrachten Zettel durch die Feuchtigkeit im Dombunker abgelöst hatten. Auf der Rückseite der bereits erwähnten Zeichnungen des 19. Jahrhunderts[46]) finden sich handschriftliche Kommentare eines Forschers, der vor dem Ausbau im Zweiten Weltkrieg die Zeichnungen vor Ort mit dem Gestühl verglichen hat und jeweils die Sitznummer des dargestellten Teils vermerkte.

Anhand dieser Numerierung läßt sich leicht feststellen, daß 1951 einige Stücke in den westlichen Teilen der vorderen Sitzreihe – denn nur zu diesen fehlten die Angaben – falsch eingebaut wurden, d. h. anders, als sie im 19. Jahrhundert angeordnet waren. Auf der Südseite sind es insgesamt sechs falsch eingebaute Teile: Miserikordie SII 24 war vorher S 1
SII 23, Miserikordie SII 22 vorher SII 21, Miserikordie SII 18 vorher SII 22 und Miserikordie SII 21 vorher SII 18; Vierpaß SII 21 war vorher SII 14 und Vierpaß SII 23 vorher SII 18.

Ähnliche Vertauschungen findet man auf der Nordseite vor, und zwar auch nur in den westlichen Teilen. Die östlichen Kompartimente konnten mit Hilfe der Beschreibungen in der Dissertation von Tieschowitz rekonstruiert werden. Dieser hatte die westlichen Stühle jedoch nicht in seine Untersuchung einbezogen[47]). Vertauschungen waren in den westlichen Teilen bereits im 19. Jahrhundert vorgekommen; so weisen die Rückwände der Sitze NI 19–24 Zapflöcher auf, die hier keine Funktion haben können, jedoch in die Zapfen des Unterbaus der vorderen Reihe passen[48]).

4. Rekonstruktion des mittelalterlichen Zustandes

Es ist uns heute kaum mehr möglich, die Zahl der Stallen für das mittelalterliche Gestühl exakt zu bestimmen. Heute sind es 104 Sitze, im Barock waren es nur 96. Zu der Zeit war das Gestühl jedoch an die Aufstellung der Orgelbühne angepaßt. Hätte man es bei der Sitzzahl von 96 gerade aufgestellt, hätte in der hinteren Reihe vor der Westwand ein Sitz gefehlt. Dies ist eigentlich schlecht vorstellbar, da sich im Mittelalter an dieser Stelle sicherlich keine Eingänge vom Chorumgang aus befunden haben[49]). Wir können also in der hinteren Reihe von je dreimal neun Sitzen wie heute ausgehen. Die Anzahl der Sitze in den beiden vorderen Reihen ist schwerer zu rekonstruieren, da wir die Verteilung der vorderen Eingänge nicht mehr kennen[50]). Geht man davon aus, daß die Eingänge wie jetzt in der vorderen Mitte lagen, müssen es wie heute je 13 und 12 Stallen gewesen sein. Zweimal 13 Sitze unterzubringen wäre nur möglich, wenn es im Westen keinen Eingang in das Gestühl gegeben hätte[51]). Dies ist zwar vorstellbar, aber nicht wahrscheinlich. Man kann also für das mittelalterliche Gestühl nach unserem heutigen Wissensstand keine andere Sitzzahl erschließen als die heutige. Auch die Zahl der Kapitelsmitglieder hilft da nicht weiter[52]). Wenn man von 72 zum Zeitpunkt der Chorweihe ausgeht – wie weiter oben ausführlich erläutert –, wurde mit Vikaren, Kaplänen usw. das Gestühl leicht gefüllt. Es gibt aber keine immer konstante Gesamtzahl von Benutzern, welche die Anzahl der Sitze genau festgelegt haben könnte.

Wie hat man sich den ursprünglichen westlichen Abschluß der Gestühlsreihen vorzustel- T 6
len? Eingänge vom Chorumgang aus hat hier das Gestühl nicht besessen. Die Einbrüche

47

T10   in die Chorschranken neben den Vierungspfeilern, die im 18. Jahrhundert den Zugang zu Binnenchor und Orgelbühne bildeten[53]) und deren Spuren heute noch zu erkennen sind, gehören nicht zur ursprünglichen Planung, da sie bis in die Malereien hinaufreichen. Über den westlichen Abschluß lassen sich ohnehin nur noch Vermutungen anstellen, da wir keinerlei schriftliche oder bildliche Zeugnisse besitzen. Möglich wären hintere Abschluß-wangen in der Form der übrigen niedrigen Wangen. Wahrscheinlicher ist aber ein Ab-

T8   schluß mit höherem Aufbau, etwa in Form einer stehenden Volute[54]). Der westliche Eingang ins Gestühl vom Mittelgang aus könnte wie heute schräg, möglicherweise aber wie im Osten gerade mit einer zusätzlichen, flankierenden Abschlußwange angelegt gewesen sein.

Zum Problem des westlichen Abschlusses bleibt noch hinzuzufügen, daß eine Fortsetzung der Sitzreihen vor der westlichen Abschlußwand, wie sie etwa Hoster und Weyres annehmen[55]), also eine höhere Sitzzahl, nicht völlig ausgeschlossen werden kann. Eine dementsprechende Aufstellung finden wir etwa bei Gestühlen, die vor einem Lettner hufeisenförmig angeordnet sind, beispielsweise beim Xantener Domchorgestühl[56]). Es gibt jedoch keinerlei zwingende Hinweise auf eine derartige Anlage im Kölner Dom. Zumindest eine zweireihige Gestühlsanordnung vor der Westwand ist wegen der wenig später am westlichen Ende des Langchores errichteter Tumba des Erzbischofs Wilhelm von Gennep nicht möglich. Zudem war die Trennwand im Westen – spätestens 1304 fertig[57]) –, die den bereits fertigen Domchor von der Baustelle abschloß, nur ein Provisorium. Eine Orgel wurde hier erst im 16. Jahrhundert aufgebaut, zu einem Zeitpunkt, als man mit einer Fertigstellung des Domes nicht mehr rechnen konnte[58]). Es war zudem eine Aufstellung des Dreikönigenschreins in der Vierung geplant[59]). Das Domkapitel hätte sich wohl kaum von diesem durch eine Gestühlsanlage optisch getrennt bzw. ihm gar den Rücken zugewendet. So erscheint eine Anordnung in Längsrichtung vor den Chorschranken, wie wir sie auch heute vor uns haben, wahrscheinlicher.

Ein weiteres Problem stellt die Frage nach der ursprünglichen Anzahl der Eingänge zu den hinteren Gestühlsreihen dar. Heute gibt es neben den seitlichen Aufgängen im Osten

T1, S1   und Westen nur einen Mitteleingang, der genau auf die Sitze NI 13 und SI 13 zuläuft. Erwarten würde man je zwei Eingänge gegenüber den Pfeilerverkleidungen, wie sie auch auf einem Längsschnitt durch den Chor von Boisserée[60]) oder in der bereits genannten

T10   Tuschezeichnung des Chorgestühls (mit halbrunder Anordnung)[61]) angegeben werden. Auch auf der Zeichnung von Quaglio und einer weiteren Chorinnenansicht des 19. Jahrhunderts[62]) meint man vorn zwei Durchgänge zu erkennen. Bestätigt wird eine derartige Rekonstruktion zudem durch die Beschreibung von 1862 (Schneider), die auch für die vordere Gestühlsreihe drei Kompartimente angibt[63]).

Es stellt sich dann natürlich die Frage nach dem Verbleib dieser Wangen; es müßte nämlich im Mittelalter und auch noch im Barock vier niedrige Wangen mehr gegeben haben. Die Restaurierungsberichte des 19. Jahrhunderts erwähnen keinerlei Arbeiten, die als Beseitigung eines Einganges gedeutet werden könnten. Wäre dies damals geschehen, hätte man mit großer Sicherheit diese mittelalterlichen Teile weiterverwendet, etwa bei den westlichen hinteren Abschlußwangen. Die sorgfältige Konservierung eines jeden mittel-

T 16   Wange NH und NI mit eingestelltem Pfeiler ▶

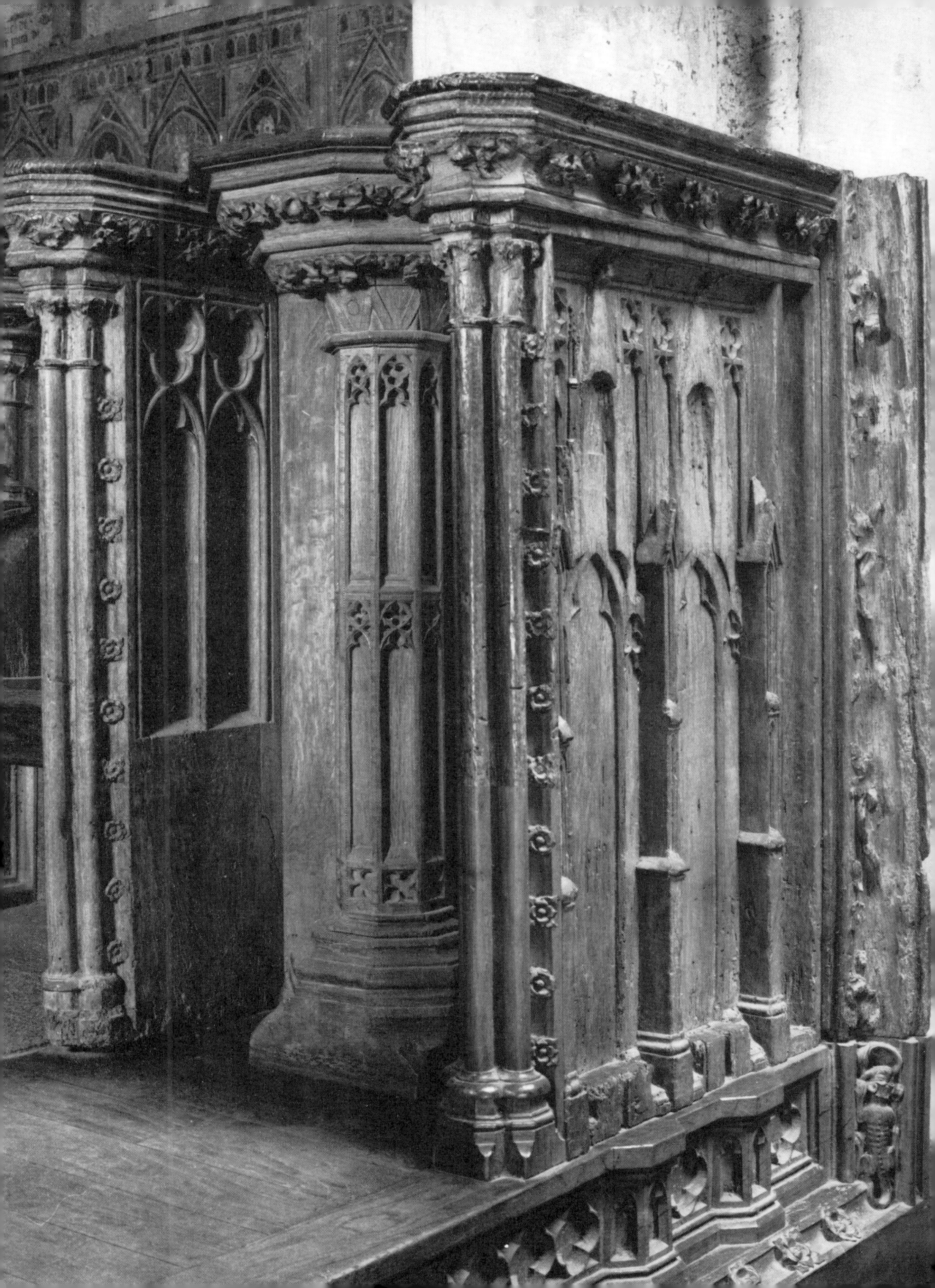

alterlichen Stückes läßt keinen anderen Schluß zu. Allein der rechtwinklige Abschluß auf der Nordseite kostete 350 Taler, fast die Hälfte der „neuen Bildhauerarbeit" auf dieser Seite. Es ist schlecht vorstellbar, daß man bei solchen Kosten nicht eine mittelalterliche Wange weiterverwendet hätte. Dies beweist auch die sorgfältige Wiederherstellung der stark verstümmelten Wangen NE und SE. Zudem zeigt das Foto von 1863 im Dombauarchiv, das bei ausgebauter Nordseite aufgenommen wurde[64]), den Eingang bereits an der heutigen Stelle.

Das Problem scheint also, zumindest zum jetzigen Zeitpunkt, nicht lösbar zu sein.

Auch die Untersuchung der Schnittstellen in den Vierpaßbohlen unter den Sitzen brachte keine eindeutigen Ergebnisse[65]). Diese laufen jeweils über vier bis fünf Sitze. Schnittstellen finden sich in den unteren Sitzreihen jeweils nach dem vierten bzw. fünften Sitz, in der nördlichen Frontreihe nach dem vierten und achten Sitz, in der südlichen nach dem sechsten, zehnten und fünfzehnten Sitz. Die Bohlen müßten, falls es Eingänge vor den Pfeilerverkleidungen gegeben hätte, nach Sitz 8 geschnitten sein. Dies ist auf der Nordseite der Fall, auf der Südseite dagegen nicht. Bis zur nächsten Möglichkeit einer exakten Bestandsaufnahme wird man sich mit diesen Feststellungen begnügen müssen. Der Anschein spricht jedoch eher dafür, daß sich die Eingänge immer an der heutigen Stelle befanden.

Zur Frage der östlichen Eingänge wurde bereits festgestellt, daß sie in der heutigen Form am Ende des 19. Jahrhunderts entstanden, als man die geschwungenen Barocktreppen entfernte. Doch muß das mittelalterliche Gestühl diesen oder einen sehr ähnlichen Zugang

F 2   im Osten gehabt haben. Die Wangen NA und SA waren immer freistehend, da sie von beiden Seiten ganzflächig dekoriert waren, also kein Sitz angesetzt war. Zudem müssen sie wegen der Maßwerkseite immer an dieser Stelle im Osten gestanden haben. Die Dienstbündel an ihren Schmalseiten setzen auf einer Seite genau so viel höher an, wie der Gestühlsboden vorn und hinten Niveauunterschied aufweist. Somit erweist sich die Rekonstruktion des 19. Jahrhunderts als recht zuverlässig. Lediglich die Stufen direkt nach

F 3   Osten gab es wahrscheinlich im Mittelalter nicht. Sie stoßen heute etwas seltsam über das Niveau der Wangen hinaus nach Osten vor und wären im Mittelalter wegen des direkt

T1, T6   daneben verlaufenden Gitters auch nicht benutzbar gewesen. So hatte das Gestühl im Osten mit großer Wahrscheinlichkeit nur Eingänge von der Mitte des Binnenchores aus. Es bleibt das Aussehen der Wangen zu klären, die das Gestühl nach Osten abschlossen.

T16   Zwischen die hinteren, mit Maßwerk ausgezeichneten Wangenpaare sind achteckige Pfeiler eingestellt, die bis 1770 Statuen von Papst und Kaiser trugen[66]). Diese waren Mitglieder des Kölner Domkapitels. Die Kölner Kanonikate des Kaisers und des Papstes lassen sich zurückverfolgen bis zum Jahre 1049[67]). Zu diesem Jahr berichtet die Kölner Königschronik, daß am 29. Juni zu Peter und Paul Papst Leo IX. zusammen mit Kaiser Heinrich III. dieses Fest begangen habe. Bei dieser Gelegenheit erfolgte die Aufnahme in das Domkapitel. Kaiser und Papst ließen sich ständig durch zwei Vikare im Dom vertreten. Der Kaiser pflegte gleich nach seiner Krönung in Aachen in den Kreis der Kanoniker aufgenommen zu werden[68]).

Da Kaiser und Papst beim Dienst im Chor kaum persönlich anwesend waren, wurden sie durch Statuen vertreten. Nach Crombach handelt es sich um eine Statue des Papstes Silvester, der Name des dargestellten Kaisers wird dagegen in dieser Quelle nicht genannt[69]). Man nimmt an, daß es sich um eine Statue Konstantins handelte[70]), da dieser zusammen mit Silvester auf den Chorschranken dargestellt ist. Thema der Silvester-Schranke ist die Konstantinische Schenkung, das Verhältnis von imperium und sacerdotium[71]). So sind die Statuen von Papst und Kaiser als Teil der politischen Ikonographie des Domchores zu verstehen, in der die Gleichstellung von geistlicher und weltlicher Macht, die in den Augen des Mittelalters mit dieser angeblichen Schenkung Konstantins begründet wurde, deutlich vor Augen geführt wird[72]).

Wo befanden sich die Sitze von Papst und Kaiser? Bei Crombach heißt es: „Exstat in choro statua S. Silvestri, cui sedes v i c i n a in subselliis prima Pontifici Maximo reliquitur ... In opposito latere sub imperatore statua sedes prima Caesari servatur", und an anderer Stelle: „subsellia canonicorum inter quae a dextris s u b S. Silvestri statua vacuus primus locus relinquitur Pontifice Maximo locus, ut ex opposito sinistro latere similis Imperatori"[73]). Ist mit diesem Sitz nun der erste Sitz n e b e n den Maßwerkwangen im Gestühl oder der Platz z w i s c h e n den Wangen selbst gemeint? Der Pfeiler mitsamt den hölzernen Figuren konnte herausgenommen werden, so daß die Möglichkeit bestünde, hier einen Sitz einzustellen. Für diese Möglichkeit plädiert Appuhn[74]). Nimmt man den Pfosten heraus, sieht man, daß das an der oberen Innenkante der Wangen verlaufende Profil zwar neben der Deckplatte des Postaments an den Seiten abgearbeitet ist[75]), an der hinteren Wand jedoch ganz herumgeführt wurde. Die Blendmaßwerkfenster an den Innenseiten der Wangen beginnen erst in Sitzhöhe. Diese Punkte sprechen dafür, daß man – bei herausgenommenem Pfeiler – hier einen Sitzplatz einrichten konnte. Zapflöcher auf den Oberseiten der Wangen lassen erkennen, daß sich hier ehemals Aufbauten befanden. Blickt man sich zum Zwecke der Rekonstruktion nach vergleichbaren Abschlußwangen oder Sitzen um, stößt man auf die bei einigen mittelalterlichen Gestühlen vorkommenden Ehrensitze, die sich an entsprechender Stelle befinden.

Besonders überzeugend ist ein Vergleich mit dem französischen Gestühl in La-Chaise-Dieu (Haute-Loire) aus dem 14. Jahrhundert[76]). Es hat wie das Kölner Domchorgestühl in der hinteren Reihe zwei Maßwerkwangen als Abschluß, die einen Ehrensitz einrahmen. Vor dem unteren Teil, entsprechend dem noch erhaltenen Unterbau der Kölner Wangen, sind in zwei Maßwerkarkaden Heiligenfiguren eingestellt. Der Wangenaufsatz besteht aus durchbrochenem Maßwerk, in das ebenfalls Figuren eingestellt wurden. Die vordere, niedrige Abschlußwange ist ebenfalls mit Maßwerk versehen und von liegenden Voluten bekrönt. Ein solcher Vergleich macht erkennbar, daß die Kölner Maßwerkwangen formal ebenfalls solch einen Ehrensitz bilden – dessen grundsätzliche Gestaltung wahrscheinlich geläufig war –, nur daß sich hier an der Stelle eines wirklichen Sitzes die Säule mit der Statue des Ehrenplatzinhabers befindet.

Einen anderen Ehrensitz dieser Art findet man im Zisterzienserkloster Marienstatt[77]), wo der Platz des Abtes betont ist durch das Angleichen der ersten Trennwand an die außenstehende Maßwerkwange. Beide Wangen tragen stehende Voluten, darüber einen rosettengeschmückten Baldachin.

In der Spätgotik findet man Ehrenplätze dieser Art in noch sehr viel prunkvollerer Ausführung beispielsweise an den Chorgestühlen von Palermo[78]) und Rodez[79]).

Die Form des Ehrenplatzes ist wohl aus einzelnen Abts- oder Bischofsstühlen entstanden[80]). Die Tatsache, daß die Abschlußwangen am Chorgestühl ikonographisch der Form eines Ehrensitzes folgen, unterstützt Appuhns These, daß sich die für den Papst und Kaiser reservierten Plätze tatsächlich an dieser Stelle befanden und nicht daneben. Es wäre ziemlich unsinnig, einen prunkvollen Ehrenplatz zu schaffen und dann die solchermaßen gewürdigte Person neben diesem Sitz Platz nehmen zu lassen. Nun besteht das Hindernis, daß der Abstand zwischen den beiden Maßwerkwangen nicht sehr tief ist (nur 51 cm gegenüber einer normalen Sitzbreite von 63 bis 64 cm). Ein Sitzen zwischen den Wangen ist jedoch gut möglich, eventuelle Unbequemlichkeiten hätten durch eine Erhöhung der Sitzplätze mittels eines zusätzlich eingeschobenen Podestes weitgehend ausgeglichen werden können. Die leichte Beweglichkeit der Postamente wäre sinnlos, wenn eine derartige Funktionsänderung des Sitzes nicht beabsichtigt gewesen wäre. Eine mögliche Erklärung für das vicinus bei Crombach könnte darin liegen, daß diese ursprüngliche Konzeption später in Vergessenheit geriet, da sie sehr selten in der Praxis zur Ausführung kam und man statt dessen den jeweils ersten Sitzen der hinteren Gestühlsreihen diese Funktion des Ehrensitzes übertrug. Im übrigen ist auch die Tatsache, daß es im Mittelalter nicht zwei Eingänge gab – wie heute –, sondern nur je ein Eingang von der Mitte aus vorhanden war, ein Indiz dafür, daß hier, direkt hinter dem Gitter, ein ungestörter und durch freie Sicht besonders bevorzugter Sitzplatz war.

Die Aufbauten auf den Maßwerkwangen wird man sich entsprechend den vorher genannten zwei Beispielen als stehende Voluten oder durchbrochenes Maßwerk, beide eventuell mit Baldachin, vorzustellen haben[81]. Die Zapflöcher – es sind nur je zwei – sprechen eher für die erstgenannte Ausführung. Die eingestellten Statuen wären in beiden Fällen sichtbar. Wie hat man sich diese bedauerlicherweise verlorengegangenen Statuen vorzustellen[82]? Höchstwahrscheinlich nicht wie in einem Rekonstruktionsversuch Appuhns, der den Cappenberger Kopf Friedrichs I., mit Blick nach Osten, auf die Gestühlswangen stellt[83]. Einleuchtend ist hingegen die Idee, daß das Kaiserbildnis in ewiger Anbetung vor den Heiligen Drei Königen als den Vorbildern des Königtums schlechthin niedergesetzt worden sei[84]. Die Rekonstruktion eines knienden Kaisers scheint uns von daher wahrscheinlicher zu sein als die einer Standfigur. Ein Kaiserbild dieser Gestalt befindet sich im Aachener Domschatz[85], wohl ein Bild Karls des Großen. Die Figur wurde 1933 auf einem Speicher oberhalb des Kreuzgänge des Aachener Domes gefunden[86]. Sie ist aus Eichenholz, 108 cm hoch und ziemlich stark beschädigt. Geringe Reste einer alten Fassung sind noch erkennbar. Die Figur hat einen vorn oktogonal gebrochenen, hinten gerade abgeschnittenen Sockel und kniet, nach links gewendet, nach vorn blickend, vor einer Wand. Als Herstellungsort ist Köln (Anfang des 14. Jahrhunderts) angegeben. Dies ist sicher zutreffend. Von Stil, Größe und Figurenaufbau her könnte es die verlorene Kaiserstatue des Chorgestühls sein. Doch überliefert uns Montfaucon eine Zeichnung dieser Figur als ein Bildnis Karls mit dem Modell des Aachener Domes in den Händen[87]. Gleichzeitig in Köln hergestellt, kann uns der Aachener Kaiser dennoch eine gute Vorstellung vom verlorenen Kölner Kaiserbildnis vermitteln.

Die Statuen von Papst und Kaiser haben zu den Bezeichnungen „latus papae" und „latus imperatoris" für Nord- und Südseite im Kölner Domchor geführt[88]. Ikonographisch könnte es auch bei den anderen Ausstattungsstücken des Domes Beziehungen zu dieser

T 17   Wange NI, außen (Rekonstruktion Schmitz, Lfg. 18, Bl. 4, Fig. 5) ▶

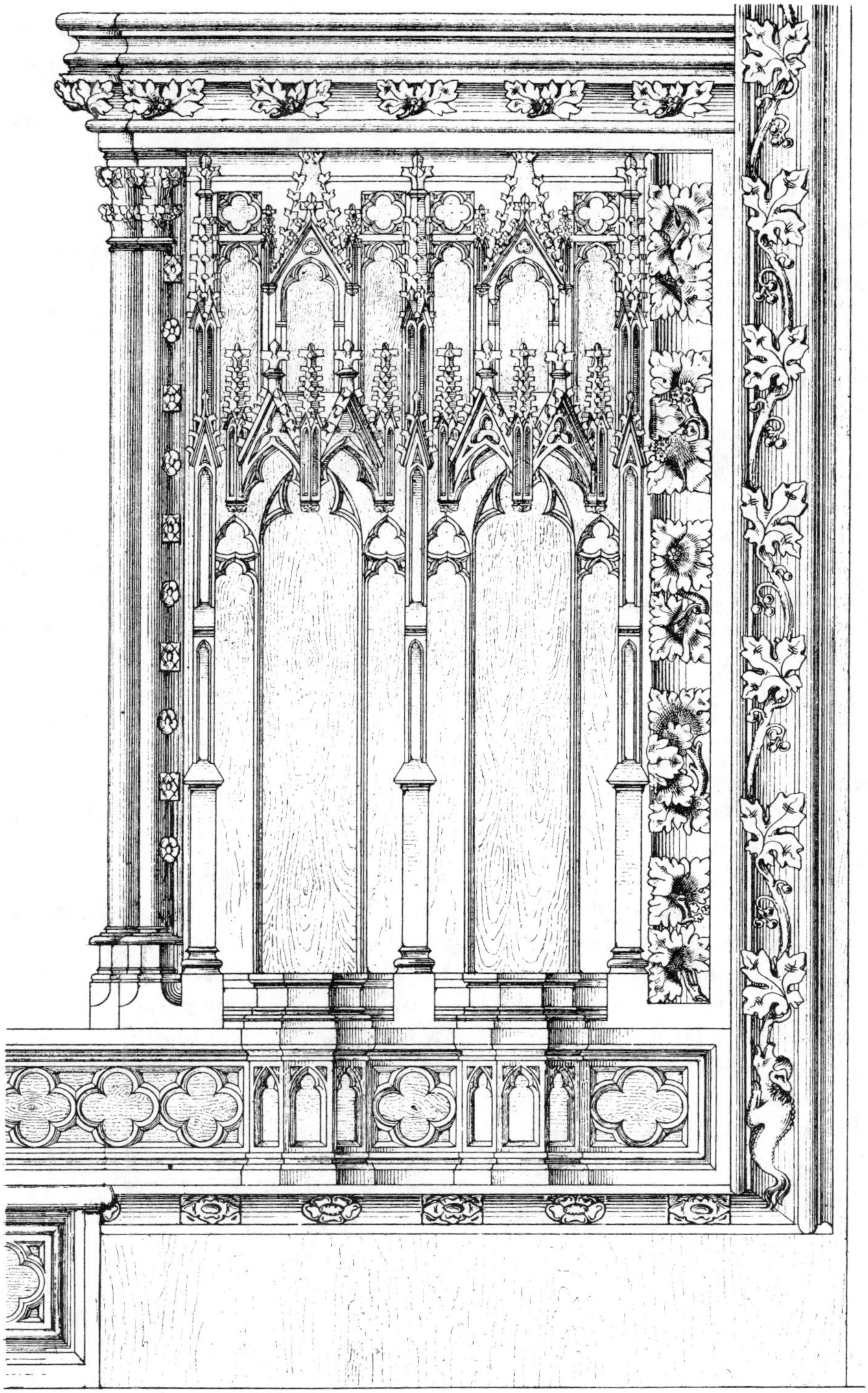

Aufteilung gegeben haben[89]). Die Ehrenseite im Domchor ist die Nordseite, die Seite des Papstes[90]).

T20 Außer den Voluten oder Maßwerkaufsätzen und den Statuen wurden 1770 auch die übrigen Heiligenfiguren, die vor den östlichen Gestühlswangen aufgestellt waren, entfernt[91]). Bei den Wangen NI und SI wurden die räumlich gearbeiteten Teile des Maßwerks (Baldachine) und auf jeder Seite zwei Figuren abgenommen.

T17

Die Wangen NA und SA sind hingegen völlig abgearbeitet. Anhand einiger noch erkennbarer Umrißspuren läßt sich jedoch auch das Aussehen dieser Wangen wenigstens grob
F2 rekonstruieren: unter dem eingetieften Wangenfeld von 77 mal 77 cm ein Sockel von 18 cm Höhe, der zu insgesamt drei Figurensockeln von je 12,8 cm Breite vorkragte. Zwischen den Sockeln befanden sich als Ziermotiv liegende spitzblättrige Vierpässe. Über den Sockeln waren Spitzbogenarkaden mit Nasen (Höhe 49,5 cm), vor denen die drei Figuren aufgestellt waren. Zwischen und außen neben diesen großen Arkaden verliefen insgesamt vier schmalere Bahnen (Höhe 48, Breite 4,5 cm), die den Vierpässen im Sockel entsprachen. Über den Figuren befanden sich Wimperge oder Baldachine, die bis in die obere Wangenkehle hinaufreichten. Als oberer Abschluß verlief eine niedrige Spitzbogenreihe hinter den Aufbauten. Auf der Ostseite des Chorgestühls waren also insgesamt zehn Holzskulpturen, wahrscheinlich Heiligenfiguren, aufgestellt. Mit einer Größe von ungefähr 45 bis 50 cm (die äußeren Figuren waren wohl etwas größer als die sechs inneren) entsprachen sie in der Größe den Apostelstatuetten aus St. Aposteln zu Köln[92]). Die Marmorfigürchen des Hochaltars sind mit rund 38 cm etwas kleiner[93]). Ob die Figürchen farbig gefaßt waren, wie Appuhn vermutet[94]), kann nicht mehr nachgewiesen werden, ist jedoch möglich. Die Architektur war – soweit man dies noch beurteilen kann – nicht gefaßt.

Insgesamt zeigte das Gestühl – in Kontrast zu seinem, in den übrigen Teilen weniger feierlichen Charakter – zum Hochaltar hin eine offizielle Schauseite, die sich in etwa mit gotischen Altarretabeln vergleichen läßt, wo sich in ähnlicher Weise Arkadenreihen mit eingestellten Heiligenfiguren befinden. Vergleichbar wäre in dieser Beziehung beispielsweise der Hochaltar in Oberwesel[95]) oder der Marienstatter Altar[96]). Von ihrem Grundkonzept her ist diese Anlage nichts Ungewöhnliches, da die Abschlußwangen gotischer Gestühle häufiger mit Arkaden und Heiligenfigürchen geschmückt waren. Neben dem bereits erwähnten Zisterziensergestühl in La-Chaise-Dieu ist das der Kathedrale von Lisieux zu nennen[97]). Auch eine Chorgestühlswange im Suermondt-Museum, Aachen, kann als Anhaltspunkt für das frühere Aussehen des Kölner Gestühls dienen[98]).

F2 – F4 Am Schluß dieses Rekonstruktionsversuchs sei noch ein kurzes Wort zum Verhältnis von Chorgestühl und Chorschrankenmalereien gesagt. Diese ersetzen optisch das am Chorgestühl fehlende und wahrscheinlich auch nie geplante Dorsal, die Abschlußwand hinter der rückwärtigen Sitzreihe.

Unter den Chorschrankenmalereien wurden bei den Restaurierungsarbeiten nach dem Zweiten Weltkrieg Reste eines Inschriftenfrieses entdeckt, der sich auf die in der unteren Zone befindliche Aufreihung von Kaisern und Bischöfen bezieht[99]). Dieser etwa 20 cm tiefe Fries befindet sich hinter der oberen Gestühlsreihe, die heute mittels einer Deckplatte (mit Scharnieren) unmittelbar an die Rückwand angeschlossen ist. Dieser Befund hat Anlaß gegeben zu der Vermutung, das Chorgestühl müsse ursprünglich tiefer gestanden haben und habe dann die Sicht auf den Fries gestattet[100]). Das Chorgestühl kann jedoch nicht tiefer gestanden haben. Die durchlaufende Rückwand unter den Sitzen ruht unmittelbar auf den Basen der alten Dienste der Langchorpfeiler C und D 11 und 12. Die Dienste sind zum Einpassen der Vierpaßbohle zudem noch etwas abgearbeitet. Auch die Pfeilerverkleidungen ruhen unmittelbar auf Dienstbasen[101].

Es ist von daher also nicht möglich, daß die hintere Gestühlsreihe ursprünglich tiefer als heute lag. Der Fries befand sich von jeher hinter den Stallen. Hinweise zur Lösung dieses Problems gibt eine Theorie von Dombaumeister Wolff, die darauf hinausgeht, daß sich hinter der oberen Sitzreihe des Chorgestühls ursprünglich offene Buchkästen befunden hätten, der Fries also auf diese Art für die unmittelbar Davorstehenden sichtbar war[102]. Warum die Bemalung der Chorschranken erst einige Zeit nach Einbau des Gestühls erfolgte[103], ist noch ungeklärt. Theoretisch wäre ein Einrüsten und Bemalen der Chorschranken sowie auch die Anlage des Frieses bei aufgestelltem Gestühl möglich, wenn auch sicherlich nicht sehr leicht durchzuführen gewesen. Als weitere Möglichkeit muß in Betracht gezogen werden, daß man das Gestühl kompartimentweise abgeschlagen und wieder aufgebaut hat.

Die heutige Aufstellung des Chorgestühls entspricht also, was das Bodenniveau angeht, der mittelalterlichen Anlage. Auch der helle Eichenholzton in den östlichen Teilen dürfte dem originalen Bestand entsprechen. Das Chorgestühl war auch im Mittelalter ungefaßt, eventuell mit Ausnahme der an der Ostseite aufgestellten Heiligenfiguren. Die Eingriffe an den östlichen Wangen stören das Gesamtbild des Gestühls erheblich. Es fehlt ihm jetzt die repräsentative Schauseite. Außerdem wirkte es insgesamt durch die hohen Wangenaufbauten, die eventuell im Westen eine Entsprechung in Form einer ebenso hohen – jedoch nur einfach ausgeführten – stehenden Volute besaßen, weniger flach und gedrungen. Ansonsten vermittelt uns das Gestühl trotz der umfangreicheren Eingriffe in die Originalsubstanz in den an die Vierung anschließenden Teilen ein doch annähernd originalgetreues Bild seines ursprünglichen Äußeren.

Anmerkungen

[1]) Dazu Kroos, S. 73 ff.
[2]) Kroos, S. 74: der 1697 verstorbene Domherr Christoph Friedrich v. Geyr vermachte dem Dom ein umfangreiches Legat zur Erbauung eines neuen Hochaltars, das erst 1766 in Anspruch genommen wurde.
[3]) Kroos, S. 74.
[4]) Kroos, S. 76.
[5]) HAStK Domstift Akten 286 a, fol. 25 r ff.
[6]) Siehe Anm. 5.
[7]) Von 1767 sind Vertrag und Zeichnungen für die sie ersetzenden, eisernen Gitter erhalten (HAStK Domstift, Akten 287 a, fol. 311 r); 1769 wird das letzte Gitter bezahlt (HAStK Domstift, Akten 289 a, fol. 92 v).
[8]) Bergmann, Jägers, Lauer, S. 10 ff.; Bergmann, 1984, S. 19 ff.
[9]) HAStK Domstift Akten 290, fol. 92 v.
[10]) DBA, Mappe MXXXVII, UC, 29 (R. Voigtel, November 1889); DBA, Mappe MXXXVII, UC, 27 (nicht ausgeführter Plan von Essenwein).
[11]) Zur Rekonstruktion siehe Schmitz, Lfg. 18, Bl. 4.
[12]) Siehe auch die Rekonstruktion dieser Wangen weiter unten im Text.
[13]) Martin Seidler wies mich dankenswerterweise auf Zeichnung und Fotos im Dombauarchiv hin. Zur Zeichnung Voigtels, vgl. Anm. 10; ein Foto z. B. von Anselm Schmitz, DBA, MXLII,UC,10.
[14]) Dombauarchiv, Mappe VI, Nr. 6. Die Einzeichnung erfolgte mit roter Tusche in eine von Kronenberg um 1830 angefertigte Kopie des Domgrundrisses aus Boisserées Domwerk.

15) Der Ort dieser Durchbrüche ist noch jetzt im Sockelfeld der Chorschranken erkennbar: siehe dazu H. Rode, Zu den Veränderungen der westlichen Teile des Chorgestühls im Barock und im 19. Jahrhundert. In: KDBl. 6/7, 1952, S. 141–143, S. 141 f.
16) Siehe unten zur Restaurierung des 19. Jahrhunderts.
17) Dom-Innenansicht des Chores nach Ostnordosten. Bleistiftzeichnung. Blatt 74,2 mal 52,1 cm, Köln, Stadtmuseum AI 3/143. Vgl. S. Boisserée, Ansichten, Risse und einzelne Teile des Domes von Köln. Neu herausgegeben von A. Wolff, Begleitheft, Köln 1979, Abb. 113, S. 51; hier A. Quaglio, 1809 bzw. 1810 zugeschrieben; zum unvollendeten Kupferstich vgl. ebd., S. 51, hier im Anhang erstmals abgebildet (Taf. 19), 66,7 mal 23 cm.
18) Aquatinta: Chor während eines Pontifikalamtes, bez. C. Wild, Köln, Stadtmuseum, Dom 166; Fig. 155 bei Clemen, Dom; J. P. Weyer, Blick in das Innere des Domchores, Aquarell, 31 mal 20,7 cm, Köln, Stadtmuseum; Stahlstich 1834/40, Köln, Stadtmuseum, Graph. Slg. (RBA 92831); außerdem Stahlstich, vor 1838, Baum/Rovargné, Stadtmuseum, Graph. Slg.
19) Charakteristischerweise sind in diesen Fällen auch die Orgelpfeiler, die bei einer Domvollendung als entfernt zu denken sind, nicht dargestellt: J. M. Laportérie, Ansicht des Chorinnern während eines Gottesdienstes, Köln 1795, Federzeichnung, 44,6 mal 60,2 cm; vgl. H. Rode, Ein Bild des vollendeten Kölner Domes aus dem 18. Jahrhundert. In: KDBl. 11, 1957, Abb. 30; auch A. Verbeek, Zur Vollendung des Dominnern im Jahre 1863. In: KDBl. 21/22, 1963, S. 95–104; S. 99; Laportérie zeigt einen schrägen Zugang im Westen, außerdem Abschlußwangen mit Kanneluren in der hinteren Gestühlsreihe; auch auf einem colorierten Stich, ca. 1838, Stadtmuseum A I 3/189 a, ist das Chorgestühl gerade aufgestellt.
20) F. Schneider, Der Dom zu Köln. Historische Mitteilungen über seine Entstehung und seinen Fortbau, sowie Beschreibung seiner einzelnen Theile, Köln 1862, S. 63. Nach dieser Beschreibung hatte das Chorgestühl vor der Restaurierung des 19. Jahrhunderts 96 Sitze; hinten, wie jetzt, zweimal neun, nach Westen zu im dritten Kompartiment acht, in der vorderen Reihe drei Abschnitte mit neun, acht und fünf Sitzen (von Ost nach West).
21) H. Rode, Erzbischof Clemens August I. und der Kölner Dom. Zum 200. Todestag am 6. Februar 1961. In: KDBl. 20, 1961/62, S. 22, Fig. 8.
22) Rode, Clemens August, S. 21f.
23) HAStK Domstift Akten 286 a fol. 278 r und 177 r f. Dazu auch Kroos, S. 78/79.
24) HAStK Domstift Akten 286 a fol. 190 r f.
25) HAStK Domstift Akten 286 a fol. 190 r f.
26) E. Jägers (zu der Zeit Werkstatt Landeskonservator Rheinland) unterzog dankenswerterweise im Januar 1983 einige Reste dieser Fassung einer chemischen Analyse, bei der sie als Bestandteil Bleiweiß feststellen konnte. Es handelte sich also sicher um eine helle Fassung und nicht um eine Wachsschicht.
27) Weyres, Aristoteles, S. 158.
28) Ein Foto der nicht ausgebauten östlichen Stallen von 1863 (siehe Anm. 32) zeigt bereits einen dunklen Anstrich.
29) Dazu Kroos, S. 85 f.
30) Dombaumeister Voigtel im 56. Dombaubericht. In: KDBl. 1866, Nr. 255: „Der Ausbau im Inneren des Domes hat ... durch die Wiederherstellung des Gestühls in der ursprünglichen Anlage einen definitiven Abschluß erhalten".
31) Litt. X, Vol. III, Nr. 69.
32) Nr. 602, Foto von Creifelds.
33) Laut Kreideinschriften auf den Rückseiten der Sitze: Winand Kau..., Schreinermeister; Bildhauer Jh. Eschenbach; Engelbert Lauten 17. 8. 65; Joh. Deuer, Bildhauer 14. 8. 65. Dazu Rode, Veränderungen, S. 142.
34) Im Oktober 1978 untersuchten Restaurator Matthäi vom Diözesanmuseum und H. Krohm, Berlin, zusammen mit der Verf. das Gestühl. Sie kamen zu übereinstimmenden Ergebnissen.
35) Nach A. Reith, Das Chorgestühl des Domes zu Köln, zugleich ein Lehrbuch gotischer Ornamentik, Heft 1–2, Dresden 1878, befand sich unter dem ersten Sitz der Nordseite zu dieser Zeit die Miserikordie NI 27 der heutigen Anordnung: eine Maske mit herausgestreckter Zunge.
36) Siehe Anm. 20.
37) Witte, Slg. Schnütgen, Taf. 95 Nr. 5; die untere Hälfte des weiblichen Tieres ist erneuert.
38) Siehe dazu das Inventar: Wangen NF, NG, SF und SG.
39) Nr. E 23.
40) L. Ennen, Der Dom zu Köln, Köln 1872, S. 179.
41) C. Mohr, Die Kirchen von Köln, ihre Geschichte und Kunstdenkmäler, Berlin 1889, S. 133.

⁴²⁾ W. Kleff, Der Dom im Kriege. In: KDBl. 1, 1948, S. 50–60, S. 50; vgl. auch: Der Kölner Dom, Festschrift Köln 1948, Abb. 25.
⁴³⁾ Siehe im Inventar u. a. Wange ND.
⁴⁴⁾ Akten DBV Nr. 868, Dombau zu Coeln. Befund über die Wegnahme des Gestühls im Dom 3. bis 7. August 1942.
⁴⁵⁾ In der Restaurierungswerkstatt der Dombauhütte. Dazu: H. Rode, Zur Wiederherstellung der Ausstattung des Domes. In: KDBl. 6/7, 1952, S. 143 f.
⁴⁶⁾ Dompropstei Nr. E 23.
⁴⁷⁾ Er hielt sie – mit nur ganz wenigen Ausnahmen – für Produkte des 19. Jahrhunderts und von daher für irrelevant; Tieschowitz, S. 4.
⁴⁸⁾ Dazu Rode, Veränderungen, S. 143.
⁴⁹⁾ Dies legt ja bereits die Tatsache nahe, daß es zur Einrichtung dieser Eingänge nötig war, Teile der Chorschrankenbemalung zu zerstören. Siehe auch weiter unten im Text.
⁵⁰⁾ Vgl. die Untersuchung dieses Problems im folgenden Text.
⁵¹⁾ Dies wird schnell ersichtlich bei einem Blick auf Abb. 1. Zu den möglichen Eingängen siehe unten.
⁵²⁾ Es hat sich in der Forschung eingebürgert, auch für das Mittelalter von einer Mitgliederzahl von konstant 48 auszugehen (24 Kapitulare und gleich viele Domizellare), wie es sich dann im Laufe der späteren Zeit durchgesetzt zu haben scheint; hierzu Oediger (Beschreibung und Zustand, Anm. 2), S. 333. Diese Zahl 48 habe sich dann auch in der Zahl der Könige in den Obergadenfenstern wiedergefunden (vgl. vor allem Hoster, Symbolik).
⁵³⁾ Rode, Veränderungen, S. 141.
⁵⁴⁾ Vgl. dazu die möglichen Aufbauten der östlichen Abschlußwangen im folgenden Text.
⁵⁵⁾ Hoster, Das Chorgestühl des Kölner Domes. In: Köln, Heft 4, 1968 (ohne Seitenangabe); Weyres, Aristoteles, S. 157. Auch nach mündlicher Aussage von Dombaumeister Wolff.
⁵⁶⁾ Um 1250, RDK III, Sp. 517, Abb. 3.
⁵⁷⁾ Das oberste Fenster enthielt bis zum Abbruch der Westwand 1863 das Wappen des Erzbischofs Wikbold von Holte, der 1304 starb. Wolff, Chronologie, S. 200–201.
⁵⁸⁾ Im Jahre 1572; Clemen, Dom, S. 311.
⁵⁹⁾ Kroos, S. 104, 108, vor allem 56 f.; Hilger, 1984, S. 90.
⁶⁰⁾ S. Boisserée, Ansichten, Risse und einzelne Theile des Doms von Köln, Stuttgart 1832, Taf. 7, Durchschnitt des Chors und der Vorhalle in der Länge.
⁶¹⁾ Siehe Abb. 10.
⁶²⁾ Stich von 1834/1840; siehe Anm. 18.
⁶³⁾ Siehe Anm. 20.
⁶⁴⁾ Siehe Anm. 32.
⁶⁵⁾ Die Bohlen gehen jeweils über mehrere Sitze und sind miteinander verzapft. Die Nahtstellen liegen genau hinter den Zwischenwangen, so daß sie nicht zu erkennen sind. Es wurden jedoch bei ausgebautem Gestühl (vor 1951) Fotos angefertigt (im RBA), die teilweise diese Ansatzstellen wiedergeben.
⁶⁶⁾ Siehe Anm. 9.
⁶⁷⁾ A. Stelzmann, Kaiser und Papst als Kanoniker am Kölner Dom. In: KDBl. 8/9, 1954, S. 131–142; S. 131; dazu weiter: A. Schulte, Deutsche Könige, Kaiser, Päpste als Kanoniker in deutschen und römischen Kirchen. In: Historisches Jahrbuch der Görresgesellschaft, Bd. 54, 1934, S. 161.
⁶⁸⁾ Dazu: Ennen, Dom, S. 176; J. Torsy, Achthundert Jahre Dreikönigenverehrung in Köln. In: KDBl. 23/24, 1964, S. 15–162, S. 26–35.
⁶⁹⁾ H. Crombach, Primitiae gentium, Köln 1654, S. 799.
⁷⁰⁾ Reiners, Rheinische Chorgestühle, S. 56; G. Bandmann, Mittelalterliche Architektur als Bedeutungsträger, 5. Aufl., Berlin 1978, S. 227; Stelzmann, S. 137; Ennen, Der Dom zu Köln von seinem Beginn bis zu seiner Vollendung, Köln 1880, S. 96, spricht jedoch nur von Papst und Kaiser.
⁷¹⁾ Rode, Chorschrankenmalereien, S. 20–48; Haussherr, S. 35 ff.
⁷²⁾ Zur Konstantinischen Schenkung vgl. LCI Bd. II, Sp. 547 (J. Traeger); Lexikon für Theologie und Kirche, Bd. 6, Freiburg 1961, Sp. 483/484; J. Haller, Quellen zur Geschichte der Entstehung des Kirchenstaates, Berlin 1907; E. Ewig, Das Bild Constantins des Großen in den ersten Jahrhunderten des abendländischen Mittelalters. In: Historisches Jahrbuch der Görresgesellschaft 1956, S. 1–46.
⁷³⁾ Siehe Anm. 70.
⁷⁴⁾ H. Appuhn, Beobachtungen und Versuche zum Bildnis Kaiser Friedrichs I. Barbarossa zu Cappenberg. In: Aachener Kunstblätter 44, 1973, S. 129–191, S. 174; vgl. dazu auch H. Rode, Dombibliographie 1972–1974. In: KDBl. 40, 1975, S. 274 f.

75) Der Pfeiler ist exakt eingepaßt und kann durch das nach vorn wieder vorspringende Profil nicht herauskippen, muß also zwecks Herausnahme angehoben werden.
76) Loose, Abb. 54 und 55; die hintere Wange ist heute teilweise abgebrochen.
77) Um 1300 (?), Loose, Abb. 53; vgl. auch H.-J. Roth, Zur Herkunft und kunstgeschichtlichen Stellung des Marienstatter Chorgestühls. In: 750 Jahre Abteikirche Marienstatt, Marienstatt 1977, S. 61 ff., Abb. S. 70.
78) Drittes Viertel 15. Jahrhundert, Loose, Abb. 27.
79) 1478–1488, Loose, Abb. 29.
80) Siehe den steinernen Bischofssitz in Toul, Anfang 13. Jahrhundert, Loose, Abb. 11, oder den Äbtissinnenstuhl im Kloster Wienhausen, Anfang 14. Jahrhundert, Busch, Deutsches Chorgestühl, Taf. 126; vgl. auch den Bischofssitz in Bordeaux, St. Seurin, 14. Jahrhundert, Loose, S. 88.
81) Die von Reiners, Rheinische Chorgestühle, S. 57, für diese Stellen angenommenen liegenden Voluten sind auf jeden Fall abzulehnen, da sie in keiner Weise der hervorgehobenen Form dieses Sitzes entsprechen würden.
82) Daß diese prominenten Stücke verlorengingen, ist merkwürdig, da in dieser Zeit bereits andere ausrangierte Teile der Domausstattung an Sammler abgegeben wurden: Einige Köpfe von Steinfigürchen, die wahrscheinlich über den Choreingangsportalen bzw. an einem steinernen Toxal standen und zur gleichen Zeit der Chormodernisierung zum Opfer fielen, gelangten in die Sammlung des Barons Hüpsch. Dazu Bergmann, Jägers, Lauer, S. 36.
83) Appuhn, Abb. 37, S. 174/175.
84) Ebd. S. 175.
85) E. G. Grimme, Der Aachener Domschatz. In: Aachener Kunstblätter 42, 1972, S. 79, Kat. Nr. 58, Karl der Große, Köln (?), frühes 14. Jahrhundert, Eiche, Höhe 108 cm.
86) J. Buchkremer, Die Figuren der Muttergottes und Karls des Großen in der unteren Vorhalle. In: Der Dom zu Aachen, Beiträge zur Baugeschichte III, Aachen 1955, S. 74 f.
87) B. de Montfaucon, Les monumens de la monarchie françoise, Paris 1729, Bd. I, Taf. XXIII.
88) Dazu Rode, Chorschrankenmalereien, S. 34.
89) Beispielsweise bei den Statuen, die an den Choreingangsportalen standen. Außerdem waren auf der Außenseite des ersten südöstlichen Binnenchorpfeilers, also auf der Kaiserseite, gemalte Ritterfiguren: St. Gereon und der hl. Gregorius Maurus (zweite Hälfte 14. Jahrhundert), gegenüber wahrscheinlich weibliche Heilige. Dazu Bergmann, Jägers, Lauer, S. 35.
90) Zur Ehrenseite im Kölner Domchor unterschiedliche Meinungen. Die ursprüngliche Evangelienseite, also die Ehrenseite, ist im Dom die Nordseite, da der Erzbischof ursprünglich „versus populum" zelebrierte. Diese Meinung vertritt zuletzt Kroos, S. 62 ff.; Haussherr, S. 34, hält dagegen die Südseite für die Ehrenseite. Dazu auch E. Walther, Die Ehrenseite im Kölner Dom. In: KDBl. 8/9, 1954, S. 92 ff.; W. Weyres, Die Apostel im Kölner Dom. In: KDBl. 6/7, 1952, S. 11.
91) Siehe unter „Das Chorgestühl im Barock".
92) Höhe: rund 46 cm; Rhein und Maas I, Köln 1972, S. 362, Kat. Nr. N 5.
93) Rhein und Maas I, Kat. Nr. O 1, S. 371–374.
94) Appuhn, S. 185, Anm. 166.
95) Um 1330, Hamann, Elisabethkirche II, Abb. 484.
96) Ebd., Abb. 440; R. Palm, Einzelheiten am Marienstatter Retabel. In: 750 Jahre Abteikirche Marienstatt, Marienstatt 1977, S. 35, Abb. 1.
97) Loose, S. 88; Anfang des 14. Jahrhunderts.
98) E. G. Grimme, Europäische Bildwerke vom Mittelalter zum Barock, Köln 1977, Kat. Nr. 25, Taf. 20.
99) Veröffentlicht von Rode, Chorschrankenmalereien, Abb. 21–23.
100) Rode, Chorschrankenmalereien, S. 20.
101) Information von Domschreinermeister Rücker.
102) Dazu Haussherr, S. 29; R. Friedländer, Über die Malereien der Kölner Domchorschranken – Erwägungen zum Forschungsstand über die Frage des ostenglischen Einflusses, Magisterarbeit, Freiburg i. Br. 1969, S. 109.
103) Die Chorschrankenmalereien sind erst nach 1322, in der Amtszeit Walrams von Jülich, entstanden, der als letzter in der ursprünglichen Bischofsreihe unter den großen szenischen Darstellungen auf der Nordschranke abgebildet ist. Dazu Rode, Chorschrankenmalereien, S. 23, Haussherr, S. 33 f. U. Wachsmann, Die Chorschrankenmalereien im Kölner Dom, Phil. Diss. Bonn 1985, führt nicht näher bestimmten Geldmangel als Grund für die späte Ausführung an, S. 433; auf den Fries bzw. das Verhältnis Chorgestühl/Chorschrankenmalereien geht sie im übrigen nicht ein.

Der Stellenwert im Verhältnis zu anderen Chorgestühlen

Der Typus des gotischen Chorgestühls, dem das Kölner in seiner Grundanlage folgt, ist bereits um die Mitte des 13. Jahrhunderts voll ausgebildet[1]). Zeichnungen einer Zwischen- und einer Abschlußwange im Skizzenbuch des Villard de Honnecourt, um 1245[2]), zeigen bereits alle charakteristischen Merkmale, die diese Gestühlteile in der Gotik aufzuweisen pflegen und die später fast durchgängig auftreten, ohne daß eine genaue Scheidung nach Landschaften oder Ländern möglich wäre[3]).

Diese Art Gestühl war offensichtlich in Frankreich sehr früh entwickelt. Abzuleiten ist die Grundform, die Folge von aneinandergereihten Sitzen, die durch Zwischenwangen voneinander getrennt sind, letztlich von der Gestaltung von Einzelsitzen, etwa der Abts- oder Bischofsstühle, wie man im Vergleich mit einem steinernen Bischofssitz aus Toul vom Anfang des 13. Jahrhunderts erkennen kann[4]). Das früheste französische Gestühl dieser Art findet man in Poitiers (um 1240)[5]), das früheste deutsche – etwas später – im Xantener Dom (um 1250)[6]).

Das Chorgestühl des Kölner Domes hat mit ihnen den Gesamtaufbau, die Form der Zwischenwangen und die Anlage der Abschlußwangen[7]) gemeinsam. Dies ist jedoch, wie bereits gesagt wurde, bei fast allen gotischen Gestühlen der Fall. Die unterschiedliche Ausprägung in einzelnen Bereichen, vor allem bei den unteren Abschlußwangen, kann kaum zu einer regionalen Unterscheidung dienen, wie sie z. B. Reiners zu konstruieren versuchte[8]).

Neben der bei Villard dargestellten Abschlußwange, welche die Form eines in einen Kasten eingestellten E's aufweist – der sogenannten stehenden Volute – und durchbrochen gearbeitet ist, gibt es noch die Form der kastenförmig geschlossenen Wange. Nach diesen beiden Grundformen der Schlußwange werden die Gestühle in offene und geschlossene eingeteilt. Das Kölner Chorgestühl entspricht dem offenen Typus, woraus man jedoch keine Schlüsse für eine Ableitung ziehen kann, da Variationen dieser Art – wie auch Grundriß[9]), Lage der Eingänge usw. – eher von der individuellen Funktion des betreffenden Gestühls abhängen: so zeigen z. B. Klostergestühle eher eine Vorliebe für den geschlossenen Typ[10]).

Ganz deutlich treten jedoch die Charakteristika des Domchorgestühls in einem Vergleich der Einzelformen und des Stils hervor.

Bei den rheinischen Gestühlen, dem nächstliegenden Vergleichsmaterial, lassen sich die Chorgestühle von Wassenberg[11]) (ca. 1290), in Köln selbst die Gestühle aus St. Severin[12]) (Ende des 13. Jahrhunderts), St. Gereon[13]) (um 1280?) und St. Aposteln (Ende des 13. Jahrhunderts)[14]), des weiteren die etwas späteren Gestühle des Altenberger Domes (um 1320)[15]), des Zisterzienserklosters Marienstatt (um 1300?)[16]), in Aachen-Kornelimünster (um 1320–1330)[17]) und in Oberwesel (um 1330)[18]) heranziehen.

Man stellt dabei sehr schnell fest, daß die sehr viel reichere Ausstattung des Domchorgestühls, der umfangreiche Reliefschmuck in Vierpaßrahmungen, die komplizierten Maßwerkformen[19]) hier keine überzeugende Parallele finden.

Dies liegt wohl in erster Linie an der Funktion als Kathedralchorgestühl: es ist von daher repräsentativer und aufwendiger. Aber auch im Figurenstil finden sich keine Gemeinsamkeiten mit den anderen rheinischen Gestühlen[20]).

Das gleiche gilt für andere deutsche Chorgestühle dieses Untersuchungszeitraums, ohne daß ein in Einzelheiten gehender Vergleich uns interessante neue Aufschlüsse vermitteln würde. Gäbe es also überhaupt Vergleichbares für die reiche Ausschmückung oder den Figurenstil unseres Gestühls im Bereich dieser Gattung, dann müßten sich diese Gestühle in vergleichbaren Bauten – etwa den französischen oder englischen Kathedralen – befinden.

Schaut man sich zunächst in Frankreich um, wo man – analog zur Architektur des Kölner Domes – am ehesten die Vorbilder vermuten würde, so stellt man fest, daß aus dem 13. und 14. Jahrhundert bedauerlicherweise nur wenige, im Schmuck eher bescheidene Chorgestühle erhalten sind[21]). Von besonderer Bedeutung ist das bereits erwähnte Chorgestühl in La-Chaise-Dieu, anhand dessen man sich eine gute Vorstellung von ehemaligem Aussehen und Funktion der östlichen Abschlußwangen des Kölner Gestühls machen kann.

Die großen Kathedralen, deren Gestühle möglicherweise vorbildhaft für Köln gewesen sind, besitzen keine mittelalterlichen Gestühle aus ihrer Erbauungszeit mehr. So ist das Gestühl von Rouen aus dem 15. Jahrhundert, die Gestühle in Amiens, Auxerre, Dax, Le Mans, St. Denis stammen aus dem 16. Jahrhundert und die in Soissons und Toulouse aus dem 17. Jahrhundert[22]).

Diese Tatsache hat schon Anlaß zur Verwunderung gegeben[23]), ist aber (Parallele: Lettner) auf die Zerstörung der Innenausstattungen französischer Kathedralen im Zuge der Revolution von 1789, sehr häufig aber auch auf bereits früher vorgenommene Modernisierungen zurückzuführen.

Der Chor von Notre-Dame in Paris wurde unter Ludwig XIV. modernisiert: 1699 wurden Lettner und Chorgestühl herausgerissen, von den Chorschranken dagegen nur Teile, die durch Eisengitter ersetzt wurden[24]). Das heutige Gestühl trat an die Stelle des alten, alles wurde weiß übertüncht[25]). Eine Zeichnung des Israel Sylvestre (1621–1691) im Louvre zeigt den Binnenchor von Notre-Dame mit dem alten Gestühl[26]).

Daß alle französischen Kathedralen bereits im Mittelalter Gestühle hatten, ist mit Sicherheit anzunehmen. Mit ihnen ist wichtiges Vergleichsmaterial verlorengegangen.

Dagegen sind in einigen englischen Kathedralen noch einige gleichzeitige bzw. sogar frühere Gestühle erhalten, und zwar in den Kathedralen von Exeter und Winchester, außerdem im Hospital von Chichester[27]). Die Stallen der anderen Kathedralen sind später: Wells 1330–1340, Norwich 1420–1515, Worcester 1380–1390, obwohl gerade auch diese Gestühle von Clemen zum Vergleich für das Domchorgestühl herangezogen wurden[28]).

Weitere Beispiele finden sich in Ely, Gloucester (Mitte des 14. Jahrhunderts) und Lincoln (1380)[29]). Allerdings sind auch noch in zahlreichen kleineren Kirchen Gestühle vorhanden[30]). Die englischen Kathedralgestühle sind wie das Kölner überreich geschmückt. Dies ist wahrscheinlich der Hauptgrund dafür, daß Anregungen für das Domchorgestühl häufig in England gesucht wurden[31]).

Dazu ist anzumerken, daß die englischen Gestühle, vom Aufwand der Herstellung und vom Reichtum der Schmuckformen her, als einzige mit dem Kölner Gestühl vergleichbar sind. Es wird hier jedoch die Form des geschlossenen Gestühls bevorzugt, wobei die Stützen des überfangenden Baldachins auf den Zwischenlehnen stehen[32]). Auch die Einzelformen unterscheiden sich: die Knäufe sind sehr häufig nur schmucklose Buckel und die vorderen Eingangswangen meist unbetont; sie enden in Kreuzblumen[33]).

In der formalen Gestaltung bestehen also keine Bezugspunkte zum Kölner Chorgestühl, das in dieser Hinsicht viel mehr seinen rheinischen Vorläufern – wie z. B. dem Xantener Domgestühl – gleicht. Die architektonische Ausarbeitung der englischen Beispiele ist dagegen sehr viel weniger prägnant.

Häufig sind auch die Miserikordien die einzigen Bestandteile englischer Chorsitze, die eine Umgestaltung in späterer Zeit, vor allem im 19. Jahrhundert, überstanden haben[34]). So ist auch bei fast allen Autoren die Beschäftigung mit englischen Chorgestühlen gleich einer Untersuchung der Miserikordien, ohne daß die übrigen Teile – wie z. B. Knäufe oder Wangen – in Betracht gezogen werden.

Die Besonderheit der englischen Miserikordien bilden die Seitenstützen (sogenannte Supporters), die zu beiden Seiten des zentralen Teils von den Sitzleisten abzweigen[35]). Diese Art der Miserikordie ist in England fast ausnahmslos vertreten[36]). Am Kölner Domchorgestühl gibt es nur einige wenige Miserikordien, die seitliche Ziermotive dieser Art aufweisen[37]). Sie wachsen allerdings aus der Darstellung selbst heraus und nicht aus der oberen Sitzleiste, wie es bei allen englischen Miserikordien dieser Zeit der Fall ist[38]). Ähnliche Beispiele weist auch die Kathedrale von Poitiers auf[39]), während auf dem Festland sonst diese Miserikordienform sehr selten ist[40]). Die Tatsache, daß am Kölner Domchorgestühl solch ein Zitat englischer Formen vorkommt, deutet also nicht unbedingt auf eine englische Beeinflussung hin, da die Supporters in der hier vertretenen Form nicht die Entwicklung in England nachvollziehen und zum anderen offensichtlich auch in Frankreich bekannt waren.

Die Gesamtform des Kölner Gestühls scheint sich also in den englischen weniger als in anderen gleichzeitigen Gestühlen wiederzufinden, ganz abgesehen davon, daß es für Einzelmotive der Gestaltung hier keinerlei Parallelen gibt.

Was den Stil angeht, so ist die gröbere Ausformung der meisten englischen Miserikordien nicht zu übersehen[41]). Aber auch zu den qualitätvollen Arbeiten, wie beispielsweise im Hospital von Chichester[42]), gibt es keine unmittelbaren stilistischen Bezüge, wenn sich auch der Motivschatz – z. B. der Bewegungen – durchaus vergleichen läßt. Dies ist aber auf die Gemeinsamkeit der Aufgabe zurückzuführen.

Von der Ikonographie her gibt es zu den englischen Kathedralgestühlen durchaus gewisse Parallelen, auf die im Zusammenhang mit der Gesamtikonographie noch näher einzugehen sein wird. Wir können zunächst festhalten, daß es unter den ähnlich reich ausgestatteten englischen Kathedralgestühlen keines gibt, das sich direkt mit Köln in Verbindung bringen ließe.

Abschließend wollen wir kurz eine Umschau in den übrigen Ländern halten, die Gestühle der uns interessierenden Zeit besitzen.

In der Schweiz gibt es nur wenige Beispiele, die stilistisch und auch ikonographisch keine weiterreichenden Übereinstimmungen zeigen. Ein frühes Gestühl befindet sich z. B. in der Kathedrale von Lausanne (um 1300)[43]). Es weist zahlreiche figürliche Darstellungen auf, vor allem an den Wangen. Trotz einiger Parallelen inhaltlicher Art[44]) unterscheidet sich dieses Gestühl grundsätzlich von dem des Kölner Domes, besonders was den Stil der Bildhauerarbeiten, die sehr viel gröber sind, betrifft.

Weitere Chorgestühle aus dieser Zeit in der Franziskanerkirche zu Fribourg (1280–1300), der Zisterzienserkirche zu Kappel (Anfang des 14. Jahrhunderts) und in der Dominikanerkirche zu Bern (kurz nach 1300) sind sehr viel einfacher[45].

Das Gestühl der Zisterzienserabtei Magdenau (48 Sitze, um 1290)[46] zeigt in der Ikonographie Andeutungen von Parallelen, ist aber von der Ausprägung der Einzelformen her sehr verschieden. Das Chorgestühl des Baseler Münsters, das Clemen[47] mit einer gewissen Berechtigung wegen seiner Drolerien mit dem Domchorgestühl von Köln in Verbindung brachte, stammt aus dem 15. Jahrhundert[48].

Der Einfluß Belgiens, den Clemen im Chorgestühl zu finden glaubte – im Gegensatz zu den seiner Meinung nach französisch beeinflußten Chorgestühlen (z. B. in Wassenberg und St. Gereon)[49], ein Urteil, das sich in erster Linie auf die Üppigkeit des Schmucks und den genrehaften Charakter einiger Drolerien am Chorgestühl stützt –, läßt sich schwerlich nachweisen, da die frühesten Gestühle in Celles-les-Dinant (13. Jahrhundert)[50] und Hastières (ebenfalls 13. Jahrhundert)[51] weniger fein gearbeitet und nicht sehr reich an Darstellungen sind[52]. Weitere Chorgestühle gibt es aber erst aus der Zeit von 1380 bis 1420 (Lüttich: Ste. Croix und St. Jacques)[53]. Hier finden sich allerdings reichere figürliche Verzierungen, besonders an den Knäufen. Die für ihre Genreszenen berühmten Gestühle (Diest, Aarschot, Hoogstraten, Walcourt, St. Saveur in Brügge)[54] sind noch später entstanden. Die Zeit, in der in Flandern auf dem Gebiete der Holzschnitzkunst eine ausgesprochen reiche Kunstproduktion herrschte, ist für das Kölner Chorgestühl nicht mehr relevant.

Auch in den heutigen Niederlanden gibt es keine Vergleichsbeispiele. Die frühesten Gestühle befinden sich in St. Martin zu Zaltbommel (um 1420) und in St. Peter zu Sittard (ebenfalls erstes Viertel des 15. Jahrhunderts)[55]. Für die über allgemeine Charakteristika gotischer Gestühle hinausreichenden Eigentümlichkeiten des Kölner Gestühls, wie den Stil der Skulpturen, die reiche Reliefdekoration an den Eingangswangen und Rückwänden, gibt es also unter den erhaltenen gotischen Gestühlen keine unmittelbaren Anknüpfungspunkte. Eine Untersuchung dieser Spezifika muß sich auf andere Vergleichsobjekte, etwa aus Architektur oder Steinplastik, stützen.

An diesem Punkt treten Fragen zur Zusammensetzung der Gestühlswerkstätten auf: Waren hier Spezialisten am Werk, Holzbildner und Schreiner, oder könnte es sein, daß Gestühle im Rahmen der Bauhütten von Steinmetzen gefertigt wurden? Im Zusammenhang mit der Beschreibung früherer Gestühle wird oft die Nähe zur Steinbearbeitung betont, so bei Busch[56] für französische und rheinische Chorgestühle und bei Hasak, der sogar Dombaumeister Johann als Schöpfer des Kölner Domchorgestühls ansehen möchte[57]. Loose betont ebenfalls, daß die frühen gotischen Gestühle der Bauhütte entstammen und von daher ihre Formen der Steinmetzarbeit verwandt sind[58]. Er führt als Argument dafür mit Recht das Skizzenbuch des Villard an, das beweist, daß in den Bauhütten Vorlagen für Chorgestühle existierten. Noch 1380 begann der Architekt Peter Parler mit der Erstellung des Chorgestühls im Prager Veitsdom, wie eine Inschrift an der Triforiengalerie besagt[59]. Nähe zu Steinplastik wird auch bei den Gestühlen von Wassenberg, Altenberg[60], Winchester [61], Exeter und Chichester[62] hervorgehoben.

Der Auftrag für das Chorgestühl der Dominikanerkirche in Bern (kurz nach 1300) ging dagegen an den Stadtwerkmeister Rudolf Rieders, einen Zimmermann[63]); er solle das Gestühl „in der Weise und in aller Form als unser Brüder Stühle zu Freiburg im Breisgau gemacht sind" herstellen.

In der Spätgotik arbeiten Schreiner und Bildschnitzer zusammen an Chorgestühlen. So gibt es ein Konstanzer Ratsprotokoll von 1490 über Zunftstreitigkeiten wegen der Abgrenzung von Bildhauer- und Schreinerarbeiten am Chorgestühl von Konstanz[64]).

Zu dem frühen Zeitpunkt um 1300, als das Kölner Chorgestühl entstand, spricht noch vieles dafür, daß es im Rahmen der Hüttenwerkstatt erstellt wurde. Holz- und Steinbildhauer waren oft identisch[65]).

Die Frage, ob es zu der Zeit bereits Spezialisten gab, die sich bevorzugt der Herstellung von Chorgestühlen widmeten, ist bisher schwer zu beantworten. Die Quellensammlungen zur englischen und deutschen Kunst des Mittelalters geben uns zu den betreffenden Handwerkern keine Auskunft[66]). Verhältnismäßig detailliert ist dagegen unser Wissen über Handwerker und Künstler im mittelalterlichen Paris[67]). In den Einwohnerlisten des 13. und 14. Jahrhunderts wird der Beruf eines holzbearbeitenden Handwerkers, etwa Tischler oder Schreiner, nicht eigens genannt. Es wird unterschieden in „Ymagiers", die Bildnismacher, die meist Bildhauer, aber auch Maler umfassen können, „Peintres", die Maler, „Selliers", die Sattel- und Rüstungsmacher, und die „Tailleurs de Pierre", die Steinmetze[68]). Häufig üben die genannten Meister mehrere dieser Tätigkeiten aus. Viele sind offenbar gleichzeitig Maler und Bildhauer[69]), was durch die detaillierten Rechnungen des Hospitals Saint-Jacques-aux-Pèlerins ausdrücklich bestätigt wird, die Zahlungen an Robert de Launay für Bildhauer- und Malertätigkeit festhalten[70]). Auch zwischen Bildhauern und Steinmetzen wird nicht genau unterschieden, bzw. beide Tätigkeiten wurden von ein und derselben Person ausgeführt. So wird Jean d'Arras als „Ymagier" und als „Tailleur de Pierre" genannt[71]).

Pierre de Chelles, Evrard d'Orleans, Jean Rary, Jean le Bouteiller – alle waren gleichzeitig Architekten, Maler und Bildhauer[72]). Tischler werden zweimal genannt: ein Meister Jean (erwähnt 1296–1299), der gleichzeitig Schreiner und Bildhauer (Ymagier) ist, und ein Estienne de Bonnueil, der als Schreiner und auch Steinmetz arbeitet[73]). Insgesamt gesehen, sprechen die Quellen also eher dafür, daß die Spezialisierung noch nicht so weit fortgeschritten war, daß man auch in der Benennung zwischen Holz- und Steinbearbeitern unterschieden hätte. Es gab mit Sicherheit Handwerker, die in beiden Materialien arbeiteten. Die Rechnungen des Hospitals Saint-Jacques führen 1319–1324 einen Richart de Bailleul auf, der für verschiedene Holzarbeiten bezahlt wurde, u. a. für Türen, 28 Sitze eines Gestühls und ein Kruzifix mit den Assistenzfiguren Maria und Johannes[74]). Dies spricht wiederum dafür, daß auch zwischen Schreiner- und Bildhauerarbeiten in Holz noch nicht unterschieden wurde.

Daß es dennoch eine Spezialisierung in dem Sinne gab, daß bestimmte Personen bevorzugt für bestimmte Arbeiten engagiert wurden, ist dadurch natürlich nicht ausgeschlossen. Doch schlägt sich dies noch nicht in einer Trennung der Berufsbezeichnungen und in der Praxis offenbar auch nicht in einer deutlichen Trennung der einzelnen Tätigkeiten nieder.

Anmerkungen

1) Zu diesem Thema ist umfangreiche Literatur erschienen. An allgemeinen Werken seien hier genannt: R. Busch, Deutsches Chorgestühl in sechs Jahrhunderten, Hildesheim 1928; Loose; F. Neugass, Mittelalterliches Chorgestühl in Deutschland, Straßburg 1925; speziell für das Rheinland: Reiners, Rheinische Chorgestühle.
2) Hahnloser, Taf. 37.
3) Siehe unten und Anm. 8.
4) Loose, Abb. 11; die Seitenwände des Sitzes zeigen bereits eine Geschoßaufteilung; das Untergeschoß mit vorgelegtem Säulchen, wie es später auch für die Zwischenwangen üblich ist.
5) Das Dorsal stammt aus dem 14. Jahrhundert, siehe Loose, S. 87; Reiners, Rheinische Chorgestühle, S. 22; D. und H. Kraus, The hidden world of misericords, London 1976, S. 191.
6) Urban, Sp. 517, Abb. 3.
7) Am Chorgestühl waren wahrscheinlich auf den östlichen Maßwerkwangenpaaren zwei stehende, durchbrochene Voluten, wie es im Prinzip der Xantener Anlage entspräche. Siehe dazu Kapitel Rekonstruktion; die liegende Volute auf der niedrigen Abschlußwange vorn entspricht vom Grundaufbau her den anderen Gestühlen.
8) Reiners, Rheinische Chorgestühle, S. 33, Anm. 2.
9) Beispielsweise hufeisenförmige Anordnung oder – wie in unserem Fall – in je zwei einander gegenüberliegenden, in Längsrichtung vor einer Chorschranke aufgestellten Reihen.
10) Dazu Urban, Sp. 522.
11) Jetzt Köln, Schnütgen-Museum; Busch, Deutsches Chorgestühl, Taf. 5; Das Schnütgen-Museum. Eine Auswahl, Köln 1968, Nr. 88, mit Abb.
12) KD RHP 7/2, Stadt Köln, Düsseldorf 1929, Fig. 176–179, S. 694–695.
13) KD RHP 7/1, Stadt Köln, S. 68 ff.; Reiners, Rheinische Chorgestühle, S. 41 ff.; Suckale, Domchorstatuen, S. 251. Das Gestühl ist im Zweiten Weltkrieg verbrannt; Loose, Abb. 48.
14) Jetzt ebenfalls Köln, Schnütgen-Museum; Witte, Slg. Schnütgen, S. 98, Taf. 92.
15) Das Gestühl wurde 1872 vom Kunstgewerbemuseum Berlin aus dem Säkularisationsgut Altenbergs erworben; Loose, Abb. 48.
16) Loose, Abb. 53; H. J. Roth, Zur Herkunft und kunstgeschichtlichen Stellung des Marienstatter Chorgestühls. In: 750 Jahre Abteikirche Marienstatt, Marienstatt 1977, S. 61 ff.
17) L. Hugot, Das Westoratorium in der ehemaligen Benediktinerklosterkirche zu Korneli-Münster in der Zeit nach 1500. In: Festschrift W. Weyres, Köln 1963, S. 101–119, S. 103–106; Palm, Maßwerk, S. 58/59, 70, 80, 82, Abb. 3, 16 und 29.
18) Busch, Deutsches Chorgestühl, Taf. 19.
19) Diese werden wohl am Gestühl von Kornelimünster, aber in einer grundsätzlich anderen Gesamtgestaltung, wieder aufgenommen. Siehe dazu Palm, Maßwerk.
20) Die früheren Gestühle in Wassenberg und St. Gereon, die ebenfalls sehr qualitätvollen Skulpturenschmuck aufweisen, zeigen einen anderen Stil. Dazu u. a. Suckale, Domchorstatuen, S. 232, S. 251, Anm. 34. Zum Chorgestühl von Oberwesel siehe u. a. Hamann, Elisabethkirche II, S. 151 ff.
21) 13. Jahrhundert: Notre-Dame-de-la-Roche (Yvelines), erste Hälfte des 13. Jahrhundert; Kraus, S. 191; Loose, S. 88; Reiners, Rheinische Chorgestühle, S. 24; Viollet-le-Duc, Architecture VII, S. 460 ff.; Miserikordien teilweise in Blattwerkform: Poitiers (Vienne), siehe Anm. 6; in der Spitzbogenarkatur des Dorsals befinden sich Relieffiguren.
22) Nach Kraus, S. 171.
23) Loose, S. 6; Kraus, S. 171.
24) D. Gillerman, The Clôture of Notre-Dame and its role in the fourteenth century choir program, New York & London 1977, S. 14.
25) Interessant sind die Parallelen zur Modernisierung des Kölner Domchores im Barock.
26) Gillerman, Clôture, Abb. 19: es war zweireihig, hufeisenförmig vor dem Lettner herumgeführt, an den Abschlüssen befanden sich hervorgehobene Sitze für die Prälaten, daneben wie in Köln die Eingänge zum Binnenchor.
27) Zu den englischen Chorgestühlen gibt es eine recht stattliche Anzahl von Untersuchungen. Siehe besonders: F. Bond, Wood Carvings in English Churches I. Misericords, New York, Toronto and Melbourne 1910; II. Stalls and Tabernacle Work; Bishops' Thrones and Chancel Chairs, London 1910; M. D. Anderson, Misericords. Medieval life in English Woodcarving, Harmondsworth 1954; Grössinger; Umfangreicher Katalog aller noch vorhandenen Misericordien bei Remnant. Exeter, Kathedrale, 1230–1270; Remnant, Misericords, S. 34; Grössinger, S. 20 ff.; Winchester, Kathedrale, um 1310;

Remnant, Misericords, S. 56 ff.; Grössinger, S. 28; Chichester, Hospital, um 1290; Grössinger, S. 33 ff.; Remnant, Misericords, S. 153.
28) Clemen, Dom, S. 46.
29) Datierung nach Remnant und Grössinger.
30) Siehe Aufstellung bei Remnant.
31) Feulner, Müller, S. 169; Schmitz-Ehmke, S. 313; M. Bergenthal, Elemente der Drolerie und ihre Beziehungen zur Literatur, Phil. Diss. Bonn 1934, S. 52; Clemen, Wandmalereien; Ph. Olles, Die Wandmalereien auf den Chorschranken des Kölner Domes. Die Wandmalerei in den Rheinlanden von 1330 bis 1430, Phil. Diss. Bonn 1929, S. 7.
32) Urban, Sp. 521.
33) Dazu Loose, S. 92.
34) J. Uhlworm, Beziehungen zwischen Chorgestühl und Orgelprospekt in England, Berlin 1979, S. 21; in Exeter sind nur noch die Miserikordien alt, Umgestaltung von 1684; dazu Remnant, Misericords, S. 35; Wells, Umgestaltung 1848–1854; dazu Remnant, Misericords, S. 136.
35) Zur Entwicklung der Seitenstützen vgl. Grössinger, S. 11 ff.
36) Ausnahme nur bei sehr frühen Gestühlen in kleineren Kirchen; dazu Grössinger, S. 13.
37) Siehe Inventar bei Miserikordie NII 14 und SI 12.
38) Ausnahmen bilden nur ganz frühe Beispiele, bei denen die Entwicklung noch am Anfang steht; dazu Remnant, S. 13.
39) Siehe Anm. 5.
40) Auch noch in der Kathedrale von Albi.
41) Was Anderson zu der Vermutung veranlaßt hat, daß man in England selten hervorragende Bildhauer bei der Herstellung von Miserikordien beschäftigt habe; Anderson, Iconography, S. XXIII.
42) Remnant, Misericords, Taf. 39 b und c.
43) Ganz, Seeger, Taf. 1 und 3.
44) Darstellungen von Aristoteles und Phyllis und zwei raufenden Männern.
45) Ganz, Seeger, Taf. 6–8.
46) Ganz, Seeger, S. 103, Taf. 2, 4 (Pelikan) und 5.
47) Clemen, Dom, S. 163.
48) Ganz, Seeger, Taf. 17–19.
49) Clemen, Wandmalereien, S. 46.
50) L. Maeterlinck, Le genre satirique, fantastique et licensieux dans la sculpture flamande et wallone, Paris 1910, S. 14; Comte J. Borchgrave d'Altena, Notes pour servir à l'étude des stalles en Belgique, Brüssel 1938.
51) Maeterlinck, S. 25–36.
52) Celles: Zwei Kampfhähne im Wangenaufsatz; Hastières: Miserikordien, hauptsächlich in der Form von tierischen und menschlichen Masken.
53) Maeterlinck, S. 37–66.
54) Kraus, S. 172.
55) M. Coppens, Gothic Choir Stalls in the Netherlands, Amsterdam, Elsevier, Brüssel, S. 7 f.; J. S. Witsen Elias, De nederlandse Koorbanken tijdens Gothiek en Renaissance, Amsterdam 1937, S. 23 f.
56) Busch, Deutsches Chorgestühl, S. 8/9.
57) M. Hasak, Der Dom des hl. Petrus zu Köln am Rhein, Berlin 1911, S. 91.
58) Loose, S. 55.
59) Loose, S. 55.
60) Busch, Deutsches Chorgestühl, S. 28; A. Pottgießer, Die Kirche der Zisterzienserabtei Altenberg, Wuppertal-Elberfeld 1950, S. 28.
61) Anderson, Iconography, S. XXVIII, entdeckt nicht nur in den Formen, sondern auch in den Konstruktionsprinzipien des Gestühls von Winchester Spuren von Steinmetzarbeit; siehe auch Grössinger, S. 28.
62) Grössinger, S. 20 und S. 38 f.
63) J. Scheuber, Die mittelalterlichen Chorstühle in der Schweiz, Straßburg 1910, S. 23.
64) Loose, S. 55; zu diesem Problem siehe auch Coppens, S. 9.
65) Dazu Krohm, S. 80; speziell für die Kölner Skulptur: Suckale, Domchorstatuen, S. 245, u. a. für die Mailänder Madonna (Holz) und die Chorpfeilerfiguren (Stein).
66) O. Lehmann-Brockhaus, Schriftquellen zur Kunstgeschichte des 11. und 12. Jahrhunderts für Deutschland, Lothringen und Italien, 2 Bde, Berlin 1938; Ders., Lateinische Schriftquellen zur Kunst in England, Wales und Schottland vom Jahre 901 bis zum Jahre 1307, 5 Bde (Veröffentlichungen des Zentral-

instituts für Kunstgeschichte, Bd. 1), München 1955–1960; J. v. Schlosser, Quellenbuch zur Geschichte des abendländischen Mittelalters, Wien 1896, Nachdruck Hildesheim, New York 1975.

[67] F. Baron, Enlumineurs, peintres et sculpteurs parisiens des XIVe et XVe siècles, d'après les archives de l'Hôpital Saint-Jacques-aux-Pèlerins. In: Bulletin archéologique du comité des travaux historiques et scientifiques, nouv. série 6, 1970, Paris 1971, S. 78 ff.; Ders., Enlumineurs, peintres et sculpteurs parisiens des XIIIe et XIVe siècles d'après les rôles de la taille. In: Bulletin archéologique du comité des travaux historiques et scientifiques, nouv. série 4, 1968, Paris 1969, S. 37–115; auch: P. Pradel, Les ateliers des sculpteurs parisiens au début du XIVe siècle. In: Académie des inscriptions & belles lettres, Comptes rendus des séances de l'année 1957, Paris 1957, S. 67 ff.
[68] Vgl. Baron, 1969.
[69] Baron, 1969, u. a. Nr. 98, 130, 153, 179.
[70] Baron, 1971, Nr. 64.
[71] Baron, 1969, Nr. 12.
[72] Pradel, 1957, S. 73.
[73] Baron, 1969, Nr. 55 und 259.
[74] Baron, 1971, Nr. 10.

Zur Technik

Das Eichenholz wurde in saftfrischem Zustand verarbeitet[1]). Die einzelnen Teile des Gestühls wurden schreinermäßig vorgefertigt und anschließend in bildhauerischen Details vollendet.

So erkennt man bei den Vierpaßbohlen unter den Sitzen deutlich, wie auf das vorbereitete, geglättete Brett mit Zirkel, Reißinstrument und rechtem Winkel die genauen Maße der später ausgearbeiteten Vierpässe eingetragen wurden. Die Vorzeichnungen sind an den Rändern fast aller Vierpässe noch sichtbar[2]). Die Weiterverarbeitung in bildhauerischer Sicht geschah mit verschiedenen Flach- und Hohleisen. 34–41

Diese Werkzeuge der Holzbearbeitung sind uns in aufschlußreicher Weise auf einer Chorstuhlwange aus dem niedersächsischen Kloster Pöhlde überliefert: Ein Mönch hat hier um 1280 sein Selbstbildnis beim Fertigen einer Gestühlswange hinterlassen[3]). Er sitzt auf einem Hocker vor seiner Werkbank und bearbeitet mit Schlegel und Flacheisen das vor ihm liegende Werkstück. Vor ihm an der Wand ist sein Werkzeug liebevoll detailgetreu abgebildet: Leimtopf, die verschiedenen Eisen, Zirkel und Winkeleisen.

Auf das geglättete Werkstück wurden offenbar auch die Umrisse der geplanten Darstellung, nicht nur des zur Verfügung stehenden Feldes, vorgezeichnet. Bei dem an Maßwerkwange NH angearbeiteten Zwickel läßt sich so etwa erkennen, daß die Umrisse der Sonne F 6
mit dem Zirkel eingetragen waren[4]). Sie blieb zunächst als Kreis vor dem vertieften Feld stehen, später wurden die Strahlen einzeln herausgearbeitet.

Die einzelnen Teile des Gestühls – Zwischenwangen, Vierpaßbohlen, Sitzbretter, Accoudoirs – wurden vor dem Versatz an Ort und Stelle genau einander angepaßt. So waren bestimmte Zwischenwangen für genau festgelegte Sitze vorgesehen.

Auf den Vierpaßbohlen sind nämlich unter den Aussparungen, in welche die Zwischenwangen eingehängt werden, Werkzeichen erhalten, die in römischen Ziffern die Sitznummer bezeichnen. So ist bei Sitz NII 6 nach Osten zu eine V, auf der Westseite eine VI, und 39–41
zwar auf dem Kopf stehend, eingeschlagen. Diese Zahlen stimmen auf der Nordseite mit den heutigen Sitznummern überein. Die Werkzeichen wurden in einigen Fällen auf den Fotos des Rheinischen Bildarchivs (vor 1951) dokumentiert, überwiegend jedoch wurden nur die Vierpässe selbst im Bild festgehalten, so daß wir an diesen Stellen nichts über mögliche Numerierungen wissen. Dies wäre natürlich für eine Rekonstruktion des mittelalterlichen Zustandes wünschenswert gewesen. Da sich die Werkzeichen aber genau hinter der Wange befinden, ist eine genaue Untersuchung erst bei erneutem Ausbau des Gestühls möglich. Man darf wohl annehmen, daß auch die betreffenden Zwischenwangen mit den entsprechenden Ziffern versehen waren.

Die vorgefertigten Teile konnten also im Dom leicht zusammengesetzt werden. Die einzelnen Kompartimente der stabilen, ca. 11 cm tiefen Vierpaßbohlen wurden miteinander verzapft. In eingearbeitete Vertiefungen wurden die Zwischenwangen eingehängt und 39–41
ebenfalls verzapft. Sitzplatten wurden mit Scharnieren, Sitzrücklehnen mit Zapfen auf den 34, 35
Bohlen befestigt. Die fortlaufende Deckplatte hält die einzelnen Teile an Ort und Stelle. Auch die Einzelteile der Eingangswangen sind miteinander verzapft, kleinere, einzeln gearbeitete Teile angeleimt.

Anmerkungen
1) Vgl. Einleitung.
2) Siehe Inventar.
3) V. W. Egbert, The mediaeval artist at work, Princeton 1967, S. 53; zuletzt: Ornamenta Ecclesiae. Kunst und Künstler der Romanik in Köln, Katalog Köln 1985, Nr. B 56.
4) Vgl. Inventar Wange NH.

Architektonische Einzel- und Schmuckformen

Der Zusammenhang zwischen Chorgestühlen und Steinplastik bzw. Architektur wurde bereits angeschnitten. Wie einige frühe Gestühle, zeigt auch das im Kölner Dom noch eine starke Anlehnung an Architektur, sie ist die dominierende Gattung. Betrachtet man etwa eine Wange oder eine Reihe von Sitzen aus einer gewissen Entfernung, stellt man unmittelbar fest, daß sie sich von bearbeitetem Stein kaum unterscheiden. Die Vierpaßreliefs könnten sich in der gleichen Form an steinernen Portalen befinden, ebenso die Rosettenkehlen und die plastischen Profile. Es sind nicht nur Abbilder, Zitate von Architektur – dies ist selbst ein Stück Architektur im Sinne auch von Tektonik. Es steckt ein Gefühl für Gewicht, für Tragen und Lasten dahinter. Dies wird bei den niedrigen Wangenbauten deutlich sichtbar; denn hier scheint der Unterbau tatsächlich ein schweres Gewicht zu tragen. Die vorgelegten Dienstbündel tragen an dem vorspringenden Gebälk. Auch Einzelheiten wie Basen, Kapitelle und Blattkehlen sind nicht von Steinarchitektur zu unterscheiden.

T9, T7

F6

1. Das Maßwerk

Abgesehen von dem Fries auf der Rückseite der vorderen Gestühlsreihe, findet sich nur an den östlichen Abschlußwangen der oberen Stallen Maßwerk[1]). Es dient so als besondere Auszeichnung und Betonung dieser Ehrenplätze. Von B. v. Tieschowitz wurde es bereits als sehr entwickelt bezeichnet, obwohl er das Chorgestühl sehr spät – um 1350 – datiert[2]). Die interessantesten Maßwerkformen befinden sich an den Innenseiten der Wangen SI und SH, dem Kaiserplatz: an der Wange SH ein dreibahniges Blendmaßwerkfenster, in dessen Bogenfeld das Motiv der sogenannten dreiachsigen Balkenfigur eingefügt ist. Im Zentrum durchkreuzen sich drei spitzbogige Bahnen, wodurch das Motiv eines sechszackigen Sterns, der ein Sechseck umschließt, entsteht. Die Bahnen sind durchlaufend, ohne Basen und Kapitelle, die Motive erster Ordnung von einem kräftigen Rundstab, diejenigen zweiter Ordnung von einem gratigen Profil umgeben. Das vorliegende Maßwerkmotiv ist ursprünglich ein Rosenmotiv: bei sechs vom Zentrum ausstrahlenden Bahnen mit geraden Schenkeln gehen die Schenkel einander gegenüberliegender Bahnen ineinander über, so daß sich bei drei Achsen an den Überschneidungspunkten das Sternmotiv ergibt. Als Rosenmotiv ist die dreiachsige Balkenfigur eine relativ verbreitete Maßwerkform der französischen Rayonnant-Architektur[3]). Frühestes Beispiel ist wahrscheinlich die Rose des Südquerhauses der Kathedrale von Meaux[4]), es folgen die Nordrosen der Kathedralen von Sées[5]) und Auxerre[6]).

T18

Auch zweiachsig kommt das Motiv häufiger vor, z. B. im südlichen Seitenschiff der Kathedrale von Coutance[7]). Auffallend ist, daß man kaum frühere Beispiele als das Kölner Domchorgestühl findet. Die Herleitung ist von daher so problematisch, daß die Chronologie der Architektur des späten 13. und frühen 14. Jahrhunderts in Frankreich noch sehr unsicher ist[8]). Deshalb kann man nur mit einer gewissen Vorsicht Nordfrankreich als Ur-

T 18   Maßwerk, Wange SH, innen

T 19   Maßwerk, Wange SI, innen

sprungsort dieses Motivs bezeichnen⁹). Später ist es in Deutschland, vor allem in Westfalen, aber auch im Ausstrahlungsgebiet der Straßburger Bauhütte, verbreitet[10].

T19 Der dreiachsigen Balkenfigur ist an der Innenseite von Wange SI folgender Maßwerkschmuck[11] gegenübergestellt: mit einem ebenfalls dreibahnigen Fenster, hier jedoch mit Basen und Kapitellen, ist im Bogenfeld das Motiv eines Dreistrahls verbunden, in dessen Zentrum sich die Spitzen dreier von der Peripherie hereinstoßender, zentripetaler Strahlen treffen, so daß man drei zentrifugale und drei zentripetale Strahlen miteinander zu einem Motiv auf engstem Raum zusammengeschoben hat[12]. Die von unten ins Zentrum stoßende Bahn ist mit der mittleren Fensterbahn identisch, die so bis zum Mittelpunkt des Bogenfeldes hochgezogen ist. Die von den Seiten hereinstoßenden Strahlen sind zur Peripherie hin leicht konvex zusammengezogen. Die Bewegung der zentripetalen und zentrifugalen Kräfte ist durch die richtungweisenden Füllmotive – über zwei Lanzetten ein spitzblättriger Vierpaß – betont.

Dieses Maßwerk könnte aus einem Dreistrahl mit gekappten Spitzbögen als Zwickelfiguren entstanden sein[13]. Zur Entwicklung dieses Motivs ist festzuhalten, daß die Zwickelfüllungen bei Dreistrahlmotiven zunächst eher statischer Natur sind (Kreis, Drei- und Vierpaß), so beispielsweise in den Fensterwimpergen des Obergadens am Kölner Domchor (Dreipässe)[14]. Dann werden die Kompositionen dynamischer, mit Zwickelstrahlen, zunächst ohne, dann mit Richtungsbetonung[15]. Es ist möglich, daß die Maßwerkform am Chorgestühl eine eigenständige Entwicklung aus diesem Dreistrahlmotiv ist, einer Maßwerkform, die in der Kölner, wie auch in den oberrheinischen Bauhütten (hier auch das Motiv der im Zentrum zusammenstoßenden Strahlen), bekannt war[16]. Zimmermann erwägt dies auch für den Wimperg des Petersportals, führt jedoch andererseits die Südrose der Kathedrale von Rouen als möglichen Bezugspunkt an[17]. Tatsächlich wird das Motiv der ein- und ausstrahlenden Bahnen auch in Frankreich um 1300 aktuell, beispielsweise in der genannten Roueneser Rose[18] oder in einer Rosette des Südquerhauses der Kathedrale von Laon (Fassadenfenster)[19]. Die Entwicklung der vorher beschriebenen dreiachsigen Balkenfigur und des dynamischen zentrifugal-zentripetalen Motivs scheinen ungefähr gleichzeitig abzulaufen; beide gelten als Charakteristika für Rayonnant-Architektur[20].

Ganz anders möchte R. Palm diese Maßwerkform aus der englischen Architektur ableiten[21], und zwar nicht von dem Dreistrahlmotiv, sondern von einer typisch englischen Maßwerkform des Decorated Style, die aus einer ununterbrochenen Reihe von aufeinandergestapelten Dreipässen besteht, die durch die Profile erster Ordnung – den rahmenden Bogendreiecken – zu alternierenden Richtungsmotiven zusammengefaßt bzw. getrennt werden können. So zeigen bei der Lady Chapel der Kathedrale von Wells (1300–1315)[22] von zehn aufeinandergestapelten Dreipässen in Bogendreiecken sechs der äußeren zum Zentrum des Feldes durch Öffnung der äußeren Kontur zum Rahmen hin. Sie sind netzartig mit je zwei auf der Peripherie konkav zusammentreffenden Bögen aufgehängt, so daß eine Art Rautenmuster in den Profilen erster Ordnung entsteht. Die vier anderen Bogendreiecke (drei im Zentrum, eins in der Spitze des Bogenfeldes) zeigen durch Weglassen des unteren Schenkels nach oben. Besteht nun dieses Motiv aus insgesamt sechs Dreipässen in

T 20   Maßwerk, Wange SI, außen ▶

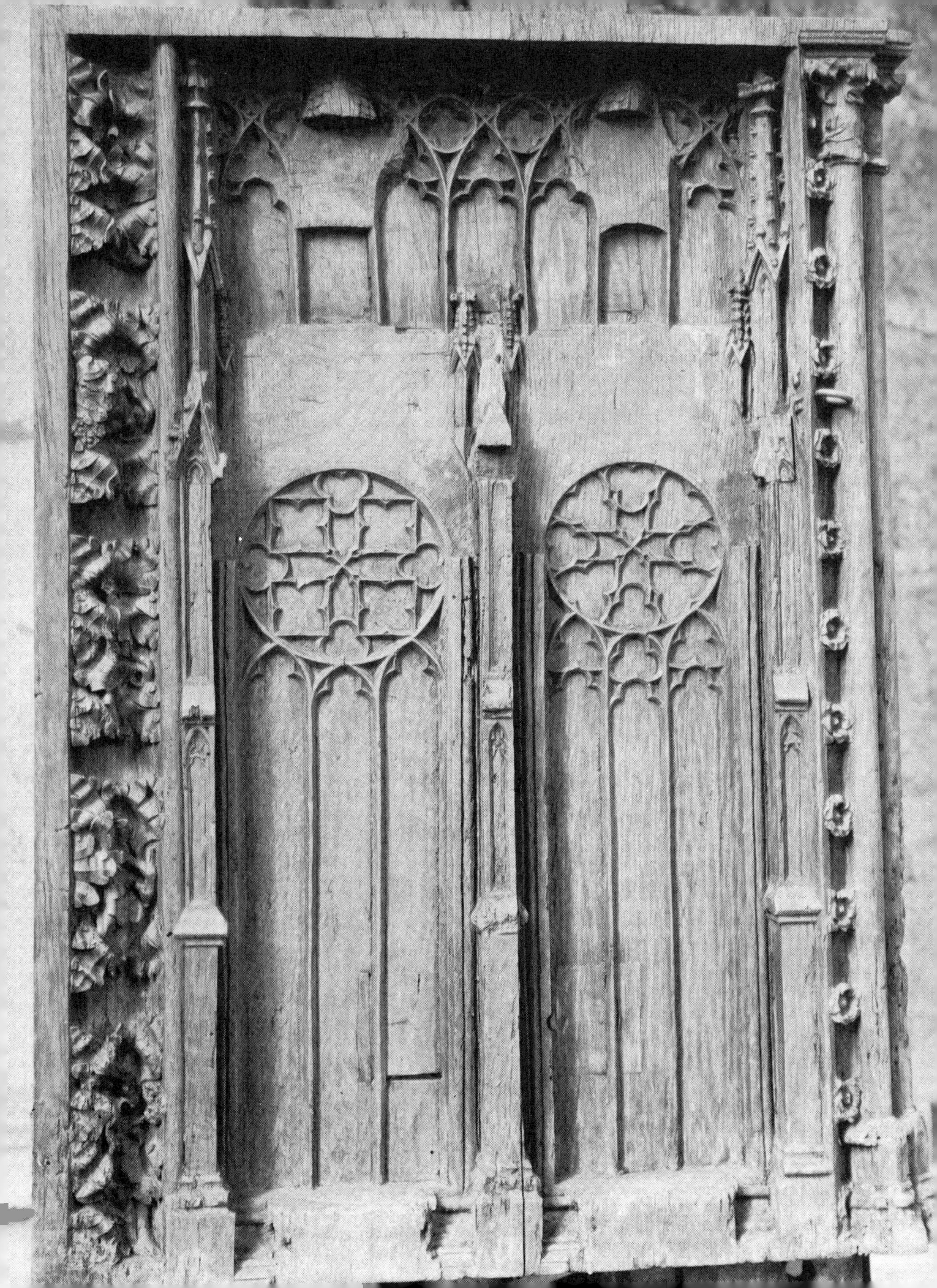

Bogenrahmung, die alternierend nach außen und nach innen zeigen, z. B. im Nordquerschiff der Kathedrale von Exeter, 1309–1317[23]), so entsteht eine dem Kölner Maßwerk sehr ähnliche Konfiguration. Aber auch in dieser Form wirkt das Motiv im Grunde wie eine Folge von aufeinandergestapelten Dreipässen und wird daher auch in der Literatur als typisch englisches Reihungsmotiv („reticulated tracery") gesehen[24]). „Es ist nur der sichtbare Abschnitt aus einer sich unbegrenzt fortsetzenden Reihung von Formen... Darin unterscheidet es sich als Linienwerk vom Figurenmuster. Das erstere kann beliebig erweitert werden, ohne sich wesentlich zu verändern. Das letztere kann nur durch Anfügen neuer selbständiger Formen und Figuren erweitert werden, wodurch sich aber ein anderes Gesamtmuster bildet"[25]). Die unendliche Erweiterungsmöglichkeit dieses englischen Stapelmusters sieht man sehr schön in Barsham, Suffolk, wo die gesamte Ostwand des Chores, ohne Unterscheidung von Fenster und Wand, mit diesem Muster überzogen ist[26]).

Wir haben es also hier mit einem Fall zu tun, wo sich aus zwei sehr unterschiedlichen Ausgangsmotiven, dem Dreistrahl mit alternierenden Zwickelstrahlen und einer Folge von aufeinandergestapelten Dreipässen, sehr ähnliche Maßwerkfiguren entwickelt haben. Daß das Kölner Maßwerk eher aus dem Dreistrahlmotiv abgeleitet ist, möchte ich mit der von dem englischen Maßwerk in Exeter völlig unterschiedlichen Gesamtwirkung begründen: Hier liegt in erster Linie ein Bewegungsmotiv vor, während das englische Maßwerk – trotz eingesetzter kleiner Blasen, die alternierende Richtungen andeuten, – eher statischer Natur ist. Ein grundlegender Unterschied ist dementsprechend auch, daß in Köln die zentripetalen Motive wirklich noch als Strahlen ausgebildet und mit sehr viel energischeren Richtungsmotiven gefüllt sind.

Die Möglichkeit, daß der Bildhauer bei der Erfindung dieser Maßwerkform durch seine Kenntnisse auch englischer Fensterformen angeregt wurde, ist natürlich nicht völlig von der Hand zu weisen, sogar durchaus möglich. Er steht jedoch eher in einer anderen Tradition, wie seine Variante des Maßwerks beweist.

T20 Auch an der ausgesprochen einfallsreich dekorierten Ostseite dieser Wange finden sich aufschlußreiche Maßwerkmotive. Interessant ist vor allem die linke Rose[27]). Sie zeigt folgende Form:

In der Kreismitte treffen in Kreuzform – waagerecht und senkrecht – vier kurze Bahnen aufeinander, die mit der Kreisperipherie durch Dreipässe verbunden sind. In den vier Ecken Quadrate, die mit spitzblättrigen Vierpässen gefüllt sind.

Diese Rosenform leitet Palm von den Langhaus-Obergadenfenstern der Kathedrale von York (um 1300–1310)[28]) her, die dieses Motiv um 45° gedreht im Bogenfeld zeigen. Es ist dies allerdings das bisher früheste nachweisbare Beispiel. Das Maßwerk deswegen als englisch zu bezeichnen, ist deshalb zweifelhaft, da gerade die Kathedrale von York als bestes Beispiel für französische Architekturformen in England gilt. So bezeichnet Bony[29]) sie als ganz unenglisch: „nothing can be more continental in background". Bock hält gerade die hier in Betracht gezogene Maßwerkform für kontinental: York folge in der Einordnung des Maßwerks in das Aufrißsystem und in den Einzelformen kontinentalen Gepflogenheiten[30]).

Die Maßwerkform könnte also zum einen auf ein gemeinsames französisches Vorbild zurückgehen; so findet sich beispielsweise ein sehr ähnliches Muster in den Rosen der Portal-

74

tympana an der Fassade des Südquerhauses der Kathedrale von Laon (vor 1300)[31]). Am Kölner Dom selbst taucht die Rose etwas später in den Ornamentscheiben des Dreikönigenfensters in der Achskapelle des Kölner Domes (um 1315–1320) wieder auf[32]). H. Rode gibt als Vorstufen für diese aneinandergereihten Rosen die Ornamentbahnen des Maternusfensters im Kölner Dom an, betont aber gleichzeitig eine Ableitung von den untersten Rosen in den Maßwerkhelmen des Domes im Fassadenriß F (um 1300)[33]). Vorstufen für das Rosenmuster sind also im Formenrepertoire der Kölner Dombauhütte zu finden. Eine Ableitung aus den Gittermustern der Glasmalerei ist zudem folgerichtig.

An der Außenseite der Wange SI befindet sich über dieser Zone der beiden Blendmaßwerkfenster mit bekrönenden Rosen, die als Hintergrund für die zwei hier aufgestellten Figuren dienten, eine Blendmaßwerkgalerie in der Form von einander überschneidenden Bögen, ein Muster, das endlos fortgesetzt werden kann[34]). Die Füllmotive sind ein Vierpaß im Kreis in den oberen Spitzen, ein gedrückter Kleeblattbogen mit spitzblättrigem Dreipaß darüber in den unteren. — T20

Die Folge von einander überschneidenden Bögen ist in England seit normannischer Zeit besonders in Blendarkaden verbreitet[35]), vor allem jedoch als Maßwerkmuster im Decorated Style üblich. Als frühestes Beispiel für diese „intersecting tracery" nimmt man allgemein die St.-Etheldreda-Kapelle in London (um 1285)[36]) an.

So gilt dieses Muster auch allgemein als englische Erfindung[37]). Gleichzeitige Parallelentwicklungen in Frankreich sind jedoch ebenfalls in der Diskussion[38]). Die sogenannte Y-Tracery, Fenstermotive in Form von überspitzen Bögen mit Füllmotiven, die als Vorstufe zur sogenannten „intersecting tracery" angesehen werden[39]), ist auch in Frankreich verbreitet. Beispiele sind die Innenportale des Südquerhauses der Kathedrale von Amiens (um 1260), das Triforium der Chornordseite in der Kathedrale von Bayeux (um 1230) und das Westfenster der Kirche Saint-Julien in Royaucourt (um 1300)[40]). Die konsequente Weiterentwicklung dieses Motivs findet sich dann auch in Frankreich selbst an der Kirche von Redon (Ile et Vilaine, nach 1300) und in genau der gleichen Ausgestaltung wie in Köln an der Westwand des Querhauses der Kathedrale von Troyes[41]).

Überspitze Bögen mit Füllmotiven finden sich auch auf Riß B der Straßburger Westfassade[42]) (um 1275). Da die Durchdringung von Bögen bald nach 1300 beispielsweise auch in einem Chorfenster der Zisterzienserkirche in Salem, wahrscheinlich von der oberrheinischen Bauhütte angeregt, auftaucht[43]), kann eine Parallelentwicklung dieser Formen in der Straßburger Bauhütte vermutet werden. So ist die Ableitung dieses Motivs nicht exakt zu bestimmen. Voraussetzungen für eine Übernahme sind sowohl in der englischen als auch in der französischen Baukunst gegeben.

Wir finden also an der Südseite ungewöhnlich fortschrittliche Maßwerkformen, welche die Kenntnis der allerneuesten Entwicklungen auf diesem Gebiet voraussetzen.

Im Gegensatz dazu wurden auf der Nordseite bedeutend einfachere Maßwerkmotive verwendet: auf der Außenseite von Wange NI einfache Blendarkaden mit Nasen, die im Gegensatz zu dem an gleicher Stelle auf der Südseite aufgebotenen Formenreichtum stehen[44]). — T16, T17

Auf der Innenseite der Wange NH ebenfalls ein einfaches Motiv: in einer Rechteckrahmung zwei Felder (mit durchsteckten Stäben), in denen sich über einem Spitzbogen ein stehender Dreipaß als Füllung befindet[45]). Für Vergleiche braucht man die Kölner Dom- — T21

T 21   Maßwerk, Wange NH, innen

bauhütte nicht zu verlassen. Insgesamt kann für diese Form das Triforium des Domes als vorbildlich gelten⁴⁶). Das Einzelmotiv des stehenden Dreipasses findet sich ein zweites Mal am Chorgestühl: an den eingestellten Holzpfeilern zwischen den Maßwerkwangen, T16 außerdem am Sockel des Baldachinengels über der Chorpfeilerfigur des Johannes.
Auch das Maßwerk an der Innenseite der Wange NI ist aus dem Formenrepertoire der T22 Dombauhütte abzuleiten⁴⁷). Die Rose im Bogenfeld des Blendmaßwerkfensters hat folgende Form: im Zentrum ein spitzblättriger Vierpaß, von dem kreuzförmig vier Strahlen mit konkav gebogenen Schenkeln ausgehen. In den Zwickeln Bogendreiecke, die zentripetale Füllmotive (einen spitzblättrigen Vierpaß über zwei Kleeblattbögen) enthalten. Dieses

T 22 Maßwerk, Wange NI, innen (nach Schmitz, Lfg. 18, Bl. 6, Fig. 4)

Motiv findet sich in etwas abgeänderter Form – als Dreistrahl mit statischen Bogendreiecken – im Westfassadenriß F des Kölner Domes in einer Rosette des südlichen Turmhelms wieder⁴⁸). Es handelt sich aufgrund der fehlenden Richtungsbetonung in den Bogendreiecken offenbar um eine Vorstufe zum Maßwerk des Chorgestühls⁴⁹). Eine der drei Bahnen, auf denen diese Rose ruht, zeigt einen gedrückten Rundbogen als Abschluß. Auch diese Form findet sich am Dom selbst wieder: in den Fenstern des Obergadens in den Baldachinen über den Königen⁵⁰).
Die Maßwerkformen der Nordseite sind also ausnahmslos im Formenrepertoire der Dombauhütte zu finden bzw. daraus abzuleiten.
Der Maßwerkfries an der Rückwand der vorderen Sitzreihe⁵¹), eine Folge von Kreisen mit T23 eingeschriebenem Sechspaß (im Zentrum eine Maske oder Rosette), alternierend mit spitz-

T23   Maßwerkfries, Südseite (S 3)

blättrigen liegenden Vierpässen (ausgeführt als eine Anordnung von durchbrochenen Bogendreiecken mit Nasen), ist, was das zweite Motiv angeht, den steinernen Schranken vor der Maternuskapelle im Kölner Dom (um 1310) ausgesprochen ähnlich[52]. Für den von einem Kreis umfangenen Sechspaß gibt es exakte Parallelen schon am Südquerhaus von Notre-Dame in Paris[53].
Es treten also eher traditionelle Maßwerkmotive neben extrem modernen Formen auf. Die Herkunft dieser neuen Maßwerkformen läßt sich nicht auf einen bestimmten Ort festlegen, wo man diese Motive gemeinsam findet. Dies allein wäre ein gesicherter Grund gewesen, die Herkunft der Chorgestühlswerkstatt wegen der Kenntnis dieser Formen auch genau von diesem Ort abzuleiten.
Parallele Maßwerkformen treten jedoch zu verstreut auf, scheinen oft an mehreren Stellen gleichzeitig entwickelt zu werden. Die Architektur der Ile de France und Nordfrankreichs scheint hierbei in erster Linie maßgeblich zu sein[54]. Auch gewisse Kenntnisse englischer Bauformen scheinen vorzuliegen. Allein aus den verwendeten Maßwerkformen würde man für die Chorgestühlswerkstatt die Hypothese aufstellen dürfen, daß hier Bildhauer der Kölner Dombauhütte zusammenarbeiteten mit einer anderen, wahrscheinlich französischen Werkstatt (Paris, Nordfrankreich), die eigens zu diesem Zwecke angeworben wurde. Die modernen Maßwerkmotive des Chorgestühls treten sonst am Dom nicht mehr auf, sind also nicht in das Maßwerkrepertoire der Hütte aufgenommen worden. Dies unterstreicht die traditionsgebundene Grundhaltung der Kölner Bauhütte, das Festhalten an einmal entwickelten Formen und Plänen.
Neben dieser überraschenden Kombination von Maßwerkformen ist auch die Art, wie damit umgegangen wird, etwas ungewöhnlich, aber bezeichnend für die Arbeitsweise dieser Werkstatt. Man hält sich, was die Ausführung angeht, nicht an eine bestimmte Stilstufe. So werden Bahnen mit und ohne Basis und Kapitell gearbeitet[55]. Alle möglichen Profile treten nebeneinander auf[56]: nur gratiges Profil, Rundstab neben gratigem Profil (für die Motive erster und zweiter Ordnung); es kann auch noch Motive dritter Ordnung daneben geben, wieder um eine Ebene zurückversetzt, ebenfalls mit gratigem Profil. Diese Maßwerkformen wirken nervös und hakelig (z. B. Wange NI innen). Sie stehen neben anderen Maßwerkfenstern, die großzügig und ruhig in Gesamtwirkung und Einzelformen sind, so z. B. Wange SH innen. Bei den südlichen Maßwerkwangen stehen sich an den Innenseiten zwei solcherart unterschiedlich gestaltete Blendmaßwerkfenster gegenüber: an Wange SH

ruhige, großteilige Formen in tiefem, ausdrucksvollem Relief, die Eckzwickel oben auch räumlich ausgearbeitet, Maßwerk mit durchlaufenden Bahnen. Gegenüber an Wange SI innen nervöse, zackige Binnenformen, Basen und Kapitelle, Eckzwickel ganz mit Blattwerk ausgefüllt. Dies ist ein ausgesprochen spielerischer, man kann sagen eklektizistischer Umgang mit Maßwerkformen. Der ganze Katalog bekannter Motive wird vorgeführt. Diesem Hang zum Dekorativen wird gegenüber einer einheitlichen Durchgestaltung der Vorzug gegeben.

Dies geht so weit, daß man nicht einmal die Front zum Hochaltar hin, bei deren Charakter als retabelartiger Ansichtsseite man eine durchgehende Aufreihung von Motiven annehmen dürfte, in einheitlichen Formen ausführte[57]).

2. Der Vierpaß

Am Chorgestühl kommen verschiedene Vierpaßformen vor als Rahmungen für Einzelfiguren und Szenen an den niederen Abschlußwangen und an den durchlaufenden Holzbohlen unter den Sitzen.

Am häufigsten findet sich der liegende Vierpaß, der auf zwei Kreissegmenten ruht; zwischen den einzelnen Pässen sind eckige Aussprünge. Diese Vierpaßform mit ausgesprengten Ecken kann man auch als Rhombus betrachten, dem an vier Seiten Kreissegmente angelegt sind (Rautenvierpaß). Zum weiteren wird für Blattwerk und Blattmasken alternierend zur eben genannten Rahmenform unter den Sitzen der liegende Vierpaß mit spitz zulaufenden Ecken verwendet. Dazu kommt – weniger häufig – noch der stehende Vierpaß (auf einem Kreissegment ruhend) mit ausgesprengten Nasen. T7, T25

Derartige Rahmungen von figürlichen Szenen sind in der Gotik – vor allem in Frankreich – ein beliebtes Motiv: zunächst im Zusammenhang der Kathedralbauten als Rahmung von Sockelreliefs[58]) oder in Glasfenstern, bald aber auch in der Buchmalerei und in der übrigen Kleinkunst. Die häufige Verwendung von Vierpässen läßt sich vermutlich durch die Verwandtschaft mit den am Kathedralbau verwendeten Maßwerkmotiven erklären: Pässe mit unterschiedlicher Kreissegmentzahl kommen auch im Maßwerk an Fenstern, Strebewerk, Galerien usw. häufig vor, so daß eine analoge Gliederung und Rahmung von figürlichen Motiven folgerichtig erscheint. 310

Das Vierpaßmotiv selbst ist jedoch keine gotische Erfindung[59]).

Das Motiv des Rhombus mit angelegten Kreissegmenten gibt es beispielsweise bereits in der Spätantike, in justinianischer und vorjustinianischer Zeit[60]), wie überhaupt viele Medaillonformen aus antiken geometrischen Hintergründen stammen[61]).

Der liegende Vierpaß mit ausgesprengten Ecken scheint seinen Ursprung in der orientalischen, vor allem fatimidischen Ornamentik zu haben[62]).

G. Marçais nimmt eine Übertragung des muselmanischen Vierpasses auf die gotische Kunst über Italien an[63]). Wahrscheinlicher jedoch ist die Bekanntschaft mit orientalischen Motiven durch Stoffe aus den betreffenden Ländern, die sich schon früh vor allem in Kirchenschätzen finden[64]).

Die Tatsache, daß gotische Portalsockel häufiger in einer an Textilstrukturen erinnernden Manier gestaltet wurden – beispielsweise Auxerre, Westportale[65]), Reims, Westportale,

79

Stoffimitationen in Stein[66]), Paris, Notre-Dame, Porte Rouge, wo Adhémar konkrete Bezüge zu einem alexandrinischen Stoff aus dem Museum von Lyon herstellen konnte[67]), Rouen, Kathedrale, Portail des Libraires[68]) –, läßt einen solchen Bezug möglich erscheinen.

Die vorliegende Vierpaßform wird jedoch sicher nicht erst von der Gotik übernommen, wie Marçais[69]) und auch Krohm[70]) annehmen. Den Rhombus mit angelegten Kreissegmenten gibt es beispielsweise in einer französischen Handschrift des 10. Jahrhunderts[71]) oder in einem Glasfenster der Kathedrale von Canterbury[72]).

In Köln befinden sich liegende Vierpässe mit Nasen schon um 1170 am Maurinusschrein als Rahmung für figürliche Szenen[73]).

Auch der stehende Vierpaß, der in der mittelbyzantinischen Kunst ebenfalls zu den geläufigen Schmuckmotiven gehört[74]), ist in der rheinisch-maasländischen Goldschmiedekunst des 12. Jahrhunderts anzutreffen[75]).

Die eigentliche Blütezeit der Vierpaßrahmung ist jedoch zweifellos die Gotik, und zwar wird wohl zunächst der stehende Vierpaß verwendet, der auch in der Architektur als Reihenmotiv geläufig ist: Amiens, Kathedrale, Westfassade[76]), Noyon, Kathedrale, Westfassade[77]) – am Mittelportal mit ausgesprengten Nasen –, Paris, Sainte Chapelle, Unterkapelle, Notre-Dame, Südquerhausportal, Schülerreliefs[78]), mit ausgesprengten Nasen (auch in der Sainte Chapelle). Der liegende Vierpaß mit Nasen kommt in der französischen Kathedralarchitektur zuerst in den Sockelreliefs an der Westfassade der Kathedrale von Auxerre vor (um 1260)[79]). Etwas spätere Beispiele sind die Soubassements der Querhausfassaden von Rouen (Portail des Libraires, nach 1281, Portail de la Calende, nach 1290)[80]), die Figurensockel am Südportal der Straßburger Westfassade (um 1280)[81]), die Strebepfeilerreliefs an den Chorkapellen von Notre-Dame in Paris (um 1300)[82]) und die Sockelreliefs an den Westportalen der Kathedrale von Lyon (um 1320?)[83]).

Der liegende Vierpaß mit Nasen erscheint nach der Jahrhundertmitte auch in der Glasmalerei, beispielsweise in den unteren Zwickelsechspässen der Pariser Nordrose, kurz nach 1250[84]). Etwas später auch am Kölner Dom: jüngeres Bibelfenster aus der Kölner Dominikanerkirche (um 1280)[85]), ebenfalls in den Fenstern des Hochchores (vor 1311)[86]).

Beispiele gibt es auch in der Buchmalerei, z. B. im Necrologium von St.-Germain-des-Prés[87]), und in der Kleinkunst; hier sei das Minnekästchen Coll. Carrand 1346 aus dem Florentiner Bargello genannt[88]).

Kommen wir nun auf die Vierpaßreliefs am Chorgestühl zurück, so können wir ohne Schwierigkeiten feststellen, daß die Ausprägung der Vierpaßmotive, ihre Anhäufung, ihre Benutzung als aufgereihtes, flächenfüllendes Motiv ihre nächsten, unmittelbaren Verwandten in den Sockelreliefs der französischen Kathedralen findet.

Dies zeigt sich vor allem bei den Wangenreliefs, wo zum Füllen einer Wangenfläche sechs Vierpässe aneinandergefügt sind, durch schmale Rahmungen voneinander getrennt.

Genau diese Kombinationen von verschiedenen Vierpaßmotiven mit schmalen Rahmenleisten, auch die entstehenden Zwickel häufig noch durch Blattwerk oder kleine Tiere ausgefüllt, kamen bei den großen Dekorationsflächen an den Soubassements der Kathedralen zur Anwendung. So sind auch in Auxerre liegende Vierpässe mit Nasen, spitzblättrige Vierpässe mit und ohne Nasen, Rautenmuster usw. zu einer wie gewebt erscheinenden Fläche aneinandergereiht. Die Vorliebe für Hintergrunddraperien, welche die letzten

F 5   Westlicher Abschluß der hinteren Gestühlsreihe, Nordseite 19. Jahrhundert

F 6   Wange NH von Westen

F 7   Wangenzwickel NB von Westen mit Knauf NII 1

F 8   Wange NB von Osten

F 9   Ritter, Wangenaufsatz NB

F 10   Samson und Delila, Wangenaufsatz NA

F 11   Badeszene, Wangenaufsatz SA

F 12   Ritter, Wangenaufsatz NB

freien Flächen der Vierpässe ausfüllen, ist hier ebenfalls festzustellen[89]). Ähnlicher noch sind die Reliefs an den Gewändesockeln des Portail des Libraires in Rouen, wo einige Pfeiler eine entsprechende Anordnung der Schmuckmotive mit einer Reihe von kleinen stehenden Vierpässen, mit Füllmotiven in den Zwickeln, unter großen liegenden Vierpässen aufweisen[90]). Auch der teppichartige Charakter ist in beiden Fällen vorhanden.
Wir hatten bereits festgestellt, daß derartige Schmuckmotive an Chorgestühlen sonst nicht vorkommen und daß sie von anderen Quellen herzuleiten sein müßten. Tritt zwar der Vierpaß in allen Variationen und in allen Kunstgattungen als Rahmenmotiv auf, so ist er doch in der hier vorliegenden Ausprägung mit dem Sockelschmuck französischer Kathedralen in unmittelbarer Weise verwandt.

3. Rosetten

Die Kehlen über den Vierpaßreliefs der Eingangswangen, die zu beiden Seiten der vorgelegten Dienstbündel an den Flanken verlaufen, sind mit einer fortlaufenden Reihe von Rosetten geschmückt. Sie sind abwechselnd rund und eckig. Die gleichen Rosetten findet man in den untersten Kehlen der Accoudoirs wieder.
Rosettenbesetzte Kehlen dieser Art finden sich in der gotischen Architektur häufiger: so ist z. B. die Nordrose von Notre-Dame in Paris von einer Rosettenkehle umgeben[91]), Rosetten befinden sich auch in den Kehlen über den Chorkapellenfenstern des Kölner Doms[92]). Als ebenfalls wechselnde runde und eckige Rosetten befinden sich diese in einer Kehle rings um das linke Westportal der Kathedrale von Auxerre[93]).
Auch in der Kleinkunst, an Altarretabeln, Skulpturensockeln und Elfenbeinen finden sich solche Rosettenkehlen; so am Schrein von Marsal, Lothringen (um 1300; rund)[94]), und am Altarretabel aus Plailly, Oise (Anfang des 14. Jahrhunderts; abwechselnd rund und eckig[95]).
Es gibt in der kunsthistorischen Literatur einige Versuche, anhand solcher Rosettenmotive Werkstattzusammenhänge zu rekonstruieren oder ikonographische Besonderheiten aufzuweisen. So versucht Koechlin, Elfenbeine anhand solcher Rosenketten zu gruppieren[96]), Forsyth geht mit größerer Vorsicht an die landschaftliche Zuordnung mit Hilfe derartiger Motive heran, sieht aber Rosettenkehlen besonders häufig an der Marne und im Maasgebiet verwendet[97]). In einer ganz anders gearteten Analyse versucht W. Krönig, das Rosettenmotiv an Skulpturensockeln als Hinweis auf Gebetsdarbringung zu deuten[98]).
Rosetten sind ein so häufig vorkommendes Motiv, vor allem in der gotischen Kleinkunst, daß sich Gruppierungen, Herstellung von Stilzusammenhängen und landschaftliche Einordnungen nicht allein auf solche Motivkoinzidienzen stützen können. Für die Beurteilung der Chorgestühlswerkstatt in Bezug auf ihre Herkunft lassen sich dadurch auch keinerlei Aussagen machen.
Interessant ist aber dennoch, daß sich völlig identische Rosettenketten an der Tumba Ottos III. von Ravensberg († 1305) und seiner Gemahlin Hedwig zur Lippe († 1320) in der Neustädter Marienkirche zu Bielefeld in der ringsum laufenden Kehle unter der Deckplatte befinden[99]). An gleicher Stelle gibt es eine solche Rosettenkette am sogenannten Marburger Einzelgrab (nach 1308) im Landgrafenchor der Elisabethkirche zu Marburg[100]),

ebenfalls am Marburger Lettner (um 1320). Ergäben sich auch stilistische Zusammenhänge mit diesen Werken der Plastik, wären die identischen Rosetten als ein zusätzlicher Beweis für einen Werkstattzusammenhang zu werten.

4. Lilien in Rauten

F 6 Im rechteckigen Kompartiment unter dem Wangenzwickel NH befindet sich das Motiv der Lilien in fortlaufendem Rautenmuster als Füllmotiv[101]). Es kommt sonst am Chorgestühl nicht mehr vor.

Das Ornament der Lilie findet sich häufig in der französischen Kunst des 13. Jahrhunderts, vornehmlich in der hier vertretenen Form mit der Rautenrahmung[102]).
Beispiele aus der Skulptur des 13. Jahrhunderts: mittleres Westportal von Notre-Dame in Paris, Gewändesockel (bis 1230) [103], Sockel des Westportals der Kathedrale von St. Denis[104]), linkes Südportal der Kathedrale von Chartres, Gewandsaum des Vincentius (1210–1220), ebendort die Stola des Gregor (um 1220)[105]), die Strebepfeiler neben dem Portail des Libraires an der Kathedrale von Rouen (nach 1281)[106]), das Tympanon des mittleren Westportals des Straßburger Münsters (um 1280)[107]).
Das Motiv kommt auch in Glasfenstern, beispielsweise in der Westrose und im Fenster M der Sainte Chapelle in Paris vor[108]), ein Beispiel aus der Buchmalerei gibt es auch in Köln: die Eingangsminiatur im Graduale des Johann von Valkenburg (um 1299)[109]).
Wir haben es also bei den Lilien im fortlaufenden Rautenmuster mit einem Motiv zu tun, das mit einiger Sicherheit aus der französischen Kunst abzuleiten ist.
Schon im 13. Jahrhundert wurden die Lilien im durchlaufenden Rautenmuster – Gold auf blauem Grund – im Banner des französischen Königs getragen[110]).
Ende des 13. Jahrhunderts und Anfang des 14. Jahrhunderts wird der Lilienstempel in Rauten fast zu einer Art Markenzeichen der Pariser Goldschmiedewerkstätten im Umkreis Philipps des Schönen, seit 1313 ist er der offizielle Pariser Stempel[111]).

5. Blattwerk

T9, T36 Blattwerk wird am Chorgestühl häufig zur Dekoration und zum Füllen von Flächen eingesetzt. Die Voluten auf den niedrigen Wangen sind von Blättern überwachsen, Blattwerk überzieht auch die Kehlen unter den Wangenaufsätzen und an den Maßwerkwangen.
Nach der ursprünglichen Konzeption des Gesamtprogramms war für jeden zweiten Knauf

F 4 und für jede zweite Vierpaßbohle unter den Sitzen Blattwerk vorgesehen. Bei den Vierpässen ist diese Anordnung noch durchgehend erhalten und wurde auch bei den im 19. Jahrhundert restaurierten Sitzen weitergeführt. Das Blattwerk ist jeweils von liegenden, spitzblättrigen Vierpässen umgeben, während die szenischen und figürlichen Reliefs von liegenden Vierpässen mit Nasen gerahmt sind.

11, 21 Auch einige Miserikordien zeigen Blattwerk- oder Blattmaskenform; es findet hier keine alternierende Anordnung zu figürlichen Miserikordien statt. Blattwerk bildet jedoch auch bei diesen oft das Füllsel zwischen Figurenumriß und idealer Miserikordienform, wenn diese ohne solcherlei Füllwerk nicht erreicht werden konnte. Es entstehen zarte Übergänge zwischen Sitzplatte und Miserikordie; zur oberen Sitzleiste hin entwickelten sich größeres Volumen und üppige Wellen. Das Blattwerk am Chorgestühl zeigt sehr charakteristische Formen. Die Ränder sind gebogen und gedellt, schlängeln sich über die Oberfläche. Die Blätter selbst sind gebuckelt, zeigen blasenartige Verdickungen und algenähnliche Knoten in der Mitte. Sie gehen ineinander über, bilden eine zusammenhängende Oberfläche. Blattadern werden als ornamentale Riefen zur Unterstreichung von Bewegungsmotiven genutzt. Diese Blattformen wirken überwiegend wenig naturalistisch. Es gibt jedoch gleichzeitig auch noch schärfer gearbeitetes, stärker an natürliche Formen angelehntes Blattwerk am Chorgestühl. F 15

15, 16

F 10

12

20,131

Gerade für die Wangenaufbauten bevorzugte man jedoch die blasige Form. Lübbecke sah darin eine „krankhaft anmutende Entwicklung zum Barocken"[112]), wie überhaupt diese Blattformationen am Gestühl – sozusagen als letzte mögliche Stufe der Entwicklung von Blattwerk – für eine späte Datierung herangezogen wurden[113]).

Natürlich liegt hier eine spätere Entwicklungsstufe vor, vergleicht man das Blattwerk mit den präzise ausgeschnittenen, klaren Blattformen an den Pfeilerkapitellen des Chorerdgeschosses im Dom[114]). Jedoch ist das wellige, blasige Blattwerk an den Chorgestühlswangen zu seiner Entstehungszeit keineswegs ungewöhnlich. Es findet sich auch in den Bas-Reliefs an den Sockeln der Apsiskapellen von Notre-Dame in Paris (um 1300), ebenfalls an den Chorschranken daselbst (nach 1296)[115]), auch in Triforium und Fensterzone der Kathedrale in Limoges (um 1310)[116]). In England treten solche Blattformen ebenfalls auf – dort charakteristischerweise „bubble leaves" genannt –, beispielsweise am Schlußstein des Gewölbes im Kapitelhaus der Kathedrale von Southwell (um 1300)[117]) oder an den Miserikordien von Hereford (Anfang des 14. Jahrhunderts)[118]). In Deutschland finden sich weitere Parallelen am Freiburger Münster, an den Blattkapitellen unter dem schlafenden Jesse am Trumeau der Außenportalmadonna (Ende des 13. Jahrhunderts)[119]) oder in Schwäbisch Gmünd am südlichen Langhausportal der Heiligkreuzkirche, wo zwei Türsturzkonsolen die Form von derart welligen Blattmasken zeigen (1310–1315)[120]).

Behling stellt eine Miserikordie des Chorgestühls (NII 5) neben eine Konsole aus der Parlerzeit in der Südportalhalle (um 1367) des Prager Veitsdoms, ein Vergleich, der durchaus einige grundlegende Gemeinsamkeiten zwischen diesen zeitlich um rund 60 Jahre getrennten Blattdarstellungen vor Augen zu führen vermag[121]). Im 19. Jahrhundert wurde das Blattwerk des Chorgestühls an der Krümme des Bischofsstabes des Konrad von Hochstaden und im Schmuck der neugotischen Beichtstühle in den Chorkapellen reproduziert[122]).

Anmerkungen

[1]) R. Palm ist in seinem Aufsatz: Die Maßwerkformen am Chorgestühl des Kölner Doms. In: KDBl. 41, 1976, S. 57–82, bereits sehr ausführlich auf die einzelnen Maßwerke eingegangen. Wir werden uns daher des öfteren auf ihn beziehen. Für eine ausführliche Beschreibung und Ableitung vgl. das Inventar.

[2]) Tieschowitz, S. 3.

[3]) Nach L. Schürenberg, Die kirchliche Baukunst in Frankreich zwischen 1270 und 1380, Berlin 1931, typisch für die französische Baukunst des 14. Jahrhunderts.

[4]) Nach Schürenberg, S. 256, auf 1260/70–1290 zu datieren; nach P. Kurmann, La Cathédrale St.-Etienne de Meaux, Genf 1971, S. 89, auf 1282–1317; Taf. LV.

[5]) Schürenberg, S. 232: Datierung auf „um 1300"; ebd. S. 51: bis 1330; Taf. 16.
[6]) Vor 1334, Schürenberg, Taf. 75.
[7]) 1291–1330, Schürenberg, S. 237.
[8]) Dazu vor allem J. Bony, The English Decorated Style. Gothic architecture transformed 1250–1350, Oxford 1979, S. 63.
[9]) Schürenberg tut dies ausdrücklich im Zusammenhang mit Auxerre, St. Germain: „die geradlinigen Speichen der Rose ... sonst nur in Nordfrankreich häufiger verwendetes Motiv", S. 166.
[10]) Lemgo, Marienkirche, 1330–1340; G. Kiesow, Das Maßwerk in der deutschen Baukunst bis 1350, Phil. Diss. Göttingen 1956, Abb. 93 und 94; Herford, Münster, Anbau an der Südseite des Chors, um 1330, ebd., Abb. 95; Minden, Martinikirche; Straßburg, Münster, Katharinenkapelle, um 1340; Palm, Maßwerk, Abb. 4; vorher bereits am Fenster F aus dem Chor der Straßburger Dominikanerkirche, um 1320, jetzt im Südquerhaus des Straßburger Münsters. Dazu R. Becksmann, Die architektonische Rahmung des hochgotischen Bildfensters, Berlin 1967, S. 26, 33, 130 und 134. Auch am Hochaltar von Oberwesel, 1331; vgl. zuletzt H. Caspary, Das gotische Hochaltarretabel der Liebfrauenkirche von Oberwesel. In: Denkmalpflege in Rheinland-Pfalz 1974/75, S. 62–72.
Weitere Beispiele bei Palm, Maßwerk, S. 59; Zimmermann-Deissler, S. 61–96, S. 91; Kiesow, S. 182; Lasteyrie, Bd. I, S. 484, Bd. II, fig. 1133 und 1134; Schürenberg, S. 187, S. 166, S. 51; S. 237 f. Das Rosenfenster der Kathedrale von Winchester, Nordtransept, ist später in ein normannisches Querhaus eingebaut und kaum zu datieren; N. Pevsner, The buildings of England, Hampshire, Harmondsworth 1967, S. 665; Einzelstück in England, wohl von Nordfrankreich abzuleiten.
[11]) Vgl. Inventar; Palm, Maßwerk, S. 62–67.
[12]) Dazu Zimmermann-Deissler, S. 90.
[13]) Zimmermann-Deissler, S. 89 ff.; Kiesow, S. 147–149; R. Wortmann, Der Westbau des Straßburger Münsters, Phil. Diss. Freiburg 1957, S. 74.
[14]) Um 1300, Clemen, Dom, Fig. 49; frühestes Beispiel am Nordquerhaus von Notre-Dame, Paris, um 1250; dazu Bony, S. 81.
[15]) Der Wimperg über dem Petersportal zeigt auf dem Westfassadenriß F, um 1300, in den Zwickeln zwei Vierpässe und einen Dreipaß, in der späteren Ausführung dagegen Zwickelstrahlen mit zentripetalen Füllmotiven wie am Chorgestühl; Fig. 7–10 in: Wolff, Mittelalterliche Planzeichnungen, zeigen die Entwicklung des Dreistrahls und seiner Zwickelmotive am Kölner Dom.
[16]) Straßburg, Riß B, um 1275, Fenster im Obergeschoß. Dazu Kiesow, S. 145 ff.; Wortmann, S. 74. Eine eigenständige Entwicklung dieser Art wäre nach Aussage von Dombaumeister Wolff durchaus nichts Ungewöhnliches.
[17]) Zimmermann-Deissler, S. 85 ff.
[18]) Nach Krohm, S. 51, auf ca. 1300 zu datieren.
[19]) Nach Krohm, S. 139/140, Anm. 21, Ende 13. Jahrhundert.
[20]) Wortmann, S. 74; Schürenberg, S. 232.
[21]) Palm, Maßwerk, S. 64 ff.
[22]) Palm, Maßwerk, Abb. 10.
[23]) Palm, Maßwerk, Abb. 11; Nordfenster, westliches Teilfenster.
[24]) H. Bock, Der Decorated Style. Untersuchungen zur englischen Kathedralarchitektur der ersten Hälfte des 14. Jahrhunderts, Heidelberg 1962, S. 126, 128. Das Nordfenster in Exeter wurde nach Bock, S. 126, erst 1320/21 verglast, scheint also insgesamt eher jünger zu sein als das Kölner Domchorgestühl.
[25]) Bock, S. 126/127.
[26]) N. Pevsner, The buildings of England/Suffolk, Fig. 8 a, zitiert nach Bock, S. 127.
[27]) Zur Gesamtbeschreibung der Wange siehe Inventar; zur Rose Palm, Maßwerk, S. 68–70.
[28]) Palm, Maßwerk, S. 69 f., Abb. 15: südlicher Langhaus-Obergaden, zweites Fenster von Osten.
[29]) Bony, S. 7, 8; auch S. 16.
[30]) Bock, S. 130; hier ist der Langhaus-Obergaden auf 1310–1314 datiert, S. 33.
[31]) Ausgewählte Kunstdenkmäler von Laon und Umgebung, Berlin 1917 (o. Verf.), Abb. 5.
[32]) Palm, Maßwerk, Abb. 14.
[33]) H. Rode, Die mittelalterlichen Glasmalereien des Kölner Domes, (Corpus Vitrearum Medii Aevi. Hrsg. Deutscher Verein für Kunstwissenschaft, Bd. IV, 1), Berlin 1974, S. 58/59.
[34]) Siehe Inventar; Palm, Maßwerk, S. 70–74.
[35]) Allerdings ohne Füllmotive. Lincoln, Westfassade, über den Seitenschiffen; Worcester, Kapitelhaus; Wells, Nordwestturm, Ostseite, Blendbogenreihe. Nach Bock, S. 125.
[36]) Dazu Bony, S. 12, Taf. 63 und 64: auch Wells, Bischofspalast (vor 1292), Bony, Taf. 71; Exeter, Chornordseite; Kathedrale von Durham, Nordfenster der Nine-Altars-Chapel (um 1290), Bony, Taf. 62.

[37]) Bony, S. 63.
[38]) Schürenberg, S. 47; Bony, S. 7.
[39]) Bony, S. 11.
[40]) Abb. bei Bony, Taf. 71 (Amiens); Schürenberg, Taf. 103 (Bayeux) und 96 (Royaucourt). Bei Bony, S. 63, noch die Westfassade von Saint-Martin in Laon aufgeführt.
[41]) Datierung nach Bony, S. 74; Abb. bei Schürenberg, Taf. 98; auch in Troyes, Langhaus, östliche Kapellen der Nordseite in noch etwas komplizierterer Form. Abb. der Kirche von Redon, Obergadenfenster im Langchor, bei Schürenberg, Taf. 13.
[42]) Wortmann, S. 70 f.; z. B. im Zusammenhang mit zweibahnigen Blenden an den Strebepfeilerflanken im ersten Turmgeschoß.
[43]) Kiesow, S. 173.
[44]) Siehe Inventar; Palm, Maßwerk, S. 74/75.
[45]) Siehe Inventar; Palm, Maßwerk, S. 76/77.
[46]) H. Peters, Der Dom zu Köln, 1248–1948, Düsseldorf 1948, Taf. 29.
[47]) Vgl. das Inventar; Palm, Maßwerk, S. 76.
[48]) Palm, Maßwerk, Abb. 24.
[49]) Siehe dazu Wange NI, innen, im Inventar; dort auch weitere Beispiele. Diese Maßwerkform kann also als Bestätigung der Datierung des Risses F auf die Zeit um 1300 dienen. Datierung bei Wolff, Dom, S. 13/14 und 23. Vgl. auch Palm, Maßwerk, S. 76.
[50]) Vor 1311; Rode, Corpus Vitrearum, Taf. 77, 87, 89, 93, 95, 98, S. 101; weitere Beispiele im Iventar.
[51]) Vgl. das Inventar; Palm, Maßwerk, S. 78.
[52]) Palm, Maßwerk, Abb. 27.
[53]) Sauerländer, Taf. 267, 1260–1265.
[54]) Dazu Krohm, S. 52/53.
[55]) Für diese Zeit werden Maßwerke mit durchlaufenden Schenkeln als charakteristisch bezeichnet; Kiesow, S. 166. An den Blendmaßwerkfenstern der Chorschranken des Kölner Domes auch keine Kapitelle; Palm, Maßwerk, Abb. 28.
[56]) Zu Profilen siehe Kiesow, S. 156.
[57]) Siehe Beschreibungen im Inventar.
[58]) Beispiele im folgenden Text.
[59]) Zur Herkunft des gotischen Vierpasses: G. Marçais, Le carré polylobé. Histoire d'une forme décorative de l'art gothique. Etudes d'Art publiées par le Musée des Beaux-Arts d'Alger 1, 1945, S. 67–78; Baltrusaitis, Réveils et prodiges, S. 40 ff.; Ders., Le moyen âge, S. 91 ff.; Krohm, S. 76 ff.; Grössinger, S. 22; G. Zarnecki, The Faussett Pavilion, Archaeologia cantiana vol. LXVI, 1953, S. 11.
[60]) Schrankenplatten ohne figurale Füllung, siehe Krohm, S. 77; Öllampe Ravenna, 4.–5. Jahrhundert, Baltrusaitis, Réveils et prodiges, S. 43, Fig. 27 a.
[61]) Baltrusaitis, Le moyen âge, S. 93.
[62]) Dazu: Marçais, S. 71 ff; Baltrusaitis, Le moyen âge, S. 93 ff.Beispiele: Samarra, Mesopotamien, Gips, 9. Jahrhundert, Marçais, Fig. III; Ikonostasis der Kirche von Abu Saifan, Kairo, Ende 10. Jahrhundert; fatimidischer Holzbalken, Kairo, Arabisches Museum, beendet 1058; vgl. Baltrusaitis, Le moyen âge, Fig. 41, S. 95, mit figürlichen Szenen, die schon stark an spätere Kathedralplastik erinnern.
[63]) Marçais, S. 76/77.
[64]) Stoff, arabisch-byzantinisch, Maastricht, O. v. Falke, Kunstgeschichte der Seidenweberei, Berlin 1921, Fig. 129; Stoff, fatimidisch, Autun, sogenanntes Grabtuch des hl. Lazarus, Marçais, Fig. VI, S. 74.
[65]) Sauerländer, Taf. 286, 287, um 1260.
[66]) Sauerländer, Taf. 191, um 1245.
[67]) J. Adhémar, Influences antiques dans l'art du moyen âge français, London 1937, S. 289, Fig. 118 und 119; M. Aubert, Architecture et sculpture, Paris 1928, Taf. 52, 2 und 3; vgl. J. Bayet, Le symbolisme du cerf et du centaure à la Porte Rouge de Notre-Dame de Paris. In: Revue archéologique 2, 1954, S. 21–68.
[68]) Krohm, Abb. 20, nach 1281.
[69]) Marçais, S. 69.
[70]) Krohm, S. 76 ff.
[71]) Cambrai 327, Baltrusaitis, Le moyen âge, Fig. 27 b; auch in einer normannischen Handschrift: Oxford, Bodl., Ms. 717, kommen Vierpässe als Szenenrahmung vor; ebenfalls in einer Handschrift in Canterbury, Kapitelbibliothek, um 1190, was G. Zarnecki, The Fausset Pavilion, 1953, zu einer Herleitung von figürlichen Szenen in Vierpässen von illuminierten Handschriften führte, S. 11.

72) Baltrusaitis, Le moyen âge, S. 43, Fig. 27 c, um 1178; M. H. Caviness, The early stained glass of Canterbury Cathedral, Princeton 1977, Abb. 137 und Fig. 21.
73) Rhein und Maas I, Nr. H 18, S. 279.
74) Krohm, S. 77.
75) Bodenplatten des Aachener Barbarossaleuchters, Aachen 1165, Rhein und Maas I, Nr. H 6, S. 269: Rechteck mit angelegten Kreissegmenten ergibt den Eindruck von stehenden Vierpässen mit Nasen; Reliquiar, Maastricht, 1160–1170, ebd., G 9, S. 247, ähnlich wie H 6; Tragaltar von Stavelot, ebd., G 13, S. 252, 1150–1160.
76) Sauerländer, Taf. 172, 173, 1225–1235.
77) Zuletzt Krohm, S. 145, Anm. 184, 1230–1235.
78) Sauerländer, Taf. 270, um 1260; zur Entwicklung der Vierpaßrahmung in der Gotik: Krohm, S. 76 ff.
79) U. Quednau, Die Westportale der Kathedrale von Auxerre, Wiesbaden 1979, Abb. 39, 51, 52, zur Vierpaßrahmung, S. 23.
80) Krohm, Abb. 20 und 66.
81) Schmitt, Bd. 2, Taf. 131, 133, S. 152–155; auch P. Ahnne, Les traveaux des mois à la cathédrale de Strasbourg. In: Zeitschrift für Schweizerische Archäologie und Kunstgeschichte 22, 1962, S. 44–47, Taf. 12 c und d.
82) Schmitt, Bd. 1, Abb. 23; Gillerman, Clôture, S. 106.
83) L. Bégule, Monographie de la cathédrale de Lyon, Lyon 1880; M. Aubert, La cathédrale de Lyon, Congrès archéologique de France, Lyon, Mâcon 1935, 98/1936, S. 79–85.
84) M. Aubert, L. Grodecki, J. Lafond, Les Vitraux de Notre-Dame et de la Ste Chapelle de Paris, Paris 1959, Taf. 6, 6 bis.
85) Rode, Corpus Vitrearum, Taf. 53 ff.
86) Clemen, Dom, Fig. 143.
87) Paris, Bibliothèque Nationale, Ms. lat 12834 u. a. ff. 40 und 64; Ahnne, Strasbourg, Taf. 12 a und b.
88) H. Kohlhaussen, Minnekästchen im Mittelalter, Berlin 1928, Kat. Nr. 17, Taf. 15, um 1300.
89) Hauptportal, Sockel des rechten Gewändes, Gleichnis vom verlorenen Sohn; Quednau, Taf. 51.
90) Krohm, Abb. 20.
91) Hier die Rosetten rund, um 1250; D. Kimpel, Die Querhausarme von Notre-Dame zu Paris und ihre Skulpturen, Phil. Diss. Bonn 1971, Abb. 101 und 102.
92) Wolff, Chronologie, Abb. 33, um 1260.
93) Quednau, Taf. 44.
94) Hamann, Elisabethkirche II, Abb. 416.
95) Paris, Musée de Cluny, FM LA 105/36.
96) R. Koechlin, Les ivoires gothiques français, 3 Bde, Paris 1924.
97) W. Forsyth, The Virgin and the child in French 14th century sculpture. A method of classification. In: Art Bulletin XXXIX, Nr. 3, 1957, S. 171–182, S. 180, Anm. 55.
98) W. Krönig, Ein Vesperbild im Schnütgen-Museum zu Köln. Mit einem Exkurs über die Bedeutung der Rosetten. In: WRJb. 31, 1969, S. 7 ff.; dazu Legner, Festschrift Swarzenski, S. 289.
99) Hamann, Elisabethkirche II, Abb. 240, 244; auch Palm, Maßwerk, S. 72, Abb 19.
100) Hamann, Elisabethkirche II, Abb. 190.
101) Vgl. hierzu das Inventar.
102) Das Lilienmotiv gibt es auch als Einzelstempel, z. B. am Amikt Konrads von Hochstaden, Gisant in der Johanneskapelle des Kölner Doms, nach 1261; Wolff, Dom, Abb. 46. Auch am Gertrudenschrein in Nivelles, Rhein und Maas Bd. I, M 12, S. 356. Zu Lilienstempel und Lilien in Rauten: Legner, Festschrift Swarzenski, Anm. 45.
103) Sauerländer, Taf. 145.
104) J. Evans, Pattern – A Study of Ornament in Western Europe from 1180–1900, Oxford 1931, Abb. 18.
105) Sauerländer, Taf. 117 und 121.
106) Krohm, Abb. 1 und 3.
107) Hamann, Elisabethkirche II, Abb. 142.
108) Corpus Vitrearum Medii Aevi, France I, Paris 1959, Pl. II und VIII.
109) Erzbischöfliche Diözesanbibliothek, Hs. 16; Vor Stefan Lochner. Die Kölner Maler von 1300–1430, Köln 1974, Abb. S. 127.
110) P. E. Schramm, Der König von Frankreich. Das Wesen der Monarchie vom 9. zum 16. Jahrhundert, 2 Bde, Darmstadt 1960.

111) Art and the Courts. France and England from 1259 to 1328, Ottawa 1972, S. 21 ff. (P. Verdier). Hier auch verschiedene Beispiele angeführt, z. B. das silberne Heilige Grab im Diözesan-Museum von Pamplona (Fig. 18).
112) F. Lübbecke, Die gotische Kölner Plastik, Straßburg 1910, S. 65.
113) Hamann, Elisabethkirche II, S. 243; vor allem Reiners, Rheinische Chorgestühle, S. 84.
114) Wolff, Chronologie, Abb. 60–74.
115) Gillerman, Clôture, Abb. 34 ff. und 70; P. de Colombier, Notre-Dame de Paris, Paris 1966, S. 65 und 66.
116) Schürenberg, S. 21.
117) A. Clifton-Taylor, The Cathedrals of England, London 1967, Abb. 106.
118) Anderson, Iconography, S. XXI; Remnant, S. 19 und 62.
119) L. Behling, Die Pflanzenwelt der mittelalterlichen Kathedralen, Köln/Graz 1964, Taf. CXXVIII.
120) Ebd., Taf. CXXXV a und b.
121) Ebd., Taf. CXXXVI a und b.
122) Legner, Festschrift Swarzenski, S. 289.

Bemerkungen zur Ikonographie

Es gibt in der kunsthistorischen Forschung bereits einige Ansätze, dem übergreifenden Bildprogramm des Gestühls auf den Grund zu kommen:
Reiners versuchte, eine Systematik in die Darstellungen zu bringen, indem er – zumindest für die Wangen – Gegensatzpaare konstruierte: geistliche und weltliche Beschäftigung an den Reliefs der Wangen NB und SB, Altes Testament und Neues Testament in den Wangenaufsätzen NA und SA (jeweils in einer Volute Neues Testament, in der anderen Altes Testament)[1]. Er kann jedoch diese Unterscheidung nur in den östlichen Gestühlsteilen durchhalten.
Auch Busch bemüht sich, im Sinne einer Typologie Darstellungen miteinander zu konfrontieren: er sieht Verheißung und Erfüllung, Alten und Neuen Bund einander gegenübergestellt, ohne dies in Einzelheiten zu erklären[2].
Diese Deutungen führten jedoch nicht besonders weit, da dem Chorgestühl ganz offensichtlich kein Gesamtprogramm in Form einer Gegenüberstellung von Szenen aus dem Alten und Neuen Testament zugrunde liegt.
So ist Tieschowitz bereits von der Idee einer sinnvollen Gesamtikonographie abgekommen. Er findet hier vielmehr „Gleichgültigkeit gegen die symbolischen Gehalte altüberlieferter Formen" und „überwiegend schmückenden Charakter aller bildhaften Darstellungen"[3]. Damit sind bereits die beiden extremsten Positionen, einmal der Versuch, alle Darstellungen in ein System zu bringen, und zum anderen die völlige Ablehnung eines möglichen Gesamtkonzeptes, vorgestellt.
Als eine Art Kompromiß ist der Deutungsversuch Hosters zu verstehen, der das Chorgestühl in der Gesamtikonographie des Kölner Domchores als Zone des Irdischen, des Niedrigen, des bedrängten Menschenlebens mit all seinen Auswirkungen und Kämpfen betrachtet[4].
Es verwundert nicht, daß dieses Gestühl Anlaß so verschiedener Deutungsversuche wurde, wirken doch seine Darstellungen einerseits konfus und unsystematisch, doch meint man andererseits immer wieder, einen Schlüssel zur Erklärung dieses augenscheinlichen Durcheinanders finden zu können.
Eine gewisse Ordnung ist bereits daraus ersichtlich, daß Blattwerk und figürliche Darstellungen sowohl bei den Knäufen als auch auf den Vierpaßbohlen alternierend angeordnet sind. Die Markierung der Sitznummer, wahrscheinlich zum Zwecke der richtigen Anordnung der Zwischenwangen[5]), beweist zudem, daß eine bestimmte Ordnung vor dem Aufschlagen des Gestühls im Dom geplant war.
Hier zunächst ein Überblick über die Darstellungen. An den Pfeilerverkleidungen befinden sich Szenen aus dem Alten Testament: die Vertreibung aus dem Paradies, Noahs Trunkenheit (Südseite), Abrahams Opfer und Isaakssegen (Nordseite)[6]. An den niedrigen Wangen und ihren Aufbauten finden sich folgende Darstellungen: Abrahams Schoß, Wurzel Jesse, das Liebesbad, Rhetorik und Dialektik, Minneszenen, Verkündigung, Kain und Abel, Prasser und Lazarus, Samson und Delila, Samsons Löwenkampf, Musik und

T 24
104, 147, 248

T 25
F 11, F 10

T 24   Vertreibung aus dem Paradies, Pfeilerverkleidung Sx ▶

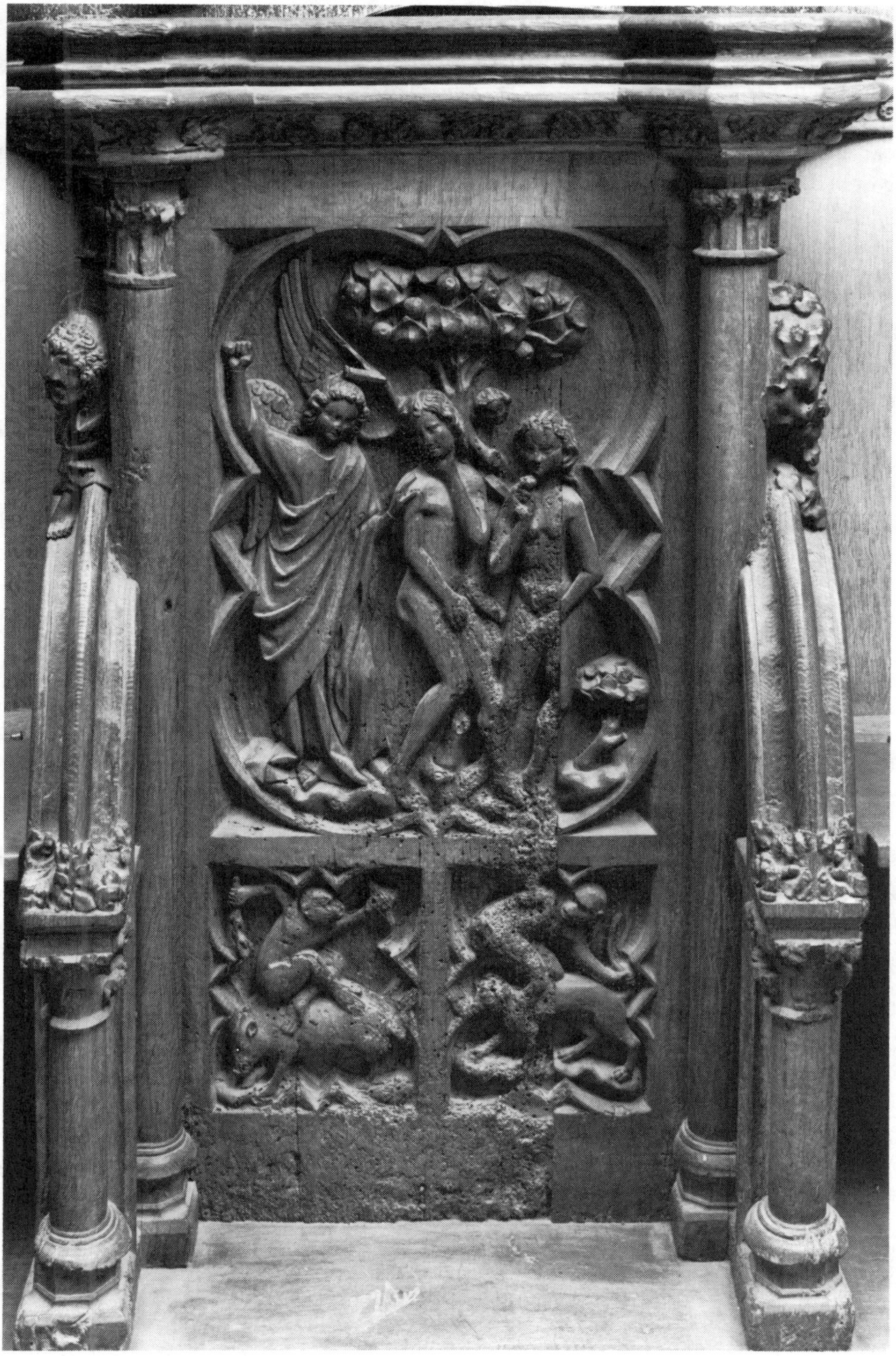

T56, T26	Grammatik, Judensau, Salomonisches Urteil, Schießer auf den toten Vater, außerdem Musiker und Ritter. In den kleinen Vierpässen unter den großen Szenen sind stets drolati-
T57	sche Darstellungen, in den oberen Bereichen fehlen sie meist[7]). An den Miserikordien,
T37	Knäufen und Vierpaßbohlen sind dagegen ausnehmend viele Drolerien: Drachen und dra-
F16	chenartige Tiere in allen Variationen, Mischwesen, die musizieren oder in Kampfhandlungen verwickelt sind. Auch Affen kommen häufig vor, u. a. auch als Parodien auf menschliche Handlungen; und natürlich auch Menschen: Liebespaare, kämpfende Paare, streitende Männer und auch hier vor allem Kampfszenen: Männer kämpfen gegen Löwen – eine
F9	Szene, die häufig vorkommt –, gegen Drachen, Bären, gegen einen unsichtbaren Feind
50, 52	und auch gegeneinander. Dazwischen eingestreut sind Christussymbole: Löwe, Phönix,
54–57	Pelikan, Einhorn. Propheten, acht an der Zahl, kommen ebenfalls in den unteren Vierpässen vor. Aristoteles und Phyllis, Pero und Cimon, eine Frau mit Wickelkind, ein Ritter, der
T30	
T28	vom Pferd stürzt. Es sind der Szenen einfach zu viele, um sie einzeln aufzuführen.

Es gibt also, grob gesagt, einige biblische Szenen, verbunden mit einer schier unübersichtlich erscheinenden Anhäufung von Szenen aus dem menschlichen Leben, Kampfszenen und vor allem auch drolatischen Darstellungen. Das Chorgestühl steht mit dieser verwirrenden Mischung nicht allein: In bestimmten Bereichen der gotischen Kathedralen, den Randzonen sozusagen, kommen ähnliche Kombinationen vor: Am Außenbau auf Friesen, Zwickeln und – in vergleichbarem Umfang – vor allem an den Sockelzonen. So befinden sich an den Gewändesockeln des Portail des Libraires an der Kathedrale von Rouen (nach 1281) – in vergleichbarem Vierpaßrahmen – zahlreiche Szenen sehr ähnlichen Charakters. An übergeordneter Stelle ist hier ebenfalls die Geschichte der ersten Menschen mit Sündenfall, Vertreibung usw. dargestellt, dazu kommt das Urteil Salomons. In den tieferen Zonen sieht man Kampfszenen, Monster, musizierende und kämpfende Mischwesen und die Christussymbole[8]). Etwas spärlicher sind die Darstellungen am Gewändesockel der Kathedrale von Sens (um 1200). Aber hier findet man ebenso die Kämpfe zwischen Samson und dem Löwen, zwischen Mann und Bär, zwischen Rittern, desgleichen die Nixe und die streitenden Würfelspieler[9]). Auch in den Vierpaßrahmen an den Sockeln des nördlichen und südlichen Westportals der Kathedrale von Lyon (um 1320)[10] sieht man Szenen ganz ähnlichen Inhalts: Aristoteles und Phyllis, Kämpfende, ein Adler auf einem Hasen, ein Mann auf einem Ziegenbock, Samson, die Eberjagd, Affen, Phönix, die Nixe, durchweg Darstellungen, die am Chorgestühl vorkommen. Als weiteres Vergleichsbeispiel sind die Turmfriese des Straßburger Münsters (um 1300) zu nennen[11]); hier sind am Nordfries u. a. die folgenden Szenen zu sehen: ein Löwenkampf (mit Schwert), der Löwe und seine Jungen, die Jungfrau mit dem Einhorn, der Jäger, Pelikan und Phönix, die Jungenprobe (Adler), Isaaksopfer und eine Eberjagd. Alle Darstellungen kommen auch am Chorgestühl vor. Dazu treten im Südfries: ein Jude mit Teufeln, kämpfende Kentauren, eine Nixe mit Kind, musizierende Mischwesen, streitende Würfelspieler, Samson und Delila, kämpfende Mischwesen. Vergleichbare Szenen finden sich auch am Chorgestühl. Eine ganz ähnliche Kombination von Darstellungen zeigt auch ein französisches Minnekästchen der Zeit um 1300 aus dem Bargello in Florenz[12]): ebenfalls in Vierpaßrahmen sieht man hier Minneszenen, den Kampf zwischen Mann und Bär, zwischen Mann und Löwe, Mischwesen mit Musikinstrumenten, Aristoteles und Phyllis, Samson und Delila, Samsons Löwenkampf, einen Drachen, Jagdszenen, einen Affen auf einem Reh, einen Meermann mit

Schild und Schwert. Hier liegt also wieder ein ganz ähnliches ikonographisches Konzept zugrunde; alle Szenen sind im übrigen auch am Chorgestühl vertreten.
Vergleichbare Kombinationen, etwa von biblischen Szenen mit drolatischen Darstellungen oder Begebenheiten aus dem menschlichen Leben, gibt es in gotischen illuminierten Handschriften, z. B. als Kombination der Hauptminiatur oder Initiale mit den drolatischen Darstellungen in den Randleisten. Hier ein Beispiel: auf fol. 3 v. der Handschrift Y. T. 19 (Brunetto Latini Trésor, nordfranzösisch, erstes Viertel 14. Jahrhundert) im Britischen Museum befindet sich im Text die Miniatur einer Lehrszene (wie Wange NB am Chorgestühl), am Rand Ranken mit Drolerien, kämpfenden Rittern, Musikanten und einem Vogel[13]. Auch im Peterborough Psalter, fol. 14 r.[14], eine von der spielerischen Attitüde her ähnlich geartete Zusammenstellung: in der Miniatur David als Musikant, am Rande eine Eule, ein Affe auf einem Ziegenbock (rücklings), Vögel, ein Mischwesen mit Axt usw. Die Reihe ließe sich fortsetzen.
Es gibt also gewisse Koinzidentien: Darstellungen wie die am Chorgestühl gehören inhaltlich in die Randzonen gotischer Kathedralen oder auch Handschriften, und es kommt immer wieder ein ganz bestimmtes Repertoire vor, ganz abgesehen davon, daß die Drolerien selbst in ihrer Gestaltung sehr variationsreich sind. An dieser Stelle ergibt sich die Frage nach dem Sinngehalt derartiger Darstellungen: Haben Drolerien eine bestimmte Bedeutung, einen symbolischen Gehalt, oder entspringen sie lediglich der Phantasie des Künstlers, der ihr an derart untergeordneter Stelle einmal freien Lauf lassen konnte? Diese Frage wird in der kunsthistorischen Forschung schon lange und intensiv diskutiert, entsprechend umfangreich ist die Literatur[15]. Zu einer Lösung ist man bisher noch nicht gekommen.
Grundlegend für viele spätere Einschätzungen drolatischer Darstellungen war die Meinung Mâles, daß der symbolische Charakter bei Drolerien meist nicht mehr faßbar sei (ausgenommen sind hier seiner Meinung nach in manchen Fällen christologische Symbole wie Pelikan und Phönix), da die mittelalterlichen Künstler hier in erster Linie von der Intention einer dekorativen Gestaltgebung geleitet worden seien[16]. Dem schloß sich beispielsweise Pillion in ihrer ikonographischen Bearbeitung der Sockelreliefs am Portail des Libraires an[17]. In verschiedenen Variationen – je nach Autor liegt die Betonung eher auf der Behauptung einer innewohnenden Bedeutung bzw. dem Gegenteil – wird im Grunde diese Ansicht in den meisten Arbeiten zu Drolerien vertreten.
So sieht Bergenthal Drolerien als launige Unterhaltung und tiefsinnige Weltanschauung, als Übergang vom bewußt Symbolischen in die Welt der reinen Ornamentik. An anderem Ort interpretiert sie sie gar als Reaktion der Volksseele gegen wissenschaftliche Symbolik, als willkürliches Durcheinander[18]. In den Straßburger Turmfriesen findet sie dagegen einen symbolischen Gehalt, nämlich den Kampf gegen das Böse, dargestellt[19], wie überhaupt die Mischwesen der Drolerie als Vertreter des Bösen aufgefaßt werden könnten[20].
Conrads betont den Spielcharakter der Drolerie: „Wenn wir den Monstren auch zubilligen, daß sie mit dem Feld religiöser Symbolik zusammenhängen, war dieser Kreis jedoch so weit, daß selbst Zeitgenossen unmöglich alles überblicken konnten"[21].
Als Beweis führt er den hl. Bernhard von Clairvaux an († 1153), der in seinem Brief an den Abt von Saint-Thierry solcherlei Auswüchse in der cluniazensischen Kunst des frühen 12. Jahrhunderts verurteilte. Er schrieb unter anderem: „. . . quid facit illa ridicula monstrosi-

tas ... quid ibi immundae simiae? quid monstruosi centauri? quid semihomines? quid milites pugnantes?..."[22]). Dieses Fragen Bernhards nach dem Sinn solcher Darstellungen wird unter anderem von Conrads so interpretiert, daß bereits die Menschen im Mittelalter die Bedeutung von Drolerien nicht verstehen konnten[23]. Die Entwicklung vom symbolischen zum dekorativen Charakter geschieht nach Conrads bereits Mitte des 12. Jahrhunderts: „Ein symbolischer Gehalt liegt vielleicht noch zugrunde, aber auch nur noch als Grundvorstellung"[24]).

Auch Wißgott möchte den Charakter der Drolerie als ein Spiel sehen: „Daß ursprünglich mehr dahinter steckt, können wir ... vermuten, aber nicht beweisen"[25]).

Eine Deutung der Mischwesen als Verkörperung einer Welt der niedrigen Instinkte, des Bösen und Triebhaften, findet sich bei Katzenellenbogen: „Animals or monsters...are very often the creation of pure phantasy or illustrate in a more general sense the realm of the baser instincts, and also perhaps incidentally represent one particular quality or another"[26]).

In eine ganz ähnliche Richtung geht die bereits erwähnte Interpretation Hosters, daß das Chorgestühl insgesamt als Zone des Menschlichen, Triebhaften, mit allen seinen negativen Implikationen zu deuten sei[27]).

Auch Krohm sieht die Reliefs am Portail des Libraires in Rouen, die sehr viele ikonographische Parallelen zum Domchorgestühl aufweisen, unter derartigen Aspekten: „Die Welt des Absurden und Triebhaften in den Sockelreliefs könnte als Verfall der Menschheit unter dem Joch der Erbsünde im Anschluß an die geschilderten Folgen des Sündenfalls... verstanden werden"[28]).

Sehr gut und überzeugend ist, vom neuesten Stand der Forschung ausgehend, die Problematik der Interpretation drolatischer Darstellungen bei Randall zusammengefaßt: „Aside from the iconographic wealth, a chief attribute of marginal illumination already mentioned is the unprogrammatic effect of its design. The combination of elements from major categories outlined above with a host of minor decorative motifs inevitably created this impression. The frequent juxtaposition of unrelated themes in a totally uncongruous context heightens the chaotic effect. Yet the possibility of an unrecognized underlying scheme still exists..."[29]).

Wir können also zusammenfassend festhalten, daß drolatische Darstellungen sich einer genauen ikonographischen Deutung entziehen, daß sie jedoch an immer den gleichen Stellen der Kirchengebäude, Handschriften usw. in vergleichbaren Formationen und Gestaltungen auftauchen. Diese gewisse Regelhaftigkeit hat zu ihrer Deutung als generelle Vertreter einer absurden und triebhaften Welt geführt.

Gerade im Zusammenhang mit der gotischen Kathedrale, die in ihrer Gesamtheit als Abbild des himmlischen Jerusalem zu verstehen ist, liegt diese Interpretation nahe, sind doch hier die Vertreter des Bösen und Teuflischen in die Randbezirke abgedrängt, so an den Außenbau in die unteren Zonen oder in die weit abgelegenen Bereiche der Wasserspeier. Wenn die drolatischen Wesen in den Innenraum vordringen, was nicht so häufig ist, wie man annehmen sollte, bleiben sie ebenfalls meist auf die niedrigen Zonen wie Chorstühle oder Arkadenzwickel beschränkt. Hierin liegt ein Unterschied zur Zeit der Romanik, wo

T 25 Abrahams Schoß, Wange SA, Westseite ▶

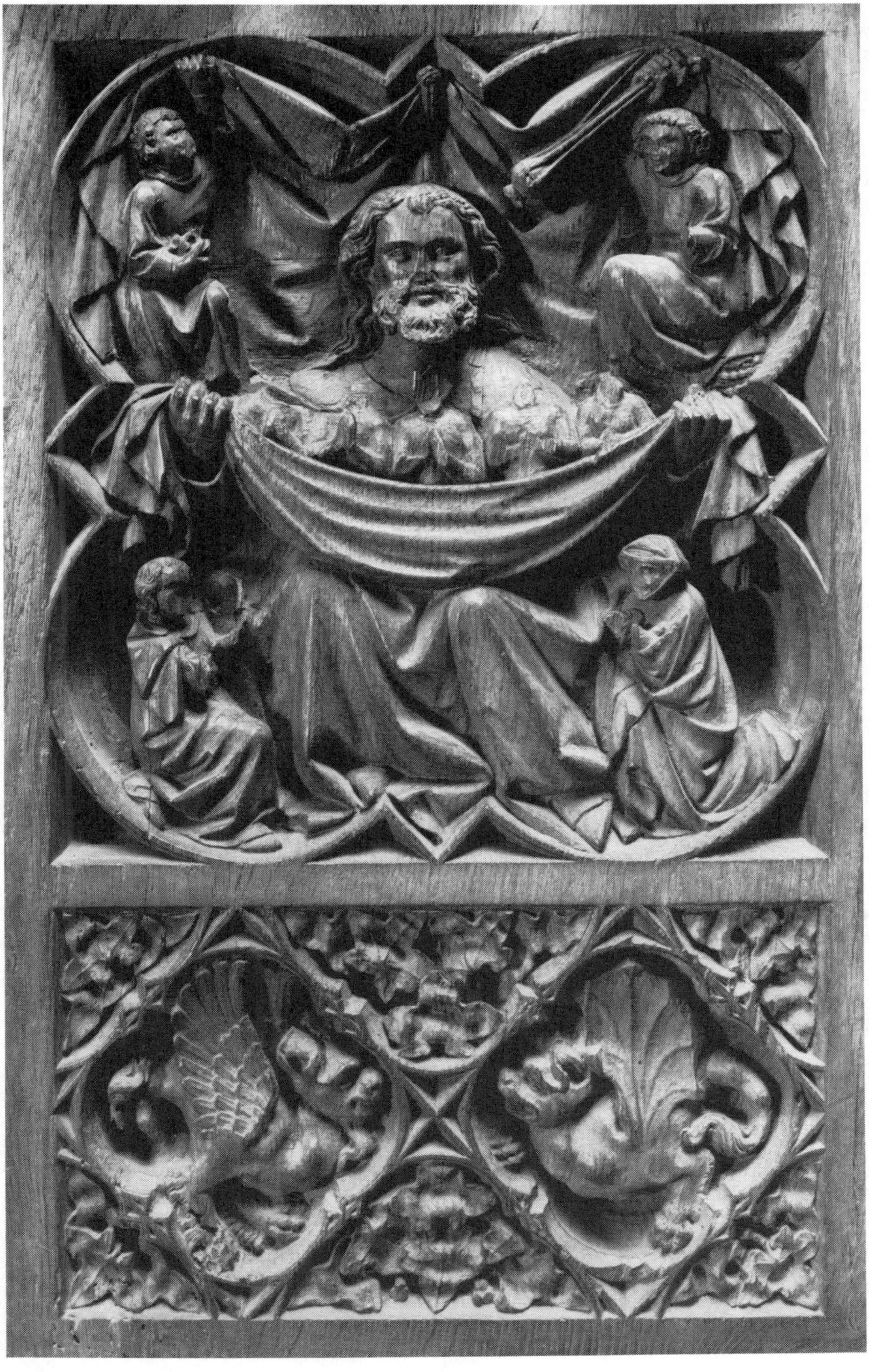

diese Wesen allerorten und unerwartet auftreten. Doch scheint dies dem systematischen Denken der Gotik zu widersprechen[30]).

Von daher sieht Sedlmayr es geradezu als eine der Antinomien der gotischen Kathedrale an, wenn die Welt des Höllischen auch in das Innere des Baues vordringt: „Aus dem symbolischen Gesamtsinn der Kathedrale nicht zu begründen ist es endlich, wenn dämonische Mischwesen und weltliche und komische Elemente, seien sie auch zu Drôlerien verharmlost, ins Innere der Kathedrale eindringen und hier an Chorgestühl, in Kapitellen, Zwickelreliefs und Schlußsteinen ihr skurriles Leben treiben"[31]). Er sieht dies als eine Parallele zum Eindringen der Narrenspiele in die Kirchen und hält beides für mögliche Hinweise darauf, daß das Erdgeschoß der Kathedrale noch als irdische Sphäre, als Welt des Menschen in der Versuchung, angesehen wurde[32]).

So bildet die Welt der drolatischen Wesen am Chorgestühl auch nur die Begleitmusik zu den Kernszenen, die sich auf das Leben des Menschen beziehen.

T24 An den Pfeilerverkleidungen sind der Sündenfall und die Vertreibung der ersten Menschen aus dem Paradies dargestellt, und zwar auf der Südseite. Gegenüber auf der Nordsei-
147 te finden sich an entsprechendem Ort Darstellungen der Erlösungserwartung, das Isaaksopfer als Bild für den Kreuzestod Christi (Nx). Dazu kommt der Heilsauftrag der Kirche, verdeutlicht im Segen, den Isaak dem Jakob als Versinnbildlichung der Kirche spendet
104 und nicht seinem Erstgeborenen Esau, der als Vertreter des Judentums galt (Ny).

Dieses sind quasi die Voraussetzungen des menschlichen Lebens auf Erden: der Sündenfall, die Erbsünde und die Erwartung der Erlösung durch Christus, auf der Erde vertreten durch die Kirche.

Und es sind nach mittelalterlichem Verständnis die Bedingungen von Geschichte überhaupt, wird sie doch – wie uns etwa Petrus Comestor in seiner Historia scholastica überliefert – als biblische Geschichte verstanden, einsetzend mit dem Schöpfungsakt, bestimmt aber durch den Sündenfall des Menschen[33]).

Sinnbilder der Erlösungshoffnung gibt es noch weitere am Chorgestühl. An erster Stelle
52 seien hier die christologischen Symbole im Sinne des Physiologus genannt, so der Pelikan
287 mit seinen Jungen, der Löwe und der Phönix (Vierpässe SII 13 und 14, Knauf S I 12/13), Bilder für den Opfertod und die Auferstehung Christi[34]).

43, 44 Auf die Menschwerdung Jesu deuten auch die Verkündigung in Wangenbekrönung SD und die Darstellung der Jungfrau mit dem Einhorn, Zeichen für die Unbefleckte
50 Empfängnis (Vierpaß SI 6)[35]). Auf die kommende Erlösung im Neuen Bund weisen auch
54–57 die Propheten des Alten Testaments mit ihren Spruchbändern (Vierpässe NII 19, 21, 23 und 25).

Einen Blick in das verheißene Paradies gewährt das Bild der Seligen in Abrahams Schoß
T25 (Wange SA). Zu Füßen Abrahams kniet ein Menschenpaar in bürgerlicher Tracht, möglicherweise die Stifter des Chorgestühls, die hier an sinnträchtigem Orte für ihre Stiftung einen Platz im Himmel, in Abrahams Schoß, erflehen.

Daß der Weg der Erlösung auf dieser Erde über die Kirche führt, möchte neben dem
42 Isaakssegen möglicherweise auch die gewählte Variante der Wurzel Jesse in Wange SA, mit Maria als Endpunkt des Stammbaumes, bedeuten. Maria personifiziert hier die Kirche, die Ecclesia, die als Endpunkt in der Nachfolge der Vorfahren Christi steht[36]).

45, 46 Unter dem gleichen Aspekt steht auch eine Deutung des Opfers von Kain und Abel

(Wangenaufsatz SD). Abel, dessen Opfer Gott wohlgefällig ist, steht für die Christen und die Kirche, Kain für die Juden, genauso wie auch in der Ermordung Abels durch Kain der von den Juden verursachte Tod Christi versinnbildlicht wurde.

Nach der patristischen Auslegung verkörpert das Brüderpaar auch die Menschheit, die sich entscheiden muß zwischen Himmel und Erde, Gut und Böse. In diesem Sinne ist in jedem Menschen dieses Schwanken angelegt, ist in ihm Kain und Abel zugleich[37]). Engel und Teufel – an den Knäufen neben der Pfeilerverkleidung Ny – halten alle Werke der Menschen schriftlich fest und führen Konto über die guten und schlechten Taten. Am Tage des Jüngsten Gerichtes dann wird Gott darüber entscheiden, welche Seite des Menschenlebens schwerer wiegt. Dies ist der Sinn der sogenannten Jungenprobe, die im ersten Wangenzwickel der Nordseite dargestellt ist. Der Adler trägt seine Jungen eins nach dem anderen zur Sonne empor und zwingt sie, in den Glanz zu schauen. Er verstößt die Jungen, die das Sonnenlicht nicht aushalten können. So werden am Jüngsten Tag auch die Menschen verstoßen, deren Taten nicht der Prüfung standhalten.

Ein breiter Raum am Chorgestühl ist dem menschlichen Leben selbst, seinem Schwanken zwischen Gut und Böse, gewidmet.

So sind die meisten niedrigen Wangen mit breit ausgeführten szenischen Darstellungen zu Tugenden und Lastern geschmückt. An der ersten Wange der Nordseite (NA) ist das

T 26   Urteile Salomons, Wange ND, Ostseite

T27   Tänzer, Würfelspieler, Vierpässe NII 3

Laster des Geizes, der Avaritia, gemeint, wenn auch das Gleichnis vom reichen Prasser und armen Lazarus auf die Szenen aus dem Leben des Prassers – Festgelage und Tod – beschränkt bleibt. Diese Deutung unterstützt auch die Art der drolatischen Wesen unterhalb der großen Reliefs, wo eine Eule mit einem Geldsack wiederum den Geiz verkörpert. Der Prasser endete wegen seines Geizes in der Hölle, „sepultus est in inferno", wie das Gleichnis berichtet. Der Teufel bemächtigt sich seiner gerade dem Leib entfahrenden Seele.

T56   An der übernächsten Wange (NC) ist das Laster der Unmäßigkeit, der Gula, verbildlicht in der Darstellung der sogenannten „Judensau". Drei Juden machen sich an einem Schwein zu schaffen, der eine hält es, ein zweiter füttert es, ein dritter trinkt an den Zitzen. Diese Szene, in der Kunst auf deutschsprachiges Gebiet beschränkt, soll die Unmäßigkeit der Juden anprangern. Auch der Zwickel auf der Rückseite mit den gierig fressenden Schweinen ist Sinnbild für dieses Laster.

T26   Die gegenüberstehende Wange ND zeigt an den Reliefs zum Eingang hin Bilder der Justitia, der Gerechtigkeit, und zwar in szenischen Wiedergaben der Urteile Salomons. Das geläufige Salomonische Urteil, wo der Gerechte die wahre Mutter eines Kindes ermittelt, indem er es zu töten vorgibt, ist hier kombiniert mit einer sehr seltenen Darstellung, die unmittelbar aus dem französischen Kunstkreis stammt: das Schießen auf den toten Vater. Salomon ermittelt den einzigen echten Sohn eines Verstorbenen, indem er die Söhne auf die Leiche schießen läßt. Derjenige, der sich weigert, ist der richtige Sohn. Wir finden also hier nebeneinander zwei Gerechtigkeitsbilder.

Die korrespondierenden Wangen der Südseite (SC und SD) zeigen Minneszenen, wie sie in ganz ähnlicher Art in der zeitgenössischen Kleinkunst, etwa auf den so beliebten Minnekästchen, auftreten. Hier sind sie Sinnbilder für das Laster der Luxuria, der Unkeuschheit, wie auch schon an der Kathedrale von Chartres dieses Laster durch ein Liebespaar verkörpert wird[38]). Auf die Luxuria weisen auch die zahlreichen Liebespaare an den Handknäufen, hier ein besonders beliebtes Thema.

Keuschheit und Unkeuschheit stehen sich offenbar in einer Wangenbekrönung gegenüber (SA). Auf der einen Seite sitzt eine Dame in einer Badwanne und läßt sich gar noch von ihrem ritterlichen Kavalier eine Weinflasche reichen. Diesem sogenannten Liebesbad[39]) ist in der anderen Volute ein thronender König gegenübergestellt, dessen Sitz von zwei schamhaft abgewandten Dienern mit Tüchern verhüllt wird[40]).

Ein Bild für die Luxuria ist auch das Mädchen, das unter seinem Schleier lüstern hervorschaut zu der Versuchung, die ihr in Gestalt eines Affen mit herausgestrecktem Hinterteil entgegentritt (Wangenzwickel ND).

Noch zahlreiche Figürchen stehen für Tugenden oder Laster. Die beiden Würfelspieler (Vierpaß NII 3), die über ihr Spiel in Streit geraten, versinnbildlichen die Zwietracht, die Discordia. Entsprechend sind auch die ringenden Männer in Vierpaß NI 14 oder die beiden grobschlächtigen Burschen, die mit zornverzerrtem Gesicht auseinanderstreben (Miserikordie NI 13), zu verstehen. Die zugehörige Tugend der Concordia verkörpert ein in trauter Eintracht beieinandersitzendes Bürgerpaar (Miserikordie NI 2). Der Hochmut, die Superbia, erscheint in der Gestalt eines Ritters, der vom Pferd stürzt (Miserikordie

T 28 Stürzender Ritter, Miserikordie SI 1

SI 1). Diese Darstellung fügt sich ein in die gängige Bildtradition; so ist etwa auch im
T 28 Skizzenbuch des Villard de Honnecourt die Zeichnung eines stürzenden Reiters mit „orgieus" = Hochmut bezeichnet[41]).
23, 153 Caritas, die Nächstenliebe, tritt uns entgegen im Bilde der Pero, die ihrem im Gefängnis hungernden Vater die Brust reicht und ihn so vor dem sicheren Tode errettet[42]). Ebenso
122 ist möglicherweise die Frau mit dem Wickelkind in den Armen (Knauf NI 8/9) als Caritas zu deuten.
279 Daniel in der Löwengrube führt uns die Tugend der Geduld, der Patientia, vor Augen (Miserikordie SII 11). Die Dummheit, die Stultitia, ist die Eigenschaft des bewaffneten
172 Mischwesens (Miserikordie NI 5), das seinen Feind auf der falschen Seite vermutet, während dieser doch bereits mit gezückter Keule von hinten heranstürmt. Auch der Mann in hochgeschürztem Rock, der ohne erkennbaren Grund gegen einen unsichtbaren Feind zu
15 kämpfen scheint, ist ein Bild der Dummheit. In gleicher Weise – ebenfalls als Rückenfigur – ist die Stultitia am Kaiserpokal von Osnabrück gegen Ende des 13. Jahrhunderts wiedergegeben[43]).
F 9, T 59 Die zahlreichen Ritterdarstellungen stehen zum einen sicherlich für die Tapferkeit, die Fortitudo (etwa in Wangenaufsatz SD). Auch die grazile Darstellung eines Mädchens, das
T 29 mit dem Schwert bewaffnet gegen zwei Drachen kämpft (Miserikordie NII 10), versinnbildlicht die Tapferkeit oder ist im allgemeinen Sinn als Bild für Tugend zu verstehen.
T 36, F 12 In den Ritterfiguren des Aufsatzes NB stehen sich Fortitudo und Ignavia, die Feigheit,

T 29   Tugend, Miserikordie NII 10

T 30   Aristoteles und Phyllis, Knauf
       SII 20/21

T 31   Liebespaar, Knauf NI 11/12

gegenüber in den Ritterpaaren, die auf der einen Seite kämpfen, auf der anderen sich aber zur Flucht wenden, ohne von Schild und Schwert Gebrauch zu machen.
Weitere Sinnbilder der Tapferkeit sind die Kampfdarstellungen, etwa von Samson und dem Löwen, am Chorgestühl gleich viermal vorkommend (u. a. Wange NA), oder von David und dem Bären (Vierpaß SI 10). Sie können aber auch gleichzeitig den Kampf gegen das Böse bedeuten. Dieser ist auch angesprochen, wenn der Jäger den Eber erlegt (Wangenaufsatz NA) oder der Adler gegen den Drachen kämpft (Wange SD). F 6, 100 235 99 286
Wenn der Mensch den Weg zum Heil finden möchte, muß er allerorten gegen den Teufel ankämpfen. Denn das Böse bedroht ihn überall. Nicht selten tritt es in Gestalt des Drachen auf; er ist eine beliebte Personifikation des Satans. So setzen auch die beiden Wangenzwickel, auf denen sich ein Hündchen (SH) bzw. ein Mensch, der sich unter einem Korb versteckt (SB), zu Füßen eines riesigen Drachen kauern, diese Bedrohung bildlich um. Die Gefahr ist um so größer, da dem zwischen Gut und Böse schwankenden Menschenleben jederzeit ein Ende gesetzt werden kann. Daran erinnert das eindrucksvolle Bild vom Tod und dem Mädchen, die früheste Darstellung überhaupt, die man von diesem Thema kennt (Wangenaufsatz SA). 130, 225

T 32   Musikanten, Knauf SI 3/4 von Westen

Doch solange der Mensch lebt, kann er seine bösen Taten bereuen. So hat Samson mit seinem Haar, das ihm Delila raubte, nicht nur seine Kraft, sondern im übertragenen Sinn den Stand der Gnade verloren (Wangenaufsatz NA). Dieser kann jedoch durch die Beichte – direkt daneben dargestellt – wiedergewonnen werden[44]).

Doch die Szene mit Samson und Delila steht auch für die Weiberlist, die uns am Chorgestühl ein weiteres Mal in der Darstellung von Aristoteles und Phyllis (Knauf SII 20/21) begegnet. Phyllis, die Geliebte Alexanders des Großen, bewog den Philosophen, über den

T 33   Musizierender Affe, Knauf NII 10/11 von Westen

sie wegen seiner kritischen Einstellung zu ihr erzürnt war, durch eine List, ihr als Reittier zu dienen, und demütigte ihn so vor aller Welt.
Alle diese farbenfrohen Aspekte eines tugend- und lasterhaften Lebens werden untermalt durch die lärmende Welt der Gaukler und Musikanten, die das Chorgestühl so zahlreich bevölkern. Spielleute wurden im Mittelalter von der Kirche verteufelt, galten sie doch als Helfer des Satans, der mit Hilfe der wirksamen Waffen von Musik und Tanz den Menschen zur Sünde verleiten will. So wurden auf den Konzilien unablässig neue Edikte gegen

T 32, F 7

Mimen und Gaukler erlassen[45]). Man hat mit Recht von einer „Erbfeindschaft" zwischen der Kirche und dem Spielmann gesprochen. Auf die Frage, ob die „Joculatores" eine Hoffnung auf das ewige Leben hätten, antwortete Honorius von Autun lapidar mit „Nein", da sie Diener des Teufels seien[46]).

T 27
135, 136
In den Vierpässen des Gestühls findet sich zweimal eine Darstellung von Spielmann und Tänzerin (NI 14 und NII 3). Ein anderes Gauklerpaar bildet einen Knauf (NII 8/9), die Tänzerin weit zurückgebeugt mit Kastagnetten in der Hand. Dies ist die charakteristische Haltung der Gauklerin, wie sie sich auch auf zahlreichen romanischen Kapitellen findet[47]).

F 15
Eine weitere Gauklerin bildet eine Miserikordie (NII 5). Sie steht auf den Händen, die Beine sind umgeschlagen. Dies ist der typische Handtanz der Gaukler, der im Mittelalter auch so häufig zur Darstellung der Salome herangezogen wurde. Diese trug – als Urtyp aller Tänzerinnen – umgekehrt durch ihren schändlichen Tanz vor Herodes zur Verwerfung des fahrenden Volkes bei[48]). So ist auch selten genau zu unterscheiden, ob eine Darstellung der Salome oder eine Spielmannsszene vorliegt. Die Bedeutung ist jedoch in beiden Fällen gleichermaßen negativ.

T 41, 13
40
Zahlreiche Tänzerinnen und Gauklerinnen schmücken mit liebreizenden Gesichtern und anmutigen Bewegungen Miserikordien des Gestühls (NI 3, NI 18, NII 3, SI 7, SII 4) und versinnbildlichen so die Welt der Versuchungen. Sie haben damit ähnliche Bedeutung wie die Sirene (Vierpaß NII 11), die ein verbreitetes Bild für die Verführungskünste des Satans darstellt.

T 32
T 40
T 45, T 46
41, 308
Doch auch die zahlreichen Musikanten, die das Gestühl bevölkern und mit den verschiedensten Instrumenten Lärm veranstalten, gehören der Welt des Bösen an. Sie produzieren höllische Musik im Gegensatz zur himmlischen, die im Domchor ebenfalls vertreten ist durch die musizierenden Engel über den Chorpfeilerfiguren[49]). Zu den Versuchungen der Hölle ist des weiteren auch jegliches Spiel zu rechnen, das bei den beiden Würfelspielern bereits zum Streit geführt hat, aber auch von dem Mann mit der Kugel in Vierpaß NI 13 oder dem Steinwerfer in Wange SE ausgeübt wird. So verbot die Trierer Provinzialsynode von 1310 den Mönchen alles Spielen mit Brettsteinen, Würfeln oder Kegelkugeln[50]).

Die szenische Ausbreitung des Menschenlebens zwischen Sündenfall und Erlösung, schwankend zwischen Tugend und Laster, bedroht von den Versuchungen des Satans, die das wesentliche Programm des Chorgestühls bildet, ist vor dem Hintergrund der Entstehungszeit zu begreifen.

Im Zeitalter der Scholastik gelang es den Menschen, die Natur immer besser zu verstehen und in den Griff zu bekommen. Die zunehmenden Erkenntnisse der Ratio ließen es nicht mehr zu, wie in Zeiten der Romanik, Frömmigkeit und Furcht vor ewiger Verdammnis durch die Welt der Monster und Schrecknisse zu erregen. Gleichzeitig wird Religion durch die Predigerorden volkstümlicher, hebt stärker auf die Erzeugung moralischer Einsichten und Gefühle ab. Die Fragen der Scholastik finden ihren Ausdruck in der Gewissenserforschung. Wartete der Mensch vorher blind auf die Vergeltung seiner Sünden, wurden nun von ihm Buße und Reue, Einsicht in seine Schuld, individuelle Verantwortung erwartet[51]). Durch Reue und bestimmte Sühneleistungen konnte das Individuum nun wieder in den Stand der Gnade gelangen.

Diese neuen Werte und Erkenntnisse finden breiten Widerhall in der zeitgenössischen Literatur bzw. werden erst durch diese breiten Kreisen zugänglich gemacht.

Große christliche Naturenzyklopädien entstehen wie etwa „De proprietatibus rerum" von Bartholomäus Anglicus, „De natura rerum" des Thomas von Chantimpré und das „Speculum naturale" des Dominikaners Vinzenz von Beauvais[52]). Es handelt sich hierbei im wesentlichen um Kompilationen, Sammlungen des Wissens älterer Autoritäten, etwa Aristoteles, Isidor, Plinius usw. Die Enzyklopädisten verweisen ausdrücklich auf die Verwendbarkeit dieser naturkundlichen Sammlungen für die Predigt oder als Hilfsmittel im Studienbetrieb. Auch die Naturexempelsammlungen, die ihr Wissen in lexikalisch aufbereiteter Form anbieten, entstanden vornehmlich für die Bedürfnisse der Prediger[53]).

Doch nicht nur das Wissen über die Natur, sondern alle Bereiche der damaligen Erkenntnis, wurden enzyklopädisch verarbeitet und in großen Überblickswerken, den „Summen", zusammengefaßt. Besonders populär und volkstümlich war das „Speculum majus" des Vinzenz von Beauvais (um 1190–1264)[54]).

Diese Universalgeschichte gliedert sich in drei bzw. vier Teile: 1. das genannte „Speculum naturale" mit 33 Büchern, 2. das „Speculum doctrinale" mit 18 Büchern, eine Zusammenfassung des scholastischen Wissens über Dichtung, Rhetorik, Recht, Medizin usw., und 3. das „Speculum historiale" mit 32 Büchern, eine Geschichte der Welt von ihrer Erschaffung bis zu Ludwig dem Heiligen. Ein viertes Buch, das „Speculum morale", wurde Anfang des 14. Jahrhunderts von einem unbekannten Verfasser angefügt.

Vinzenz wurde aus dem Dominikanerkloster in Beauvais, wo er Subprior war, von Ludwig dem Heiligen (1226–1270) zum Leiter der Studien an die Zisterzienserabtei Royaumont berufen. Dort verfaßte er sein Werk, 1246/47 konnte er dem König das erste Teilexemplar überreichen[55]).

Der Spiegel der Wissenschaft wird wie im Programm des Kölner Domchorgestühls durch den Sündenfall des Menschen eingeleitet. Entsprechend hat auch hier der Mensch nun sein Heil aus den Händen des Erlösers zu erwarten. Die Wissenschaft ist in diesem Zusammenhang als Vorbereitung auf diese Gnade zu verstehen, als Mittel, um zur Tugend zu gelangen[56]). So könnte man auch die szenischen Reliefs mit den Darstellungen von Musik, Grammatik, Rhetorik und Dialektik (Wangen NB und SB) im Rahmen des Gesamtprogramms verstehen.

Auch im historischen Spiegel wird die Bestimmung des Menschen eingehend erläutert: Der Mensch kämpft, leidet, erfindet Künste und Wissenschaften, schwankt zwischen Tugend und Laster. Der zuletzt entstandene Spiegel der Moral enthält eine planmäßige Aufstellung von Tugenden und Lastern. Er beginnt ebenfalls mit dem Sündenfall des Menschen. Danach hat dieser durch Gottes Güte die Möglichkeit, durch seine Werke zum Heil zu gelangen (Distinctio I). Dann werden in allen Einzelheiten gute und schlechte Eigenschaften, Belohnung und Strafen aufgezählt, alles jeweils durch beispielhafte Geschichten, die sogenannten Exempla, verdeutlicht. Nach seinen eigenen Worten in der „Apologia actoris" verfaßte Vinzenz sein Werk vor allem für Prediger, die durch diese Exempla Material zur Unterweisung des Volkes geliefert bekamen[57]); von daher mag sein auffälliger Hang zur moralisierenden Gleichnishaftigkeit und Schwarzweißmalerei rühren[58]).

Tugenden und Laster sind ebenfalls Hauptthema der Beichtspiegel, die auch der persönlichen Gewissenserforschung dienten. Genannt sei hier stellvertretend das berühmte Werk „Somme le roi", das 1279 vom Dominikaner Laurent von Orleans, dem Beichtvater des französischen Königs Philipp III., für diesen verfaßt wurde und eine weite Verbreitung gefunden hat[59]).

Es gibt sogar ganze Kompendien von Tugenden und Lastern wie etwa das moraltheologische Handbuch „Summa vitiorum et virtutum" des Dominikaners Guillelmus Peraldus (vollendet ca. 1250), das sich ebenfalls großer Beliebtheit erfreute – wie auch die große Zahl der noch erhaltenen Exemplare beweist[60]). Im Zusammenhang mit dieser Literatur bildete sich auch eine Tugend- und Lastertiersymbolik heraus[61]).

Diese Grundtendenz des 13. und 14. Jahrhunderts, dem Menschen durch moralisierende Geschichten und Bilder einen Spiegel vor Augen zu halten, der ihn befähigen soll, sich als Individuum zwischen Gut und Böse zu entscheiden, ist essentiell für das Verständnis des Kölner Gestühls. Dieser Stoff war so verbreitet und bekannt, daß man von der Existenz einschlägiger Vorlagen ausgehen kann. Es liegt für das Gestühl kein systematisches Programm von Tugenden und zugeordneten Lastern vor[62]). Dieses Fehlen eines dichten Programms, das Assoziieren allen bekannten Wissens, hält Katzenellenbogen gerade für typisch für diese neue Phase der Tugend- und Lasterdarstellungen, für die er Laurents „Somme le roi" als bezeichnend anführt[63]).

So haben auch die Bildhauer des Gestühls offenbar aus dem Vollen der bekannten Vorlagen und kompilatorischen Werke geschöpft und die einzelnen Elemente nach Gefallen ohne grundlegende Systematik zusammengestellt. Es scheinen jedoch die Laster fast lückenlos vertreten, während die Tugenden zurückhaltenderen Anklang fanden.

Die Darstellungen scheinen die moralisierenden Allegorien der so beliebten Exempla und lehrhaften Geschichten geradezu in die Bildkunst umzusetzen[64]). Positive und negative abstrakte Begriffe treten in menschlicher Gestalt auf, häufig wurde der Sinn sicher durch erklärende Predigten und Anekdoten vermittelt. So wird umgekehrt das Bild zur erbaulichen Lektion und liefert anschauliches Material zu den Morallehren der Prediger.

Doch nicht nur der Mensch taucht in allegorischen Darstellungen auf. Beliebt als Träger bestimmter positiver und negativer Eigenschaften sind auch Tiere wie etwa in den genannten Tugend- und Lastertiersammlungen, vor allem aber in der Fabel, einer der ältesten Formen der Allegorie[65]). Auch Vinzenz von Beauvais nahm Fabeln in sein „Speculum" auf, und zwar ausdrücklich für die Prediger, um ihnen bei der Auflockerung mehrstündiger Predigten zu helfen[66]). So enthalten fast alle Predigtsammlungen, die veranschaulichende Exempla enthalten, auch Fabeln[67]). Auch am Chorgestühl finden sich Bilder

178 von Fabeln, jeweils mit dem Fuchs als Hauptperson: man sieht ihn als Gänsedieb (Vierpaß NI 16) und beim Gastmahl mit dem Storch (Wangenaufsatz NC). Die übrige Tierwelt am Gestühl scheint im Sinne dieser Tierallegorien, aber auch im Anschluß an den Physiologus, die Welt des Lasters zu verkörpern.

T 54 Dies ist ziemlich eindeutig etwa bei der Eule, die als Wesen der Finsternis den Sünder bedeutet und hier (Wange NA) mit Geldsack das Laster des Geizes verkörpert. Das Schwein vertritt die Unmäßigkeit und so das Laster der Gula, es kann wie der Bock auch
104, 205 für die Luxuria stehen (Pfeilerverkleidung Sy, Wange NC). Der Esel in seiner Trägheit ist ein Bild für den Sünder (Knauf SII 11/12); so dient er auch häufig der personifizierten
137, 138 Todsünde der Trägheit als Reittier[68]). Die zwei Hunde mit dem einen Huhn (Miserikordie
241, 39 SI 13) könnten den Neid, die Invidia, versinnbildlichen ebenso wie der Hund mit dem
37 Knochen (Vierpaß NII 9). Teufelstiere par excellence sind der Greif (Vierpaß NII 7), vor

104

allem aber der Drache, der am Chorgestühl allerorten zu finden ist. Dazu kommt der Affe, T 37
Sinnbild des Teufels und Versuchers, aber auch des Sünders, der am Gestühl eine vielschichtige Rolle spielt: Mit dem Spiegel (Pfeilerverkleidung Sx) ist er die Luxuria, mit T 24
Apfel und in der Darstellung mit dem Mädchen (Wangen SC und ND) der satanische 280,211
Verführer, als Arzt und Schriftgelehrter (Wange SC und Vierpaß NI 10) Parodist der 106, T 33
menschlichen Tätigkeiten und als Musikant (Knauf NII 10/11, Vierpaß NI 12) Vertreter
der höllischen Sphären der Musik, die gleichermaßen durch die zahlreichen musizierenden
Mischwesen (etwa Miserikordien NII 4, NII 11, SII 8) dargestellt ist – entsprechend wie- 60, T 35
derum den Gauklern auf der menschlichen Ebene. Des weiteren widmen sich diese drolatischen Wesen dem Kampf mit verschiedenen Waffen (Miserikordie SII 5, Vierpaß SI 18,
Wangenaufsatz NC, Knauf SI 5/6), wodurch sie die Kämpfe des Menschen gegen die T 34
Verführungen des Teufels gleichsam zu parodieren scheinen. Es kommen in erster Linie
Kompositwesen vor, halb Mensch, halb Tier, fast immer mit menschlichem Oberkörper.
Die Übergänge werden meist durch herabhängende Gewandschürze verdeckt. Die Variation bei den Mischwesen ist im Grunde nicht besonders groß. Es fehlt fast ganz die Welt
der gotischen „Grillen", der verschiedenartig zusammengesetzten Wesen mit Verzerrungen, mehreren Köpfen und anderen Verwachsungen (Ausnahmen: Vierpaß NI 4, Pfeiler- 110, 147

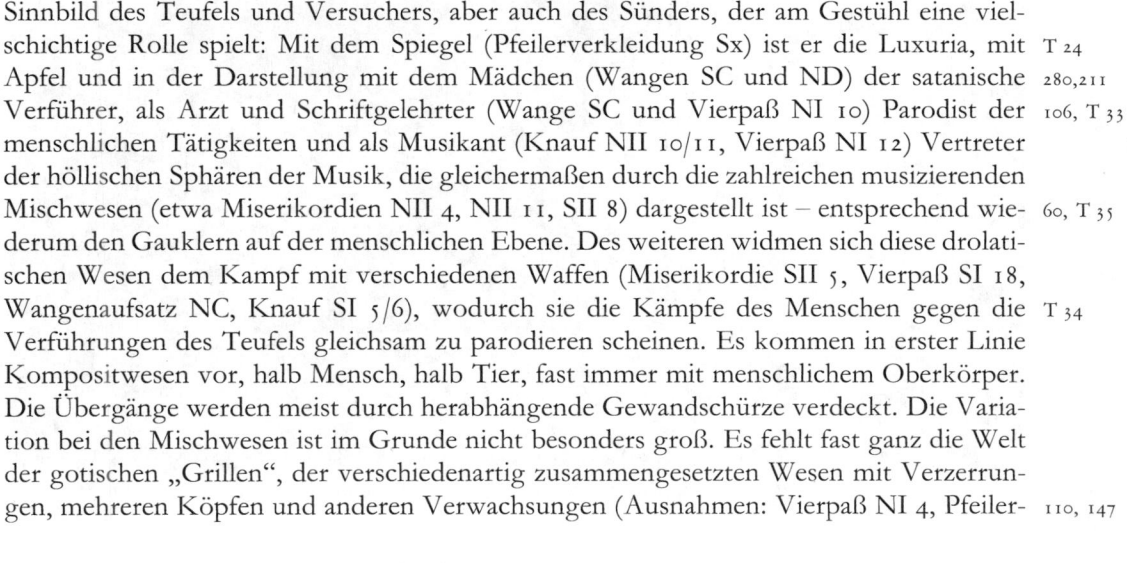

T 34   Mischwesen mit Bogen, Miserikordie SII 5

T 35   Musizierende Mischwesen, Vierpässe SI 18

verkleidung Nx), es fehlen auch die Wunderwesen des Ostens, die monströsen Darstellungen wie etwa Hunds- und Schweinsköpfige, wie sie auch am Portail des Libraires, Rouen, vorkommen[69]).

      Dagegen finden sich häufiger noch Motive wie kreuzweise gestellte Tiere oder Wesen mit zwei Körpern (Miserikordie SII 22 und NII 14, Vierpaß NI 4), deren Wurzeln in die romanische Dekorationskunst zurückzureichen scheinen[70]). Dazu kommen noch zahlreiche Darstellungen wie Atlanten oder Mensch- und Tiermasken (Miserikordien NII 1, NI 6 und 8, SI 2, SI 10), die allein dekorative Funktion haben. Inwieweit dies auch für einige Wesen gilt, die man prinzipiell unter die Rubrik des Bösen subsumieren möchte – wie etwa die Drachen oder Fabelwesen –, ist nicht mehr festzustellen. Doch ist nicht von der Hand zu weisen, daß, trotz der generellen Charaktere als Vertreter der höllischen Sphäre, diese Tiere der Dekorationslust breiten Spielraum boten.

      Es liegt also ein verhältnismäßig grobrasteriges ikonographisches Gesamtprogramm vor: Das Chorgestühl zeigt die Welt des Menschen zwischen Sündenfall und Heilserwartung, schwankend zwischen Tugend und Laster, umgeben von einer mehr oder weniger ernst gemeinten Welt von teuflischen Tieren und Mischwesen. Dieses Programm scheint ohne tiefere Systematik über die einzelnen Bereiche des Gestühls verteilt. Wohl sind Hauptszenen an den Wangen untergebracht. Eine hierarchische Anordnung, entsprechend der Wichtigkeit, ist jedoch nicht sauber durchgehalten. Darstellungen wie die Jungfrau mit dem Einhorn finden sich an ganz untergeordneter Stelle, viele Mischwesen kommen gut sichtbar an den Knäufen vor. Einige Szenen sind mehrfach dargestellt: so Samson mit dem Löwen viermal (Wange NH; Aufsatz NA; Knauf NI 4, 5; Vierpaß NII 1), Pero und Cimon zweimal, eine Tanzszene, kombiniert mit einem Streit zwischen zwei Männern, ebenfalls zweimal (Vierpaß NI 14 und NII 3). Dieser Sachverhalt spricht dafür, daß man nach Vorlagen gearbeitet hat. Das Gesamtprogramm legte also wohl den Rahmen des Dargestellten ungefähr fest, nicht aber im einzelnen die Stelle, wo eine bestimmte Darstellung anzubringen war. Es stand offenbar eine gewisse Auswahl an Vorlagen zur Verfügung, nach denen die Bildhauer arbeiten konnten, ohne daß jede Einzelheit kontrolliert worden wäre. Dafür spricht auch die Methode, nach der die Vierpaßbohlen unter den Sitzen gefertigt wurden. Die Bohlen laufen über vier bis fünf Sitze, und sie sind fast immer von ein- und demselben Bildschnitzer gearbeitet. Dieser hat dann offensichtlich sein Thema variiert: So zeigt eine Bohle immer abwechselnd Blattwerk und Propheten (NII 19–25), die erste Bohle der Vorderreihe auf der Südseite variiert ornamentale Tierdarstellungen abwechselnd mit Blattwerk. Man kann feststellen, daß jeweils für ein solches Stück ein eigenes Konzept vorliegt. Für zeichnerische Vorlagen sprechen u. a. solche Darstellungen wie der Steinwerfer im Zwickel SE oder der Kugelspieler auf Vierpaß NII 13, beides Szenen, die häufig in genau dieser Form in Randminiaturen vorkommen. Eine andere Szene, die linke Minnedarstellung auf Wange ND, führt vor Augen, wie eine Vorlage an das andersartige Format n i c h t angepaßt wurde: Der stehende Mann zeigt ein Gewandmotiv, das eigentlich eher zu einer knienden Person passen würde, wie denn auch die Männer bei vergleichbaren Szenen einer Kranzübergabe auf den vorbildlichen Elfenbeinen stets kniend wiedergegeben sind.

308, 41

T 57

Viele Darstellungen am Chorgestühl richten sich nach Bildvorlagen und -schemata, die zu seiner Entstehungszeit geläufig waren. Kampf- und Minneszenen, Musikanten und drolatische Darstellungen werden für vergleichbare dekorative Aufgaben in der gotischen Kunst in der gleichen Form verwendet, wie man bei einem Blick auf Kataloge aus Bereichen derartiger dekorativer Genres, etwa für Randminiaturen[71]) oder Miserikordien[72]), leicht feststellen kann.

Es gibt andere Motive, wie etwa das Schießen auf den toten Vater (Wange ND) oder Aristoteles und Phyllis (Knauf SII 20/21), die für den deutschen Raum sehr früh auftreten und die – wie einige Maßwerkformen – auch auf dem Gebiet der Ikonographie eine Kenntnis französischer Vorlagen voraussetzen. Die Wange NC mit Judendarstellungen und Schweinen als Gulasymbolen steht dagegen eher in einer rheinischen bzw. deutschen Bildtradition. Es laufen also verschiedene Überlieferungsstränge im Kölner Chorgestühl zusammen.

T 26
T 30

T 56

Die Zusammenstellung der Szenen in dem hier vorliegenden Programm weist keine völlig exakten Parallelen zu den genannten, ikonographisch vergleichbaren Zyklen auf.

Die Kombination der Darstellungen ist unterschiedlich, wie auch in der Art der drolatischen Szenen und der religiösen und genrehaften Motive unterschiedliche Akzente gesetzt werden können. Dem Bekanntheitsgrad der Bildvorlagen steht diese Freiheit in der Kombination gegenüber, die dem Charakter des Dargestellten auch angemessen ist. Den Wechselfällen des menschlichen Lebens, der chaotischen Abfolge der Aktivitäten und Stimmungslagen, dem quirligen, lärmenden Agieren der Drolerien würde ein durchorganisiertes Programm völlig widersprechen. „There was no need for the carvings of misericords to conform to any logical scheme of decoration or to convey to an illiterate congregation some dogmatic significance"[73]). Aber der verhältnismäßig großen Freiheit in Detailgestaltung oder Verteilung der Darstellungen steht ein ordnendes Gesamtkonzept gegenüber; das Spektrum der möglichen Vorlagen und die großformatigen Reliefszenen sind durch diese Grundgedanken festgelegt. „It would indeed have been atypical of the medieval mind to have disgarded wholly all structure of programmatic design. Schemes governing the layout ... did exist, although their application was flexible ... "[74]). Daß solche Schemata oder Grundkonzepte existierten, zeigen die erstaunlich weitreichenden Übereinstimmungen zwischen den Darstellungen am Chorgestühl und den zu Beginn bereits eingehender erläuterten Sockelreliefs in Rouen und Lyon oder den Straßburger Turmfriesen – Zyklen, die alle ungefähr aus der gleichen Zeit stammen. Auch in den Friesen des Straßburger Münsters sind – an abgelegener Stelle – Bilder der Erlösungserwartung, das Isaaksopfer, die Jungfrau mit dem Einhorn usw. Schilderungen der menschlichen Leidenschaften gegenübergestellt, wie bereits Kraus 1876 erkannte[75]). Der Unterschied besteht lediglich in der hier sehr viel kürzeren Form. Ausführlicher sind die Vierpaßreliefs in Rouen, denen auch ein ähnliches Gesamtkonzept zugrunde liegt: der Sündenfall als Voraussetzung für das irdische Leben des Menschen. Es gibt dennoch einige Unterschiede zwischen den Roueneser Reliefs und dem Kölner Gestühl: in Köln finden sich weniger romanisierende Motive, Kompositionen, verdrehte Gestalten. Dafür sind die Grundgedanken ausführlicher, breiter erzählt mit einem Hang zum Moralisierenden, zum Detail, zum Genrehaften. Der Mensch steht hier noch stärker im Mittelpunkt der Darstellungen.

Der Hauptakzent liegt hier zweifellos auf der Wiedergabe der scholastischen Morallehre: Geschichte und Bestimmung des Menschen nach mittelalterlichem Verständnis werden dargelegt, seine irdische Existenz zwischen Gut und Böse, aber auch seine Heilserwartung geschildert. Der breiteste Raum wird dabei den Tugenden und Lastern in allegorisch-moralisierenden Darstellungen gewidmet, für die belehrende Kompendien, Exempla und Predigtliteratur die Ideen geliefert haben mögen, entweder als direkte Quelle der Inspiration oder als Grundlage für verbreitete Vorlagen, die für derartige Bildprogramme zur Verfügung standen. Die Welt der lasterhaften Tiere und Mischwesen stellt in diesem Zusammenhang die Verbildlichung der steten Bedrohung des Menschen durch die Verführungskünste des Teufels dar.

So bestätigt der Aufbau des Bildprogramms des Kölner Domchores, daß bei genauer Befolgung des intendierten Baugedankens der Himmelsstadt Kathedrale diese Welt des Menschlichen und auch Teuflischen auf bestimmte Zonen beschränkt war. Genauso vollendet wie die Architektur des Domes ist auch die Durchführung des ikonographischen Grundgedankens: Die Bildwelt des Gestühls ist sauber auf die unterste Zone zurückgedrängt und dringt weder in die Zone der Kapitelle noch Wandbereiche vor. Gleichgeartete Drolerien finden sich nur noch im Rahmen der Chorschrankenmalereien und hier im wesentlichen in der gleichen Zone, nämlich hinter den oberen Gestühlssitzen.

Es bestätigte sich auch im Vergleich mit den Darstellungen in gleichgelagerten Bereichen anderer Kathedralen, daß bei aller Freiheit in der Dekoration dieser Zonen ein Repertoire zur Verfügung stand, das diesen Orten angemessen war.

Anmerkungen

[1]) Reiners, Rheinische Chorgestühle, S. 58 ff.
[2]) Busch, Deutsches Chorgestühl, S. 29.
[3]) Tieschowitz, S. 28.
[4]) J. Hoster, Der Dom zu Köln, Köln 1964, S. 26.
[5]) Siehe im Abschnitt „Zur Technik".
[6]) Für die genaue Beschreibung vgl. das Inventar.
[7]) Außer etwa im Aufsatz NC, wo Kentauren vorkommen.
[8]) Genaue Beschreibung bei Krohm, S. 79-82; Abb. 20-28.

⁹) Mittleres Westportal, um 1200, Sauerländer, Taf. 59 und 61.
¹⁰) Vgl. L. Bégule, Monographie de la cathédrale de Lyon, précédée d'une notice historique par M.-C. Guigue, Text- und Tafelbd. Lyon 1880, der die Reliefs am Soubassement ausführlich behandelt.
¹¹) Schmitt, Bd. II, Taf. 158 ff.; vgl. F. X. Kraus, Kunst und Altertum in Elsaß-Lothringen I, Unterelsaß, Straßburg 1876, S. 470–472.
¹²) Kohlhaussen, Kat. Nr. 17, Taf. 15, Coll. Carrand Nr. 1346, Frankreich (Paris), Ende 13. Jahrhundert. Von Kohlhaussen auch stilistisch mit den Reliefs nordfranzösischer Kathedralen verglichen.
¹³) Beschrieben nach Foto im Princeton Index, Utrecht.
¹⁴) Brüssel, Bibl. Royale 9961–9962, Psalter, 13. Jahrhundert, siehe Anm. 13.
¹⁵) Zur Entstehung und Bedeutung von Drolerien und Monstren vor allem: Mâle, XIIIe; Baltrusaitis, Le moyen âge; Ders., Réveils et prodiges; Bergenthal; W. v. Blankenburg, Heilige und dämonische Tiere, Leipzig 1943; L. B. Bridaham, Gorgoyles, Chimaeras and the Grotesque in French Gothic Sculpture, New York 1969; U. Conrads, Dämonen und Drolerien an romanischen und gotischen Kirchenbauten Frankreichs, Phil. Diss. Marburg 1950; V. H. Debidour, Le bestiaire sculpté du moyen âge en France, Paris 1961; E. P. Evans, Animal Symbolism in Ecclesiastical Architecture, London 1896; L. M. Randall, Images in the margins of Gothic manuscripts, Berkeley 1966; Dies., Exempla as a source of Gothic marginal illumination. In: Art Bulletin XXXIX, 1957, S. 97–107; B. Rowland, Animals with Human Faces. A Guide to Animal Symbolism, University of Tennessee 1973; C. Nordenfalk, Droleries. In: Burlington Magazine 1967, S. 418–421. Dies nur eine Auswahl.
¹⁶) Mâle, XIIIe, S. 58–60.
¹⁷) L. Lefrançois-Pillion, Les portails latéraux de la Cathédrale de Rouen. Etude historique et iconographique sur un ensemble de bas-reliefs de la fin de 13e siècle, Paris 1907, S. 154–158.
¹⁸) Bergenthal, S. 7, 8, 9 und 17.
¹⁹) Bergenthal, S. 48 f.
²⁰) Bergenthal, S. 82.
²¹) Conrads, S. 100.
²²) Apologia ad Guillelmum Sancti Theoderici Abbatem. Abgedruckt bei: Randall, Images, S. 3.
²³) Conrads, S. 100.
²⁴) Siehe Anm. 23.
²⁵) N. Wißgott, Die Drolerie in europäischen Handschriften vom Ende des 13. Jahrhunderts bis zum Beginn des 16. Jahrhunderts, Phil. Diss. Wien 1933, S. 57.
²⁶) A. Katzenellenbogen, Allegories of the Virtues and Vices in Medieval Art from Early Christian Times to the Thirteenth Century, New York 1964, S. 60–62.
²⁷) Siehe Anm. 4.
²⁸) Krohm, S. 87.
²⁹) Randall, Images, S. 19.
³⁰) O. v. Simson, Die gotische Kathedrale. Beiträge zu ihrer Entstehung und Bedeutung, Darmstadt 1979, vor allem das erste Kapitel zur gotischen Struktur und dem mittelalterlichen Ordo, aber auch S. 155 ff.; M. Aubert, Hochgotik, Baden-Baden 1963, S. 51 f.
³¹) H. Sedlmayr, Die Entstehung der Kathedrale, Zürich 1950, S. 162.
³²) Ebd., S. 162 f.
³³) J. Le Goff, Kultur des europäischen Mittelalters, München 1970, S. 289.
³⁴) Vgl. hierzu zuletzt N. Henkel, Studien zum Physiologus im Mittelalter, Tübingen 1976, vor allem S. 164 ff., S. 194 ff. und S. 202 ff.
³⁵) Zu Detailinformationen zu den einzelnen Szenen vgl. jeweils das Inventar unter der entsprechenden Nr.
³⁶) Dazu u. a. J. Sauer, Symbolik des Kirchengebäudes und seiner Ausstattung in der Auffassung des Mittelalters, Freiburg i. Br. 1902, S. 324.
³⁷) A. Ulrich, Kain und Abel in der Kunst. Untersuchungen zur Ikonographie und Auslegungsgeschichte, Bamberg 1981, S. 230.
³⁸) R. van Marle, Iconographie de l'art profane au moyen-âge et à la renaissance, New York 1971, Bd. II, Fig. 104.
³⁹) van Marle (38), Bd. I, S. 511 ff. und Fig. 507.
⁴⁰) Diese Szenen sind bisher nicht genau zu deuten; vgl. hierzu das Inventar.
⁴¹) H. R. Hahnloser, Villard de Honnecourt, Wien 1935, Taf. 6.
⁴²) Diese Darstellung kommt am Chorgestühl zweimal vor, im Aufsatz von Wange NB und an Knauf NI 15/16.
⁴³) F. Nordström, The Auxerre Reliefs. A Harbinger of the Renaissance in France during the Reign of Philip le Bel, Uppsala 1974, S. 132 ff., Fig. 76.

44) Vgl. hierzu auch P. Michel, Tiere als Symbol und Ornament, Wiesbaden 1979, S. 115 f.
45) Vgl. T. Hausamann, Die tanzende Salome in der Kunst von der christlichen Frühzeit bis um 1500, Zürich 1980, S. 69, Anm. 101.
46) R. Hammerstein, Diabolus in Musica. Studien zur Ikonographie der Musik im Mittelalter, Bern 1974, S. 50 ff.
47) St.-Hilaire-la-Croix, Ende 12. Jahrhundert; La-Chaize-le-Vicomte, 12. Jahrhundert; Zürich, Großmünster, 12. Jahrhundert; Conques, Ste.-Foy; Hammerstein (46), Abb. 47–50; hier noch weitere Beispiele.
48) Hausamann (45), S. 342 ff.; S. 284; so sagt ein bretonisches Volkslied, der Tanz sei verflucht, seit Salome vor Herodes tanzte, der ihr zuliebe Johannes töten ließ.
49) Zur höllischen Musik vgl. Hammerstein (46), S. 58 ff.
50) Hausamann (45), S. 76 f.
51) Le Goff, 1970, S. 576 f.
52) Hierzu ausführlich D. Schmidtke, Geistliche Tierinterpretation in der deutschsprachigen Literatur des Mittelalters (1100–1500), Berlin 1968, S. 87 ff.
53) Ebd., S. 93 ff.
54) Vinzenz von Beauvais, Speculum majus, Nachdruck der Ausgabe Douai 1624, Graz 1964/65; hierzu M. Lemoine, L'Oeuvre encyclopédique de Vincent de Beauvais. In: Cahiers d'histoire mondiale 3, 1966, S. 571–579.
55) Vgl. hierzu Le Goff, 1970, S. 820; A. von Euw, J. M. Plotzek, Die Handschriften der Sammlung Ludwig, Bd. 3, Köln 1982, S. 211 f. (A. von Euw).
56) E. Mâle, 13. Jahrhundert, S. 35–40.
57) von Euw, Plotzek (55), Bd. 3, S. 212.
58) Vgl. Le Goff, 1970, S. 558.
59) R. Tuve, Allegorical Imagery. Some medieval books and their posterity, Princeton 1966, S. 80 ff.; A. Katzenellenbogen, Allegories of the virtues and vices in medieval art, New York 1964, S. 84.
60) Schmidtke (52), S. 105; Tuve, S. 81; A. Dondaine, Guillaume Peyraut. Vie et oeuvres. In: Archivum Fratrum Predicatorum 18, 1948, S. 162 ff.
61) Schmidtke (52), S. 106 ff.
62) Zu solchen vgl. Katzenellenbogen; Tuve, Kap. 2.
63) Katzenellenbogen, S. 84.
64) Zur Allegorie vgl. C. Meier, Überlegungen zum gegenwärtigen Stand der Allegorie-Forschung. In: Frühmittelalterliche Studien 10, 1976, S. 1–69, mit umfangreicher Literatur.
65) K. Grubmüller, Meister Esopus. Untersuchungen zu Geschichte und Funktion der Fabel im Mittelalter, München 1977, S. 97 f.
66) von Euw, Plotzek (55), Bd. 4, 1985, S. 94.
67) Grubmüller (65), S. 108.
68) Schmidtke (52), S. 281.
69) Hierzu u. a. R. Wittkower, Die Wunder des Ostens. Ein Beitrag zur Geschichte der Ungeheuer. In: Ders., Allegorie und der Wandel der Symbole in Antike und Renaissance, Köln 1983, S. 87–150; I. B. Friedman, The monstrous races in medieval art and thought, Cambridge (Mass.), London 1981.
70) Auch am Portail des Libraires; vgl. Krohm, S. 82.
71) Randall, Images, enthält einen detaillierten Katalog aller erfaßten Randminiaturen nach dem Bildinhalt.
72) Bei Remnant, Misericords, für englische Miserikordien.
73) Anderson, Misericords, S. 5.
74) Randall, Images, S. 12.
75) Vgl. Anm. 11.

Stilkritische Untersuchung

1. Forschungsstand

Das Kölner Domchorgestühl wurde bisher in zwei umfangreicheren wissenschaftlichen Arbeiten stilkritisch untersucht, und zwar in der Dissertation von H. Reiners über die rheinischen Chorgestühle der Frühgotik (1909)[1] und in der Monographie von B. v. Tieschowitz (1930)[2]. Im übrigen wurde es in einer Reihe von kunsthistorischen Überblickswerken oder Einzeluntersuchungen eher summarisch abgehandelt.

Die stilkritische Einordnung sieht sich dabei im wesentlichen mit zwei Problemen konfrontiert: zum einen der Ableitung der Chorgestühlswerkstatt von zeitgleich entstandener Skulptur außerhalb des Kölner Kunstkreises, zum anderen der Klärung des Zusammenhangs zwischen Chorgestühl und der übrigen, im Zuge der Domerstausstattung entstandenen Werke, namentlich Chorpfeilerfiguren und Hochaltarmensa.

Letzteres Problem wurde im Laufe der Forschungsgeschichte recht unterschiedlich gesehen:

So betonten Reiners (1909)[3], Stange (1930)[4], Karpa (1933/34)[5], Medding (1936)[6] und noch Krohm (1971)[7] die engen stilistischen Zusammenhänge von Chorgestühl und Chorpfeilerfiguren.

Witte (1932) sieht im Chorgestühl eine – zeitlich beträchtlich spätere – Weiterentwicklung des Stils der Chorpfeilerfiguren[8]). Gleichzeitig konstatierte er Zusammenhänge mit den Marmorfigürchen des Hochaltars. Eine ähnliche Auffassung vertritt A. Legner (1972 und 1973)[9]).

Eher oder ausschließlich in stilistische Nähe zum Hochaltar wurde dagegen das Chorgestühl von B. v. Tieschowitz (1930)[10]), H. Eichler (1933/34)[11], A. Feulner (1953)[12], P. Bloch (1967/68)[13] und R. Palm (1976)[14] gerückt.

Wiederum im Gegensatz dazu ist das Chorgestühl nach den neuesten, auf dem wissenschaftlichen Kolloquium zum Kölner Domchor in Köln 1978 u. a. von H. Krohm und W. Sauerländer geäußerten Forschungsmeinungen von einer eigenen, weder mit Chorpfeilerfiguren noch Hochaltar näher in stilistischer Beziehung stehenden Werkstatt geschaffen worden[15]).

In der älteren Kunstgeschichte wird ziemlich selbstverständlich ein Zusammenhang zwischen Chorgestühl und Chorpfeilerfiguren hergestellt, während in jüngerer Zeit der Hochaltar in stärkerem Maße zum Vergleich herangezogen wird. Den letzten Stand der Forschung stellt die stilistische Isolierung der Chorgestühlswerkstatt dar.

An dieser Stelle muß noch einmal betont werden, daß die Domforschung gerade auf dem Gebiet der mittelalterlichen Skulptur in jüngerer Zeit Fortschritte zu verzeichnen hatte[16]). Für die Beurteilung des Chorgestühls haben diese bisher jedoch keine Konsequenzen nach sich gezogen.

Kontrovers wie die Sicht des Chorgestühls im Rahmen der skulpturalen Gesamtausstattung des Kölner Domchores sind auch die Versuche der Stilableitung von außerkölnischen Quellen.

Die englische Kleinkunst wurde verschiedentlich als mögliche Quelle für die Schnitzwerke des Chorgestühls angeführt – vor allem wegen des Charakters der Drolerien.
So setzte P. Clemen für das Kölner Domgestühl englische und nordfranzösisch-belgische Anregungen voraus, obwohl er gleichzeitig den kölnischen Grundcharakter betonte[17]). Auf England verwiesen auch P. Olles (1929)[18]), R. Schmitz-Ehmke (1967)[19]) und vor allem C. Grössinger (1972)[20]), die das Domchorgestühl von englischen Chorgestühlen herleitet, wobei sie allerdings von Tieschowitz' Datierung in die Zeit um 1340 ausging[21]). Die Frage der Beziehung des Chorgestühls zur englischen Kunst griff R. Palm (1976) in seinem Aufsatz über die Maßwerkformen am Chorgestühl wieder auf[22]).
Bedeutend häufiger wurde jedoch die französische Plastik zum Vergleich herangezogen. So gab Reiners (1909) allgemein französische Quellen für die Skulptur des Chorgestühls an unter Hinweis auf den bereits international verbreiteten Zeitstil. Möglich seien Verbindungen mit Paris (Notre-Dame, Südquerhaus, Schülerreliefs)[23]). O. Karpa sah mögliche Parallelen in Straßburg (Münster, Turmfriese) und Utrecht (Dom, Avesnes-Kapelle), betonte aber auch den deutschen Stilcharakter[24]). In diesem Punkt folgte ihm A. Stange; an französischen Quellen war für ihn dazu in erster Linie der maasländische Kulturkreis maßgeblich (Lüttich, Heiligkreuzkirche, Auferstehungsgruppe; Schreine in Floreffe und Nivelles)[25]).
H. Rosenau (1931) sah die Skulpturen des Chorgestühls als Weiterentwicklung von Formen aus dem Straßburger Umkreis (Westfassade des Straßburger Münsters, vor allem des Mittelportals) an[26]).
D. und H. Kraus (1976) führten dagegen belgische Kleinkunst, in erster Linie aber die Reimser Monumentalskulptur (ohne nähere Angaben) als Quellen für das Kölner Domchorgestühl an[27]).
H. Krohm stellte es in seiner Dissertation über die Querhausfassaden der Kathedrale von Rouen (1971) zusammen mit den Chorpfeilerfiguren in die Nachfolge der Skulpturenwerkstatt des Portail des Libraires[28]).
Während des Domkolloquiums 1978 sah er dagegen keine Beziehungen mehr zwischen Chorgestühl und Chorpfeilerfiguren, sondern betonte vielmehr den isolierten Charakter des Stils der Chorgestühlswerkstatt. Als möglicher Bezugspunkt in Frankreich wurden nun die Chorschranken von Notre-Dame zu Paris genannt.
Während dieser wissenschaftlichen Tagung wurde auch von W. Sauerländer die Pariser Skulptur als wahrscheinlichste Quelle für das Chorgestühl herangezogen.
Dies hielt auch H. Borger, allerdings bezogen auf die Nordfassade der Pariser Kathedrale, für die einleuchtendste Lösung der Stilfrage[29]).
Einem ganz anderen Kunstkreis ordnete zuerst R. Hamann 1929 in seinem Werk über die Elisabethkirche in Marburg das Chorgestühl und auch den Hochaltar des Kölner Domes zu: Er sah sie als Nachfolgewerke der Skulpturengruppe um die Marburger Landgrafengräber, zu der er als wichtigste Werke Einzel- und Doppelgrab des Landgrafen Heinrich I. von Hessen und seiner Söhne[30]) im Landgrafenchor der Elisabethkirche, den Lettner ebendort, das Calderner Kruzifix, in der Neustädter Marienkirche zu Bielefeld die Tumba Ottos III. von Ravensberg († 1305 oder 1306), seiner Gemahlin Hedwig zur Lippe († 1320) und seines Sohnes Ludwig, den Lettner ebendort, in der Stiftskirche zu Cappen-

berg das Doppelbildnis der Grafen Gottfried († 1127) und Otto († 1171) von Cappenberg und die Sitzmadonna zählte[31]).
Dieser These schloß sich B. v. Tieschowitz 1930 in seiner Dissertation über das Chorgestühl an[32]). Bereits von A. Stange wurde 1932 die Möglichkeit einer Abhängigkeit von Teilen der Kölner Domskulptur von Marburg verworfen[33]).
In der neueren Forschung geriet diese stilistische Ableitung des Chorgestühls ganz in Vergessenheit. H. Krohm lehnte sie zuletzt als unwahrscheinlich ab[34]).
Lediglich R. Palm ging 1976 wieder davon aus, daß die Gräbergruppe mit Hochaltar und Chorgestühl eng verknüpft sei[35]).
Durch die möglichen Zusammenhänge mit dem Hochaltar einerseits und der Marburger Gräbergruppe andererseits wird das Chorgestühl in den Kreis der lothringisch geprägten Skulptur in Köln und der weiteren Umgebung mit einbezogen. Während die Zugehörigkeit zur sogenannten kölnisch-lothringischen Gruppe für den Hochaltar im wesentlichen unbestritten ist – eine These, die vor allem durch die neueren Forschungen J. A. Schmolls zur lothringischen Plastik weitgehend abgesichert wurde[36]) –, wird dies im Falle des Chorgestühls nur ganz selten explizit angenommen. Hier ist vor allem A. Feulner zu nennen, der Teile des Chorgestühls in enger Beziehung zur kölnisch-lothringischen Gruppe sah, zu welcher die erwähnte Grabskulptur zählt[37]). Allein P. Bloch vertrat noch eine ähnliche Auffassung[38]).
Die Frage, ob die Marburg-Bielefelder Gräbergruppe überhaupt in diesen Kreis der von Lothringen abhängigen Plastik mit hineingehört, ist bisher nicht geklärt und von der Forschung auch in jüngerer Zeit durchweg ausgeklammert worden. G. Weise hatte bereits 1924 die Gräbergruppe in Abhängigkeit von Lothringen gesehen, wobei er als Ausgangspunkt dieser Werkstatt in Deutschland Bielefeld annahm. Es folgen nach seiner Theorie die Marburger Gräber; den Schlußpunkt der Entwicklung stellen der Marburger Lettner und der Kölner Domhochaltar dar[39]).
Der lothringischen These schloß sich H. Beenken für die Grabplastik in Marburg, Cappenberg und Bielefeld ebenso wie im Fall der Dommensa an[40]).
Die Zusammengehörigkeit von Gräbergruppe und Hochaltar war bereits 1913 von B. Meier festgestellt worden, der jedoch diese Gruppe insgesamt als kölnisch – und zwar in der Nachfolge der Chorpfeilerfiguren – sah[41]).
Hamann schrieb dagegen die Hauptwerke der Gräbergruppe einem aus St. Denis kommenden französischen Meister zu, dem er nach seinen Hauptwerken in Cappenberg den Namen Cappenberger Meister gab. Nach frühesten Aufträgen in Hessen (Marburger Gräber, Calderner Kruzifix) sei diese Werkstatt nach Westfalen abgewandert (Cappenberg, Bielefeld), von dort aus dann später nach Köln gelangt (u. a. Hochaltar). Von Köln aus seien Ausläufer dieser Werkstatt bis nach Lothringen gedrungen (Schrein von Marsal)[42]).
A. Hoffmann trennte in ihrer Dissertation 1954 die Gräbergruppe vom Hochaltar und machte erstere wie Hamann von St. Denis abhängig, während sie den Hochaltar im Anschluß an Weises Theorie zu Lothringen in Beziehung setzte[43]).
P. Volkelt wollte dagegen in seiner Rezension der zuletzt genannten Arbeit eine Verbindung zu Lothringen auch für die Grabplastik nicht ausschließen[44]).
Während in den neuesten Forschungen J. A. Schmolls zur lothringischen Skulptur der Marburger Lettner und die Cappenberger Sitzmadonna neben den Kölner Erzeugnissen –

Hochaltar, Madonna vom Tongerschen Haus, Madonna aus St. Ursula, Dreikönigenpförtchen – in den Kreis der lothringisch beeinflußten Werke aufgenommen wurden, blieb der Rest der Gräbergruppe aus diesen Überlegungen weitgehend ausgeklammert. Das Problem der Zuordnung dieser Gruppe, die ja in der älteren Forschung oft zum lothringischen Umkreis gerechnet wurde, ist von Schmoll durchaus gesehen worden[45]). Aus nicht näher erläuterten Gründen möchte er sie jedoch lieber in andere Zusammenhänge einordnen[46]), etwa mit der Plastik der Champagne[47]).

Zur stilkritischen Beurteilung des Chorgestühls können wir zusammenfassend festhalten, daß über die Einbindung in den Werkstattzusammenhang der Dombauhütte einerseits und die Zusammenhänge mit gleichzeitiger oder früherer nichtkölnischer Plastik andererseits sehr unterschiedliche Einschätzungen geäußert wurden und werden. War für die ältere Forschung ein Zusammenhang mit der übrigen Domskulptur noch selbstverständlich, so sieht man zur Zeit die Chorgestühlswerkstatt eher isoliert und sucht die möglichen Quellen direkt in Frankreich, wobei sich die Vorschläge auf Paris bzw. Rouen konzentrieren.

Der Zusammenhang mit der Marburg-Bielefelder Plastik gehört nicht mehr zu dem Kreis der aktuellen Hypothesen. Sollten sich in diesem Punkt Zusammenhänge ergeben, muß festgehalten werden, daß gerade dieser Bereich in der neueren Forschung vernachlässigt wurde, da – was ihre Zuordnung betrifft – offenbar größte Unschlüssigkeit besteht.

Anmerkungen

[1]) Reiners widmete sich jedoch in erster Linie ikonographischen Problemen.
[2]) B. v. Tieschowitz, Das Chorgestühl des Kölner Domes, Berlin 1930.
[3]) Reiners, Rheinische Chorgestühle, S. 83.
[4]) Stange, S. 122 ff.
[5]) Karpa, Chronologie, S. 80.
[6]) Medding, Hochchorstatuen, S. 144.
[7]) Krohm, S. 97 ff.
[8]) Witte, Tausend Jahre, S. 97.
[9]) Hier werden jedoch die Beziehungen zum Hochaltar betont; Legner, Rhein und Maas I, S. 358, S. 371 ff.; II, S. 454.
[10]) Tieschowitz, S. 36.
[11]) H. Eichler, Die mittelalterliche Ausstattung des Hochaltars im Kölner Dom. In: WRJb. II/III, 1933/34, S. 96.
[12]) Feulner, Müller, S. 167.
[13]) P. Bloch, Kölner Skulpturen des 14. Jahrhunderts. In: Sitzungsberichte der Kunstgeschichtlichen Gesellschaft zu Berlin, N. F., Heft 16, Oktober 1967 bis Mai 1968, S. 15.
[14]) Palm, Maßwerk, S. 72.
[15]) Vgl. dazu auch Haussherr, Der Kölner Domchor, S. 229 ff.
[16]) So die Neudatierung von Hochstaden-Grabmal und Chorpfeilerfiguren durch H. Rode, Die Plastik des Kölner Doms in der 2. Hälfte des 13. Jahrhunderts. In: Rhein und Maas II, S. 429 ff., und die Einordnung verschiedener, aus dem Kölner Dom stammender Figurenensembles bzw. ihrer Fragmente in die stilistische Nachfolge der Chorpfeilerfiguren in: Bergmann, Jägers, Lauer, S. 9–50.
[17]) Clemen, Wandmalereien, S. 46 f.; Ders., Dom, S. 163.
[18]) P. Olles, Die Wandmalereien auf den Chorschranken des Kölner Domes. Die Wandmalerei in den Rheinlanden von 1330 bis 1430, Phil. Diss. Bonn 1929, S. 20 ff.
[19]) Schmitz-Ehmke, S. 313.
[20]) Grössinger, S. 55–58; dazu auch: H. Rode, Dombibliographie 1972–1974, I. Der Dom. In: KDBl. 40, 1975, S. 274.
[21]) Grössinger, S. 55.

22) Palm, Maßwerk, S. 78.
23) Reiners, Rheinische Chorgestühle, S. 81.
24) Karpa, Hochgotische Plastik, S. 92/93; Ders., Chronologie, S. 88.
25) Stange, S. 126.
26) Rosenau, S. 228 f.
27) Kraus, S. 173.
28) Krohm, S. 97–102; auch H. Rode in: Dombibliographie 1970/71, KDBl. 35, 1972, S. 177.
29) H. Borger, Der Dom zu Köln, Köln 1980, S. 34.
30) Zur Identifizierung der Gräber ausführlich am Ende des Kapitels zur kölnisch-lothringischen Gruppe.
31) Hamann, Elisabethkirche II, S. 163–167.
32) Tieschowitz, S. 31 ff.
33) Stange, S. 126 f.
34) Krohm, S. 98.
35) Palm, Maßwerk, S. 72.
36) Über den Zusammenhang des Hochaltars mit Lothringen vor allem: J. A. Schmoll gen. Eisenwerth, Lothringen und die Rheinlande. In: Rheinische Vierteljahrsblätter 33, 1969, S. 141; Ders., Neue Ausblicke zur hochgotischen Skulptur Lothringens und der Champagne. In: Aachener Kunstblätter 30, 1965, S. 83; A. Legner in: Rhein und Maas I, S. 373; A. Hoffmann, Studien zur Plastik in Lothringen im 14. Jahrhundert, München 1954, S. 17 ff.; J. A. Schmoll gen. Eisenwerth und P. Volkelt, Beiträge zur mittelalterlichen Plastik in Lothringen und am Oberrhein. In: Annales Universitatis Saraviensis, Philosophie V-3/4-1956, S. 285 ff.; W. Beeh, Die Muttergottes des ehemaligen Augustinerchorherrenstiftes Schiffenberg. In: Kunst in Hessen und am Mittelrhein 1/2, 1961/62, S. 17 ff. Aber auch schon: G. Weise, Mittelalterliche Bildwerke des Kaiser-Friedrich-Museums und ihre nächsten Verwandten, Reutlingen 1924, S. 69 ff., und Beenken, Bildhauer des 14. Jahrhunderts, S. 93.
37) Feulner, Müller, S. 169.
38) Bloch, Kölner Skulpturen, S. 15.
39) Weise, Mittelalterliche Bildwerke, S. 69 ff.
40) H. Beenken, Bildwerke Westfalens, Bonn 1923, S. 12; Ders., Bildhauer des 14. Jahrhunderts, S. 94.
41) B. Meier, Drei Kapitel Dortmunder Plastik. In: Monatshefte für Kunstwissenschaft VI, 1913, S. 64 ff.
42) Hamann, Elisabethkirche II, S. 136 ff.
43) Hoffmann, Studien, S. 73.
44) P. Volkelt, Zum Stand der Forschung über die lothringische Plastik im 14. Jahrhundert. Beiträge zur mittelalterlichen Plastik in Lothringen und am Oberrhein. 1. Folge, Beitrag II. In: Annales Universitatis Saraviensis, Philosophie V-3/4-1956, S. 285.
45) Schmoll, Statuetten, S. 141.
46) Schmoll, Rheinlande, S. 75.
47) Schmoll, Neue Ausblicke, S. 85 ff.

2. Probleme der stilkritischen Methode

Angesichts der Fülle kleinplastischer Darstellungen am Chorgestühl ist es für eine stilkritische Untersuchung unerläßlich, zumindest in groben Umrissen eine Händescheidung vorzunehmen. Nur so kann man zu Aussagen über den Stil, den Individualstil, der hier tätig gewesenen Bildhauer kommen, die über eine allgemeine Zeitstilbestimmung hinausgehen. Bei dieser Ermittlung von Individualstilen ergeben sich, allgemein und speziell auf das Chorgestühl bezogen, gewisse Schwierigkeiten, die einmal auf die Organisation einer mittelalterlichen Werkstatt zurückzuführen sind. Es waren bei einer Aufgabe wie der Erstellung eines so umfangreichen Chorgestühls nicht nur Meister beschäftigt, also Bildhauer, die einen hinreichend ausgeprägten Individualstil besaßen. Der Stilcharakter wird vielmehr durch zahlreiche Gehilfenarbeiten verwischt, die den Stil des oder der Meister mehr oder weniger getreu reproduzieren, ihn abändern, neue Kombinationen schaffen. Dies ist auch beim Chorgestühl der Fall.

Andere Schwierigkeiten sind durch den Charakter des Gestühls als Dekorationskunst bedingt. Es ergibt sich eine gewisse Schematisierung durch das übergeordnete Ziel des Füllens einer Fläche, einer Knaufform usw. Dem steht, vor allem bei den qualitätvolleren Stücken, ein Hang zur Variation um jeden Preis gegenüber. Zudem haben nicht nur die Gehilfen die Werke der Meister nachgeahmt und abgeändert, sondern diese haben auch untereinander anregend gewirkt.

Der Charakter als Kleinkunst, als Dekoration, impliziert überdies eine gewisse Problematik, was die Einschätzung der „Stillage"[1]) betrifft. Damit ist gemeint, daß sich gewisse Schwierigkeiten im unmittelbaren Vergleich mit großformatiger Plastik ergeben könnten, die nicht allein auf die unterschiedliche Größe, sondern auch auf die verschiedene Bedeutung, den divergierenden Rang – hier auch in der Hierarchie des Domchores[2]) – zurückgeführt werden müssen. Diese Unterscheidung im Rang könnte zur Anwendung unterschiedlicher Gestaltungsprinzipien geführt haben. Die zugrundeliegende Problematik kann man sehr gut am Beispiel der Chorpfeilerfiguren und der über ihnen auf den Baldachinen stehenden musizierenden Engelfiguren verfolgen. Erstere präsentieren hochkomplizierte Gewandfassaden, welche die Körper zumindest in den unteren Zonen größtenteils verhängen. Untereinander zeigen sie je nach ihrer Bedeutung wiederum deutliche Abstufungen. So hat beispielsweise Maria ein komplizierteres Gewandsystem als einer der weniger bedeutenden Apostel (z. B. Bartholomäus)[3]). Die Baldachinengel zeigen im Vergleich einfachere Gewänder, die weniger systematisiert erscheinen; teilweise sind sie auch körperhafter. Dies sind Differenzen, die nicht auf unterschiedliche Werkstätten[4]), sondern auf die feine Abstufung im Rang der dargestellten Personen zurückgeführt werden können.

Es wäre erklärlich, wenn am Chorgestühl als Träger reiner Dekorationskunst, als Zone von untergeordneter Bedeutung, wiederum eine Änderung oder auch eine Beschränkung der Faltenschemata auftreten würde. So fehlen hier tatsächlich, bis auf ganz wenige Ausnahmen, vollständige Gewandsysteme, es erscheinen in erster Linie Versatzstücke. Andererseits führt die Verdeutlichung der Bewegungsmotive teilweise zu einer ausgeprägten Körperhaftigkeit.

Dies sind Schwierigkeiten, die beim Versuch einer Ableitung der vorher isolierten Individualstile zum Tragen kommen. Dies kann so weit gehen, daß Vergleiche nur über eine gewisse Abstraktion, über das Herausarbeiten übergeordneter gemeinsamer Merkmale zu ziehen sind und daß man andererseits darauf angewiesen ist, direkte Beziehungen in der Verwendung charakteristischer Einzelformen und -motive aufzuzeigen. Angesichts der skizzierten Schwierigkeiten wäre es sinnvoll, Vergleiche eher mit der Skulptur in einem ähnlich gelagerten Genre, am besten ebenfalls mit einem Chorgestühl, durchzuführen. Chorgestühle weisen jedoch untereinander weniger stilistische Gemeinsamkeiten auf, als vielmehr mit anderen Gattungen der Bildhauer- oder Kleinkunst, zu deren Entwicklung sie jeweils als Einzelstück in Beziehung stehen[5]. Doch auch der Vergleich mit Minnekästchen oder Elfenbeinen erbringt in erster Linie die Feststellung eines eventuell übereinstimmenden Zeitstiles, was den Formenkanon angeht. Dies reicht jedoch für eine genauere Bestimmung des Stils keinesfalls aus.

Sind wir also aus diesem Zwang heraus auf eine Einbeziehung von großplastischen Werken angewiesen[6], so kristallisieren sich die Köpfe mit ihrer charakteristischen Physiognomie als eine der wichtigsten Grundlagen eines derartigen Vergleiches heraus. Gerade im Hinblick auf die Schwierigkeit, daß die Gewandmotive am Chorgestühl anders eingesetzt sind als bei großplastischen Werken, sind die Köpfe als Vergleichsmittel verläßlich. Dies ist auch auf breiterer Ebene der Fall, angesichts eines zu der Zeit fast international verbreiteten Zeitstils, was die Verwendung von Kompositions- und Faltenschemata angeht[7]. Diese Schematisierung impliziert, daß es teilweise unmöglich sein kann, eine Einzelfigur in Bezug auf ihre regionale Herkunft exakt zu bestimmen[8]. Es gibt jedoch einige, teilweise erfolgreiche Ansätze, regionale Charakteristika für die Skulptur dieser Zeit, in Abgrenzung zu dem von den französischen Kronlanden ausgehenden, überall verbreiteten Zeitstil zu definieren[9]. Hierbei stellte sich heraus, daß bei überwiegend stark übereinstimmender Faltengebung die Physiognomie ein probates Unterscheidungsmittel darstellen kann[10]. Gerade in der Zeit um die Jahrhundertwende beginnen einige Regionen wie Lothringen oder auch Köln, in den Gesichtszügen ihrer skulpturalen Erzeugnisse individuelle, voneinander unterscheidbare Merkmale zu entwickeln[11]. Dies ist ein Punkt, der für unsere Untersuchung von eminentem Interesse ist. Sind auch die Faltenschemata reduziert, teilweise auf Allgemeinplätze, die sich – wie wir sehen werden – bis in die sechziger Jahre des 13. Jahrhunderts zurückverfolgen lassen, so ist doch eine ganze Reihe voneinander zu unterscheidender Köpfe vorhanden, die eine genauere Lokalisierung der Chorgestühlswerkstatt ermöglichen könnten. Doch dies sind alles Probleme, die sich erst nach der Herausarbeitung der deutlich abgrenzbaren künstlerischen Oeuvres am Chorgestühl ergeben. Selbstverständlich bleibt die Ermittlung von Individualstilen ein gewagtes Unterfangen. Die bereits erwähnten Schwierigkeiten, welche die mittelalterliche Werkstatt ihrer Struktur nach einer derartigen Händescheidung entgegensetzt, haben dazu geführt, daß man derartigen Untersuchungen heute teilweise eher skeptisch gegenübersteht[12]. In unserem Fall ist die Identifizierung und das Herausarbeiten der Charakteristika der Werke mit hinreichend ausgeprägtem Individualstil zur Stilanalyse unbedingt notwendig. Diese Stücke am Chorgestühl, die einen Stil am unverfälschtesten und geschlossensten repräsentieren, sind als die Arbeiten des oder der Meister anzusehen. Sie gilt es herauszufinden und auf ihren Stil hin zu betrachten[13].

Die Werkstattarbeiten, und als solche ist ein großer Teil der Skulpturen zu betrachten, sind für die Stilbestimmung weniger aufschlußreich. Wegen ihres teilweise schlechten Erhaltungszustandes und zahlreicher Überschneidungen scheint es nicht sinnvoll, hier weitere Untersuchungen vorzunehmen. Wir werden von daher am Schluß nur in einer Übersicht auf diese eingehen und dabei einige Charakteristika dieser Arbeiten aufzuzeigen versuchen.

Bei unserer Stiluntersuchung ergab sich, daß am Chorgestühl zwei Werkstätten unterschieden werden können, deren qualitätvollste Stücke jeweils noch von zwei verschiedenen Händen zu stammen scheinen. Der Umfang der Arbeiten der hier an zweiter Stelle abgehandelten Werkstatt ist deutlich größer; an dem Stil ihrer Hauptmeister orientieren sich die meisten Gesellenarbeiten.

Wir wollen also im folgenden zunächst einige allgemeine Charkteristika der Skulpturen herausarbeiten, um dann die Stilmerkmale der beiden Werkstätten anhand der Oeuvres ihrer Hauptmeister oder – anders ausgedrückt – der charakteristischsten Werkgruppen zu identifizieren und in ihrer stilgeschichtlichen Stellung zu bestimmen. Dazu gehört auch unmittelbar im Anschluß daran die Vorstellung der wichtigsten Nachfolgewerke.

Anmerkungen

[1]) Zu diesem Problem vgl. vor allem: S u c k a l e, Domchorstatuen, S. 240/241.
[2]) H o s t e r, Symbolik, S. 65 ff.
[3]) Vgl. hierzu: S u c k a l e, Domchorstatuen, S. 237 ff.
[4]) Auf eine Händescheidung innerhalb der Chorpfeilerfiguren, wie sie sicherlich möglich wäre, wollen wir an dieser Stelle nicht eingehen. Vgl. u. a. M e d d i n g, Hochchorstatuen, S. 108 ff. Alle Chorpfeilerfiguren und die Engel stammen jedoch mit Sicherheit aus einer Werkstatt.
[5]) Vgl. unter „Stellenwert im Verhältnis zu anderen Chorgestühlen".
[6]) Zum Verhältnis von Kleinplastik und Monumentalskulptur vgl. S u c k a l e, Madonnenstatuen, S. 144 f.
[7]) S u c k a l e, Domchorstatuen, S. 231 ff., bes. S. 232.
[8]) Ebd., S. 233.
[9]) W. H. F o r s y t h, Mediaeval Statues of the Virgin in Lorraine related in type to the Saint-Dié Virgin. In: Metropolitan Museum Studies V, 2, 1936, S. 235–258; D e r s., The Virgin and the Child in French 14. century sculpture. A Method of classification. In: Art Bulletin XXXIX, 3, 1957, S. 171–182; C. S c h a e f e r, La sculpture en Ronde-Bosse au XIVe siècle dans le Duché de Bourgogne, Paris 1954; zur lothringischen Plastik: S c h m o l l, Rheinlande; D e r s., Neue Ausblicke; D e r s., Madonnenstatuetten.
[10]) Vgl. die Aufsätze von S c h m o l l gen. E i s e n w e r t h zur lothringischen Plastik.
[11]) S u c k a l e, Domchorstatuen, S. 233.
[12]) Vgl. dazu: D. K i m p e l, Die Querhausarme von Notre-Dame zu Paris und ihre Skulpturen, Phil. Diss. Bonn 1971, S. 24 f.; R. H a m a n n - M a c L e a n, Stil und Persönlichkeit. In: Zbornik radova Narodnog Muzeja, IV, Mélanges pour M. Petrović, Belgrad 1964, S. 248.
[13]) Das Aussondern von „Meisterwerken" kommt natürlich letztlich einer qualifizierenden Beurteilung gleich, bei der man sich in jedem Fall vor normativen Geschmacksurteilen hüten muß.

3. Allgemeine Stilbeschreibung

Der erste Blick auf das Chorgestühl vermittelt den Eindruck von strukturierter Fülle. Die Architektur ist das dominierende Element, aber die Skulptur hat sich in den ihr zugewiesenen Teilen bis zu den äußersten Grenzen ausgebreitet und entfaltet ihr reiches Spiel, zurückgehalten in der Oberfläche der sie konstituierenden Grundform.

Diese Impression drängt sich vor allem bei den Wangen und ihren Bekrönungen auf. Die einzelnen skulpturalen Motive fügen sich, von den Architekturrahmen eher musterhaft unterteilt, zu einer dicht gewebten, wie Stoff anmutenden Struktur zusammen. Der Unterbau mit den Vierpaßreliefs wirkt nahezu wie ein vorgehängter Teppich. Dieser Eindruck wird durch dichte Füllung mit Motiven erreicht. In der unteren Zone finden wir ein durchlaufendes, in unbegrenzter Fortsetzung denkbares Muster von aneinandergereihten Vierpässen, die Zwischenräume sind völlig mit Blattwerk ausgefüllt. Diese Schmuckform ruft den Eindruck einer geschlossenen, linear verzierten Oberfläche hervor. Unmittelbare Parallelen zu einer solchen Architektur, deren Flächen mit derart textil anmutenden, zu größerer Ausdehnung angelegten Schmuckmotiven überzogen sind, finden sich – wie bereits bei Untersuchung der Vierpaßform festgestellt worden ist – in der französischen Kathedralarchitektur an den Sockelflächen der Portale unter den Gewändefiguren[1]).

Bei den Wangenaufsätzen ist die zugrundeliegende Architekturform in Gestalt zweier aneinanderstoßender liegender C-Voluten geradezu von Blattwerk und kleinen Skulpturen überzogen. Die größeren von diesen fügen sich zwar in den ihnen zugewiesenen Raum – die Bauchung der Volute – ein, jedoch nehmen sie in spielerischer Weise auf diese Einengung Bezug, stemmen sich gegen den Rahmen, benutzen ihn als Stand- und Stützfläche. Obwohl diese Figürchen teilweise vollplastisch gearbeitet sind, ist für sie nicht der Raum der Volutenbauchung, sondern die Oberfläche des Wangenaufsatzes als Aktionsraum

T 36   Wangenaufsatz NB von Osten

119

T 37   Mischwesen, Vierpässe SII 2

maßgebend. Die Bewegungs- und Gewandmotive sind in dieser Fläche ausgebreitet. Diese
F 10   Eigenart gibt der Mehrheit der Aufsatzfigürchen einen Reliefcharakter.
So gesehen, ist im Grunde fast alle Skulptur am Chorgestühl als Reliefplastik zu verstehen, wenn auch teilweise nicht aufgrund der Existenz eines Reliefgrundes, sondern wegen der starken Bezogenheit auf eine Oberfläche.
Reliefs im eigentlichen Sinne sind die Miserikordien und die Vierpässe an den Wangen und Sitzrückwänden. Die Darstellungen befinden sich in einem konkreten, nachvollziehbaren Raum, der auf der Rückseite von einem unmittelbar hinter den Figuren verlaufenden Wandkontinuum gebildet wird und vorn von der ebenfalls als reale Raumbegrenzung wahrnehmbaren Oberfläche des Reliefs. In diesem flachen Raum sind die Figuren ausgebreitet.
Dies wird besonders deutlich an den Vierpaßreliefs unter den Sitzen, bei denen der Hintergrund nicht durch ein Nebeneinander von zahlreichen Darstellungen verunklärt wird. Der Wandcharakter des Grundes als reale Raumbegrenzung wird dadurch erfahrbar, daß die Figürchen durch die Existenz dieser Wand gezwungen sind, ihre Bewegungen in etwas unnatürlicher Weise vor dieser Begrenzung zu vollziehen. So haben sie bei seitlicher Stellung keinen Platz mehr für ihren hinteren Arm und müssen ihn vor sich in dieser Fläche ausbreiten. Sehr deutlich wird dies bei den gezwungenen Bewegungsmotiven der Kämp-
T 27, 106   fer in Vierpaß NI 14, links, oder bei dem Liebespaar in Vierpaß NI 10, rechts. Der Liebhaber kann seine Ellenbogen nicht in diese Wand hineinstoßen, also hält er seinen Arm vor
41   die Fläche. Ein ähnliches Motiv befindet sich bei dem Kugelspieler in Vierpaß NII 13, rechts.

120

Das Eingepreßtsein der Figuren zwischen zwei Scheiben führt zu einem flächigen Arrangement in dem zugeteilten Aktionsraum. Bewegungen werden zusammen mit den Linien der Säume zu einer Zierform; dies ist ein adäquates Mittel, um die Vierpaßform gleichmäßig auszufüllen. Umrisse und Bewegungsablauf werden vor dieser Projektionsebene zu einem Muster. Alle Formen, die tatsächlich dahinter liegen, werden in dieser Ebene zur Dekoration. Dieser zu zeichnerischen Formen führende Reliefstil findet bei den Vierpässen unter den Sitzen seine Entsprechung in der regelmäßigen dekorativen Ausfüllung der Vierpaßrahmung. Die Darstellungen folgen der Kontur des Vierpasses, jedoch ohne ihn zu berühren und ohne ihn als reale Raumbegrenzung wahrzunehmen. Sie stehen auch nicht unten auf der Rahmung, sondern haben einen eingezogenen Wolkenboden als Standfläche oder schweben in der Luft. 109,110 T 37 T 27

Realistischer sind die Darstellungen an den Wangen. Hier wird die Vierpaßrahmung als reale architektonische Raumbegrenzung wahrgenommen. Die Figuren selbst oder auch das dargestellte Mobiliar – wie etwa Tisch und Bett (vgl. Wange NA) – stehen auf dem Rahmen. Das Gegeneinander von Relief und Rahmenform wird als Gestaltungsmittel genutzt. So stemmen sich die Schweine in Wangenzwickel NC oder die Affen bei Wange SC regelrecht gegen den Rahmen. Der Drache in Zwickel SB scheint mühsam von diesem in Schranken gehalten zu werden, was den Eindruck erweckt, als sei die kleine kauernde Menschengestalt darunter umso bedrohter. Auch Wolken, Bäume und Draperien wuchern in die Rahmung hinein und überschneiden sie (vgl. Pfeilerverkleidung Ny). T 54 205, 280 130 104

Auch bei diesen Reliefs ist die Vorderfläche als Grenze spürbar, etwa bei den Sitzenden auf Wange NB. Die Begrenzung durch eine hintere Wand ist hier jedoch nicht so klar wahrzunehmen. Der Raum ist tiefer; man meint eher, die rückwärtige Ausdehnung der Körper nachvollziehen zu können. Aber auch hier findet man das Ausbreiten von Bewegungen und Draperien in die Fläche, das Zusammenspiel von Gestik, Gewand und Staffage in einem die Fläche überziehenden Muster. T 9, T 49

Den Miserikordien steht von ihrer Raumbestimmung her eine größere Relieftiefe zur Verfügung, die sich jedoch erst – entsprechend der flachgedrückten Kegelform der Miserikordie – zur oberen Sitzleiste hin ganz entfaltet. Dort sind die Köpfe fast vollrund ausgearbeitet, die Gliedmaßen können stark unterschnitten sein (vgl. z. B. Miserikordie NI 4). Die Bewegungen, Körperhaltung und Faltenformationen sind auch hier in der Fläche ausgebreitet (vgl. Miserikordie NI 2). 15 112

Die Knäufe werden teilweise von vollrund gearbeiteten Figürchen gebildet, die dann oft frontal auf der Zwischenlehne sitzen (Knauf NI 8/9). Sie können jedoch auch zweiansichtig gearbeitet sein, indem zwei Figürchen scheibenartig zusammengefügt werden (Knauf NI 13/14), wobei durch das Ausarbeiten der westlichen und östlichen Ansichten ebenfalls eine reliefartige Wirkung erzeugt werden kann, zumal die Oberfläche der zugrundeliegenden Knaufform häufig als Begrenzung deutlich erkennbar ist. 122 24, 25, F 13

Die der Chorgestühlsplastik innewohnenden Gestaltungsprinzipien werden deutlich von ihrer Bestimmung als Dekor mitgeprägt. Das Ausfüllen einer Fläche, einer Form, ist primäre Intention. Dabei ist ein gewisser „horror vacui", eine Neigung zum möglichst intensiven Ausfüllen einer Fläche – vor allem bei den Wangenreliefs und den Zwickeln (vgl. Wangen SA und NB) –, nicht zu übersehen. Jeder Raum wird soweit wie möglich genutzt und dekoriert. Bleibt noch ein Zwickelchen frei, wird es mit Wolken, Stoff, Blatt-

T 38   Miserikordienträger, NI 8

F 7   werk oder ähnlichem ausgestattet. So befindet sich im Wangenzwickel NB in der äußeren Ecke unter der Geigenspielerin noch ein Hündchen, im rechten Vierpaß auf der Rückseite
T 9   ist mit dem Nebeneinander von Buch und Schriftrolle jeder zur Verfügung stehende Raum ausgefüllt[2]). Dieser Freude an Dekorationen entspricht bei der Gestaltung des Stofflichen ein Hang zu Draperien, ausgebreiteten Stoffzipfeln und Faltengehängen. So sind die Bet-
T 54, 104   ten des Prassers, Isaaks und Jesses (Wangen NA und SA, Verkleidung Ny) ganz mit Stoff zugehängt, der an den Seiten schönlinig gefältelt herabfällt. Bei Miserikordien kann Stoff
F 14   dazu dienen, die Grundform weitestgehend zu füllen. Man findet Vorhänge (Miserikordie
58, T 41   NI 7), wehende Mäntel (Miserikordie SII 7) und drapierte Schleier (Miserikordie NI 18) in allen Variationen. Bei den Vierpässen dienen Gewandzipfel zum Ausfüllen der Pässe
146   (Vierpaß SI 26). Neben den Bewegungen werden die Gewänder und Stoffe mit ihren reich gekurvten, hin- und hergeschlagenen Saumlinien ein wichtiges Mittel, um eine reiche, ornamentale Oberflächenwirkung zu erzielen.

Nun noch einige generelle Bemerkungen zum Stil der Figürchen: Die Art der Darstellung bedingt, daß sie selten einen geschlossenen Umriß, sondern eine zu vielseitiger Bewegung fähige Körperbildung besitzen. Stehende Figuren zeigen häufig einen gotischen S-
44, 13   Schwung (Maria in der Wangenbekrönung SD), teilweise bis zur Übertreibung (Miserikordie NII 2). Ansonsten ist so gut wie alles möglich, was an Aktion und Bewegungsmoti-
15, T 29   ven vorstellbar ist. Rückenfiguren kommen relativ häufig vor (Miserikordien NI 4, NII

122

10, SI 7). Andere stehen auf den Händen (Miserikordie NII 5), extreme Körpertorsionen sind nichts Ungewöhnliches (Knauf NII 8/9, Vierpaß NII 13, rechts). Überkreuzungen (Miserikordie SI 17), Hockmotive (Miserikordie SI 15), Beugen (Miserikordie SI 10), verschränkte und verzerrte Posen (Vierpaß NII 3), affektiertes und gespreiztes Agieren (Wange SC) – die Skala der Motive ist beträchtlich. F 15
135, 41
6, 246, 131
T 27

Bei den Miserikordien sind ausgebreitete Arme (Miserikordien NI 18, NII 10), Hebe- und Tragemotive beliebte Gestaltungsmittel (Miserikordien NII 6, NI 8). Bei den Knäufen überwiegen Schreit- und Sitzmotive. T 41
7, 9
F 13, F 16

Die Aktion bestimmt auch die Organisation der Gewänder, die häufig verzerrt und gezogen sind (Miserikordie NI 13). 17

Vollständige Gewandsysteme an stehenden Figuren sind, gemessen an der Zahl der Darstellungen, relativ sehr selten, es überwiegen Versatzstücke (bei den zahlreichen Mischwesen) und Umhänge, die meist eine Schüsselfalte und zwei Stoffbahnen an den Seiten aufweisen (Miserikordie SII 5). Dies stellt für eine stilgeschichtliche Betrachtung nicht unbedingt eine Erleichterung dar. T 34, T 35

Die Tierleiber sind fast immer prall und mit leichten Hebungen und Senkungen fein durchmodelliert. Ihre Aktion reicht bis zur totalen Verdrehung und Überkreuzung, gewundene Tierschwänze, riesige Tatzen, wehende Mähnen füllen die Pässe aus. 5, 8
T 37

4. Die kölnisch-lothringische Gruppe

a. Beschreibung

Bei der Stilanalyse dieser Werkstattgruppe möchte ich von einem charakteristischen Werk des Hauptmeisters, der Miserikordie NI 7, ausgehen. Die kleine Zitherspielerin zeigt alle Stileigenheiten – ohne Verzerrung durch karikaturhaftes Grimassieren oder Übertreiben der Gewandmotive. Der Körper ist kräftig und kompakt, ohne derb zu sein, deutlich unter dem am Oberkörper anliegenden Gewand spürbar. Dieses folgt dem Körper bis in Höhe des leicht vorgewölbten Bauches. Die Oberfläche ist in diesen Partien sacht durch ganz leichte Quetschfältchen und kaum spürbare, flache Kerben modelliert. Unterhalb der Körpermitte löst sich das Gewand und bildet zwei voluminöse, alternierend angeordnete Faltenschüsseln. Diese sind sehr plastisch, wie vom Wind leicht gebläht, und an der tiefsten Stelle tropfenförmig eingedellt. Auch an den Seiten wird der gerundete Faltenrücken zusammengedrückt, so daß sich charakteristische Faltenkissen herausbilden. Zwischen den beiden Schüsseln verläuft eine Kerbe, die in einer tropfenartigen kleinen Ausbuchtung endet. Das Gewand wirkt insgesamt füllig und plastisch, ohne allzu schlaff oder weich zu sein. Einzelformen wie die Armfältchen sind sehr präzis gearbeitet und verdeutlichen, daß neben die voluminöse Ausarbeitung stoffreicher Gewandteile eine gewisse Schärfe der Einzelformen tritt, die sich auch in der Benutzung von deutlichen, tiefen Kerben für die Trennung der Faltenrücken äußert. Das Gesicht ist flächig, fast breit und leicht kantig. Die Augen sind annähernd mandelförmig, an den Enden geschwungen zulaufend. Der Mund zeigt eine schmallippige und breite Form, der Schwung der Oberlippe und das Grübchen F 14, T 39

T 39   Zitherspielerin, Miserikordie NI 7

darüber sind exakt ausgearbeitet. Der Mund ist zu einem Lächeln verzogen, was zusammen mit der geschwungenen Augenform einen koketten Eindruck hervorruft. Die Nase ist klein, die Brauen sind deutlich gezeichnet; im Kinn ein Grübchen. Alle Binnenformen des Gesichts sind präzise und scharf herausgeholt. Sehr ähnlich vom Gesicht her ist der
T 40   Geigenspieler von Miserikordie NI 19; er hat ein karikierend verkürztes Näschen wie viele Gesichter in dieser Gruppe, die parallelen Fältchen auf dem Rücken und die Staufältchen über dem Gürtel sind plastisch und exakt gearbeitet. Sehr ähnlich wie NI 7 sind auch die
4, 5   Wesen der Miserikordien NI 15 und NI 17, die den gleichen Gesichtstyp etwas verbreitert und verzerrt zeigen. Die Gesichter sind weich durchmodelliert, die Einzelformen, der breite Mund, die geschwungenen Augen jedoch scharf gearbeitet. Die Oberfläche der Gewänder ist haptisch durchgeformt und hat fast etwas Wachsartiges. Mit sparsamsten Mitteln wird Plastizität erzeugt. Auch hier treffen wir die tropfenförmigen Dellen und Kerbenden. Charakteristisch sind auch die Gewandumschläge und von oben hereinstechenden
4   Kerben, wie im Schleier von NI 7. Miserikordie NI 15 ist ein hervorragendes Beispiel für die typische Handform dieser Gruppe mit vorn platt abgeschnittenen Fingern und deutlicher Knöchelbildung. Auch die Miserikordien NII 6, NI 16 und SI 17 kann man ohne
6–8   Schwierigkeiten dieser Gruppe zuordnen. Sie haben den gleichen Gesichtstyp und die plastischen Falten. Miserikordie SI 17 – ein Bursche mit kräftigen, gerundeten Waden und breiten Füßen mit hervortretenden Zehenknöcheln, die Zehen vorn platt abgeschnitten –

124

T 40   Geigenspieler, Miserikordie NI 19

zeigt, wie greifbar und überzeugend Körperlichkeit von diesem Bildhauer dargestellt werden kann. Auch Miserikordie NII 8 weist diese Fuß- und Handform, zusammen mit einer ähnlichen Ausbildung des Körperlichen, auf. Das Gesicht ist mit vorgezogener, vogelschwingenartig gestalteter Brauenpartie und flachgedrückter Nase, die unmittelbar auf die breiten, wulstigen Lippen stößt, eines der extremsten Beispiele für die Gestaltungskünste und Variationsfähigkeit dieses Meisters. Eine kurze, breite Nase und wulstige Lippen zeigt auch Miserikordie NI 6. Das Gesicht ist hier ebenfalls hervorragend durchmodelliert. Außergewöhnlich ist die Überzeugungskraft, die in der sparsamen Gestaltung des Kopftuches in ganz wenigen, plastisch, aber doch fest gearbeiteten Stoffbahnen zum Tragen kommt. Ebenfalls zu dieser Gruppe gehören die Kopfkonsolen NII 1 und NII 13. Gehen wir nun wieder zurück zum Ausgangspunkt, Miserikordie NI 7, so können wir als Beispiel für eine Standfigur mit ganz ausgearbeitetem Gewandsystem auch die Rückenfigur NII 2 dieser Gruppe zuordnen. Sie zeigt (zu den Seiten hin) die charakteristischen Schüsselfalten, aber auch die Präzision der einschneidenden Kerben, welche die Faltenröhren abrupt trennen. Auf dem Rücken finden sich wieder die alternierenden Faltenschüsseln, von Kerben begleitet, oben präzise und scharf gearbeitete, parallele Fältchen. Im Gegensatz zu diesen eher scharfen Formen steht die weiche, etwas gummiartig gezogene Fußparie, eine Widersprüchlichkeit, auf die wir noch häufiger bei dieser Werkgruppe stoßen werden. Eine weitere Tänzerin, Miserikordie NI 18, ist vom Kopf her fast mit NI 17   T 41

T 41   Tänzerin, Miserikordie NI 18

identisch. Sie zeigt ebenfalls die vollen Schüsselfalten und scharfe Kerben, besonders gut an der Gestaltung des ausgebreiteten Schleiers abzulesen. Ihr Körper ist kräftig, vorgewölbt und leicht pendelnd zur Seite geneigt. Die Brüste zeichnen sich deutlich unter dem am Oberkörper eng anliegenden Gewand ab, das, von der Leibmitte an mehr Volumen gewinnend, ohne Gürtung zu den Füßen herabfällt, auf der Bodenplatte in ösenförmigen Fältchen endend. Das Gewand zeigt drei große vertikale Faltenzüge: eine parallele Faltengabel, die vom Spielbein ausgeht, über dem Fuß eine Quetschfalte mit Ösenenden bildend, neben dem Bein von einer bogenförmig zur Hüfte hin verlaufenden Kerbe begleitet. Auf der Standbeinseite wird der Körperumriß von einem senkrechten Faltenzug gebildet. Oberhalb des Standbeinfußes ist ein Faltental, direkt über dem Fuß eine Öse als Staumotiv. Vor dem Körper liegt ein weiterer, vertikaler Faltenzug, wie der andere über der Standplatte schräg zum Spielbein hinübergeführt und im unteren Bereich leicht eingedellt. Diese Miserikordie zeigt ebenfalls eine gewisse Diskrepanz in der Weichheit des Stoffes und der Schärfe in der Ausarbeitung einiger Binnenformen.

F 15, 14   Auch die „Salome", Miserikordie NII 5, ist von dieser Hand. Sie hat zur Fußpartie hin gezogene, weiche Faltenformationen, die zur Verdeutlichung des Bewegungsmotivs dienen.
15   Ganz ähnlich ist die Rückenpartie bei NI 4, einer Rückenfigur mit den kräftigen Waden und Füßen dieser Gruppe. Unterhalb der Gürtung zeigt sie parallel geführte Fal-

tengehänge mit den charakteristischen, vom Gürtel aus geführten Kerben. In starker
Übertreibung finden sich die Motive der beiden letztgenannten Stücke bei Miserikordie
NI 13 wieder, die in ihrer ganzen Ausbildung wachsartig weich erscheint, aber aufgrund 17
ganz starker Übereinstimmungen in Köpfen, Körperbildung, Händen und Einzelmotiven
auf jeden Fall zu dieser Gruppe gezählt werden muß. An Miserikordien sind zudem noch
NII 14 und NII 9 zu nennen, ebenfalls mit eher weichen Gewandformen. Dazu kommt die 16, 18
Tänzerin NI 3, sehr dynamisch in der Körperbewegung und etwas härter gearbeitet, aber, 19
in logischer Fortführung unserer Stilbeschreibung, ebenfalls diesem Kreise zugehörig;
eine Zuordnung von Miserikordie NII 10 scheint durch Vergleich mit NI 4 ebenfalls mög- T 29
lich. Sicher einbezogen werden kann zudem die sitzende Alte, Miserikordie NI 14, auf- 20
grund ihres Kopftyps (vgl. NII 5 und NI 15) und auch des Gewandes (vgl. NI 13). Hier
finden wir ein Sitzmotiv: von den Knien ausgehende, parallele Faltenzüge, schräg zu einer
Seite geführt; die innere Faltenröhre am linken Bein verläuft bis ganz herüber unter den
Fuß des rechten. Wie bei den Standfiguren sind die Röhren unten leicht zusammenge-
quetscht, bildet sich über dem Fuß der Spielbeins eine horizontale Quetschfalte, über dem
anderen eine Öse. Zwischen den Beinen befindet sich eine Schüsselfalte, durch Kerben
scharf begrenzt. An den Seiten hängen auch hier die typischen Faltenschüsseln, die Kurvung des Oberschenkels ist sparsam, aber überzeugend durch eine flache Quetschfalte
begleitet.
Auch die Blattkonsolen NII 3, NII 15 und NII 12 können aufgrund des Vergleichs mit 21, 204
dem Blattwerk der bereits aufgeführten Stücke in diese Gruppe eingeordnet werden.
An den Knäufen finden wir diese Gruppe wieder, und zwar bei allen, die sich zwischen
den Pfeilerverkleidungen Nx und Ny befinden. Ein Kopfvergleich der Pero, Knauf NI 15/ 22, 23
16, mit der Zitherspielerin NI 7 stellt direkt den Bezug her. Die Hände sind, wie auch sonst T 39
in dieser Gruppe, langfingerig und vorn abgeplattet, die Kurvatur des Körpers von kleinen, leicht spitzigen Fältchen begleitet. Auf der Zwischenlehne bilden sich dagegen die
voluminösen, eingedellten Faltenschüsseln und Quetschfalten. Sehr ähnlich ist Knauf NI 26
17/18, von den Gesichtern her gut mit Miserikordie NI 13 vergleichbar. Ein Meisterwerk 17
ist Knauf NI 13/14. Man beachte die Durchmodellierung der Oberfläche, die kennzeich- 24, 25, F 13
nenden dreieckigen Faltenkissen, die sich über den Füßen bilden (vgl. Miserikordie NI
14), das spielerische Umgehen mit Kerben, die abwechselnd mit den Faltenschüsseln für 20
diese Gruppe typische, fast sternförmige Formationen bilden. Ein gutes Beispiel dafür ist
auch die Rückenansicht des Mannes an Knauf NI 11/12, die unmittelbar überleitet zum 28
Knauf NII 1 vor der Wange NB, wo diese Motive in besonderer Anhäufung anzutreffen F 7
sind. Auch das Mädchen im Wangenzwickel ist mit den Faltenkissen über den Füßen, der
eigentümlichen Schüsselfalte, der ganzen Art, wie das Gewand durchgebildet und model- 29
liert ist, direkt zusammengehörig mit den Knäufen und damit der ganzen Gruppe. Bemerkenswert ist der hier auftretende, etwas unterschiedliche Gesichtstyp mit kleineren Augen,
unten waagerecht begrenzt, und breiterem Umriß. Auch die Ostseite der Wange NB, die F 8, 30
Schülerreliefs, sind einzubeziehen. Sie sind wieder etwas härter in den Einzelformen, eher
vergleichbar mit den Miserikordien NI 7 oder NI 19 als mit der Zwickelfigur auf der T 39, T 40
Rückseite. Hier finden sich auch unterschiedliche Kopftypen für männliche Figuren: run-
des Gesicht mit schmallippigem Mund, großen Ohren und kurzen Locken beim rechten
Schüler; schmales Gesicht mit offenstehendem, scharf umrissenem Mund, gefurchter

Stirn, kurzem gelockten Bart und Frisur mit Ohrwellen beim rechten Lehrer. Der linke hat ein flächigeres Gesicht, die Haare bilden vor den Ohren ebenfalls Wellen.

T 36, F 9, F 12 Auch die Rittergestalten im Wangenaufsatz entsprechen der Eigenart dieser Werkgruppe mit ihrer kräftigen Körperlichkeit, den Bewegungsmotiven und der karikaturhaften Mi-
F 9, 15 mik. Man vergleiche den rechten Ritter auf der Westseite mit Miserikordie NI 4, den
F 12, 17 rechten auf der Ostseite mit Miserikordie NI 13.

Des weiteren sind auch die Vierpaßreliefs zwischen den Sitzen NII 1 bis NII 13 stilistisch
T 27 zugehörig: zu vergleichen sind etwa die kleine Tänzerin in Vierpaß NII 3, links, mit der
29, 19 Geigenspielerin im Wangenzwickel NB oder mit Miserikordie NI 3, die Propheten in
35, 20 Vierpaß NII 5 mit den Schülerreliefs, der Miserikordie NI 14 oder den Knäufen dieser
36, 29 Gruppe, die Mädchenköpfe in Vierpaß NII 6 ebenfalls mit Wangenzwickel NB.

Hingewiesen sei auf den Kopftypus für „Ritter", der hier in den Vierpässen NII 5 und
35, T 27 NII 3 auftaucht: flächig, mit kantigem Umriß und scharf gezeichnetem Mund; dazu kommen über geradem Unterlid eine hinten leicht geschlitzte Augenkontur, sanfte, nach hinten fallende Ohrwellen und über der Stirn eine knopf- oder halbmondförmige Tolle. Verhältnismäßig realistisch und körperhaft ist die Durchbildung der nackten Oberkörper der Ringer im Vierpaß NII 3 (rechts). Insgesamt wirkt die plastische Gestaltung bei diesen Vierpaßreliefs kräftig, mit einer sehr haptischen, wachsartigen Oberfläche, sanft durchmodelliert und auch von der Raumaufteilung her sehr überzeugend.

Alle bisher genannten Stücke sind meines Erachtens mit größtmöglicher Sicherheit einer Hand zuzuschreiben, die Skulpturen sind durchgehend äußerst qualitätvoll und zeigen die Stilmerkmale dieser Werkstatt in überzeugender, in sich geschlossener und charakteristischer Weise. Wir haben diese Werkgruppe deswegen so ausführlich, in Form einer Aneinanderreihung von vergleichbaren Stücken diskutiert, weil eine gewisse Variationsbreite in Gesichts- und Augenschnitt, aber auch in der Ausformung der Gewänder mit zur Stilbestimmung dieser Gruppe gehört und vielleicht in einer unvermittelten Gegenüberstellung die Zusammengehörigkeit nicht ohne weiteres einsichtig gewesen wäre:

Wir haben es hier mit einem Meister zu tun, der im Verhältnis zu anderen Skulpturen am Chorgestühl überdurchschnittlich großformatig arbeitet. Einmal sind seine Werke meßbar größer, die Knäufe z. B. sind einen Zentimeter höher als durchschnittlich, die Miserikordien sind ebenfalls ausgesprochen voluminös[3]. Es werden zudem auch von der Anlage und Komposition her großteilige Skulpturenmotive bevorzugt. Eine Tendenz, Köpfe und einzelne Gliedmaßen, z. B. Hände, unverhältnismäßig groß wiederzugeben, ist nicht zu übersehen. Es gibt hier keine komplizierte Ikonographie, die Motive sind plakativ und wirken durch sparsamen, aber äußerst geschickten Einsatz gestalterischer Mittel. Übergreifende Bewegungslinien, großteilige Faltenzüge bestimmen die Komposition. Insgesamt ist der Umgang mit den Mitteln der Dekoration äußerst gewandt, die Flächen sind ausgenutzt, aber nicht überfüllt. Es fehlen kleinteilige Verzierungen.

Die Körper sind insgesamt kräftig und in den oberen Partien bzw. bei Knie- und Hockmotiven auch an den straff von Stoff überspannten Teilen deutlich spürbar. Die sichtbaren Körperpartien sind ebenfalls kräftig und großflächig, Hände und Füße bei betonter Knöchelbildung vorn platt abgeschnitten. Die Körper sind gebogen bzw. leicht pendelnd in der Körperachse. Die Darstellung der Stofflichkeit des Gewandes ist teilweise fast virtuos zu nennen: weiche, oft wachsartige Oberfläche, mit sachten Dellen, kleinen Schiebe- und

T 42   Mädchenköpfe, Vierpässe N II 6

Quetschfältchen modelliert, geblähte Faltenschüsseln und Röhren mit quellenden Faltenrücken, tropfenartig eingedellt, manchmal in Kissenbildung zusammengedrückt. Akzente werden gesetzt durch scharfe Kerben zwischen den Faltenbahnen, die Bewegung und Dynamik erzeugen und die Faltenrücken regelrecht hervorquellen lassen. Auch kleine Fältchen an den Ärmeln oder zur Konturierung des Rückens können spitzig und schärfer ausgebildet sein. Die Gewänder bauschen sich über die Gürtel und bilden Faltenöhrchen, die teilweise sehr üppig gestaltet sein können. Es liegt eine gewisse Diskrepanz zwischen den schärfer gearbeiteten Miserikordien wie N I 19 und denen mit extrem weichen, gezogenen Formen wie N I 13 vor. Die Übergänge sind jedoch fließend. Dem liegt ein Experimentieren mit Formen, eine spielerische Freude an der Variation zugrunde.
Es gibt verschiedene Gesichtstypen. Grundlegend ist der bei Miserikordie N I 7 vertretene. Das flächige, leicht kantige Gesicht, der breite, schmallippige, geschwungene Mund, die sichelförmigen Augen sind als Charakteristika anzuführen. Es gibt eine Variation (vgl. Zwickel NB, Vierpaß N II 6), bei der die Augen die ganze Fläche der Augenhöhlung einnehmen und unten gerade begrenzt sind. Man erkennt dennoch die prinzipielle stilistische Übereinstimmung in der Gesamtbearbeitung des Gesichtes und der Schärfe der Einzelformen. An Gesichtstypen kommen bei Männern der jugendliche mit kurzen Locken und breitem Gesicht vor, weiter der flächige mit geschwungenen, halbmondförmigen Augen und Ohrwelle sowie ein eher schmales Gesicht von sonst ähnlicher Gestaltung. Die Haare sind meist schematisch gerieft, eine breitere Strähne wird von schmaleren begleitet. Bei Frauen ist das Haar häufig von einem Tuch oder Schleier verdeckt, gelegentlich auch zu Schnecken oder einem Kranz aufgerollt. Das frei auf die Schultern fallende Haar

  ist ebenfalls anzutreffen; in diesem Fall bilden sich Ohrwellen wie bei der entsprechenden
40 Männerfrisur (vgl. Vierpaß NII 11, links).
  Insgesamt gehören zu dieser Gruppe: eine Wange mit Aufsatz, die Vierpässe von 13 Sitzen, acht Knäufe und eine beträchtliche Anzahl von Miserikordien. Die Skulpturen befinden sich fast alle auf der Nordseite des Gestühls.

T 25, 42 Die Wangenreliefs auf der ersten Wange der Südseite sind eng mit dieser ersten Gruppe verbunden, was besonders in einem Vergleich mit den Schülerreliefs der Wange NA ersichtlich wird. Der Formen- und Motivschatz ist weitgehend identisch, nur ist die Stofflichkeit etwas weniger virtuos gehandhabt. Die Körper verschwinden hinter stärker verselbständigten Gewandfassaden, was besonders bei den üppigen Stoffdraperien über dem
F 8, 30
42 Bett Jesses deutlich wird, dessen Unterleib ganz unter den Stoffmassen verschwindet. Auch die Darstellung des Oberkörpers ist sehr viel weniger überzeugend gelungen als bei
T 27 den streitenden Würfelspielern in Vierpaß NII 3. Die Gesichter sind entspannter und milder im Ausdruck, weniger scharf in den Binnenformen. Die Finger sind vorn ebenfalls platt abgeschnitten, aber weniger glaubhaft durchgearbeitet. Von dieser Hand stammen
43–49 auch die Wangenaufsätze SB und SD. Bei grundsätzlich ähnlichem Figurenaufbau wie bei der ersten Gruppe haben sich die Gewänder stärker verselbständigt, sind sie weite Hüllen geworden, von der Stofflichkeit her etwas teigiger, jedoch mit jähen, scharfen Kerben. Die Figuren werden standfester durch Motive wie die steifen Röhrenfalten, die sich aus dem
45 unten geschlitzten Gewand hervordrängen (vgl. den Kain auf der Westseite). Auch die Madonna auf der Ostseite hat Standfläche und wirkt blockhafter als die Figuren der ande-
44 ren Hand. Sie zeigt folgendes Gewandschema: über dem gegürteten Gewand ein offener Mantel, der links unter den Arm gezogen ist und vor der die Figur links begrenzenden, vertikalen Faltenröhre in ornamentalen Kurven herabhängt. Auf der rechten Seite fällt er gerade über das Spielbein. Unterhalb des Gürtels löst sich vor dem Leib ein vertikaler Faltenzug, der in einer gebogenen Linie der Biegung des Körpers folgt und wie die linke Faltenröhre, unten leichte Knicke bildend, auf der Standfläche aufsteht. Die Madonna trägt offenes, etwas müde gelocktes Haar und hat ein breites, fast rechteckiges Gesicht mit kleinen Binnenformen und leicht mürrischem Ausdruck.

45, 46 Die Gewänder von Kain und Abel, man betrachte hier etwa die Armpartien, zeigen sehr schön, daß Motive wie sanfte Dellen, die bei der anderen Gruppe zu überzeugend plasti-
F 13 scher Durcharbeitung genutzt wurden (etwa in der Beinpartie der Denker von Knauf NI 13/14), hier zu ornamentalen Motiven werden, die nur der Schichtung des Stoffes dienen.

47–49 Auch die Burschen in Wangenbekrönung SB zeigen die Motive der ersten Gruppe, verbunden mit größerer Gewandfülle, die den Körper verhängt, und stärkerer Festigkeit durch Verbreitern der Standfläche und abruptes Abschneiden der starren Faltenröhren (vgl. den linken Mann auf der Westseite). Die Gesichter sind karikaturistisch vergröbert.

50 Die Vierpässe der Sitzrückwände SI 6–9 stammen von dieser Hand. An den Vierpässen SI 6, der Jungfrau mit dem Einhorn und dem Jäger, sieht man deutlich die weniger feine Ausarbeitung des Stofflichen und der Gliedmaßen. Der Kopf der Jungfrau hat bei breiterem Gesicht starke Bezüge zur anderen Gruppe.

51, 52 Auch die sehr schön gearbeiteten Vierpässe SII 11–15 sind wohl diesem Meister zuzu-
53 schreiben, ebenso SII 20, rechts, und SII 24.

54–57 Die schwächeren Prophetenreliefs von NII 19–25 stammen von dieser Werkstatt, sind aber eher Gehilfenarbeiten. Sie sind im Gewand stark vergröbert (vgl. z. B. NII 19, rechts).

Die Miserikordien SII 6, SII 7, SII 8, SII 21 und NII 16, eventuell auch SII 4 und SII 9, gehören ebenfalls in den Zusammenhang dieser Chorgestühlswerkstatt. Gleichzeitig sind hier Übernahmen von der zweiten, französischen Gruppe festzuhalten. 58, 60, 61

Bei den Knäufen gehört kein Stück sicher in den Zusammenhang mit den Wangenreliefs SA. Übergangsformen werden erst im Anschluß an die Vorstellung der zweiten Stilgruppe diskutiert.

Wir kennen nun das Oeuvre der einen Chorgestühlswerkstatt in wesentlichen Zügen. Das Werk des Hauptmeisters ist klar umrissen und verhältnismäßig umfangreich, vor allem was die Herstellung von Miserikordien betrifft. Die von einer zweiten Hand stammenden Stücke sind sehr viel weniger zahlreich; hinzu kommt außerdem eine ganze Reihe von Werkstattarbeiten weniger klar ausgeprägten Stilcharakters.

b. Ableitung des Stils

Wo ist diese Werkstatt anzusiedeln? Zunächst scheint es ratsam, die übrige, aus der Zeit der Erstausstattung erhaltene Skulptur des Domchores auf einen möglichen Stilbezug hin zu untersuchen. Ein solcher Bezug ist für Chorpfeilerfiguren und Hochaltar in der Forschung bereits des öfteren festgestellt worden[4]).

Zunächst einige Anmerkungen zur Chronologie des Vergleichsmaterials, wie sie sich nach der bisherigen Forschungslage darstellt:

Das früheste plastische Werk im gotischen Domchor ist nach neueren Forschungen Rodes der Bronzegisant des Erzbischofs Konrad von Hochstaden[5]). Diese qualitätvolle Liegefigur ist aufgrund der Gestaltung der Tumba und stilistischer Kriterien – zum Vergleich könnte man das Kölner Stadtsiegel von 1268/69, aber auch die etwa gleichzeitige Reimser und Pariser Skulptur heranziehen – mit einiger Sicherheit kurz nach dem Tode Konrads im Jahre 1261 entstanden[6]). Diese Datierung wurde inzwischen wissenschaftliches Allgemeingut[7]). Im Falle der Dompfeilerfiguren, die wahrscheinlich zeitlich auf das Grabmal Konrads folgen, konnte man sich jedoch bisher nicht auf eine Datierung einigen. Während Rode die Chorpfeilerfiguren direkt an die Tumbenfigur anschließen möchte, mit einer Entstehungszeit von 1270 bis 1280[8]), wurde bei dem Domkolloquium 1978 von W. Sauerländer und R. Suckale – unabhängig voneinander – eher eine Herstellung des Figurenzyklus nach 1290 angenommen[9]). Eine Datierung nach 1290 wird jetzt wohl durchgehend akzeptiert, im Gegensatz zur älteren Forschung, die von einer Datierung ins 14. Jahrhundert, meist in Verbindung mit dem Chorweihedatum 1322, ausging[10]). Doch die Frage nach den Ursprüngen dieses Stils konnte bisher nicht befriedigend gelöst werden[11]). T 3, T 4

Direkte Vorlagen in der französischen Kunst scheinen zu fehlen. Ikonographisch könnte man den Apostelzyklus in der Pariser Sainte Chapelle als das eigentliche Vorbild der Chorpfeilerfiguren ansehen[12]). Für den Stil des Figurenzyklus lassen sich bisher keine unmittelbaren Vorläufer finden. Die verwendeten Kompositionsschemata der Gewänder sind dagegen häufig in der französischen Skulptur, vor allem an Madonnenstandbildern, einem der wichtigsten Zweige der Kunstproduktion dieses Zeitraums, nachzuweisen[13]). Die komplizierten Gewandfassaden der Chorpfeilerfiguren setzen eine Stilentwicklung in

Frankreich voraus, die ungefähr um 1260 einsetzt[14]): Die Vorderseite der Figur wird stärker als bisher zur alleinigen Ansichtsseite, die in der Fläche mit Faltenmotiven gegliedert wird, welche das Auge des Betrachters auf diese Front lenken und nicht zu einem umgreifenden Erfassen der Figur einladen[15]). Charakteristisch für eine derartige Figurengestaltung ist das Schürzenmotiv, das in sich eine starke Bezogenheit auf eine Fläche birgt[16]). Gleichzeitig mit der Entwicklung dieser neuen, auf die Vorderseite einer Gewandfigur konzentrierten Faltenschemata ändert sich tendenziell die Ponderation der Figuren von einer raumgreifenden Körperbiegung hin zu einer seitlichen Kurvung in einer Ebene. Diese Tendenz zeigt beispielsweise schon eine Madonna im Museum von St. Omer (siebziger Jahre des 13. Jahrhunderts) [17]). Zum allgemeinen Repertoire gehören diese Gewandschemata ungefähr seit der Zeit um 1280[18]). So haben auch die Skulpturen am Portail des Libraires der Kathedrale von Rouen, die Krohm als stilbildend für den Kölner Figurenzyklus annimmt[19]), grundsätzlich ähnliche Gewandschemata, vom Stil her scheinen sie jedoch mit viel trockeneren Binnenformen und steiferer Statuarik nicht direkt vergleichbar zu sein[20]). Ein weiteres Beispiel für derartige Parallelen, die eine Vergleichbarkeit im Motivischen beinhalten, aber nicht unbedingt echte Stilbezüge bilden, sind die Apostel am Südquerhaus der Kathedrale von Meaux[21]). Aufgrund dieser Voraussetzungen, d. h. des offensichtlichen Fehlens von unmittelbaren stilistischen Vorlagen, scheint die Annahme folgerichtig, daß hier die genaue Kenntnis französischer Kompositionsschemata im eigenen Stil möglicherweise von einem Kölner verarbeitet wurde[22]).

72, 73 In der stilistischen und chronologischen Nachfolge der Chorpfeilerfiguren stehen die steinernen Fragmente verschiedener Figurenensembles, die 1894 und 1967 im Binnenchor des Kölner Domes ausgegraben wurden[23]). Die meisten dieser Skulpturenfragmente gehörten

T 1, Nr. 5, 7 höchstwahrscheinlich zum Schmuck der steinernen gotischen Chorschranken, die den Binnenchor in Fortsetzung der jetzt noch existierenden Chorschranken umschlossen, und wurden zusammen mit diesen während der Barockisierung des Domchores, der auch die Statuen an der Ostseite des Chorgestühls zum Opfer fielen, beseitigt und in die Fundamente für die neuen barocken Seitenaltäre eingelassen[24]). Es kommen die Skulpturenfragmente zweier weiterer, zu der Zeit entfernter Ausstattungsstücke aus der Erbauungszeit des

T 1, Nr. 4 Domchores hinzu, wahrscheinlich von einem Dreisitz und einem Toxal, einer Art Lesebühne, stammend[25]). Die Skulpturen hatten bei der Auffindung keine Köpfe, diese waren offensichtlich vor dem Vergraben abgeschlagen worden. Während einer eingehenderen Untersuchung im Jahr 1982 konnten glücklicherweise vier Köpfe, die zu diesen Skulpturenfragmenten gehören, aufgefunden werden. Es handelt sich um drei männliche Köpfe

T 47 im Bonner Landesmuseum und ein Engelsköpfchen im Depot des Kölner Schnütgen-Museums[26]). Bei aller Nähe, die in motivischer und stilistischer Hinsicht zu den Chorpfeilerfiguren besteht, zeigen diese Skulpturen deutlich, daß nach der Herstellung des Zyklus an den Hochchorpfeilern eine Tendenz zur Verbreiterung des Figurenumrisses, zum Nivellieren der Skulpturenoberfläche sowohl im Hinblick auf das Gewand als auch auf die Binnenformen des Gesichts eintritt[27]).

Als dritter wichtiger Figurenzyklus der Chorerstausstattung kommen die Marmorfigürchen der Hochaltarmensa hinzu. In der älteren Forschung hatte man den Hochaltar häufiger in die Zeit des Erzbischofs Wilhelm von Gennep (1349–1362) datiert[28]); an einer Herstellung vor der Chorweihe 1322 bestehen jedoch schon seit längerer Zeit keine Zweifel

132

T 43   Chorpfeilerfigur, Bartholomäus   T 44   Chorpfeilerfigur, Jacobus Minor

mehr[29]). Die Figürchen des Hochaltars[30]) sind Vertreter eines neuen, blockhaften Figurenideals, einer neuen Stilrichtung im Kölner Domchor, die jedoch als Tendenz bei den Figurenfragmenten bereits angeklungen war. Die Hochaltarswerkstatt konnte vor allem durch die Forschungen J. A. Schmolls mit Sicherheit als lothringisch identifiziert werden[31]).

Hiermit seien zunächst die Markierungspunkte der Stilanalyse gesetzt. Kehren wir also zum Ausgangspunkt, der ersten Werkstatt am Chorgestühl, zurück. Es bleibt noch einmal zu bemerken, daß natürlich das kleine Format der Chorgestühlsplastik und das seltene Vorkommen zusammenhängender Gewandschemata die Vergleiche mit überlebensgroßen Figuren wie an den Chorpfeilern etwas erschwert.

Wenn wir wiederum bei Miserikordie NI 7 beginnen, stellen wir sehr schnell fest, daß die für diesen Teil des Gestühls ganz typischen Faltenschüsseln in identischer Ausprägung bei den Chorpfeilerfiguren vorkommen, und zwar ebenfalls in alternierender Anordnung. Dies ist zwar bei der Skulptur dieser Zeit allein kein Indiz für eine mögliche Stilbeziehung, da dieses Motiv häufig vorkommt[32]). Aber in der hier vertretenen charakteristischen Gestaltung der ausgesprochen plastischen Faltenschüssel mit der Eindellung am tiefsten Punkt, dazu der Kerbe mit dem leicht tropfenartigen Ende, ist es uns außer in der Domskulptur nicht begegnet. Man vergleiche etwa die Apostel Jacobus Minor, Thomas, Bartholomäus, Simon und die Chorpfeilermadonna, die u. a. dieses Motiv in identischer Aus-   T 39

T 43, T 44
64, 66, T 3

T43 führung zeigen. An der Brust des Bartholomäus sieht man auch sehr schön, wie hier in identischer Weise, so bei Miserikordie NI 7, Oberflächenbearbeitung in flach anliegenden Stoffbereichen mit Hilfe feiner Quetschfalten erfolgt. Diese Oberflächenbearbeitung zeigt
71 beispielsweise auch der Engel über Jacobus Minor, dessen seitliche Gewandpartie sehr gut
5, 4, mit den Miserikordien NI 17, NI 15, NI 16 oder SI 17 vergleichbar ist. Das Gewandsche-
13 ma der Miserikordie NII 2 findet sich bei den Chorpfeilerfiguren in ähnlicher Ausprägung (man vgl. z. B. den Apostel Simon, der auch das Motiv des ganz unter den anderen Fuß
66, T46 diagonal herübergezogenen Faltenzuges aufweist, oder auch den Engel über Paulus). Vergleichbar in der Schärfe der unterteilenden Faltenkerben sind jedoch eher die Skulpturen-
72 fragmente, u. a. Kat. Nr. 7 und 9[33]), die im unteren Gewandbereich eine ähnliche Bearbeitung wie die Stoffdraperien von Miserikordie NII 2 oder NI 18 zeigen. Hier dient die scharfe Einkerbung, welche die seitlichen Faltenzüge noch deutlicher hervortreten läßt, ebenso wie am Chorgestühl zur Dynamisierung des Bewegungsmotivs. Auch das Ge-
T41 wandschema von Miserikordie NI 18 mit der vom Knie ausgehenden Faltengabel und den umknickenden Röhrenfalten findet sich bei den Chorpfeilerfiguren. Man vergleiche etwa
66, 70, 71 Simon oder die Engel über Jacobus Minor und Thomas. Auch die Faltenbildung über Stand- und Spielbeinfuß ist identisch. Miserikordie NI 18 korrespondiert mit ihrer kompakten Körperlichkeit allerdings sehr viel eher mit dem Skulpturenfragment Kat. Nr. 9,
72 das in Gesamt- und Detailgestaltung stilistisch sehr nahe steht, als mit den Chorpfeiler-
19 figuren. Der dynamischere Gewand- und Figurenaufbau von Miserikordie NI 3 läßt sich
T45, 70 dagegen mit den Chorpfeilerengeln über Philippus oder auch Thomas vergleichen, das Motiv der quer verlaufenden, scharfen Kerbe über dem Spielbeinfuß ist ähnlich bei Judas
64, 67 Thaddäus oder Thomas wiederzufinden. Noch eine ganze Reihe solcher Einzelmotive, auf deren Vergleich wir hier in erster Linie angewiesen sind, finden sich in identischer Ausfüh-
65, T49 rung bei der älteren Domskulptur; so das Ärmelmotiv (man vergleiche den Johannes mit dem glockenschwingenden Schüler der Wange NB), gewellte Säume (vgl. Miserikordie
T39, T45 NI 7 mit dem Baldachinengel über Philippus), die von oben einstechenden kleinen Kerben
15, T45 (vgl. Miserikordie NI 4 mit dem Engel über Philippus), die umgeschlagenen Säume (vgl. Miserikordie NI 17 mit Petrus, Umschlag am Hals), die platt abgeschnittenen Hände und
70, 9 Füße; hierzu vergleiche man etwa den Thomas mit Miserikordie NII 8. Dabei fällt gleichfalls auf, daß das Motiv der zusammengezogenen, an den Enden geschwungenen Brauenlinien in beiden Fällen ganz ähnlich ausgeführt ist. Für diese Einzelform ließen sich auch der
66, 12 Apostel Simon und Miserikordie NII 1 anführen, letztere zeigt dieses Motiv ganz ausgeprägt. Die dreieckigen Faltenkissen dieser Chorgestühlsgruppe treten bei den Chorpfeiler-
65, T43 figuren als Ärmelmotiv (vgl. z. B. Johannes oder Bartholomäus) auf. Die ösenartigen Staufalten über dem Gürtel finden sich bei den Chorpfeilerfiguren (vgl. Zwickel NB mit
29, 67 Judas Thaddäus), aber noch sehr viel ähnlicher bei den Skulpturenfragmenten. Miserikordie NI 19 läßt sich hier jedoch sehr gut mit dem Baldachinengel über Paulus vergleichen.
T40, T46 Sowohl in Einzelmotiven als auch in Plastizität und Ausarbeitung weisen die Skulpturen dieser Werkstatt am Chorgestühl noch erstaunlich enge Bezüge zu den Chorpfeilerfiguren, aber auch zu den Skulpturenfragmenten auf. Diese Verbindungen sind trotz des kleineren Formats der Chorgestühlsplastik nicht zu übersehen.

Besser noch als ein Gewandvergleich, der aufgrund dieser Unterschiede in Format und Aufgabe der Skulptur notgedrungen etwas penibel erscheinen muß, zeigt ein Vergleich

T 45   Chorpfeilerengel über Philippus   T 46   Chorpfeilerengel über Paulus

der Köpfe, daß die Tradition der Domchorplastik in Teilen des Chorgestühls eine Fortsetzung findet. Nimmt man die für diese Gruppe typischen Mädchenköpfe, etwa bei den Miserikordien NI 7, NI 17 und NII 3, und stellt daneben einen Engelskopf, etwa den des Engels über Philippus, sieht man sofort, daß die Charakteristika der Physiognomie in beiden Fällen die gleichen sind. Der breite, schmallippige Mund, die geschwungene Augenform, der Gesichtsausdruck entsprechen sich. Die Binnenformen sind bei den Chorgestühlsköpfen milder und stärker nivelliert. Die Augenbrauen sind nicht mehr so deutlich gezeichnet. Dies ist bereits bei dem Engelsköpfchen aus Tuff der Fall, das zu den Skulpturenfragmenten gehört und den Mädchengesichtern des Chorgestühls ebenfalls sehr nahe steht, ja als Überleitung zwischen diesen und den Baldachinengelchen betrachtet werden kann. Auch ein Vergleich der Mädchenköpfe in den Vierpässen NII 6 mit dem Gesicht des Engels über Jacobus Minor zeigt deutliche Übereinstimmungen in der Durchformung des Gesichtes und in Details wie Mund und Augen. Diese beiden Mädchenköpfe zeigen große Ähnlichkeit mit den Kölner Ursulabüsten; es sind typische Kölner Köpfe, deren Ursprung demnach bei den Baldachinengelchen im Kölner Domchor zu suchen ist. Wir dürfen so begründetermaßen von der Annahme ausgehen, daß es sich bei dem Hauptmeister um einen Kölner handelt, der im Rahmen der Dombauhütte in deren Tradition arbeitete. Es

T 39, 5, 21

T 45

T 47

T 42, 71

T 47   Engelskopf aus dem Kölner Dom (Köln, Schnütgen-Museum)

gibt jedoch Veränderungen im Stilcharakter, Schwankungen und Variationen in dieser Gruppe, die möglicherweise auf andere Gründe als die spätere Entstehung zurückzuführen sind.
Diese Frage ist zu klären durch die Miteinbeziehung der Marmorfigürchen des Domhochaltars. In der Forschung wurden sie bereits des öfteren mit der Chorgestühlsplastik in Verbindung gebracht, ohne daß nähere Angaben über die Art der Beziehung gemacht worden wären[34]). Dies ist nicht verwunderlich, ist doch die Plastik des Hochaltars selbst

bisher eigentlich nie eingehender untersucht worden, obwohl sie in einer Flut von Literatur mitbehandelt wird[35]). Die Hochaltarmensa, mit schwarzem Marmor verkleidet, war ursprünglich auf allen Seiten mit zierlichen weißen Marmorarkaden umstellt, in die insgesamt 32 Einzelfigürchen und vier Figurengruppen – jeweils in der Mitte einer Reihe in einer großen Arkade – eingestellt waren[36]). Von diesen sind 30 Figuren und alle Gruppen erhalten, eine Gruppe und zwölf Figuren noch in situ an der Westseite der Mensa[37]). Ein Blick auf die Marmorfigürchen zeigt sehr schnell, daß hier eine ganze Reihe von Bildhauern am Werk war; es gibt beträchtliche Unterschiede in Ausführung und Qualität[38]). Eine genaue Händescheidung würde an dieser Stelle zu weit gehen. Eine grobe Differenzierung der einzelnen Richtungen ist jedoch für einen Vergleich mit dem Chorgestühl notwendig. Einigermaßen kohärente Gruppen lassen sich um die vier größeren szenischen Darstellungen bilden. Die Verkündigungsgruppe, ehemals an der Südseite aufgestellt (SI), zeigt einen sehr lebendigen, kalligraphischen Stil: weichfallende Gewänder mit hauchdünn gefältelten und geringelten Säumen über kräftigen Körpern, die Köpfe ebenfalls kräftig mit leicht aufgeblasenen Wangen und geschlitzten, leicht vortretenden Augen[39]). Zu dieser Gruppe gehören sicher Salomon (R5) und David (R8), eventuell auch die Figur des Josef (N3). Bezüge zu dieser Gruppe zeigen auch die sehr qualitätvollen Figuren der hl. Agnes und der Hanna (N2 und N4), die jedoch von einer anderen Hand stammen könnten. Philippus (F9) und Andreas (jetzt F8) sind schwächere Arbeiten, die Anregungen dieser Werkstatt mit anderen Stileinflüssen verbinden.

Die überwiegende Zahl der Mensafiguren gehört einer anderen Stilrichtung an. Noch in situ befindet sich die Krönung Mariens (F1), die diesen Stil ausgeprägt vertritt. Charakteristisch ist ein stark blockhaft verfestigter Figurenaufbau, das Gewand verdeckt den Körper völlig. Die Gesichter von Jesus und Maria sind mild bis mürrisch im Ausdruck, eingerahmt von in schlaffen Ohrwellen herabfallendem Haar. Zu dieser Gruppe gehören sicherlich die Figuren von Thomas (F11), Matthias (F3), Paulus (F4), Jakobus und Petrus (F5 und F7). Die Figuren sind blockhaft mit breiter Standfläche, unten gerade abgeschnitten. Der Körper ist völlig unter der Gewandfassade versteckt, die schematisch aus zwei vertikalen Faltenzügen zu den Seiten (einer davon ist die vom Knie ausgehende Faltengabel, die aber kaum noch als Bewegungsmotiv auszumachen ist) und einer doppelten diagonalen Zugfalte vom Spielbeinfuß zur Standbeinhüfte besteht. Auf diesen Faltenröhren steht die Figur. Vor dem Bauch befinden sich alternierende Schüsselfalten, oft mehrere übereinander.

Weniger blockhaft ist im Gegensatz dazu die Anbetung des Kindes (R1), die bei grundsätzlicher Ähnlichkeit mit der gerade beschriebenen Gruppe sehr viel weicher und plastischer, weniger schematisch in den Einzelformen gestaltet ist. Dieser Hand sind wohl die hl. Katharina und Moses (SI) zuzuschreiben, sie gehören zu den qualitätvollsten Figuren am Hochaltar. Auch die beiden anderen Könige (R6 und R7), Jakobus der Jüngere (F1) und Johannes (F6) gehören zum Umkreis dieser Gruppe.

Einer sehr viel schwächeren Hand entstammt die Darbringung im Tempel (NI), sie zeigt etwas ausdruckslose Figuren mit perückenartig aufgesetztem Haar und teigigen Faltenformationen. In diesen Kreis gehören sicherlich Simon (F12), Isaias (F2) und einige Propheten (S4, R12). Auch die restlichen Figuren sind weniger ausdrucksstarke Werkstattarbeiten.

T 48   Anbetung des Königs vom Hochaltar (Köln, Schnütgen-Museum)

Ziehen wir nun die bisher behandelte Chorgestühlsplastik zum Vergleich heran, können wir zunächst feststellen, daß zur erstgenannten Gruppe keine Bezüge herzustellen sind. Mit einigen der anderen Figürchen scheint jedoch eine engere Verwandtschaft zu bestehen.

T48, T49   So zeigen die Schülerreliefs der Wange NB fast identischen Figuren- und Gewandaufbau wie die Anbetungsgruppe. Die Übereinstimmung geht bis in Details, allerdings zeigen die Figuren des Hochaltars weichere, etwas konturlose Binnenformen in der Gewandgestaltung und in den Gesichtszügen, die sehr viel milder sind[40]. Die männlichen Figuren in den

T27, 35, 41   Vierpässen NII 3, 5 und 13 zeigen ebenfalls eine recht ausgeprägte Ähnlichkeit mit der Anbetung, aber auch mit den anderen Figuren dieser Gruppe. Man vergleiche etwa die Würfelspieler oder den Geiger mit Jakobus dem Jüngeren, die Propheten mit Moses oder

78, 71   dem jungen König, um Gemeinsamkeiten, aber gleichzeitig auch die Unterschiede in der sehr viel prägnanteren Ausarbeitung des Chorgestühls festzustellen. Gesicht und Frisur

T49, 79   des glockenspielenden Schülers stehen in engem Bezug zum Johannes des Hochaltars, die

40, 77   kleine Nixe (Vierpaß NII 11) könnte man mit der hl. Katharina vergleichen. Auch bei der zweiten Untergruppe dieser Chorgestühlswerkstatt auf der Südseite lassen sich Beziehungen zum Hochaltar konstatieren, wahrscheinlich sogar noch intensiverer Art. So zeigt die

44, 78   Madonna der Verkündigung von der Gesamtkonzeption her Ähnlichkeit mit dem Moses vom Hochaltar⁴¹), vom Gesichtstyp her gleicht sie den Mariendarstellungen der Anbetungs- und Krönungsgruppe, aber auch dem Johannes.

Der Abel auf der Westseite des gleichen Wangenaufsatzes ist von Gesamtmotiven (vgl. den König der Anbetung) und Gesicht her (vgl. Jakobus den Jüngeren oder Johannes) zum Vergleich heranzuziehen. Sehr deutlich werden die Anklänge an Hochaltarsfiguren bei den Wangenreliefs SA, der Wurzel Jesse und Abrahams Schoß. Jesse ist vom Gesichtstypus her einigen Aposteln, so Jakobus dem Jüngeren, aber auch Thomas oder Jakobus dem Älteren, sehr ähnlich. Mit seinen flach abgeschnittenen Fingern, dem mit Fransen besetzten Kissen und der Draperie seiner Bettdecke korrespondiert er engstens mit der Marienkrönung des Hochaltars bzw. der Anbetungsgruppe. Die Köpfe der Wurzel-Jesse-Darstellung entsprechen dem Kopf des Königs unter der hl. Katharina. Auch der

46, T48
79, 80

T25, 42

76, 80

74

77

T 49   Schülerszene, Wange NB von Osten

Abraham schließt sich in Gesichtstyp und Sitzmotiv dieser Gruppe an. Im übrigen zeigen auch die etwas schwächeren Prophetenreliefs der Nordseite deutliche Parallelen zum Stil des Hochaltars. Man vergleiche den rechten Propheten in Vierpaß NII 23 mit dem Apostel Matthias, den linken Vierpaß NII 21 mit dem Propheten R 9 oder auch mit der Darstellung im Tempel. Letztgenannter Prophet am Chorgestühl zeigt auch sehr schön die Anhäufung von Schüsselfalten, die für die Mensafiguren typisch ist, aber auch schon bei den Chorpfeilerfiguren auftritt (Maria).

56, 75

55, 83

Die Veränderungen, welche die Chorgestühlswerkstatt gegenüber der Kölner Domskulptur, in deren Tradition sie eindeutig steht, aufweist, sind also durch gleichzeitige Anlehnung an den neuen Stil der Mensafiguren zu erklären. Trotz weitreichender motivischer Übernahmen von dieser lothringisch geprägten Werkstatt bleibt der Grundcharakter, zumindest was den ersten Meister auf der Nordseite angeht, kölnisch. Die zweite Gruppe auf der Südseite ist stärker lothringisch bestimmt. Eine Identität der ausführenden Hände an Chorgestühl und Hochaltar möchten wir trotz der Enge der Werkstattbeziehung auf Grund der durchweg schärferen Ausführung beim Chorgestühl nicht unbedingt annehmen. Die Übereinstimmungen sind jedoch so groß, daß man von einer zeitparallelen Entstehung von Chorgestühl und Hochaltar in der Kölner Dombauhütte ausgehen muß[42]). Daß der Hochaltar in Köln angefertigt wurde und nicht, wie R. Kroos annahm[43]), vielleicht in Lothringen bestellt worden ist, beweisen diese engen Werkstattzusammenhänge mit dem Chorgestühl. Diese Werkstattbeziehungen haben im übrigen auch zu einer umgekehrten Beeinflussung geführt: Die Mensafiguren zeigen in Gewandmotiven und Gesichtstyp bereits einen deutlich kölnischen Einschlag im Vergleich zu anderer, noch stärker lothringisch bestimmter Skulptur[44]). So wird das Motiv der alternierenden Faltenschüsseln von den Chorpfeilerfiguren übernommen, aber auch ganze Gewandschemata werden kopiert, wie etwa im Fall des Johannes, der dem Christus am Chorpfeiler motivisch sehr nahe steht, diese Motive aber mit einer völlig anderen Stilauffassung verbindet. Die Herstellung einer solchen Figur war sicher nur vor Ort möglich. Diese Beobachtungen werden abgesichert durch die Untersuchung Beehs zur Ikonographie des Hochaltars, welche die enge Bindung des ikonographischen Konzepts an den Kölner Domchor nachweist[45]). Durch die festgestellten Stilüberschneidungen mit Figürchen des Hochaltars werden Teile des Chorgestühls in die sogenannte kölnisch-lothringische Gruppe mit einbezogen, eine Zuordnung, die – wenn auch in vager Form – bisher nur von Feulner und Bloch expressis verbis hergestellt wurde[46]).

79, T4

Im Falle des Hochaltars sind diese Beziehungen zur lothringischen Plastik längst Allgemeingut der kunsthistorischen Forschung[47]), zuletzt wurde von A. Legner der lothringische Stilcharakter gerade im Zusammenhang mit der von uns zum Vergleich herangezogenen Anbetungsgruppe betont[48]).

Die Chronologie der lothringischen Plastik, in deren Abhängigkeit der Kölner Domhochaltar als Erzeugnis eines kölnischen Abzweiges lothringischer Ateliers steht, ist nicht völlig gesichert. Es handelt sich fast durchweg um Einzelfiguren, die zuletzt in den Untersuchungen J. A. Schmolls gen. Eisenwerth in eine chronologische Abfolge gebracht wurden[49]). Als terminus post quem für die Entfaltung der lothringischen Plastik nimmt er die Weihe des Hospitals von Tonnerre, 1295, an, das eine der Madonnen des Aube-Gebietes beherbergt, von denen er die lothringischen Werke ableitet[50]). Als terminus ante quem dient das Datum der Domchorweihe 1322, da er die Entwicklung der lothringischen Plastik bis zu diesem Zeitpunkt (Hochaltar) als im wesentlichen beendet ansieht.

Die eigentlichen Kerngebiete der lothringischen Skulptur sind die Diözesen Metz, Toul und Verdun, wo sich nach 1295 ein charakteristischer Figurentyp entwickelte, der sich von dem statuarischen Ideal der französischen Kernlande durch gedrungenere Proportionen und häufig schildförmige Gesichtsform mit fast mürrischem Gesichtsausdruck unterscheidet[51]). Verbreitet ist auch die Ausformung einer fast reliefartigen Schauseite. Ausstrahlungsgebiete der lothringischen Skulptur sind die westdeutschen Metropolen Trier und Köln, weniger das Maasgebiet[52]). Als früheste Erzeugnisse des lothringischen Ateliers in Köln führt Schmoll die Madonna vom Tongerschen Haus[53]) und die Sitzmadonna des Aachener Münsters[54]) an, die er vom zentrallothringischen Madonnentypus mit weichem Antlitz, wie er z. B. bei der Madonna von Pontoy[55]) vorkommt, ableitet. Beide seien nach 1310 im gleichen Atelier entstanden. Die Madonna aus St. Ursula[56]) datiert er etwas später, da sie bereits stärker kölnische Züge trage. Das Atelier, das am Kölner Domhochaltar tätig war, entstamme ebenfalls diesem Metz-Trierer Kreis, der Stil ist hier jedoch bereits mit heimisch-kölnischen Zügen vermischt.

Dies ist auch beim Dreikönigenpförtchen[57]) und der Madonna aus der Sammlung Neuerburg der Fall[58]). Erzeugnisse des Trierer Ausläufers der lothringischen Werkstätten sind die Madonna aus Machern und die Sitzmadonna der Sammlung Hack[59]). Diese Werkstatt hat nach den Ergebnissen Schmolls auch am Marburger Lettner gearbeitet, zusammen mit Kräften des Kölner Ateliers, wie die Schiffenberger Madonna, die eher kölnisch geprägt ist, zeigt[60]). Den Schrein von Marsal, der in der älteren Forschung häufig als Stilquelle für den Domhochaltar galt[61]), führt Schmoll zwar als frühes Erzeugnis lothringischer Plastik an[62]), setzt ihn jedoch nicht mehr speziell zum Hochaltar in Beziehung. Die Chorpfeilerfiguren von Victor und Helena im Xantener Dom, die häufiger in Zusammenhang mit der lothringisch geprägten Skulptur in Köln gesehen wurden[63]), bezieht er nicht in seine Untersuchung mit ein, ebensowenig die Gräber in Marburg, Bielefeld und Cappenberg, die des öfteren mit zum Kreis dieser Skulptur gezählt wurden[64]). Im übrigen entspricht der von ihm als lothringisch eingestufte Skulpturenbestand dem bereits vorher in der Forschung identifizierten[65]).

Geht man von einer Entstehungszeit der Kölner Mensafiguren um 1310 aus, könnten die Madonna vom Tongerschen Hause, die aus St. Ursula und die Aachener Sitzmadonna mit ihrem stärker lothringisch geprägten Äußeren zu einem etwas früheren Zeitpunkt entstanden sein. Auch die Standbilder von Victor und Helena im Xantener Domchor, die den lothringischen Stil ebenfalls noch reiner als die Hochaltarsgruppe zeigen, stammen aus etwa der gleichen Zeit. Dies entspricht der durch die Baudaten nahegelegten Entstehung „vor 1311"[66]). Das Dreikönigenpförtchen, im Gesamtausdruck bereits kölnischer, wäre in etwa gleichzeitig mit dem Hochaltar anzusetzen.

Ein Vergleich der Mensafigürchen mit den übrigen Werken der lothringischen Gruppe in Köln und Umgebung beweist die enge Verbindung der Marienkrönung und der Anbetungsgruppe zu den lothringischen Sitzmadonnen. Auch von der Physiognomie her ist ein unmittelbarer Bezug gegeben, wie ein Kopfvergleich der Anbetungsmadonna mit der Madonna vom Tongerschen Haus oder der Aachener Sitzmadonna zeigt. Ihr Gesicht ist jedoch nicht mehr ausgeprägt schildförmig, sondern etwas sanfter in den Konturen, die

Haare haben die für den kölnischen Zweig der lothringischen Ateliers typischen Ohrwellen[67]). Das Kind ist bei der Anbetungsgruppe vom Hochaltar und der entsprechenden Darstellung des Dreikönigenpförtchens unbekleidet dargestellt, nur von einem von der Madonna gehaltenen Tuch notdürftig bedeckt. Dies scheint ebenfalls eine Kölner Eigenart zu sein, da ansonsten in der lothringischen Skulptur das Kind gewöhnlich mit einem Hemd bekleidet ist[68]).

Die Gewandmotive der Standfiguren sind ebenfalls schon von der Domskulptur beeinflußt, wie ein Blick auf die hl. Katharina zeigt. Die Schürze wird nämlich bei den lothringischen Figuren meist durch ein weniger klares, unruhige Zickzackmotive bildendes Schüsselfaltensystem gegliedert[69]), das ganz an der Figurenoberfläche bleibt. Letzteres ist zwar bei den Mensafigürchen ebenfalls gegeben, sie präsentieren jedoch fast durchgehend ein klares Faltenmotiv mit alternierenden Faltenschüsseln, das schon fast wie ein Zitat wiederholt wird.

Der Kölner Domhochaltar ist gleichzeitig mit dem Chorgestühl von einer lothringischen Werkstatt im Rahmen der Dombauhütte geschaffen worden. Dies führte einerseits zu einer Anpassung von seiten des lothringischen Ateliers an Kölner Stilgepflogenheiten, andererseits zur Bildung einer Mischform zwischen kölnischer Tradition und lothringischem Figurenideal im Rahmen einer am Chorgestühl tätigen Werkstatt. Hier überwiegt jedoch im Gegensatz zum Hochaltar eher die kölnische Tradition. Man bemerkt in dieser Gruppe ein gewisses Experimentieren mit Formen, das aus diesem Zusammentreffen verschiedener Stilrichtungen zu erklären ist. Dennoch sind die Werke des ersten Meisters dieser Gruppe überzeugend und stringent in der Ausführung, zeigen die Vereinheitlichung verschiedener Stilelemente zu einem neuen Stil.

Die Arbeiten an Hochaltar und Chorgestühl waren wahrscheinlich 1311 insgesamt abgeschlossen. Zahlreiche Bildhauer waren hier beschäftigt. Es stellt sich zwangsläufig die Frage nach dem Vorhandensein späterer Werke, die dieser Domwerkstatt zugeordnet werden könnten.

c. Nachfolgewerke

Vor allem in der älteren Forschung werden Chorgestühl und Hochaltar in Zusammenhang mit einer Reihe von Gräbern in Marburg, Bielefeld und Cappenberg gebracht.

Es handelt sich dabei im einzelnen um folgende Werke: im Landgrafenchor der Elisabethkirche zu Marburg ein Einzel- und ein Doppelgrab der Landgrafen von Hessen. Da auf den Gräbern keine Inschriften mehr erhalten sind[70]), ist die Identität der Bestatteten bisher nicht geklärt[71]). Es stehen vier Landgrafen für den betreffenden Zeitraum zur Auswahl: Heinrich I. († 1308), seine Söhne Heinrich der Jüngere († 1298), Johann († 1311) und Otto († 1328). Es handelt sich um freistehende Tumben, vergleichbar etwa dem Grabmal des Louis de France, um 1260, in St. Denis[72]). Sie folgen dem sogenannten liturgischen Grabtypus[73]): auf der Grabplatte ruhen die Verstorbenen, in ritterlicher Tracht, die Hände zum Gebet gefaltet. Die Köpfe ruhen auf Kissen, die Füße jeweils auf einem Löwen. Zu Häupten des Gisants auf dem Einzelgrab knien zwei Engel, von denen einer die Seele in Gestalt eines Kindes trägt, zu Füßen zwei betende Mönche[74]). Der Unterbau besteht aus durchbrochenen Arkaden, wodurch Ähnlichkeit mit der Form einer sogenannten Hohltumba entsteht. In die geschlossenen Eckarkaden sind insgesamt acht Pleurants eingestellt. Um

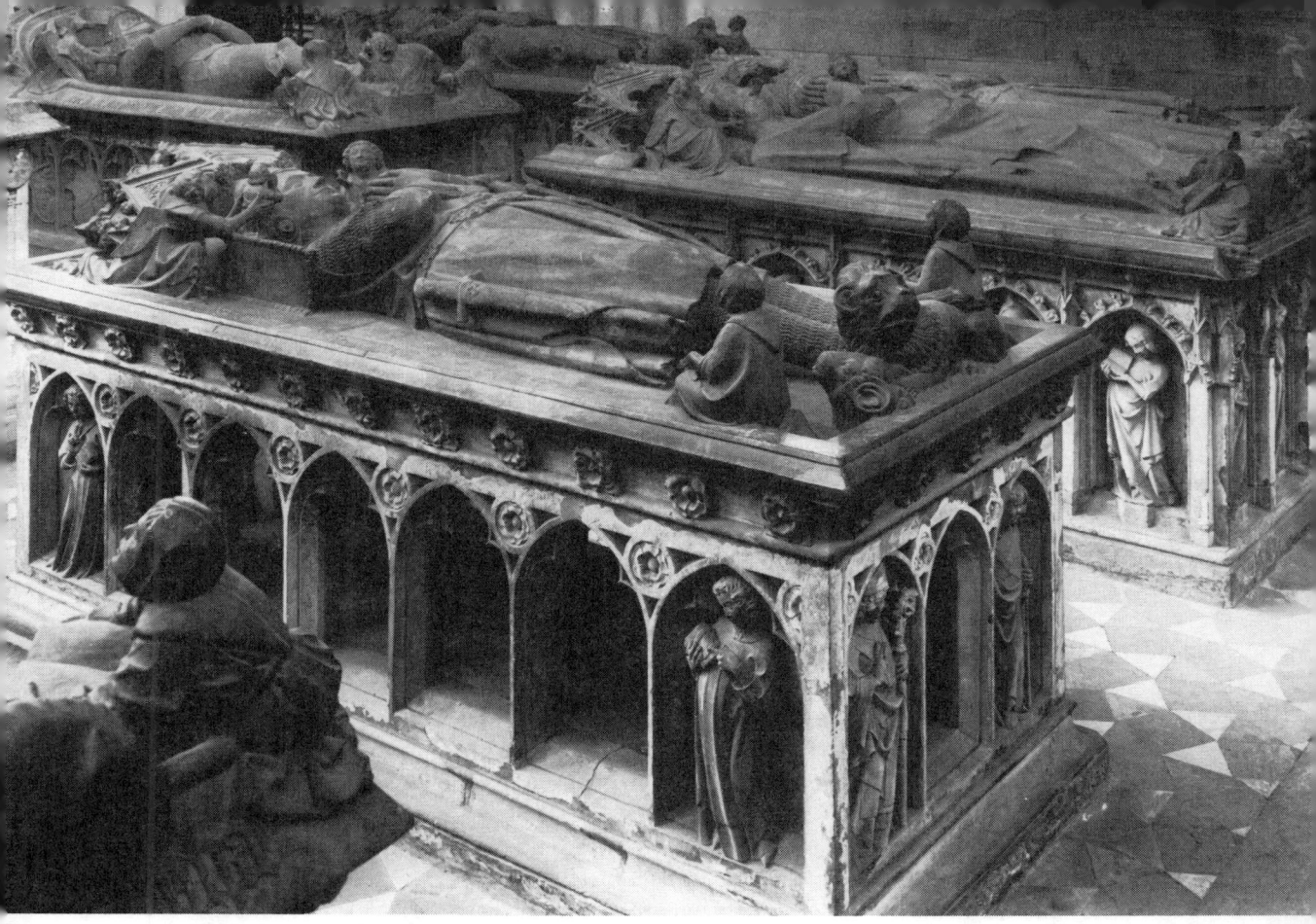

T 50   Einzel- und Doppelgrab der Landgrafen von Hessen im Landgrafenchor der
        Elisabethkirche zu Marburg

das Doppelgrab sind Arkadenreihen mit Pleurants herumgeführt. Zu seiten der zwei Verstorbenen hocken hier drei Engel, die ihre Häupter halten, zu Füßen zwei betende Nonnen. Über den Köpfen befinden sich bei allen Gisants Baldachine.
In diesen Kunstkreis gehört in der Elisabethkirche außerdem der Lettner, dessen Architektur an Ort und Stelle erhalten ist. Vom Skulpturenschmuck sind nur noch zwei Apostelfiguren in situ vorhanden, die Überreste von 13 anderen Skulpturen befinden sich heute im Universitätsmuseum in Marburg[75]).
Dazu kommen ein hölzerner Kruzifixus in der ehemaligen Zisterzienser-Nonnenkirche Caldern[76]) und die Sitzmadonna vom Schiffenbergkloster bei Gießen im Darmstädter Landesmuseum[77]).
In der Neustädter Marienkirche zu Bielefeld steht eine den beiden Marburger Landgrafengräbern ähnliche Tumba, das Doppelgrab Ottos III. von Ravensberg († 1306) und seiner Gemahlin Hedwig zur Lippe († 1320), die zusammen mit einem ihrer Kinder[78]) auf der Grabplatte liegend dargestellt sind. Die Tumba befand sich bis 1840 frei in der Mitte des Hochchors und wurde dann an die Nordwand versetzt, wobei eine Seite abgearbeitet wurde[79]). Die südliche Längsseite zeigt eine Maßwerkarkatur[80]), an den Schmalseiten steht wie in Marburg das Trauergefolge in Arkaden. Die Köpfe der Gisants ruhen, von Baldachinen

bekrönt, auf Kissen, zu den Seiten sitzen Engel mit Weihrauchfaß bzw. Schriftrolle, in der Mitte ein weiterer Engel, der die beiden Seelen trägt. Die Füße der Frau ruhen auf einem Hund, die des Mannes auf einem Löwen. Dazwischen sitzt unterhalb des Kindes eine betende Nonne. Graf Otto hat die Hände im Gebet gefaltet, Gräfin Hedwig hält einen Rosenkranz auf der Brust, ihre Linke ruht auf dem Kopf des Kindes.

In der Marienkirche werden der gleichen Werkstatt die Apostel des ehemaligen Lettners, die heute in eine neugotische Schreinswand aus Sandstein eingesetzt sind, zugerechnet[81]).

Ein drittes Grab dieser Gruppe befindet sich in der Stiftskirche St. Johannes in Cappenberg. Es handelt sich um das Stifterdenkmal der Grafen Gottfried († 1127) und Otto († 1171) von Cappenberg, die dem hl. Norbert von Xanten ihre Besitzungen für die Klostergründung schenkten[82]). Sie sind als Jünglinge dargestellt, die gemeinsam das gotische Kirchenmodell halten. Über einer rahmenden Arkatur hier ebenfalls Baldachine. Die Grafen stehen auf Löwen. Es handelt sich demnach um eine Stiftermemorie in Form eines liturgischen Grabes. Der Unterbau ist nicht mehr erhalten, die Deckplatte wurde um 1700 an der Südwand des Chores aufgerichtet[83]).

Eine Sitzmadonna aus Stein, heute im nördlichen Seitenschiff der Stiftskirche aufgestellt, stammt aus der gleichen Werkstatt[84]).

Zum Kreis dieser Gräbergruppe wird außerdem noch das Doppelgrab des Grafen Arnold I. von Tomberg († 1147) und seiner Gemahlin Ida von Brabant († 1162) in der ehemaligen Stiftskirche zu Kleve (vorher in der Prämonstratenserabteikirche Bedburg) gezählt[85]), außerdem die Tumba des Grafen Gottfried von Bergheim († 1335) in der Stiftskirche zu Münstereifel, seit 1968 im Mittelraum unter dem Glockenturm aufgestellt[86]). Die Tumba ist teilweise beschädigt und ergänzt[87]).

Man hat keine verläßlichen Entstehungsdaten für diese Gräber: Zwei sind als Memorien für bereits im 12. Jahrhundert verstorbene Personen errichtet; für das Bielefelder Grab könnte man als terminus post quem 1305, für die Marburger Gräber 1308 ansetzen. Das Sterbedatum des Grafen von Bergheim, 1335, impliziert nicht notwendigerweise, daß sein Grab nach diesem Zeitpunkt entstanden sein muß, da es durchaus zu den damaligen Gepflogenheiten gehörte, sich zu Lebzeiten eine Tumba errichten zu lassen[88]). Dies könnte natürlich auch bei den anderen Gräbern der Fall sein.

Die Gräbergruppe, in erster Linie die Beispiele in Marburg, Bielefeld und Cappenberg, sowie die Figurenensembles und Einzelwerke, die in ihrem Umkreis entstanden sind, wurden in der Forschung ausführlich behandelt[89]).

Die umfang- und detailreichste Arbeit ist zweifellos R. Hamanns Werk über die Skulptur der Elisabethkirche in Marburg, das eine Untersuchung der dortigen Gräber mit einer chronologischen Einordnung aller übrigen Werke verbindet[90]).

Er entwickelte anhand umfangreichen Materials eine Hypothese, derzufolge der Ursprungsort dieser ganzen Werkstatt Marburg sei. Als Hauptmeister nahm er einen Franzosen an, der aus der königlichen Grabmälerwerkstatt von St. Denis stamme. Von Marburg aus sei die Werkstatt weiter nach Bielefeld und Cappenberg gewandert, zuletzt nach Köln, wo der Hochaltar und Teile des Chorgestühls von ihr geschaffen wurden. Die Lettner in Marburg und Bielefeld entstanden nach seiner Theorie erst im Anschluß daran. Was Marburg selbst betrifft, so ist für ihn das Einzelgrab früher als das Doppelgrab[91]). Mit seiner Theorie widersprach Hamann der These einer lothringischen Abhängigkeit dieser Gräber-

144

gruppe, die u. a. von G. Weise (1924) in einer breit angelegten Untersuchung aufgezeigt worden war[92]). Er gab Bielefeld als erste Station dieser Werkstatt an. Der Kölner Domhochaltar ist auch für ihn ein Spätwerk. Bereits 1913 hatte B. Meier umgekehrt Köln als Ausgangspunkt angenommen[93]), eine These, die auch Stange 1932 vertrat[94]). Beide gehen nicht auf mögliche Beziehungen zu Lothringen ein. Während noch Feulner explizit eine Beziehung zwischen Hochaltar und Gräbergruppe annimmt, wobei die Vermittlung über Köln gegangen sei[95]), besteht in der jüngeren Forschung im übrigen eher die Tendenz, die Gräbergruppe nicht mehr mit dem Kölner Domhochaltar zu verbinden[96]). Für letzteren lothringische Vorbilder anzunehmen, hat sich allgemein durchgesetzt[97]), während die ganze hier vorgestellte Gruppe von plastischen Werken zunehmend ins wissenschaftliche Abseits geriet.

In jüngerer Zeit ist jedoch die Gräbergruppe in einigen Arbeiten zum Thema des mittelalterlichen Grabbildes unter anderen Gräbern Gegenstand der Untersuchung geworden, wobei nur das Verhältnis der Gräber untereinander, nicht jedoch eine mögliche stilistische Beziehung zu Köln oder Lothringen diskutiert wird. Reitzenstein nahm als Ausgangspunkt der von ihm grundsätzlich als deutsch beurteilten Gruppe das Klever Doppelgrab um 1315 an. Es folgen das Bielefelder und Cappenberger Grab, am Schluß die Marburger Gräber, um 1328[98]). Die Vorbilder sah er ganz allgemein in Frankreich. Bereits Pinder hatte 1924 den Meister dieser Gräber als einen Deutschen bezeichnet, der Anregungen aus der französisch-niederländischen Hofkunst verarbeitete[99]). Die Theorie, daß hier kein Franzose als Bildhauer tätig war, trotz offensichtlich französischer Vorbilder, vertritt auch Bauch[100]). Für ihn ist – wie für Hamann – Marburg der Ausgangspunkt, die Gräber in Bielefeld und Cappenberg sind nach diesen Vorbildern später geschaffen, das Klever Grab bildet den Abschluß. Als Datum der Entstehung nahm er ungefähr die dreißiger Jahre des 14. Jahrhunderts an[101]).

Auch J. Hurtig geht in ihrer Arbeit über Rittergrabmäler auf die Gräbergruppe ein[102]). Sie stellt das Klever Grab (zweites Jahrzehnt des 14. Jahrhunderts) wiederum an den Anfang, es folgt das Bielefelder, um 1320, gleichzeitig entstand das Cappenberger Grab. Bei den Marburger Gräbern, die ihrer Meinung nach den Endpunkt der Entwicklung darstellen, setzt sie das Doppelgrab vor das Einzelgrab, und zwar aus stilistischen Gründen[103]). In allen diesen jüngeren Arbeiten erfolgt jedoch keine stilkritische Zuordnung der Gräbergruppe.

Wenn im folgenden die stilistischen Zusammenhänge zwischen Kölner Domchorgestühl und Hochaltar einerseits und der Gräbergruppe in Hessen und Westfalen andererseits näher untersucht werden, geschieht dies in Bezug auf Thesen der älteren Forschung, die in letzter Zeit keine Erwähnung mehr fanden[104]). Beginnen wir die Untersuchung in Marburg, das traditionell als Ausgangspunkt der Werkstatt betrachtet wird[105]). Vergleicht man zunächst die Gisants, stellt man bei großen Übereinstimmungen einige Differenzen fest: Der Gisant des Einzelgrabes zeigt sehr viel schärfer gearbeitete Gesichtszüge, die Gesichter der Ritter auf dem Doppelgrab sind sehr viel milder im Ausdruck und rufen unmittelbar eine Erinnerung an den Xantener Victor wach, der bereits als lothringisch bezeichnet wurde. Auch sind sie steifer in der Haltung und stärker fassadenhaft angelegt, wie die starren Faltenröhren am Gewand des linken Ritters vor Augen führen. Zudem sind sie gröber in der Ausarbeitung, alle Einzelformen wirken weniger plastisch. Die Haare fallen

84, 91

ganz steif und gerade, während beim Einzelgrab die Locken sanft und natürlich nach hinten fallen. Der Gisant des Einzelgrabes ist insgesamt bewegter, der Kontrapost ausgeprägter. Alle diese Unterschiede, wie auch die leichten Differenzen in der Rüstung (der Ritter des Einzelgrabes trägt bereits einen Dolch)[106], müssen nicht für eine zeitliche Differenz in der Herstellung sprechen. Ziehen wir nun Chorgestühl und Hochaltar zum Vergleich heran, stellen wir fest, daß der Gisant des Einzelgrabes der Chorgestühlsplastik sehr nahe steht, während die Ritter des Doppelgrabes eher mit den Figürchen des Hochaltars Gemeinsamkeiten aufweisen.

Nimmt man an, daß der Gisant und die flankierenden Engelchen auf der Deckplatte des Einzelgrabes von einer Hand stammen, so ergeben sich zahlreiche Bezüge zur Chorgestühlswerkstatt, trotz der Differenzen in Größe, Material und Aufgabe der Skulptur, die natürlich einen derartigen Stilvergleich etwas erschweren. Der Gisant entspricht in der Bearbeitung und Plastizität des Stoffes mit der fast wachsartigen Oberfläche, der weichen, aber nicht teigigen Konsistenz, den Figuren der ersten Gruppe. Auch Einzelmotive stimmen überein: die tropfenförmigen Enden der Einkerbungen, die Staufalten über dem Gürtel (vgl. Miserikordie NI 13), die Art, wie eine vom Gürtel senkrecht herabfallende Faltenröhre eine Dreiecksform mit der von der Hüfte ausgehenden Faltenkerbe bildet (vgl. den Geigenspieler in Vierpaß NII 3, den Ritter in Vierpaß NII 1 oder den rechten Ritter auf der Westseite von Wangenaufsatz NA), die flach abgeschnittenen Finger, die nach hinten fallenden Haare (vgl. Vierpaß NII 3). Die Engelchen haben ebenfalls platt abgeschnittene Finger und Zehen, dazu Faltenmotive, wie sie genau den Knäufen dieser Gruppe am Chorgestühl entsprechen. Man vergleiche den rechten Engel mit dem Denkenden von Knauf NI 13/14 oder mit Knauf NI 11/12. Auch das Schüsselfaltenmotiv von Miserikordie NI 7 ließe sich hier gut zum Vergleich heranziehen[107]. Insgesamt läßt sich eine Übereinstimmung in der Kombination von plastischer Ausarbeitung und scharfen Einzelformen feststellen.

Die Physiognomien stimmen so stark überein, daß man hier fast die gleiche Hand annehmen möchte. Man vergleiche den Kopf des Gisants mit den Mädchenköpfen in Vierpaß NII 6[108] oder den männlichen Köpfen in den Vierpässen NII 3 und 5. Die Engelchen stehen deutlich in der Tradition Kölner Köpfe, man ziehe etwa Miserikordie NI 19 oder das Engelsköpfchen aus dem Schnütgen-Museum zum Vergleich heran. Andere, eher dekorative Details wie die Gestaltung des Löwen (man vergleiche diesen z. B. mit dem Greifen in Vierpaß NII 7)[109] zu Füßen des Landgrafen und die Abfolge von runden und eckigen Rosetten am Gürtel sowie in einer unterhalb der Deckplatte umlaufenden Kehle unterstützen die These einer engen Beziehung zu unserer Chorgestühlswerkstatt. Der Gisant des Einzelgrabes zeigt außerdem in den Gesichtszügen deutliche Anlehung an kölnische Tradition, die nicht nur im Vergleich zur Chorgestühlsplastik, sondern auch zu den Chorpfeilerfiguren (etwa Philippus oder Judas Thaddäus), ebenfalls im Vergleich mit dem Männerkopf mit Haube von den Skulpturenfragmenten[110], zum Ausdruck kommen.

Die acht Pleurants in den Eckarkaden sind wahrscheinlich ausnahmslos von anderen Bildhauern gefertigt. Sie zeigen alle eine weichere Zeichnung der Gesichtszüge und etwas fassadenhafte Gewänder, jedoch bestehen Abstufungen. So stehen die qualitätvollsten – der Leiter des Trauergefolges mit dem Schwert und der „Händeringende" – der hl. Katharina vom Domhochaltar sehr nahe[111]. Diese Figuren zeigen auch noch eine verhältnismäßig natürliche Ponderation, während bei anderen Pleurants die Tendenz zu einer übertriebenen Biegung des Körpers bei vorgestrecktem Bauch besteht, die jedoch in erster Linie durch die stark gekurvten Faltenröhren ausgedrückt wird. Ein Ansatz dazu war bereits am Hochaltar vorhanden, wie ein Vergleich des Isaias und des Propheten S4 mit der händeringenden weiblichen Trauernden zeigt. Diese ähnelt dem Isaias bis in Einzelheiten des etwas konturlosen Gesichtes, des stark schematisierten Gewandes. Weitere Vergleiche, etwa der zweiten weiblichen Trauernden mit dem Apostel Matthias oder des auf sein Buch zeigenden Pleurants mit dem Evangelisten Johannes (besonders der Kopf), belegen die Beziehungen zwischen diesen beiden Figurenensembles.

Am Einzelgrab haben demnach Kräfte von Chorgestühls- und Hochaltarswerkstatt zusammengearbeitet.

Betrachtet man nun die Gisants des Doppelgrabes, so scheinen sie den erstgenannten, qualitätvollen Pleurants am ehesten vergleichbar. Hier arbeitete auf jeden Fall ein lothringischer Meister, der – wie die Gesichtszüge beweisen – vorher bereits in Köln tätig war. Ein Vergleich des linken Landgrafen mit den lothringischen Madonnen, wie der Madonna vom Tongerschen Haus im Schnütgen-Museum oder der Madonna von Kaisheim[112]), zeigt diese Stilzusammenhänge auf. Ein Bezug zu Lothringen war im Fall dieses Grabes bereits von Forsyth[113]) hergestellt worden, und zwar aufgrund der Gürtelverzierung des jugendlichen Ritters, die aus Rosetten abwechselnd mit Querriegeln besteht, eine Form, die nach Forsyth typisch lothringisch ist.

Die Pleurants sind Arbeiten dieser Werkstatt von unterschiedlicher Qualität, auf die ich hier nicht in Einzelheiten eingehen möchte.

Wir haben es also bei den Marburger Landgrafengräbern mit Werken der Kölner Domwerkstätten nach Vollendung von Chorgestühl und Hochaltar zu tun. Damit scheint eine Datierung „nach 1311" nahezuliegen. Die unterschiedliche Gestaltung der Tumbenarchitektur – beim Einzelgrab schlichte, mit Nasen besetzte Arkaden, beim Doppelgrab mit Krabben besetzte Arkaden mit angedeuteten Kielbögen, dazwischen Fialen – zeigt ein weiteres Mal die Variationsfreude dieser Werkstatt[114]). Könnten aus der Datierung Konsequenzen für eine Identifizierung der Landgrafen gezogen werden? Zu dem Zeitpunkt, als man mit den Arbeiten begann, waren drei der in Frage kommenden Landgrafen bereits tot: Heinrich der Jüngere († 1298), Heinrich I. († 1308) und Johann († 1311). Als Auftraggeber ist demnach Otto I. anzunehmen. Durch den Tod Johanns wurde er 1311 ebenfalls Herrscher über Niedersachsen (Hauptstadt Kassel), das vorher getrennt von seinem Stiefbruder regiert worden war. Er versöhnte sich bei dieser Gelegenheit mit der Familie Johanns[115]). Dies könnten die Gründe für die Errichtung der Tumben in der Erbbegräbniskirche des Hauses gewesen sein. Auf dem Doppelgrab liegt links ein als besonders würdig gekennzeichneter Landgraf in gräflicher Kleidung und mit Fürstenhut. Den Gesichtszügen nach scheint er älter als der junge Ritter neben ihm zu sein, der keinen Fürstenhut trägt, also wohl nie Regent war. Es kann sich hier nur um Heinrich I. und seinen Sohn Heinrich den Jüngeren handeln[116]). Heinrich der Jüngere war nie alleiniger Regent, lediglich von 1284 bis 1294 Mitregent seines Vaters. Zu diesem Zeitpunkt kam es zu einem Streit, der letztendlich zu der Aufteilung des Landes zwischen den Söhnen Heinrichs I. aus erster (Heinrich und Otto) und zweiter Ehe (Johann und Ludwig) führte[117]). Die Darstellung von Vater und Sohn auf der Grabplatte könnte also als Zeichen der Versöhnung, als

Ausdruck für die nach 1311 erfolgte Zusammenlegung der beiden Landesteile verstanden werden. Eine ältere Grabplatte Heinrichs des Jüngeren wurde zudem nach der Überschwemmung 1847 zerschlagen unter dem Doppelgrab gefunden[118]). Sie war bei der Errichtung des neuen Grabmals entfernt worden. Die Zuweisung des Doppelgrabes an Heinrich I. und Heinrich den Jüngeren ist mit großer Sicherheit zutreffend. Für eine Zuschreibung an Johann und Otto, wie sie beispielsweise Hamann vornimmt[119]), gibt es keine ernsthafte Begründung.

Der Ritter des Einzelgrabes ist in der Rüstung etwas moderner gekleidet (kurzer Rock, Dolch), somit als der zuletzt Lebende gekennzeichnet. Es kommen Johann († 1311) und Otto, der Auftraggeber, der allerdings erst 1328 starb, in Frage. Im ersten Fall handelt es sich beim Einzelgrab um ein Kenotaph, da Johann in Kassel, wo er an der Pest verstarb, im Kloster Annaberg beigesetzt wurde[120]). Wäre der Ritter des Einzelgrabes Otto, so hätte er sich das Grab lange vor seinem Tode errichten lassen. Beides ist möglich.

97 Der Calderner Kruzifixus ist aufgrund seines milden, in weichen Einzelformen wiedergegebenen Gesichtsausdruckes und der Faltenbehandlung des Lendentuches am ehesten mit
T48 der Gruppe um die Anbetung des Königs am Domhochaltar bzw. den zwei qualitätvollsten Pleurants des Einzelgrabes in Beziehung zu setzen. Ein Vergleich des Christuskopfes mit dem anbetenden König zeigt weitgehende Übereinstimmungen. Der Lendenschurz bildet einen ähnlichen Stoffknoten wie das Tuch über dem Sitz Mariens. Es handelt sich hier um ein plastisch überzeugend durchgearbeitetes Werk, das nicht den Hang zur fassadenhaften und nivellierenden Form aufweist wie viele andere Erzeugnisse der Werkstatt. Auch der ersten Chorgestühlsgruppe steht es noch sehr nahe, wie ein Vergleich des Christuskörpers mit den Streitenden in Vierpaß NII 3 deutlich zeigt. Er ist mit Sicherheit einem Hauptmeister der Kölner Werkstatt zuzuschreiben und wohl mit den Gräbern zusammen entstanden.

Die Figuren des Lettners sind dagegen nicht mehr unmittelbar dieser Werkstatt zuzuschreiben. Es gibt sicher Beziehungen, die jedoch teilweise auf den gemeinsamen lothringischen Ursprung der Bildhauer zurückgeführt werden können. Es handelt sich bei den Lettnerfiguren um stärker lothringisch geprägte Skulptur, die nur durch Hinzukommen eines neuen, von dort stammenden Ateliers zu erklären ist. Ein Vergleich mit der Sitzmadonna der Sammlung Hack zeigt, daß dieses Atelier eventuell über Trier nach Marburg gekommen ist[121]). Aber auch kölnische Elemente kommen ins Spiel, wie die Rosetten- und Maßwerkformen der Lettnerarchitektur beweisen[122]). Als terminus ante quem ist für den Lettner ungefähr 1320 anzunehmen[123]).

Ein Vergleich des Bielefelder Grabes mit den Erzeugnissen der Kölner Dombauhütte ergibt ähnlich wie bei den Marburgern Gräbern das Ergebnis, daß hier verschiedene Kräfte der Domwerkstatt zusammengearbeitet haben[124]).

94, 36 So stimmt der Kopf der Hedwig mit den Mädchenköpfen der Vierpässe NII 6 bis in Details der Gesichtsmodellierung überein. Bemerkenswert ist die übereinstimmende Bearbeitung von Holz und Stein. Ähnlich, jedoch weicher in den Einzelformen, ist das Köpf-
77 chen der hl. Katharina vom Hochaltar. Auch in der Plastizität der Gewandbearbeitung mit

T 51 Doppelgrab Ottos III. von Ravensberg und seiner Gemahlin
Hedwig zur Lippe. Bielefeld, Neustädter Marienkirche ▶

148

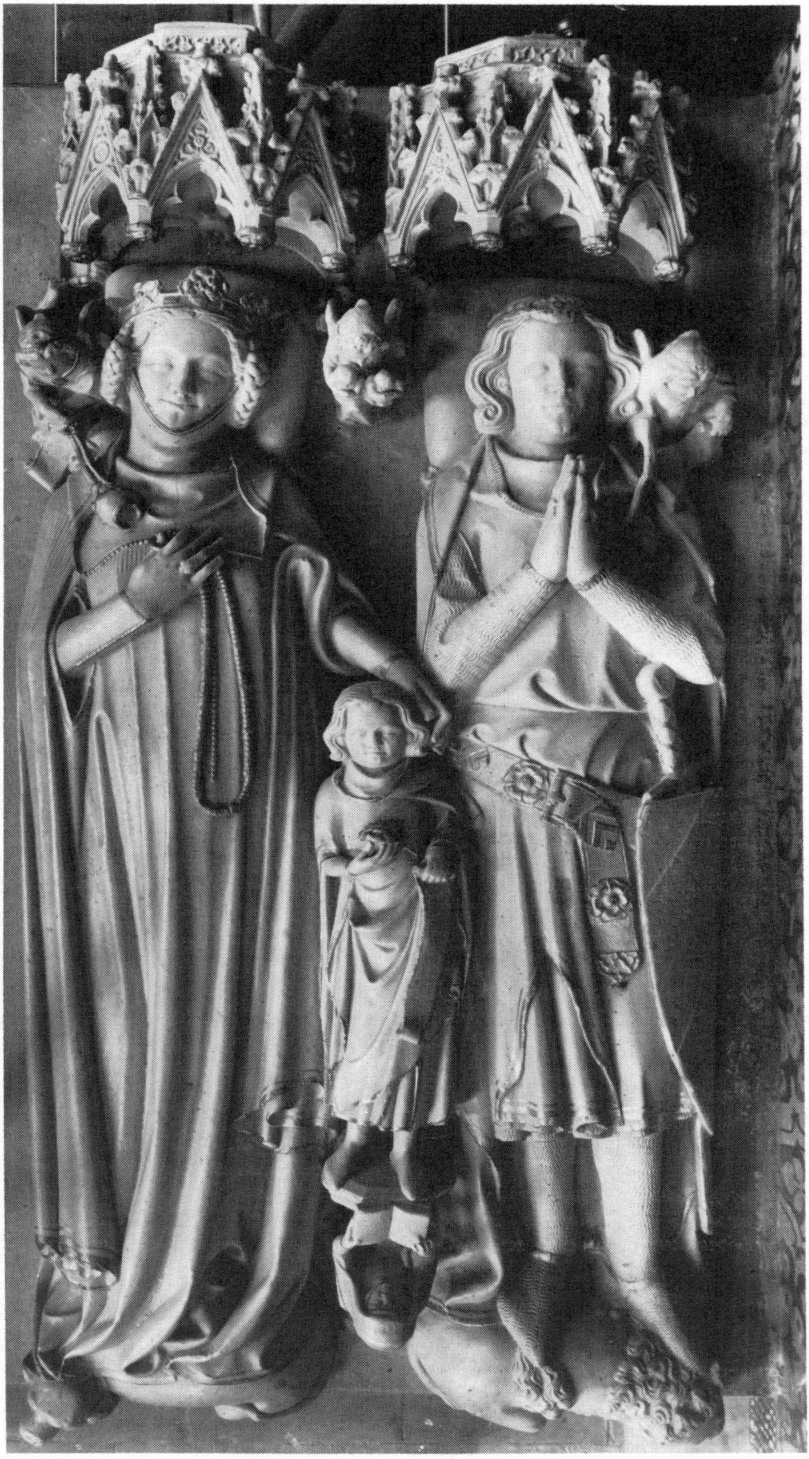

weich modellierter Oberfläche, gerundeten Faltenrücken und Akzentuierung mit scharfen Kerben entspricht die Statue der Hedwig dem Stil der ersten Chorgestühlswerkstatt[125]). Sogar Details wie die charakteristische Form der Hand oder das Faltengehänge auf der linken Seite sind identisch (vgl. den Schüler des rechten Wangenreliefs NB). Die Gestaltung der Tiere zu Füßen der Verstorbenen ist verblüffend ähnlich [126]). Zudem sprechen die Maßwerkformen der Tumba für die gleiche Werkstatt: an der Längsseite befindet sich als Maßwerkschmuck eine Reihe sich überschneidender Bögen mit Füllmotiven, die genau den Maßwerkformen der Chorgestühlswange SI, außen, entspricht[127]). Auch die Form der Rosenketten korrespondiert genau mit Chorgestühl und Marburger Einzelgrab, wie auch der ganze Tumbenaufbau mit den einfachen, vorn abgeplatteten Arkaden für die Pleurants eher dem Marburger Einzelgrab als dem Doppelgrab entspricht. Das Gesicht Graf Ottos zeigt eine Detailbearbeitung, die weniger mit dem Gisant des Einzelgrabes als vielmehr mit dem händeringenden Pleurant dieses Grabes vergleichbar scheint. Das Trauergefolge an Ost- und Westseite der Tumba ist, sofern man dies stilistisch noch beurteilen kann, ähnlich wie die Gegenstücke in Marburg, als Werkstattarbeit anzusprechen. Dieses Grab ist ganz offenbar ebenfalls eine Gemeinschaftsarbeit der Dombildhauer, wobei neben klaren Beziehungen zu einigen Figuren der Domausstattung auch die Tendenz zu Mischformen und Überschneidungen zutage tritt.

Wollte man das Bielefelder Grab in eine Gräberchronologie einordnen, so wäre eher eine spätere Entstehung als für die Marburger Gräber anzusetzen, da die einzelnen Charakteristika der Werkstätten nicht mehr so stark unterschieden auftreten. Groß kann die Differenz in der Entstehungszeit nicht sein. Das Grab wurde wahrscheinlich schon zu Lebzeiten der Hedwig in Auftrag gegeben, eventuell von Adelheid, der Tochter Ottos von Ravensberg, die mit dem hessischen Landgrafen Otto I. verheiratet war [128]), angeregt. Dies scheint naheliegend, war doch die Bildhauerwerkstatt bereits von ihrem Gatten engagiert. Auch der Lettner der Bielefelder Marienkirche ist in dieser Werkstatt entstanden. Er steht einigen Marmorfiguren des Hochaltars nahe. Dies zeigt ein Vergleich des Apostels Paulus in Bielefeld mit dem Matthias vom Hochaltar, des Bielefelder Thaddäus mit dem Kölner Petrus[129]). Fast alle am Hochaltar vertretenen Gewandschemata sind hier wiederzufinden. Deutliche Bezüge bestehen auch zu der Gruppe von Skulpturen auf der Südseite des Chorgestühls, die etwas weitere, stärker vom Körper gelöste Gewänder zeigen (vgl. etwa die Verkündigungsmadonna oder Kain und Abel im Wangenaufsatz SD).

Man möchte von daher annehmen, daß die verschiedenen Aufträge der Domwerkstätten zeitlich nicht weit auseinanderliegen.

In Westfalen entstand außer den Arbeiten in Bielefeld noch das Cappenberger Stifterdenkmal. Es ist sehr reich in den Einzelformen, die Grafen tragen schon relativ kurze Waffenröcke, die alle Motive dieser Werkstatt stark ausgeprägt bis überspitzt aufweisen. So könnte man es eventuell an den Schluß der Reihe setzen, obwohl die zeitliche Differenz wiederum nicht groß sein kann. Die Stifterfiguren gleichen in der Gewandbehandlung ungefähr dem Bielefelder Grafen. Andererseits zeigen die stark mimisch überzeichneten, etwas scharfen Gesichtszüge wieder stärkere Beziehungen zu einigen Chorgestühlsfigürchen wie etwa den Miserikordien NI 7 und 19. Auch die Sitzmadonna steht der Chorgestühlswerkstatt noch sehr nahe, wie etwa ein Gesichtsvergleich mit der Mädchenköpfen in den Vierpässen NII 6, aber auch Miserikordie NI 19 zeigt. Sehr gut zu vergleichen ist auch die

150

Bielefelder Gräfin. Das Kind der Cappenberger Madonna hat große Ähnlichkeit mit dem Schüler im rechten Vierpaß der Wange NB. Beide haben die abgeplatteten Finger der Werkstatt. Auch die Stofflichkeit des Gewandes entspricht eher der Stilausprägung der Chorgestühlswerkstatt (vgl. Wange NB) als den etwas weicheren Faltenformationen des Hochaltars.

So ist die Reihe der Erzeugnisse der kölnisch-lothringischen Domwerkstatt recht stattlich. Das Klever Doppelgrab möchte man nicht diesem Kreise zurechnen, obwohl es ähnliche Stileinflüsse aus dem Lothringischen aufweist. Unmittelbar verwandt erscheinen hier frühe, stark lothringisch geprägte Skulpturen wie der Xantener Victor[130].

Dagegen ist die Tumba des Grafen Gottfried von Bergheim in Münstereifel als ein spätes Werk noch dieser Bildhauerwerkstatt zuzuordnen und müßte – von ihrem Stil her – einige Zeit vor dem Tod des Grafen, auf jeden Fall jedoch nach der Übernahme seiner Herrschaft in Münstereifel 1323, in Auftrag gegeben worden sein. Graf Gottfried war der Bruder des Kölner Erzbischofs Walram von Jülich. Diese Verwandtschaft und die Verteilung der Gräber rings um Köln sprechen dafür, daß der Sitz der Werkstatt auch nach Beendigung der Arbeit am Dom weiterhin Köln geblieben ist.

Ein abschließender Blick gilt dem Aufbau der Gräber, könnte er doch vielleicht Hinweise zur Herkunft unserer Werkstatt geben, die über unsere bisherigen Kenntnisse hinausgehen.

Wie schon Hamann erkannt hat, ist die Marburg-Bielefelder Gräbergruppe deutlich von französischen Rittergrabmälern beeinflußt[131]. Zum gleichen Ergebnis kommt J. Hurtig in ihrer Dissertation zu Rittergrabmälern (1979). Nach ihrer Untersuchung fällt die Gräbergruppe als praktisch einzige unter den deutschen Grabmälern aus der deutschen Grabmalstradition durch deutliche französische Beeinflussung heraus[132].

In der deutschen Grabkunst dominiert ansonsten die Darstellung des Verstorbenen als quasi noch Lebender unter Aufzeigung seiner weltlichen Rolle und Macht gegenüber dem sogenannten liturgischen Grabtypus[133], bei dem der Tote während des Begräbnisses dargestellt ist. Zu den Charakteristika der liturgischen Gräber gehören das Kissen unter dem Kopf des Gisants, Fußstützen, meist in Tierform, der Gebetsgestus, Weihrauch oder Seelen tragende Engel, eventuell betende Kleriker, ab Mitte des 13. Jahrhunderts können Arkaden mit Pleurants an der Tumba vorkommen[134].

Der Vergleich mit französischen Gräbern wird durch den stark reduzierten Denkmälerbestand erschwert. Man muß weitgehend auf Zeichnungen wie etwa die der Collection Roger de Gaignières vom Anfang des 18. Jahrhunderts zurückgreifen[135]. Für einen ikonographischen Vergleich sind diese brauchbar, für Stilfragen jedoch kaum, da zudem häufig nur das Todesdatum, nicht aber der Zeitpunkt der Errichtung des Grabmals überliefert ist. Eine Umschau unter den erhaltenen und in Zeichnungen überlieferten Gräbern zeigt, daß alle Elemente, aus denen die Gräber der hessisch-westfälischen Gruppe formal zusammengesetzt sind, in der französischen Grabmalkunst verbreitet sind. Der Typus des ritterlichen Gisants ist seit ungefähr 1220 bekannt[136]. Der Gebetsgestus tritt erst bei einer Reihe von Tumben auf, die mit den Skulpturen der Chartreser Südfassade zusammenhängt (ca. 1220), und ist später bei den Gräbern des liturgischen Typus durchgehend üblich[137].

Der Baldachin, der bei unserer Gräbergruppe generell vorkommt, ist besonders häufig in der Pariser Grabmalkunst zu Beginn des 14. Jahrhunderts, jedoch nicht in Kombination mit anderen Motiven[138]).

Zu Füßen der Gisants sitzende, betende Mönche (Marburg, Einzelgrab) oder Nonnen (Marburg, Doppelgrab; Bielefeld) sind dagegen nicht so häufig zu finden. Ihr Auftreten scheint sich eher auf Ostfrankreich, vor allem Burgund, zu konzentrieren[139]).

Weihrauchengel (Bielefeld) gibt es an Nischen- und Wandgräbern seit dem späten 12. Jahrhundert. Die Übertragung auf die freistehende Tumba ist wohl Anfang des 13. Jahrhunderts erfolgt[140]). Sie kommen häufig vor[141]).

Seelen tragende Engel sind eher auf Reliefgrabsteinen oder geritzten Platten zu finden, meist in der Mitte[142]); der Engel mit Schriftrolle kommt fast nur auf Grabplatten vor[143]). Kissen haltende Engel gibt es dagegen an französischen Grabmälern recht häufig[144]). Am Doppelgrab in Marburg halten die Engel jedoch nicht die Kissen der Verstorbenen, sondern fassen direkt ihre Köpfe, ein sehr viel intimeres, liebreizenderes Motiv, für das ich keine unmittelbaren Parallelen gefunden habe.

Ansonsten sind jedoch fast alle Einzelmotive in Frankreich anzutreffen. Aber die gewählten Kombinationen erscheinen insgesamt bei unserer Gräbergruppe etwas ungewöhnlich. Es kommen alle verfügbaren ikonographischen Details dieses Grabtypus vor: Seelen tragende, weihräuchernde, Schriftrollen haltende Engel, dazu als Neuerung das ins Genrehafte gehende Motiv der Engelchen, welche die Köpfe der Verstorbenen halten. Zu deren Füßen gibt es betende Nonnen und Mönche, dazu noch Baldachine und Pleurants. Dieses Anhäufen von Dekorationselementen erscheint im direkten Vergleich mit Frankreich sehr unfranzösisch. Die Baldachine sind wohl eine aus Paris stammende Mode, aber dort sind die Gräber – vom kostbaren Material (weißer und schwarzer Marmor) abgesehen – eher von asketischer Schlichtheit[145]). Auch Engel zusammen mit lesenden Mönchen kommen vor, jedoch eher in Ostfrankreich und dann nicht mit Baldachin. Die Kombination aller dieser Motive ist ungewöhnlich. Vor allem der Trauerzug ist normalerweise an Rittergräbern nicht zu finden: „... the appearance of arcades with mourning figures, while well known in Paris und its environs, was not associated with tombs of knights"[146]). Ausnahmen davon scheint es wiederum in Burgund zu geben: Am Grab Ottos IV. von Burgund, ehemals in Chielleux, gab es dem erhaltenen Auftrag zufolge Pleurants[147]), dasselbe gilt für das Grab des Hugues de Theil in St.-Thibault, Ende des 13. Jahrhunderts[148]). Beispiele dafür gab es auch in Lothringen: Beaupré, Grab Thiébauts II., Graf von Lothringen († 1312)[149]). Die Kombination verschiedener Engelstypen wie am Bielefelder Grab, wo ein Engel mit Weihrauchfaß, einer mit Seelen und einer mit Schriftrolle vorkommt, ist in Frankreich nicht üblich[150]). Die Grabplatten sind dort niemals so überladen. Der Augenschein, daß hier auf jedem Grab ein anderes Motiv vorgeführt wird, daß man auf jeden Fall alle bekannten Variationen benützen wollte, deutet darauf hin, daß hier eine Werkstatt arbeitete, die zwar über alle einschlägigen französischen Muster verfügte, aber mit den französischen Stilgewohnheiten nicht mehr sehr eng verknüpft war. Es ist im Grunde der gleiche Eklektizismus, das Spielen mit Formen und Motiven um der Dekoration willen, der auch in der Auswahl der Maßwerkformen am Chorgestühl zum Ausdruck kommt. Gleichzeitig wird eine ähnliche Kenntnis französischer Vorlagen an den Tag gelegt, wobei sich Parallelen noch am ehesten in den ostfranzösischen Regionen finden lassen, weniger in Paris.

So spricht auch der Aufbau, nicht nur der Stil der Gräber für eine aus Ostfrankreich kommende, jedoch bereits an deutsche Stilgewohnheiten angepaßte Werkstatt.

Wir dürfen festhalten, daß die Mitglieder der Domwerkstätten, die an Chorgestühl und Hochaltar ungefähr gleichzeitig gearbeitet hatten, nach Beendigung der Tätigkeit am Dom weiterhin eine Art Arbeits- und Stilgemeinschaft bildeten und eine ganze Reihe Grabmäler in der weiteren Umgebung von Köln herstellten. Dabei lassen sich bei einigen Skulpturen Charakteristika bestimmter, klar umrissener Stilgruppen bis zum Dom zurückverfolgen; die Mehrheit zeigt einen mehr oder weniger variationsreichen Werkstattstil.

Bei den Bildhauern des Chorgestühls, die in dieser Werkstatt mitarbeiteten, handelt es sich wohl um Steinbildhauer, nicht um Spezialisten für die Erstellung von Chorgestühlen mit kleinformatiger Skulptur. Dies beweisen einmal das überdurchschnittlich große Format der Werkstücke und der Hang zu großflächigen Motiven. Dazu kommt die starke Übereinstimmung der Holz- und Steinskulptur, die wir in einigen Kopf- und auch Gewandvergleichen feststellen konnten.

Falls es in dieser Werkstatt „tombiers", Spezialisten für die Herstellung von Gräbern, gegeben hat, dann müßten sie sich unter den zugewanderten lothringischen Kräften befunden haben. Dafür spricht möglicherweise auch die äußere Gestaltung des Domhochaltars, der mit seinen in Arkadenreihen eingestellten Figuren und vor allem auch dem Material Grabformen aufzunehmen scheint.

Noch im 13. Jahrhundert hat es keine spezialisierten Gräberwerkstätten gegeben[151]). Die Bildhauer von Statuen, Gewändefiguren, Retabeln und Gräbern waren offenbar dieselben[152]). Doch auch zu Beginn des 14. Jahrhunderts und später, als Bildhauer in den Quellen als „tombiers" bezeichnet werden (Jean de Liège, Pépin de Huy, André Beauneveu), ist deren Oeuvre nicht auf Gräber beschränkt, sondern man kann ihnen Werke anderer Genres und Materialien zuweisen, wie es auch bei der Domwerkstatt der Fall ist.

Anmerkungen

[1]) Vor allem am Portail des Libraires, Rouen; vgl. den Abschnitt zum Vierpaß.
[2]) Diese Tendenz ist nicht bei allen Reliefs am Chorgestühl gleich stark ausgeprägt.
[3]) Siehe die Maße für die angegebenen Stücke im Inventar.
[4]) Siehe dazu dieses Kapitel unter „Forschungsstand".
[5]) Rode, Rhein und Maas II, S. 429-444; Ders., Zur Grablege und zum Grabmal des Erzbischofs Konrad von Hochstaden. In: KDBl. 44/45, 1979/80, S. 203-222.
[6]) Dazu: Rode, Rhein und Maas II, S. 439 ff.; Suckale, Domchorstatuen, S. 226; ganz allgemein sind z.B. die Skulpturen des Pariser Südquerhauses zum Vergleich heranzuziehen, vgl. etwa Abb. 120, 121 bei Kimpel, Notre-Dame.
[7]) Legner, Festschrift Swarzenski, S. 261 ff.; hier Datierung: um 1300; Ders., Anmerkungen zu einer Chronologie der gotischen Skulptur des 13. und 14. Jahrhunderts im Rhein-Maas-Gebiet. In: Rhein und Maas II, S. 445 f.; hier Datierung: bald nach 1261. Ebenfalls Haussherr, Der Kölner Domchor, S. 229 ff.
[8]) Rode, Rhein und Maas II, S. 440, im Anschluß daran gleiche Datierung bei Legner, Rhein und Maas II, S. 445 f., ebenfalls Wolff, Dom, S. 49.
[9]) Suckale, Domchorstatuen, S. 247; dazu auch Haussherr, Der Kölner Domchor, S. 229 ff.
[10]) U.a.: W. Pinder, Die Deutsche Plastik des 14. Jahrhunderts, Minden 1925, S. 22: zwischen 1322 und 1330; Hamann, Elisabethkirche II, S. 270, gleiche Datierung; Clemen, Dom, S. 156: um 1322; Krohm, S. 97 ff.: Anfang 14. Jahrhundert.
[11]) Zuletzt Suckale, Domchorstatuen, S. 234 ff.

12) Suckale, Domchorstatuen, S. 246; Transformations of the Court Style. Gothic Art in Europe 1270–1330, Katalog, Providence 1977, S. 22, wo auch vom Stil her die Apostel der Sainte Chapelle als Quelle angeführt werden.
13) Suckale, Domchorstatuen, S. 236 ff.
14) Suckale, Madonnenstatuen, S. 127 ff.
15) Wie es beispielsweise noch bei der Trumeaumadonna des Pariser Nordquerhauses der Fall ist; vgl. Kimpel, Notre-Dame, Abb. 36–38.
16) Dieses Motiv tritt nach Suckale zum ersten Male am Altarretabel von St.-Germer-de-Fly auf. Vgl. Suckale, Madonnenstatuen, S. 127 ff., und Sauerländer, Taf. 281.
17) Vgl. Suckale, Madonnenstatuen, S. 159 f., Abb. 18.
18) Suckale, Domchorstatuen, S. 236 ff.
19) Krohm, S. 97 ff.
20) Vgl. Krohm, Abb. 41 und 42; 39 und 40.
21) Nach 1282; Suckale, Domchorstatuen, Abb. 17.
22) Suckale, Domchorstatuen, S. 245.
23) Bergmann, Jägers, Lauer, S. 10 f.; Abb. 7,11, 18, 19.
24) Ebd., S. 10 und 30 f.
25) Ebd., S. 36.
26) Ebd., S. 25 f.
27) Ebd., S. 26 f.; zu den Skulpturenfragmenten vgl. auch Bergmann, 1984, S. 19 ff.
28) Einer falsch interpretierten Beschreibung in der Koelhoffschen Chronik folgend; u. a. bei Hamann, Elisabethkirche II, S. 241; H. Reiners, Kölner Kirchen, 1921, S. 37; E. Lüthgen, Ein Kopf des Meisters der Marmorfiguren vom Kölner Domaltar. In: Monatshefte für Kunstwissenschaft II, 1909, S. 570 f.
29) Bereits Karpa, Chronologie, S. 74; Eichler, Hochaltar, S. 95 ff. W. Beeh, Die Ikonographie des Hochaltars im Kölner Dom. In: KDBl. 18/19, 1960, S. 10; Ders., Die Muttergottes von Schiffenberg, S. 26; Legner, Rhein und Maas I, S. 371–374; II, S. 452, hier Datierung um 1310–1320. Siehe auch Anm. 19.
30) Nur die Skulpturen der Westseite befinden sich noch in situ, die anderen wurden bei der Modernisierung des Hochaltars im 18. Jahrhundert entfernt und befinden sich jetzt im Schnütgen-Museum. Zwei sind verloren. An Ort und Stelle sind jetzt Kopien des 19. Jahrhunderts von Alexander Iven aufgestellt. Vgl. Beeh, Ikonographie, S. 9.
31) Vgl. vor allem Schmoll, Rheinlande, S. 60 ff.; Ders., Madonnenstatuetten, S. 141; Ders., Neue Ausblicke, S. 81; auch Legner, Rhein und Maas I, S. 373; aber auch schon: Weise, Mittelalterliche Bildwerke, S. 69 f., und Beenken, Bildhauer des 14. Jahrhunderts, S. 93.
32) Siehe dazu S. 132 und Anm. 16–21.
33) Bergmann, Jägers, Lauer, S. 46–48, Abb. 7 und 9.
34) Siehe zum Forschungsstand S. 111, Anm. 8–14. Tieschowitz sieht Beziehungen seiner als „marburgisch" bezeichneten Werkstatt zum Hochaltar, vor allem, was die Wangenreliefs SA (Abrahammeister) angeht, S. 36; Legner, Rhein und Maas I, S. 371 ff., führt die Verkündigungsmadonna des Wangenaufsatzes SD und Ähnlichkeit in der Gestaltung des Blattwerks als Beweis für mögliche Werkstattüberschneidungen an.
35) Siehe dazu auch S. 132 und Anm. 28; auf Einzelheiten der Forschungsgeschichte werden wir später noch eingehen.
36) Zur Rekonstruktion der ursprünglichen Aufstellung siehe Beeh, Ikonographie, S. 12 ff.
37) Bis 1770 wurden die Figürchen der drei anderen Seiten mit ihren Arkaden entfernt. Siehe dazu Beeh, Ikonographie, S. 8 f. und S. 20, und Anm. 2 dieser Arbeit im Kapitel „Das Chorgestühl im Barock". Drei Figurengruppen und 16 Einzelfiguren befinden sich heute im Schnütgen-Museum, zwei Figurengruppen in Privatbesitz, die hl. Katharina, vorher im Landesmuseum Darmstadt, in der Sammlung Neuerburg, eine erst von Beeh, Ikonographie, publizierte weibliche Figur ohne Kopf (ebd. Abb. 33) im Besitz von Frau Renard, Köln; 1984 vom Dom zurückgekauft; vgl. auch U. Bergmann, Die Maria in der Hoffnung vom Domhochaltar. In: KDBl. 49, 1984, S. 175 f.
38) Dies bemerkte bereits Clemen, Dom, S. 212; ebenfalls Legner, Rhein und Maas I, S. 373, 374.
39) Abbildungen aller hier beschriebenen Figuren bei Beeh, Ikonographie, mit Namensbezeichnung, die wir von seiner Rekonstruktion übernehmen mit der entsprechenden Numerierung.
40) Es ist auffällig, daß innerhalb einer Figurengruppe hier zwei verschiedene Augenformen, mandel- und halbmondförmig, vorkommen, da eine gewisse Wechselhaftigkeit in dieser Beziehung schon am Chorgestühl festgestellt wurde.

⁴¹) Einen ähnlichen Gewandaufbau zeigt auch ein Baldachinengel (über Philippus).
⁴²) H. Rode möchte in der Dombibliographie in: KDBl. 35, 1972, S. 177, den Hochaltar sogar vor das Chorgestühl setzen, an dieser Stelle nicht begründet, wahrscheinlich aber wegen der Maßwerkformen; dazu Rode, Rhein und Maas II, S. 434.
⁴³) Kroos, S. 66.
⁴⁴) Auf diese lothringische Skulptur wird im folgenden noch kurz einzugehen sein. Zum kölnischen „Stilidiom" bei den Hochaltarfiguren siehe Legner, Rhein und Maas I, S. 373.
⁴⁵) Beeh, Ikonographie, S. 17 ff.
⁴⁶) Vgl. S. 113 und Anm. 37 und 38.
⁴⁷) Vgl. S. 113 f.
⁴⁸) Legner, Rhein und Maas I, S. 373.
⁴⁹) Schmoll, Statuetten; Ders., Neue Ausblicke, S. 57 ff.; Ders., Rheinlande, S. 66 ff.; vgl. dazu auch: W. D. Wixom, A Gothic Madonna from Lorraine. In: Bulletin of the Cleveland Museum of Art LXI, 1974, S. 341 f.; E. Szmodis Eszláry, Vierge lorraine inconnue du XIVe siècle du „groupe de Saint-Dié". In: Acta historiae artium XXIV, 1978, S. 107–111; P. Simonin, Trois vierges à l'enfant du XIVe siècle à Lucey, Francheville et Vézelize. In: Le Pays Lorrain 59, 1978, S. 19–36; M. Beaulieu, La sculpture lorraine du Moyen Age au Musée du Louvre. In: La Lorraine. Etudes archéologiques, Nancy, Metz, Paris 1980, S. 63–74; F. Baron, Une vierge lorraine du XIVe siècle. In: La revue du Louvre et des Musées de France XXX, 3, 1980, S. 174 f.; auch: M. C. Burnand, La Lorraine gothique, Nancy 1980, S. 76 ff.
⁵⁰) Schmoll, Neue Ausblicke, S. 80.
⁵¹) Schmoll, Neue Ausblicke, S. 80.
⁵²) Legner, Rhein und Maas I, S. 372.
⁵³) Schnütgen-Museum Köln, Inv. Nr. K 146; H: 100 cm; feiner Kalkstein; Kinderkopf ergänzt. Rhein und Maas I, Nr. O 3, Abb. S. 373; Witte, Parallelen, S. 65 ff.; Weise, Mittelalterliche Bildwerke, S. 65; Hamann, Elisabethkirche II, S. 154 ff.; Schmoll, Statuetten, S. 141; Ders., Rheinlande, S. 74.
⁵⁴) Schmoll, Neue Ausblicke, S. 94, Anm. 10; Hamann, Elisabethkirche II, Abb. 409.
⁵⁵) Schmoll, Neue Ausblicke, S. 85, Abb. 49.
⁵⁶) Schmoll, Rheinlande, S. 74; Hamann, Elisabethkirche II, Abb. 405; heute die Fassung des 19. Jahrhunderts entfernt. Die Madonna befindet sich wieder in St. Ursula.
⁵⁷) Schmoll, Rheinlande, S. 74; Ders., Neue Ausblicke, Abb. 55; Die Heiligen Drei Könige. Darstellung und Verehrung, Katalog Köln 1982, Nr. 35 mit Abb.; im Schnütgen-Museum als Leihgabe des Stadtkonservators Köln.
⁵⁸) Schmoll, Neue Ausblicke, S. 85, Abb. 54; Ders., Statuetten, S.141; Ders., Rheinlande, S. 74.
⁵⁹) Schmoll, Neue Ausblicke, S. 81 und S. 83, Abb. 44 und 48.
⁶⁰) Schmoll, Neue Ausblicke, S. 81, Abb. 46; vgl. auch Beeh, Die Muttergottes von Schiffenberg, S. 23 ff. Die Madonna steht den Marburger Lettnerfiguren stilistisch sehr nahe.
⁶¹) Weise, Mittelalterliche Bildwerke, S. 64 f. und S. 89; Beenken, Bildhauer des 14. Jahrhunderts, S. 95; Kutter, Domhochaltarmeister, S. 14; Feulner, Müller, S. 169 f.; Hoffmann, Studien, S. 17; Volkelt, Lothringische Plastik, S. 281 ff.
⁶²) Schmoll, Neue Ausblicke, S. 57 f., Abb. 7–9.
⁶³) Witte, Tausend Jahre, S. 93; Eichler, Hochaltar, S. 96; Feulner, Müller, S. 169 f.; Karpa, Chronologie, Abb. 43 und 58.
⁶⁴) Siehe S. 113 und Anm. 39 und 40.
⁶⁵) U. a. Weise, Mittelalterliche Bildwerke, S. 80; Beenken, Bildhauer des 14. Jahrhunderts, S. 93; Witte, Tausend Jahre, S. 93; Hoffmann, Studien, S. 64; Beeh, Die Muttergottes von Schiffenberg, S. 17 ff.; Bloch, Kölner Skulpturen, S. 15, zählt auch die Guten Helden im Hansasaal des Kölner Rathauses dazu.
⁶⁶) Dazu: Karpa, Chronologie, S. 60; er datiert den Victor aufgrund kostümkundlicher und stilistischer Kriterien um 1300, auf jeden Fall vor 1311; vgl. auch S. Beissel, Die Bauführung des Mittelalters I, Freiburg 1889, S. 81; R. Klapheck, Der Dom zu Xanten und seine Kunstschätze, Berlin 1930, S. 19 f.
⁶⁷) Schmoll, Neue Ausblicke, S. 85.
⁶⁸) Vgl. etwa die Aachener Sitzmadonna, die noch stärker lothringisch geprägt ist.
⁶⁹) Vgl. etwa die Figuren des Dreikönigenpförtchens.

70) Wahrscheinlich durch die Überschwemmung von 1847, welche die Gräber stark beschädigte, endgültig getilgt. Vgl. D. Großmann, Die Elisabethkirche zu Marburg/Lahn, Berlin 1980, S. 10. Dazu auch: G. Landau, Die fürstlichen Grabmäler in der Kirche der hl. Elisabeth zu Marburg. In: Zeitschrift des Vereins für hessische Geschichte und Landeskunde V, 1850, S. 184 f.; 700 Jahre Elisabethkirche in Marburg 1283–1983, Katalog Marburg 1983, Kat. E: Die Elisabethkirche (E. Leppin), S. 41 und 47.
71) Dazu umfangreiche Literatur, auf die später noch einzugehen sein wird.
72) A. Erlande-Brandenburg, Le Roi est mort. Etudes sur les funérailles, les sepultures et les tombeaux des rois de France jusqu'à la fin du XIIIe siècle, Genf, Paris 1975, Abb. 121–130.
73) Hurtig, Gisant, S. 12 ff.; Bauch, Grabbild, S. 45–62.
74) Oberkörper und Köpfe ergänzt.
75) Literatur zum Marburger Lettner: Hamann, Elisabethkirche II, S. 214 ff.; Religiöse Kunst aus Hessen und Nassau. Kritischer Gesamtkatalog der Ausstellung Marburg 1928, Marburg 1932 (Hrsg. Deckert, Freyham, Steinbart), S. 22–26, Taf. 22–27; Schmoll, Neue Ausblicke, S. 81 f.; Beeh, Die Muttergottes von Schiffenberg, S. 23 ff.
76) Hamann, Elisabethkirche II, S. 162, Abb. 234 f.; F. Küch, Der Kruzifixus von Caldern. In: Hessenkunst 12, 1918, S. 27–32: Kruzifixus insgesamt 1,07 m hoch, Korpus 0,54 m.
77) Siehe S. 141 und Anm. 60.
78) Wahrscheinlich der früh verstorbene Graf Ludwig III., zuletzt 1293 erwähnt; vgl. H. Gmelin, Die Neustädter Marienkirche zu Bielefeld, Berlin 1974, S. 7.
79) Ebd., S. 7.
80) Es handelt sich um eine Folge sich überschneidender Bögen, die in Aufbau und Füllmotiven völlig mit der Maßwerkgalerie am Chorgestühl, Wange SI, außen, übereinstimmt; vgl. Inventar.
81) Gmelin, Die Neustädter Marienkirche, S. 8; Hamann, Elisabethkirche II, S. 169–173, mit Abb.
82) Bauch, Grabbild, S. 106.
83) H. Appuhn, Die Stiftskirche St. Johannes in Cappenberg, Berlin 1980, S. 12.
84) Die Madonna ist aus Kalksandstein, H: 55 cm; Appuhn, St. Johannes, S. 12; Hamann, Elisabethkirche II, S. 145–146; Religiöse Kunst aus Hessen und Nassau, Kat. Marburg 1932, S. 26 ff.; Schmoll, Neue Ausblicke, S. 85 ff.
85) Die Denkmäler des Rheinlandes, Kreis Kleve Bd. 4 (H. P. Hilger), S. 44, 64 f., Abb. 178 und 179; Bauch, Grabbild, S. 326, Anm. 247; Hamann, Elisabethkirche II, S. 163 ff.; Kutter, Domhochaltarmeister, S. 17 f.; Reitzenstein, Ritter, S. 90, Anm. 19 und Anm. 21; Hurtig, Gisant, S. 87 ff. Sandstein, Deckplatte 310 mal 160 cm; nach Zerstörung durch Gewölbeeinsturz in Bedburg Anfang des 20. Jahrhunderts aus 200 Bruchstücken zusammengesetzt. Seit 1914 in der Fürstengruft der Stiftskirche. Stark restauriert.
86) Hamann, Elisabethkirche II, S. 175 ff., mit Abb.; Hurtig, Gisant, S. 87 ff.; Kutter, Domhochaltarmeister, S. 21 f.; KD RHP IV, 2 (Kreis Rheinbach), S. 97; zu Gottfried von Bergheim: W. Müller, Stammtafeln Westdeutscher Adelsgeschlechter im Mittelalter Bd. I, Darmstadt 1922, S. 14, Taf. VII; Gottfried war der Bruder des Grafen Wilhelm I. von Jülich und des Kölner Erzbischofs Walram von Jülich; er übernahm 1323 die Herrschaft über Münstereifel.
87) An den Querseiten sind jeweils nur zwei Pleurants (von vier) erhalten, an den Längsseiten fehlt jeweils einer von sieben.
88) Hurtig, Gisant, S. 1 und 10 f.
89) Siehe dazu S. 112 f. und Anm. 30–47.
90) Hamann, Elisabethkirche II, S. 115–265.
91) Diese Theorie vertritt auch H. Weigelt, Die Stilstufen der deutschen Plastik von 1250 bis 1350. In: Marburger Jahrbuch für Kunstwissenschaft 3, 1927, S. 203.
92) Weise, Mittelalterliche Bildwerke, S. 69 ff.
93) Meier, Dortmunder Plastik, S. 64 ff.
94) Stange, S. 122 f.
95) Feulner, Müller, S. 169 f.
96) Vor allem bei Schmoll. Dazu Anm. 45–47.
97) Siehe zuletzt Legner, Rhein und Maas I, S. 371 ff.
98) Reitzenstein, Ritter, S. 73 ff.
99) W. Pinder, Die deutsche Plastik vom ausgehenden Mittelalter bis zum Ende der Renaissance, Handbuch der Kunstwissenschaft Bd. I, Berlin-Potsdam 1924, S. 108.
100) Bauch, Grabbild, S. 133.
101) Ebd., S. 106, 112, 247, Anm. 326.
102) Hurtig, Gisant, S. 66 ff., S. 87 ff.

103) Ebd., S. 94 ff.
104) Auf dem Domkolloquium 1978 wurde eine mögliche Beziehung dieser Art nicht mehr erwähnt. Krohm, S. 98, hält sie ebenfalls für unwahrscheinlich.
105) Hamann, Elisabethkirche II, S. 261 f.
106) Der Dolch ist nach Karpa, Chronologie, S. 58 ff., auf Gräbern erst im dritten Jahrzehnt des 14. Jahrhunderts nachweisbar und dient bei ihm zur Spätdatierung des Einzelgrabes. Der Dolch tritt jedoch bereits am Chorgestühl bei dem Ritter in Wangenbekrönung SA auf.
107) Zu vergleichen sind ferner der Mönch, Knauf NII 1; Misericordien NII 6, NI 16, NI 17; Vierpaß NII 7: Das Sitzmotiv des rechten Propheten ähnelt dem rechten Tumbenengel, das des linken dem anderen. 29, 7, 8, 5
108) Die Nasenspitze ist ergänzt.
109) Einzelheiten wie die eingedrückten Augen und rechtwinklig geführten Haarsträhnen an den Füßen stimmen genau überein. Das Gesicht des Mischwesens daneben sieht wie eine Karikatur des Gisants aus, zeigt auch die gleichen Motive über dem Gürtel.
110) Bergmann, Jägers, Lauer, Abb. 27.
111) Der Pleurant mit dem Schwert ist der Katharina bis ins Detail verwandt, für den Händeringenden könnte man auch den jungen König vom Hochaltar heranziehen, jedoch auch Misericordie NI 7. Dieser Pleurant steht dem Chorgestühl am nächsten. 81, T39
112) Schmoll, Neue Ausblicke, Abb. 50.
113) Forsyth, Mediaeval Statues, S. 235.
114) Beispiele für Kielbögen gibt es Ende des 13. Jahrhunderts bereits häufiger: Gertrudenschrein, Nivelles, um 1290; auch an französischen Gräbern (nur noch auf Zeichnungen von Gaignières erhalten, der drei Beispiele für Kielbögen an Gräbern in Notre-Dame, Paris, aufführt, fünf in Rouen und zwei in Royaumont); vgl. Bony, S. 27. Der Kielbogen kommt bereits an den Sockelreliefs der Kathedrale von Auxerre (Marienportal, um 1290, Quednau, Abb. 58) vor.
115) G. v. Bezold, Zwei Grabdenkmäler aus der Frühzeit des 14. Jahrhunderts in St. Elisabeth zu Marburg. In: Mitteilungen des Germanischen Museums, 1911, S. 15 f.
116) Diese Deutung wird auch vertreten bei: G. Dehio, Geschichte der deutschen Kunst Bd. II, Berlin 1923, Abb. 369; v. Bezold, Zwei Grabdenkmäler, S. 18; O. Karpa, Das Marburger Einzel- und Doppelgrab, Historische Grundlegung ihrer Zuschreibung. In: WRJb. VII/VIII, 1933/34, S. 89; Reitzenstein, Ritter, S. 73 f.; Bauch, Grabbild, S. 133, S. 329, Anm. 281.
117) v. Bezold, Zwei Grabdenkmäler, S. 151.
118) v. Bezold, Zwei Grabdenkmäler, S. 151; Landau, Die fürstlichen Grabmäler, S. 186; Karpa, Einzel- und Doppelgrab, S. 89; auch Reitzenstein, Ritter, S. 73; dagegen erfolgt von J. A. Holladay in ihrer Diss. The tombs of the Hessian landgraves in the Church of St. Elizabeth at Marburg, Brown University 1982, offenbar auch eine Zuschreibung an Heinrich I. und Heinrich den Jüngeren; vgl. RILA volume 11/1, 1985, Nr. 617. Ich konnte diese Arbeit leider nicht mehr einsehen.
119) Hamann, Elisabethkirche II, S. 184 ff.; auch Küch, Landgrafengräber, S. 145 f.; Ders., Klagefiguren, S. 33 ff.; Landau, Die fürstlichen Grabmäler, S. 181 f.
120) Karpa, Einzel- und Doppelgrab, S. 90.
121) Vgl. die These von Schmoll gen. Eisenwerth zum Marburger Lettner. In: Neue Ausblicke, S. 81 f., Abb. 54.
122) Abwechselnd runde und eckige Rosetten, dazu eine Folge sich überschneidender Bögen.
123) Beeh, Die Muttergottes von Schiffenberg, S. 26.
124) Die stilistische Beurteilung des Grabes wird dadurch erschwert, daß es mit einer dicken Schicht grüner Ölfarbe überstrichen ist, die Schäden und plastische Details zudeckt. Vor allem die Pleurants sind davon betroffen. Bei den Gisants sind zudem die Nasen in entstellender Weise ergänzt.
125) Man vergleiche für die Körperlichkeit Misericordie NI 18.
126) Vgl. den Löwen unter dem Grafen mit dem Greifen in Vierpaß NII 7, besonders die doppelte Schwanzquaste und die eckige Führung der Fransen.
127) Siehe Kapitel „Maßwerk" dieser Arbeit.
128) Reitzenstein, Ritter, S. 19, Anm. 90.
129) Hamann, Elisabethkirche II, Abb. 248–253, mit Namensbezeichnung.
130) Diese Beziehung bemerkte bereits H. P. Hilger in: Die Denkmäler des Rheinlandes, Kreis Kleve Bd. 4, Düsseldorf 1967, S. 66; er datiert allerdings um 1330.
131) Hamann, Elisabethkirche II, S. 119 ff.
132) Hurtig, Gisant, S. 107; eine Ausnahme bilden einige schlesische Gräber, vor allem das Heinrichs IV. in der Kreuzkirche zu Breslau, ebd., Abb. 137, das ebenfalls Pleurants in Arkaden aufweist.

133) Hurtig, Gisant, S. 12; G. R. Sommers, Royal Tombs at St. Denis in the Reign of St. Louis, Phil. Diss. Columbia University 1966, S. 18–22; Bauch, Grabplastik, S. 45–62; E. Panofsky, Tomb Sculpture, New York 1964, S. 60–61.
134) Grab des Philippe de France, ehem. Royaumont, jetzt St. Denis; Erlande-Brandenburg, Le Roi est mort, Abb. 115–120.
135) Die Zeichnungen wurden von Boudan für Gaignières während verschiedener Reisen zwischen 1695 und 1715 angefertigt. Veröffentlicht (nach Todesdatum der Personen geordnet) bei: J. Adhémar und G. Dordor, Les tombeaux de la collection Gaignières. Dessins d'archéologie du XVIIIe siècle. In: Gazette des Beaux-Arts 84, 88, 90, 1974, 1976, 1977. Nach Orten bei: J. Guibert, Les dessins d'archéologie de Roger de Gaignières, Paris 1912–1913, série I, tombeaux, 9 Bde.
136) An frühen französischen Gräbern sind die Schilde größer und höher angebracht, so daß sie mit den im Gebetsgestus gefalteten Händen in Konflikt geraten. Das früheste Grab, wo der Schild in der hier vorliegenden Manier gestaltet wurde, ist das des Guy I. de Lévis in Lévis-St.-Nom († 1223); vgl. Hurtig, Gisant, S. 22.
137) Hurtig, Gisant, S. 22: Grab im Philadelphia Museum of Art, ebd., Abb. 13; drei Gräber aus der Abtei Josaphat bei Lèves, von Sauerländer, Sens, S. 75 f., auf ca. 1220 datiert. Vgl. auch Bauch, Grabbild, S. 63.
138) Hurtig, Gisant, S. 37 und 92: hier wird das Vorkommen von Baldachinen in unserer Gräbergruppe als Zeichen der Vertrautheit mit Pariser Vorbildern gewertet.
139) Hurtig, Gisant, S. 48 und S. 92 f.; Saint-Thibault, Grab des Hugues de Theil, Ende 13. Jahrhundert, Abb. 74; Lucenay-l'Evêque, Grab des Guillaume de Brasey († 1302), Abb. 75; in Burgund treten unter Pariser Einfluß auch skulptierte Baldachine auf: Cîteaux, Grab des Robert de Tonnerre, ebd., Abb. 76.
140) Sommers, S. 27–28; Bauch, Grabbild, S. 67 f.
141) Zusammen mit betenden Mönchen am Grab des Guillaume de Brasey, vgl. Anm. 139; weitere Beispiele siehe Hurtig, Gisant, Abb. 11, 19, 22; sehr häufig auch auf geritzten Grabsteinen.
142) Hurtig, Gisant, S. 87; Hamann, Elisabethkirche II, S. 122 ff.
143) Hurtig, Gisant, S. 92.
144) Vgl. etwa das Grab des Philippe de France, siehe Anm. 134; Bauch, S. 66; das Motiv wurde von Nischengräbern auf die freistehende Tumba übertragen.
145) Vgl. etwa das Grab Philipps III.; Erlande-Brandenburg, Le Roi est mort, Abb. 157–159.
146) Hurtig, Gisant, S. 96.
147) Das Grab stammte von Pépin de Huy; vgl. Hamann, Elisabethkirche II, S. 136; Hurtig, Gisant, S. 47.
148) Siehe Anm. 139.
149) Nicht mehr erhalten. Abb. bei D. Calmet, Histoire de Lorraine, Bd III, 1728, Taf. II. Vgl. auch: Les pleurants dans l'art du Moyen Age en Europe. Katalog der Ausstellung im Musée des Beaux-Arts de Dijon, 1971 (Hrsg. P. Quarré).
150) Hurtig, Gisant, S. 87.
151) Zu diesem Problem: Erlande-Brandenburg, Le Roi est mort, S. 111 ff.
152) So gibt es enge Beziehungen zwischen zwei Gräbern aus St.-Germain-des-Prés und dem Türsturz des Annenportals von Notre-Dame. Das Grab des Renaud de Mouçon, Josaphat, stammt wohl vom gleichen Künstler wie der hl. Martin am linken Portal der Chartreser Südfassade. Vgl. Erlande-Brandenburg, Le Roi est mort, S. 112; Sauerländer, Sens, S. 53; Bauch, Grabbild, S. 63.

T 52   Samson und Delila, Wangenaufsatz SA

5. Die Pariser Werkstatt

a. Beschreibung

Neben der kölnisch-lothringischen Werkstatt waren für die Arbeiten am Chorgestühl einige weitere Bildhauer engagiert, die man ebenfalls grob in einer Gruppe zusammenfassen könnte, obwohl sie sich – wie wir sehen werden – untereinander wiederum auch stilistisch, nicht nur von der Qualität her, unterscheiden.
Der Stil dieser Gruppe zeigt deutliche Differenzen zu der eher lokal geprägten anderen Werkstatt.
Auf eins der charakteristischsten Werkstücke trifft man gleich an prominenter Stelle am östlichen Eingang des Chorgestühls auf der Nordseite: Wange NA. Die Wangenbekrö-

98, 99 nung unterscheidet sich im Vergleich zu dem qualitätvollsten Aufsatz der anderen Gruppe, dem direkt dahinter liegenden der Wange NB, durch die sehr viel detailliertere Ausarbeitung. Man hat nicht großteilig angelegte Einzelfiguren, sondern ganze Szenen in die Volutenbauchungen eingefügt. Das völlige Ausfüllen dieses Raumes mit geschickt angepaßten Kompositionen, dazu die liebevoll ausgearbeiteten, zahlreichen Tierchen im umliegenden Blattwerk, stellen eine optimale Lösung der vorgegebenen Aufgabe dar. Dieses Meisterwerk an hervorgehobener Stelle ist sicher einem außergewöhnlich talentierten Bildhauer zuzuschreiben, der auch Sinn für derartige Dekorationsaufgaben besaß.
Nicht nur die kleinteilige Figurenanordnung ist ein Unterscheidungsmerkmal gegenüber

T 52, F 10 der anderen Chorgestühlswerkstatt. Auch der Faltenstil ist deutlich anders. Auf einen kräftigen Figurenkern sind scharf und spitzig ausgearbeitete Faltenmotive aufgelegt, die nicht

T 53 sehr tief in diesen Kern einschneiden. Der Körperblock ist kräftig, die Fältchen liegen auf der leicht in die Breite gedrückten Oberfläche auf. Die Gewandführung wirkt im Gegensatz zu dem weichen, plastischen Gestaltungsmodus der anderen Werkstatt eher straff als voluminös. Die Einzelmotive sind kleinteiliger. Sie deuten weniger die Stofflichkeit des Gewandes an, sondern markieren vielmehr zeichenhaft bestimmte Gewandstellen – Gürtel, Ärmelbeuge, usw. Es wird zudem ein unterschiedliches Repertoire zur Kennzeichnung bestimmter Bewegungs- und Gewandmotive verwendet. So kommen wenig Schüsselfalten vor, und wenn, dann sind sie flach und gratig in der Ausarbeitung. Auch oberhalb der Gürtung bilden sich keine üppigen Faltenösen, die Gewandstauung wird durch spitze Motive, eckig vorspringende, dreieckförmige Quetschfältchen wiedergegeben.

F 10, T 53 Besonders charakteristisch zeigen sich die Köpfe, vor allem im Wangenaufsatz NA noch gut zu erkennen: sie sind relativ klein und kugelig. Das Gesicht ist nicht flächig und groß-

100, 101 förmig ausgebildet wie bei der anderen Gruppe, sondern die Wangen verlaufen stark abgeschrägt nach hinten, so daß das prägnante kleine Kinn und die Nasenspitze stärker vortreten. In diese Grundform sind ganz vorsichtig die Binnenformen des Gesichts eingetragen: kleine mandelförmige Augen in kaum ausgeprägten Augenhöhlen, eine zarte Brauenlinie, ein kleiner, strichförmiger Mund. Der Gesichtsausdruck wirkt kühl, eher ein wenig mür-

T 53 Beichte, Wangenaufsatz SA ▶

F 13   Alter Mann, Knauf NI 13/14 von Osten

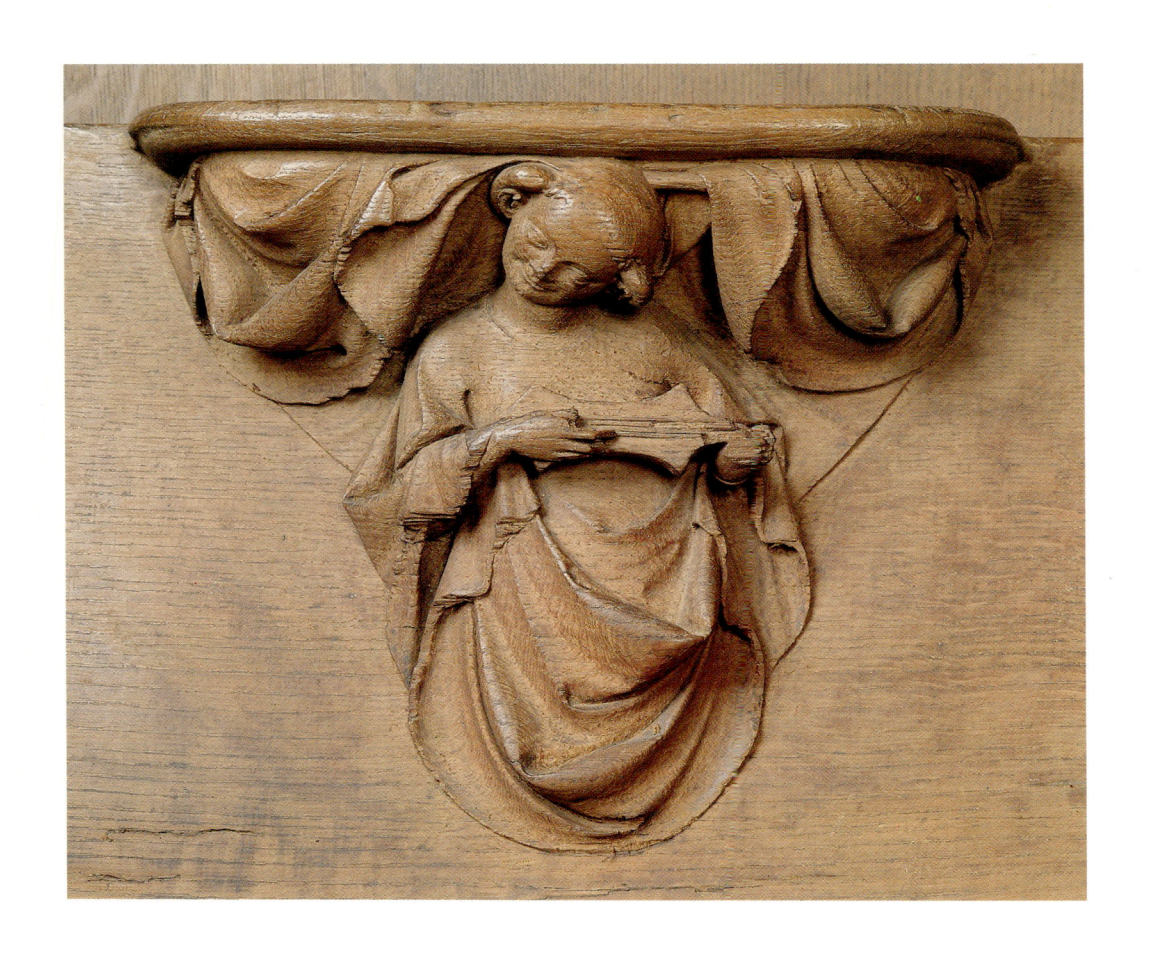

F 14   Zitherspielerin, Miserikordie NI 7

F 15   Salome, Miserikordie NII 5

F 16   Affen, Knauf SI 15/16 von Osten

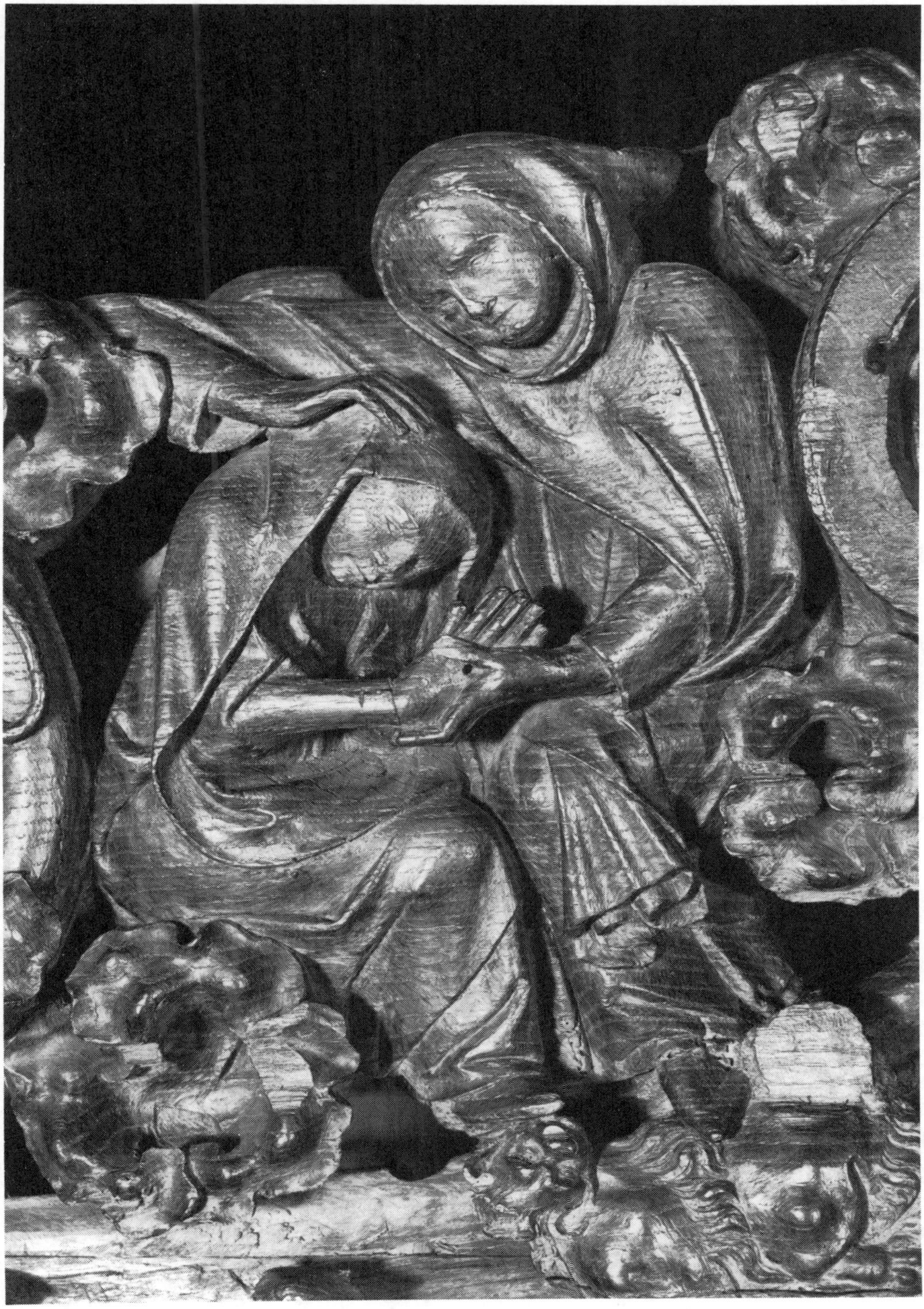

T54, 102	risch. Diesem Wangenaufsatz sind stilistisch die Reliefs der gleichen Wange sehr nahe. Hier stammt folglich die gesamte Wange von einer Hand (wie auch bei NB). Diesem
104, F6	Bildhauer sind ferner die Pfeilerverkleidung Ny (Isaak segnet Jakob), der Wangenzwickel
113 – 120	NH, die Knäufe zwischen der Pfeilerverkleidung Nx und Wange NH (NI 1 – NI 9) sowie
105 – 107	der größte Teil der Vierpaßbohle zwischen Nx und Ny zuzuschreiben. Überall treffen wir auf den beschriebenen Kopftyp, die spröde Ausarbeitung von Details und Binnenformen; auch hier der deutlich von der kölnisch-lothringischen Gruppe differierende Formenschatz.
102, 113	Neben den spitzig vorspringenden Dreiecksfältchen über der Gürtung (vgl. beispielsweise den Diener im rechten Vierpaßrelief der Wange NA oder Knauf NI 2/3) treten ähnliche Faltenformationen, prismatisch vorspringende, eckige Staufalten, auch in der Armbeuge
T54, T53	der Figuren auf (vgl. Prasserreliefs, Wange NA, Pfeilerverkleidung Ny oder die Beichtsze-
104	ne der Wangenbekrönung NA). Über den Füßen finden sich keine weichen Quetschfalten
106	oder Ösen wie bei der anderen Gruppe, sondern scharfe Kerben (vgl. Vierpaß NI 10). Häufiger wird auch die quer verlaufende, untere Kerbe mit einer schräg von oben hereinstoßenden kombiniert, die diese dann aber nicht ganz berührt (vgl. wiederum die Beichtszene). Daraus können sich ebenfalls eckig vorspringende Faltenformationen entwickeln
122, 113	(z. B. bei den Knäufen NI 8/9 oder NI 2/3). Auch unter den Armbeugen bilden sich spitze kleine Dreiecksfältchen (vgl. das Mahl des Prassers). Verlauf von Gewand und Körper
F 10	werden durch isoliert aufgelegte, schmale Quetschfältchen (vgl. Wangenbekrönung NA) oder eingekerbte Linien wiedergegeben. Sehr schön ist das bei den Prasserszenen zu erkennen, wo die Bäuche des Prassers und seiner Begleiterin mit scharfen, aber ganz flachen
102	Kerben markiert sind. Ähnliche Formen finden sich etwa auf dem Bauch des Mönches der
104	Beichtszene oder auf dem Körper des Isaak. Aber nicht nur die Detailbearbeitung ist nüchtern, auch die Statuarik der Figuren ist eher steif und eckig im Vergleich zu den herausgebogenen, geschwungenen Bewegungen, die bei der anderen Chorgestühlswerkstatt zu fin-
102	den sind. Die Haltung ist entweder ganz gerade (vgl. den armen Lazarus im rechten Wan-
105	genrelief und die Ringer im linken Vierpaß NI 14) oder der Körper ist in der Taille eingeknickt (z. B. im rechten Vierpaß NI 14). Vor allem in der Tanzszene wird die Unbeweglichkeit der Körper deutlich, wenn man sie neben die gleiche Darstellung der anderen
T27	Werkstatt in Vierpaß NII 3, links, stellt. Die Tänzerin wirkt bei der zweiten Gruppe vergleichsweise hölzern, auch das Gewand ist nicht geschwungen, sondern fällt in geraden, kaum bewegten Bahnen, das Motiv des herausgedrehten Spielbeines ist nur angedeutet.
T54	Diese eckigen Körperbewegungen zeigt auch der Mann rechts in der Sterbeszene des Prassers, der sich unvermittelt und steif in der Körperachse knickt, oder der Jakob auf Pfeilerverkleidung Ny, der eigentlich gar keine echte Neigung vollführt, sondern starr in Rich-
104	tung seines Vaters ausgerichtet ist. Hier liegen also grundlegende Unterschiede in der Ponderation. Auch die Gliedmaßen wirken teilweise etwas hölzern (vgl. den sterbenden Prasser oder die Ringer in Vierpaß NI 14). Auffällig an dieser Gruppe sind neben den spitzen, zierlichen Gewanddetails die großzügigen Faltengehänge, die – lang gezogen – oft über größere Distanzen herabhängen (vgl. Pfeilerverkleidung Ny und den Tod des Prassers) und in schön gekurvten und gefälteten Säumen enden. Es bilden sich lange flache

T 54   Tod des Prassers, Wange SA, Westseite ▶

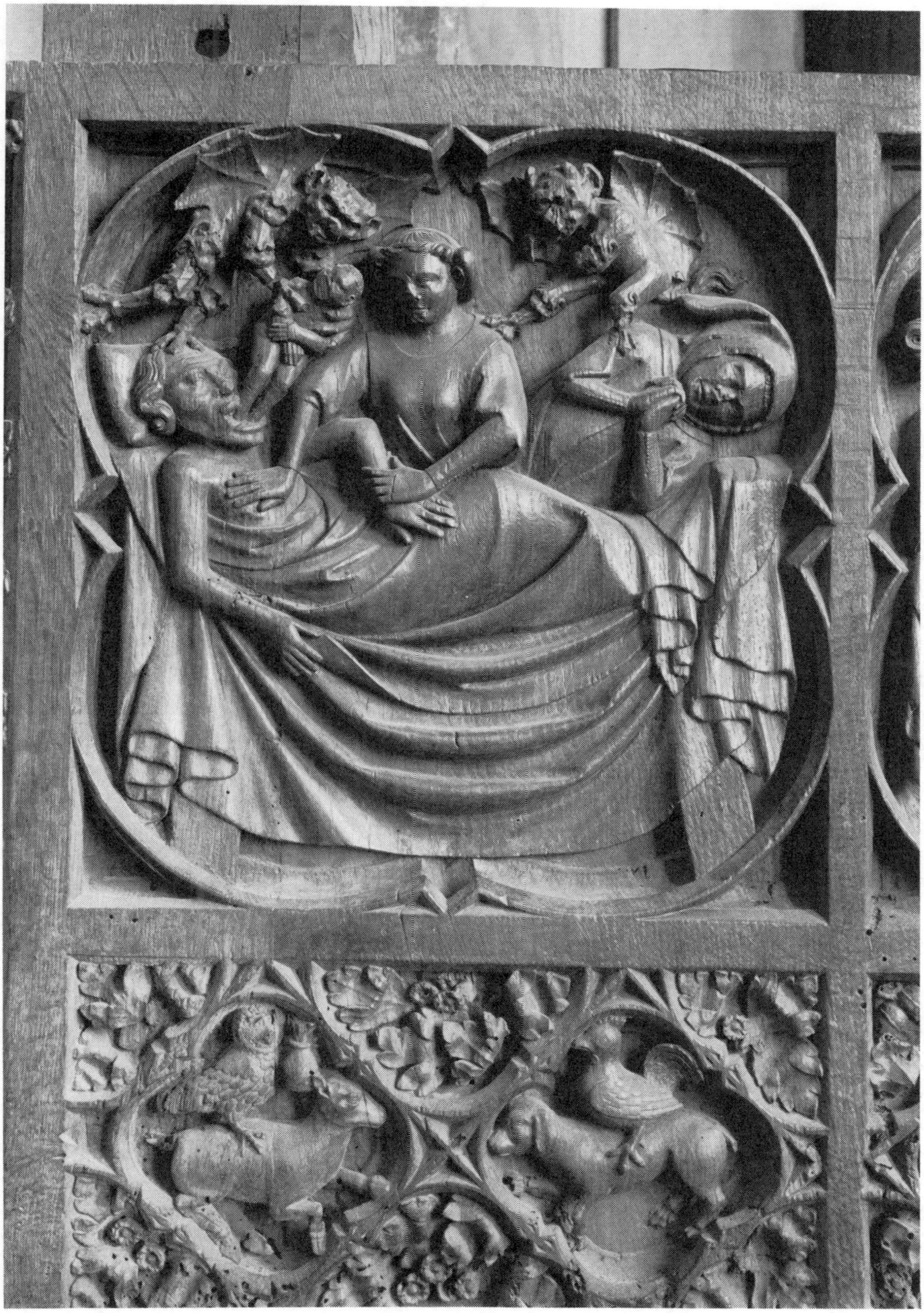

Ziehfalten, deren Säume sich hin- und herwenden. Solche Wendemotive kommen auch kleinteiliger bei flach anliegenden Stoffpartien vor, z. B. vor dem Leib des sterbenden F 10, T 54   Prassers und am Kragen der Delila (Wangenbekrönung NA). Ganz fein gefältelte Stoffpartien treten ebenfalls auf, z. B. am Schleier der Gefährtin des Prassers im rechten Wangenrelief. Dieser zarten Detailbehandlung entsprechen die feinen Mäandersäume, die sich bei Auftreffen des Gewandes auf den Boden bilden können, beispielsweise an den Knäufen dieser Gruppe.

Charakteristisch für den Meister der Wange NA ist die Gestik seiner Figürchen, die häufig verschränkte Arme und Überkreuzungen von Gliedmaßen zeigen. Man vergleiche etwa
102   das Gastmahl des Prassers, wo zwei Personen mit gleichermaßen verschränkten Armen nebeneinander sitzen, oder den Tod des Prassers und den Isaakssegen für das Motiv der überkreuzten Arme.

Zu den Köpfen bleiben schließlich noch einige Anmerkungen zu machen: Neben der bereits beschriebenen, kleinteiligen Gestaltung der Gesichtszüge fällt der stabile Hals auf, der teilweise nahtlos in den Kopf übergeht, ohne daß sich eine echte Konturierung von Kinn-
T 54, 103   lade und Gesichtsumriß finden ließe (vgl. besonders die Frauen in den Prasserreliefs). Neben dem runden Gesichtsschnitt, vor allem bei Frauen, tritt ein kantigerer für männliche Personen auf, der auch – mit gefurchter Stirn, kräftigeren Brauenlinien und Sorgenfalten um den Mund – charakteristischer durchgebildet sein kann. Die Frisuren sind fein gearbeitet mit stark gekräuselten Locken, die korkenzieherartig aufgedreht sein können, teilweise
115, 116   auch über der Stirn (vgl. den Samson von Knauf NI 4/5). An den Enden dieser Locken bilden sich kleine Knöpfchen, die auch in den Mähnen und Schwänzen von Tieren auftreten (vgl. den Löwen unter Samson). Der Variationsreichtum an Frisuren ist beträchtlich. So treten bei den männlichen Personen steif aufgedrehte, volutenartige Seitenlocken, aber
100   auch ziemlich schlaff gewelltes langes Haar (beim Samson des Löwenkampfes im Wangen-
F 10   aufsatz) auf, das aber an den Enden auch stärker gewellt sein kann (z. B. beim Samson auf der Ostseite) oder spitz zuläuft (siehe den Samson des Knaufes NI 4/5). Die Haarbehandlung ist insgesamt sehr fein und wenig schematisch im Vergleich zu der anderen Chorgestühlswerkstatt. Die Ausstattung der Szenen ist ausgesprochen detailreich und liebevoll.
111, 112   An den Miserikordien finden wir diesen Meister wieder bei den Sitzen NI 2 und NI 10, beides fein ausgearbeitete Stücke, welche die typischen Motive dieser Gruppe aufweisen.
123, 126   Ebenfalls meisterhaft in der Ausführung ist der zierlich gearbeitete Wangenaufsatz SA. Insgesamt wirken hier Figurenaufbau und Applikation der Einzelformen nicht so kühl und ausgewogen. Die Körper erscheinen teilweise wie Hohlfiguren, denen hauchdünn ein
126   Gewand übergezogen wurde. So ist bei dem Trompetenspieler auf der Westseite nur an den winzigen, aufgelegten Fältchen und den seltsam dick aufgesetzten Knöpfen zu erkennen, daß er über seinem zylinderförmigen Körper überhaupt ein Gewand trägt. Der Fall des Stoffes wird mit zierlichen, kaum Volumen bildenden Faltenröhren angegeben, die
F 11, 126   ganz gerade und parallel zueinander verlaufen (vgl. etwa den Ritter oder den Diener auf der Westseite). Ansonsten liegen die Stoffbahnen extrem flach übereinander, so daß sich auch bei den Vorhangstoffen der Eindruck von hauchdünner, etwas müder Konsistenz ergibt. Auch die Kapuze des westlichen Dieners ist papierdünn in die Fläche gepreßt. Die Körper unter diesen hauchdünnen Stoffen sind jedoch kräftig, die nackten Gestalten unter
123   dem Königsthron weisen fast karikaturhaft übertriebene, muskulöse Körperformen auf.

In Diskrepanz zu den zarten Draperien stehen auch die großen, etwas unkonturierten Köpfe mit den steif abstehenden Haarrollen ringsum (vgl. etwa den König oder den Ritter). Die Augen wirken leicht geschlitzt und treten etwas vor, die Stirn geht ohne Absatz in die Nase über (vgl. den König).

125

126

Im Gegensatz zu der ausgewogenen Arbeitsmanier des anderen Meisters ist dieser Stil eher artifiziell und etwas manieriert, was auch durch die elegante Dekoration der Ausstattung unterstrichen wird. Sehr schön sichtbar ist dies bei dem sitzenden Mädchen auf der Ostseite. Dazu kommen die etwas steifen, leicht marionettenhaft wirkenden Posen der Figürchen.

123

Auch hier war ein Meister seines Faches am Werk. Ihm sind wahrscheinlich auch die Vierpaßreliefs der nächsten Wange, SB, zuzuschreiben. Die gestikulierenden Paare haben ebenfalls hauchdünne Gewänder, die Faltenmotive sind kleinteilig wie etwa bei dem Diener auf der Ostseite der Wangenbekrönung. Die Körper treten kaum räumlich hervor, die Köpfe zeigen auch den kräftigen Umriß mit der steifen Haarrolle, so der Mann im linken Relief, der sehr gut mit den Dienern des Wangenaufsatzes korrespondiert. Die Sitzposition ist hier ganz anders gestaltet als bei der kölnisch-lothringischen Werkstatt. Das Motiv der parallelen, von den Knien ausgehenden Faltenformationen ist hier als ein dreieckförmiges, zum Fuß wie an Volumen gewinnendes Stoffsegel ausgeprägt, das über dem Fuß scharf eingekerbt ist. Teilweise ist das Sitzmotiv auch durch vorgelegte Stoffbahnen verschleiert.

128, 129

Von der gleichen Hand stammt auch die Pfeilerverkleidung Sx, die Szene der Vertreibung aus dem Paradies. Auch hier die hauchfein gewickelten Stoffe mit den spitz vorstoßenden Faltenschüsseln. Das Gewand des Engels knickt über dem Boden um. Die Körper Adams und Evas entsprechen in der Durchbildung den nackten Gestalten im Wangenaufsatz, sie haben auch die leicht geschlitzten Augen und den geraden Nasenrücken. Die Bewegung, mit der Adam sich unter das Kinn faßt, taucht ganz ähnlich bei dem nackten Mann auf der Westseite wieder auf. Man beachte die langen, in Korkenzieherlocken herabhängenden Haare. Auch die Misericordie SI 10, das Mädchen, das die Sitzleiste trägt, stammt sicher von der Hand dieses Meisters. Die Figur ist verhältnismäßig groß[1]) und kräftig in der Körperbildung, das Gewand ist zart und hauchdünn aufgelegt[2]), die Augen haben gezogene, schlitzige Augenwinkel, die Hände versinken fast in der Sitzplatte, wie es auch dem zarten Reliefstil der Wange SB entspricht. Direkt vergleichbar ist die Misericordie SII 12.

T 24

126

131

132

Sicher zuzuordnen ist auch der Knauf SI 7/8, der ebenfalls relativ groß ist und die gleiche artifizielle, zarte Bearbeitung zeigt. Typisch auch die geringelten Säume und Ösenmotive, die sich in den aufstoßenden Gewandpartien bilden, und ein auffälliger Hang zum Dekor, der sich in der genauen Ausarbeitung des Strumpfes inklusive Befestigung äußert. Auch der Knauf SII 20/21 mit der Darstellung von Aristoteles und Phyllis ist im Stil dieses Meisters gearbeitet, vielleicht etwas härter in den Einzelformen. Darin, wie auch in der charakteristischen Gesichtsbildung – lange, vorn verdickte Nase, scharf gezeichnete Augen – liegen Übereinstimmungen mit den Knäufen SI 1/2, SI 3/4 und SI 9, die den Stil dieses Meisters etwas schärfer zeigen und so eine Art Zwischenstufe zwischen den beiden bisher erläuterten Gruppen bilden. Auch bei den sehr qualitätvollen Misericordien SI 1 oder SI 7 ist dies der Fall.

133, 134

T30

148, 149, T32

151, T28

Knauf NII 8/9 mit der tanzenden Salome, der Mann mit dem Esel auf Knauf SII 11/12 und die hockende Frau auf der Zwischenlehne NII 2/3 zeigen ebenfalls starke Bezüge zum Stil

135 – 138

143

165

dieses Meisters, hier in einer besonders feinen, kalligraphischen Bearbeitung der Einzelformen, wie sie sich beispielsweise ähnlich bei dem hockenden Affen auf Miserikordie SII 13 oder einigen Vierpaßreliefs der Sitzrückwände, etwa SII 8, SII 16 oder NI 8, wiederfinden läßt.

Auch die Pfeilerverkleidung Nx, Abrahams Opfer, oder der flächige Drache im Wangenzwickel SB gehören in den Umkreis dieser Gruppe.

Damit wäre das stilistische Umfeld der zweiten Chorgestühlswerkstatt grob abgesteckt. Dieser Werkstatt und ihren Gesellen ist ein großer Anteil der Arbeiten zuzuschreiben. Vor allem die westlichen Teile des Chorgestühls geben sich überwiegend als Werkstattarbeiten in diesem Stil zu erkennen, wobei sich zahlreiche Mischformen herausbilden. Es sind teilweise ausgesprochen qualitätvolle Werke, von denen sich manches eventuell noch einem der Hauptmeister zuschreiben ließe[3]). Sie zeigen jedoch in der Mehrheit der Fälle den Werkstattstil nicht in so charakteristischer und geschlossener Weise wie die soeben beschriebenen Stücke. Wir werden jedoch auf die zahlreichen Gesellenarbeiten und ihre mögliche Gruppierung später noch einmal zurückkommen. Es ging zunächst darum, den Stil dieser Chorgestühlswerkstatt in seiner reinsten Form, wie er in den Arbeiten ihrer Meister zum Ausdruck kommt, vorzuführen.

Trotz der deutlichen stilistischen Unterschiede scheinen beide Hauptmeister einer Werkstatt anzugehören, da sich auch Parallelen in der Bewältigung der Aufgabe feststellen lassen. Sie sind sich untereinander auch im Motivischen und der Verwendung von Einzelformen sehr viel näher als der anderen Chorgestühlswerkstatt, was sich auch an den zahlreichen Abstufungen, die innerhalb der Werkstatt zwischen diesen beiden ausgeprägten Individualstilen geschaffen wurden, ermessen läßt.

Man kann in einem Überblick festhalten, daß diese Werkstatt kleinere Figuren herstellt[4]), daß die Ausführungen von einer Liebe zum Detail und einem Hang zur Gestik und zur gestellten Pose bei sehr viel steiferer Körperauffassung getragen sind. Die Figürchen sind modisch ausstaffiert, das ikonographische Repertoire in dieser Werkgruppe ist beachtlich im Vergleich zu der Bevorzugung simpler Dekorationsformen bei der anderen Werkstatt. Im Gegensatz zu den häufig breit lächelnden Köpfen der kölnisch-lothringischen Gruppe stehen die zierlichen Köpfchen der Wange NA, die eher ausdruckslos bis distanziert wirken, und die gezierten Köpfe der Gruppe um Wangenaufsatz SA. Übereinstimmungen zeigen beide Meister in der grundsätzlichen Behandlung des Körperkernes und der aufgelegten Gewandformen, die diesen Kern in seiner Grundform unangetastet lassen, auf ihn appliziert werden und niemals bedeutendes Eigenvolumen entwickeln.

b. Ableitung des Stils

Sehen wir uns in einem ersten Vergleich wiederum zunächst im Bereich der Domskulptur um, so stellen wir schnell fest, daß es für den ausgewogenen, ruhigen Stil der Gruppe um Wange NA nichts Vergleichbares gibt. In den Domwerkstätten wurde mit einer plastischeren, bewegteren Figurenkonzeption ein anderer Weg eingeschlagen.

Für die zu stärkeren Extremen neigende, dekorative Handschrift des zweiten Meisters findet sich jedoch eine Entsprechung in der bisher aus unserer Untersuchung ausgeklammerten Gruppe von Marmorfigürchen des Hochaltars, die sich der Darstellung der

Verkündigung zuordnen lassen, und zwar außer der Verkündigungsgruppe selbst in erster 155
Linie die Figürchen der Könige David und Salomon.
Ein Detailvergleich zwischen diesen beiden Werkgruppen zeigt die stilistischen Parallelen auf. Auch die Hochaltarsfigürchen haben kräftige, blockhafte Körper, auf welche die Stoffe und Motive der Gewänder hauchfein aufgetragen sind, wobei hier die Diskrepanz zwischen der robusten Gestalt der Körper und Köpfe und der Feinheit der Gewänder ebenfalls ins Auge fällt. Man trifft hier auf ähnliche Köpfe mit abstehenden, starren Haarkränzen, aufgedrehten Stirn- und Korkenzieherlocken. Dazu vergleiche man die Könige Salo- 156, 157
mon und David mit den Dienern, dem Ritter oder dem Posaunenbläser des Wangenaufsat- 123 – 126
zes SA, die Madonna mit den Figuren der Pfeilerverkleidung Sx oder der Phyllis von 155, T24
Knauf SII 20/21. Auch die geschlitzte Augenform – man stelle den David neben das Liebespaar auf der Nordseite der Wangenbekrönung – ist identisch, ebenso das Nasenprofil[5]). 127
Als Ganzes ist das Figürchen des Posaunenbläsers mit seiner robusten Körperlichkeit, den winzigen Gürtelfalten, dem in der Mitte geschlitzten Gewand und den Ziermotiven den Königsfiguren des Hochaltars sehr ähnlich. Aufgesetzte Zierformen wie die Knöpfe auf der Zither Davids oder die rosettenförmigen Enden der Tasselbänder finden ihre Entsprechung in den Zierformen der Chorgestühlsgruppe[6]). Auch das Schrittmotiv des östlichen 124, 156
Dieners ist mit dem Salomons vergleichbar in der Art, wie sich vom Knie an das Gewand in winzige Falten gabelt oder der Gewandumschlag ausgearbeitet ist[7]). Die feinen Fältelungen der Vorhänge finden am Hochaltar ihr Gegenstück in den Faltengehängen der Verkündigungsgruppe; hier am Boden ähnlich geringelte Säume wie an Knauf SI 7/8. 133, 134
Trotz der weitreichenden Übereinstimmungen wirken die Einzelformen bei den Marmorfigürchen weicher, schärfere Motive wie spitz vorstoßende Faltenschüsseln werden eher vermieden[8]). Dieser Unterschied war bereits bei der ersten Werkstattüberschneidung zwischen Chorgestühl und Hochaltar bemerkt worden, so daß es sich teilweise tatsächlich um materialbedingte Differenzen handeln könnte. Festzuhalten bleibt, daß ausgeprägte stilistische Parallelen zwischen der Werkgruppe um den Wangenaufsatz SA am Chorgestühl und der Verkündigungswerkstatt am Hochaltar bestehen. Die Quellen dieses Figurenstiles sind nicht in Köln zu finden. Haltung und Physiognomie der Figürchen scheinen auch weniger auf eine Herkunft aus den französischen Provinzen hinzudeuten als vielmehr auf eine Pariser Werkstatt.
Nun ist es gerade in Bezug auf Paris und dessen weitere Umgebung nicht gerade einfach, für den von uns untersuchten Zeitraum vergleichbare Skulpturen aufzufinden.
Für das französische Kulturgebiet kann um 1300 generell von einem Rückgang der Skulpturenherstellung im großen Rahmen gesprochen werden. Die Zeit der umfangreichen Zyklen an den Kathedralfassaden ist im wesentlichen vorbei, die großen Bauhütten schließen[9]). Man beschränkt sich in erster Linie auf Anbauten an bereits bestehende Kirchengebäude, häufig von Privatstiftungen getragen, oder auf Bauten geringerer Ausmaße wie Kapellen[10]). „Nach 1300 ist das Figurenportal keine führende Aufgabe mehr"[11]). Eingänge werden überwiegend bescheidener ausgestattet, Hauptaufgabe der Skulptur werden Einzelfiguren wie Madonnen oder Heiligenbilder, dazu Gräber und Retabel[12]).
Wie auf dem Gebiet der Architektur, so ist auch für die Skulptur vom Ende des 13. und beginnenden 14. Jahrhunderts ein starkes Nachlassen des Forschungsinteresses festzustellen. Die Anbauten und Kapellen im Stile des Rayonnant sind überwiegend schlecht bear-

beitet und nicht genau datiert[13]). So steckt auch „die stilkritische Erforschung der französischen Skulptur des späten 13. und Anfang 14. Jahrhunderts ... noch in den Anfängen"[14]). Was an Forschungsarbeit auf diesem Gebiet geleistet wurde, beschäftigt sich in erster Linie mit dem Thema der Madonnenfigur, weil hier die meisten Exemplare erhalten sind[15]). Dabei geht es nicht selten um das Auffinden von Prototypen, von denen ganze Madonnenreihen abhängig gemacht werden[16]), häufig auch um ein Ordnen des Bestandes nach Motiven der Gewandführung und anderen ikonographischen Details[17]), nach Material, Kopftypen usw., unter anderem mit dem Ziel einer regionalen Scheidung des Skulpturenbestandes[18]). Dabei wird immer wieder deutlich, daß eine chronologische Anordnung des Materials, die Gewinnung einer Stilentwicklung auf Grund der starken Übereinstimmungen über einen größeren Zeitraum hinweg[19]) und der außerhalb von Bauzusammenhängen stehenden Isolierung der Figuren, außerordentlich schwierig ist. Dagegen scheint gerade mit Hilfe bestimmter Kopftypen, bestimmter Physiognomien, eine gewisse regionale Zuordnung möglich zu sein[20]).
Nach einem Studium derart ausgerichteter Untersuchungen und Vergleichen des gesammelten Materials mit der zweiten Chorgestühlswerkstatt scheint mir eine Herkunft – gerade wegen des bereits genauer beschriebenen Kopftyps – aus der weiteren Umgebung der Pariser Skulptur am wahrscheinlichsten.
Ein Überblick über den dort erhaltenen Figurenbestand zeigt folgendes Bild: An Holzplastik ist so gut wie nichts überliefert, ein Fazit, das sich fast generell auf den französischen Kunstkreis übertragen läßt[21]).
Auch die Steinskulptur ist bis auf wenige versprengte Überreste verloren gegangen, da in der Zeit der Französischen Revolution gerade auch die Skulptur des frühen 14. Jahrhunderts – wahrscheinlich wegen der Identifikation mit dem Königtum – weitgehend zerstört wurde[22]).
Dabei ist anzunehmen, daß zu eben dieser Zeit im Pariser Kunstkreis eine rege und fruchtbare Skulpturenproduktion herrschte, zwar nicht im Sinne von großen Portalprogrammen, sondern in erster Linie in Form von Einzelfiguren und Serien von solchen, entstanden im Auftrag des Königs Philipp IV. im Rahmen der höfischen Werkstätten oder anderer adliger und vermögender Auftraggeber, wie Enguerrand de Marigny, dem Berater des Königs, oder dessen Tante Mahaut d'Artois[23]).
Die königlichen Aufträge fallen vor allem in die Zeit nach der Kanonisierung Ludwigs des Heiligen 1297, die seinen Enkel Philipp den Schönen zu zahlreichen Stiftungen, unter anderem in Zusammenhang mit der Verteilung der damals erhobenen Reliquien Ludwigs, bewog. Zu nennen ist hier in erster Linie die Prioratskirche St. Louis in Poissy[24]), dem Ort, wo der spätere Heilige getauft wurde, sowie eine Anzahl von Reliquiaren[25]). Im Zusammenhang mit den königlichen Werkstätten ist wahrscheinlich auch die Chorschrankenanlage von Notre-Dame in Paris entstanden[26]). Die Kathedrale spielte gerade zu der Zeit eine wichtige Rolle für das französische Königtum im Zusammenhang mit der angestrebten Heiligsprechung Ludwigs, die nicht nur als religiöser Akt, sondern sogar in erster Linie als ein Ereignis von grundlegender politischer Bedeutung für das französische Königshaus gesehen werden muß, konnte doch die Abstammung von einem Heiligen zur Rechtfertigung und auch Mystifizierung des Hauses der Kapetinger genutzt werden[27]). So waren in Poissy nicht nur die Statuen Ludwigs und seiner Gemahlin Marguerite de

Provence aufgestellt, sondern die fast der ganzen königlichen Familie[28]). Derartige Demonstrationen waren bis dahin kaum üblich, traten aber gerade in dieser Zeit mehrfach auf. Auch der Große Saal des Königspalastes auf der Ile-de-la-Cité (wahrscheinlich 1313 vollendet) war mit Standbildern der französischen Könige geschmückt, am Trumeau stand die Statue des regierenden Königs Philipp IV. Im Schloß von Hesdin hatte Mahaut d'Artois das Zimmer ihres Vaters mit Königsbüsten ausstatten lassen, die letzte Büste stellte den regierenden König dar[29]).

Notre-Dame und die Chorumgestaltung nach 1296 müssen in dem Sinne unter anderem auch als Bestandteil der königlichen Pläne und Politik dieser Zeit gesehen werden[30]). Aus dieser Selbstdarstellung und Rückbeziehung des Königtums auf seinen wichtigsten Repräsentanten, den hl. Ludwig, ist auch der Stil der höfischen Werkstätten auf dem Gebiet von Architektur und Plastik zu verstehen. Was in der Architektur als „Court Style" im Sinne eines Rückbezuges auf die Architektur der Zeit Ludwigs IX. auftritt[31]), ist im Bereich der Skulptur ebenfalls eine Rückbesinnung auf „klassische" Formen, die bereits seit der Mitte des 13. Jahrhunderts bekannt sind[32]). Bevorzugt wird ein ruhiger, von zunehmender Symmetrie und Regularisierung bestimmter Figurenstil, bei generell flacher Bearbeitung von einem starken Interesse an der Oberfläche bestimmt.

Ähnliche Tendenzen lassen sich bereits am Portail des Libraires an der Kathedrale von Rouen feststellen, ohne daß man den Stil dieser Werkstatt bisher hätte überzeugend ableiten können[33]).

Parallel zu diesem beruhigten, auf Feinheiten der Detailausarbeitung ausgerichteten Figurenstil tritt auch eine Skulpturenauffassung ganz anderer Art auf, die eine ausgesprochen kalligraphische Gewandbehandlung bei flachen Stoffen und zierlichen Saumlinien, appliziert auf ein zylindrisch durchscheinendes Körpergerüst, bevorzugt. Auf diesen Stil trifft man beispielsweise am Portail de la Calende in Rouen, ebenso an den Außenreliefs im Kapellenkranz von Notre-Dame, Paris, oder bei den Apostelfiguren von l' Hôpital St. Jacques, ebenfalls zu Paris[34]). Man versuchte häufig, ihn vom Reimser Kunstkreis abzuleiten[35]).

Doch zunächst zurück zur erstgenannten Richtung. Mit einigen Figuren des Portail des Libraires und den häufiger damit in Verbindung gebrachten Skulpturen von Poissy[36]) zeigt die Werkgruppe um Wange NA des Domchorgestühls einige Gemeinsamkeiten.

Vom Schmuck des Portail des Libraires sind die Archivoltenfiguren, zwei Streifen des Tympanons und zahlreiche Sockelreliefs erhalten, zu denen das Chorgestühl im Hinblick auf Anlage und Ikonographie enge Bezüge aufweist[37]). Dazu kommen einige Großfiguren an den Hofwänden, den Strebepfeilern und der Innenfassade, einige Skulpturen befinden sich außerdem im Musée Départementale des Antiquités in Rouen[38]).

Von der plastischen Ausstattung der Abteikirche St. Louis in Poissy, die in der Französischen Revolution völlig zerstört wurde, haben sich folgende Stücke erhalten:

Von den Statuen der Kinder des hl. Ludwig die steinernen Figuren der Isabelle[39]) und des Pierre d'Alençon[40]), letztere allerdings ohne Kopf und Hände. Es waren vorher insgesamt sechs Statuen, überliefert durch die Zeichnungen Gaignières[41]), die an der Abschlußwand des südlichen Querhauses aufgestellt waren. Dazu kamen am Lettner die Statuen Ludwigs und seiner Gemahlin Marguerite de Provence[42]). Der Ausstattung von Poissy werden gewöhnlich noch fünf Engel zugerechnet, die sich heute in der Sammlung des Louvre befin-

162–164 den (Nr. 114–117 bis)⁴³). In jüngerer Zeit wurden jedoch Zweifel laut, was die Originalität von den Engeln (114, 115, 117) und von dem Kopf von Nr. 116 betrifft⁴⁴). Mit einbezogen wurde – als möglicherweise neuere Kopie – ein Engelskopf, der jedoch allgemein als original und in diesen Kunstkreis gehörend angesehen wurde⁴⁵).

Hinzu kommt noch eine Männerbüste, häufig als Philipp IV. bezeichnet, deren Herkunft aus Poissy von Erlande-Brandenburg ebenfalls angezweifelt wird, vor allem wegen der weniger feinen Bearbeitung⁴⁶). An der Entstehung Anfang des 14. Jahrhunderts bestehen jedoch keine Zweifel.

Außerdem wird für eine kleine Buchsbaummadonna, heute im Museum Mayer van den Bergh, Antwerpen, Poissy als Ursprungsort angenommen⁴⁷).

Im Vergleich mit der Roueneser Plastik lassen sich Übereinstimmungen mit einigen Köpfen, vor allem von Engeln, feststellen, die ebenfalls rund ausgebildet sind, mit flachen,

158 zierlichen Einzelformen und gekräuselten, kleinen Haarlöckchen⁴⁸). Die fehlende Ausarbeitung der Kieferpartie ist ähnlich. Gut vergleichbar ist auch die ruhige Ponderation der

159 Figuren, die mit dieser Werkstatt des Chorgestühls übereinstimmt⁴⁹). Auch zahlreiche Gewandmotive, die hier ähnlich zugespitzt und kleinteilig auftreten, ähneln sich in der Rou-

160 eneser und der Kölner Skulpturengruppe⁵⁰). Langgezogene Faltendraperien kommen ebenfalls vor⁵¹). Zahlreiche Skulpturen, vor allem ein Teil der Reliefs, zeigen jedoch ausgesprochen weiche Gesichtszüge und unruhig gekurvte Falten- und Saumlinien, die sich in dieser Form am Chorgestühl nicht finden lassen⁵²).

Zu den Skulpturen von Poissy lassen sich – vor allem was die Gesichtsbildung betrifft – grundsätzliche Bezüge festhalten. So stimmen Kopfform, Haarbehandlung und die zarte

T55 Eintragung der Gesichtszüge beim Engel 117 bis mit den sehr charakteristischen Kopfbildungen der Wangenbekrönung und -reliefs NA genau überein⁵³). Vergleichbar sind hier die Statuarik, die langen Faltengehänge und die kleinen, spitzen Binnenfältchen. Überein-

163, 162 stimmungen solcher Art zeigen auch die „falschen" Engel 114 und 115, letzterer vor allem in Bezug auf die Kopfbehandlung. Nr. 114 zeigt auf dem Bauch zwei abrupte Kerben als Binnenzeichnung, die stark an die Struktur der Gewänder bei den Prasserreliefs erin-

165 nert⁵⁴). Die Feinheit der Haar- und Detailbehandlung, sehr schön am Schapel der Isabelle zu beobachten, ist ganz ähnlich, ebenso die Art, wie die Korkenzieherlöckchen in kleinen Knötchen enden. Die Büste Philipps IV., sollte sie auch nicht direkt in den Umkreis der für Poissy geschaffenen Skulpturen gehören, ist in der Grundauffassung des kräftigen Kopfes, dem Ausdruck und der Eintragung der Binnenformen durchaus mit dem Prasser im rechten Wangenrelief zu vergleichen. Er zeigt die kräftigen Formen und abstehenden Haarrollen wie auch die Männerköpfe der Wange SA.

Mit solchen Vergleichen möchte ich keinesfalls auf ein Konstrukt dergestalt hinaus, daß es sich hier um unmittelbare Werkstattzusammenhänge handeln müsse. Die Übereinstimmung bis ins Detail mit einem um die Jahrhundertwende im Pariser Kunstkreis geläufigen Kopftyp, die Übernahme des dort aktuellen, kühlen Figurenstils, deuten jedoch mit einiger Sicherheit darauf hin, daß es sich bei dieser Chorgestühlswerkstatt ebenfalls um ein Pariser Atelier handelte.

Diese Hypothese wird unterstützt durch weitere Vergleiche mit Pariser Erzeugnissen die-

T 55   Engel aus Poissy (Paris, Louvre, Nr. 117 bis) nach Gipsabdruck ▶

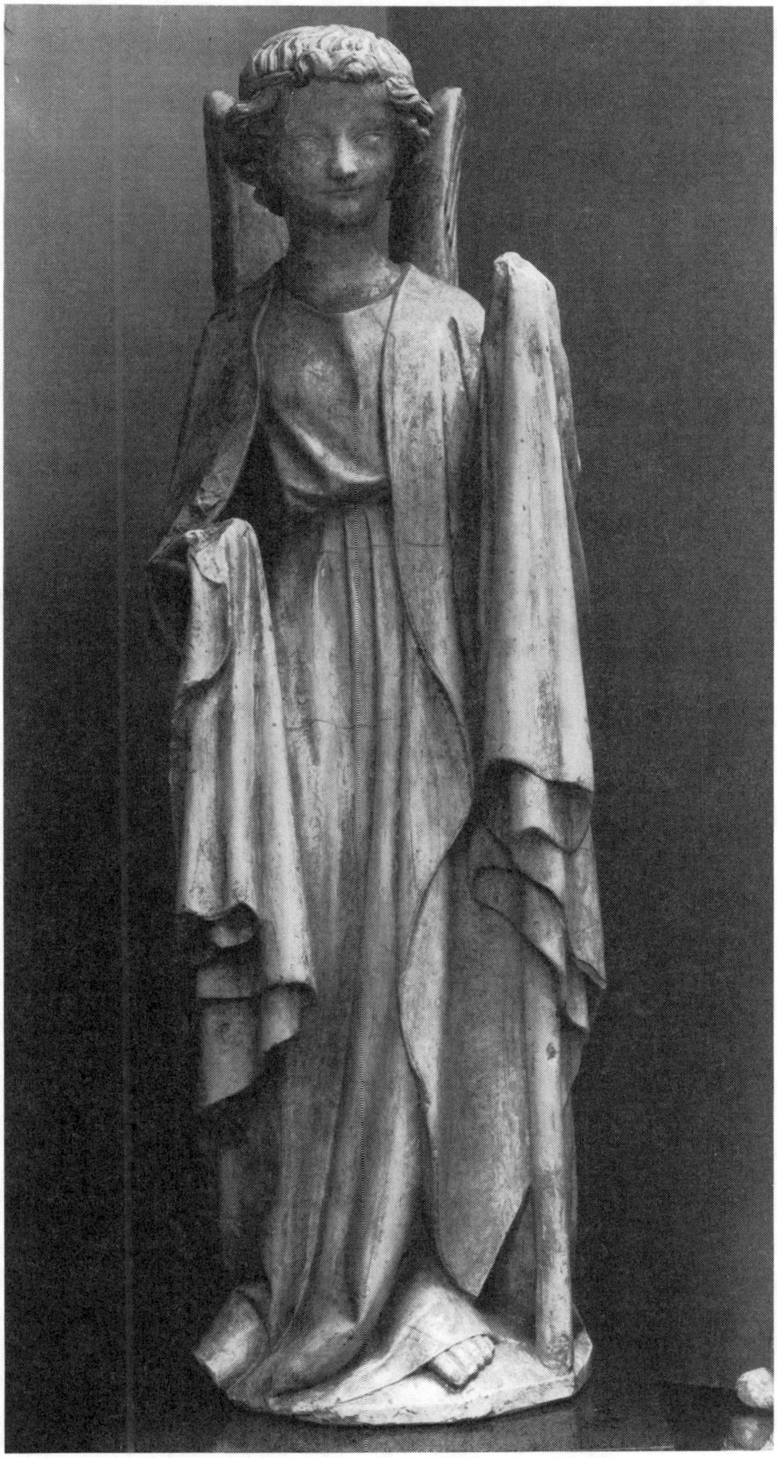

ses Zeitraums, die eine ähnliche Figurenauffassung vertreten, wenn sie auch nicht unmittelbar mit den Werken von Poissy verwandt sind.

Es handelt sich hier vor allem um die Skulptur der nördlichen Chorschranken von Notre-Dame, nach Gillerman im ersten Jahrzehnt des 14. Jahrhunderts entstanden und stilistisch mit der Statue des hl. Ludwig in Mainneville und dem Gisant des Philipp le Hardi in St. Denis verwandt[55]). Die Chorschranken wurden bei der Restaurierung des 19. Jahrhunderts unter Viollet-le-Duc mit einer dicken Schicht Ölfarbe überzogen, die eine genaue stilistische Beurteilung erschwert[56]). So zeigt ein Vergleich mit dem Gipsabguß der ersten Schranke im Trocadéro, Paris, daß Binnenformen von Gesichtern und Ausarbeitung der Falten tatsächlich viel präziser und schärfer sind, als es die nivellierende Farbschicht, die teilweise einen weichen, schlaffen Faltenstil vortäuscht, vermuten ließe.

Eine Betrachtung der Chorschrankenarchitektur zeigt in den etwas gedrungenen Proportionen, in Art und Ausschmückung der Blattkehlen sowie in der generellen Gestaltung des Blattwerks und der Einbeziehung drolatischer Elemente Anknüpfungspunkte[57]). Einige Kopftypen, vor allem der Männer, kommen ganz ähnlich im Bereich unserer Chorgestühlswerkstatt vor. Man vergleiche etwa die Könige der Anbetung oder den Pontius Pilatus in der Szene des Bethlehemitischen Kindermordes mit Köpfen in den Vierpässen NI 4, NII 15 und SI 26 oder den Johannes der Fußwaschung mit dem Samson auf der Westseite des Wangenaufsatzes NA. Es sind die gleichen, „klassisch" anmutenden Typen für Männerköpfe. Auch die verwendeten Faltenmotive, Ärmel-, Fußfalten usw., stimmen überein[58]). Die Chorschrankenfiguren sind jedoch etwas mehr in die Fläche gebreitet, weniger detailliert im Faltenstil, wie auch bei der Mehrzahl der Figuren, vor allem den Frauen, zu große Unterschiede in der Gesichtsbildung bestehen, als daß man weitergehende Bezüge als die einer generellen Stilverwandtschaft herstellen könnte.

Die zweite Werkstattgruppe (Wangenaufsatz SA), die stilistische Übereinstimmungen mit einigen Hochaltarsfiguren zeigt, steht allerdings sowohl von den Kopftypen als auch von der Gestaltung der Gewänder her der Pariser Nordschranke etwas näher, wie etwa ein Vergleich der Verkündigungsgruppe mit der Darstellung im Tempel[59]) zeigt. Vor allem der stämmige Figurenumriß und die Neigung zu fülliger Kopfbildung stimmen überein. Vergleicht man noch weitere Figuren dieses Kreises, wie etwa die Statue des hl. Ludwig[60]), kommt man zu ähnlichen Ergebnissen. Grundlegende Züge sind vergleichbar: So ist beim Ludwig aus Mainneville sehr deutlich erkennbar, wie auf einen festen, wenig bewegten Figurenkern weitgehend an der Oberfläche bleibende Faltenmotive aufgetragen wurden, die tiefes Volumen vermeiden und etwas gratig in der Detailbearbeitung wirken. Alles dies sind Charakteristika, welche die vorliegende Gruppe der Chorgestühlsplastik ebenfalls aufweist.

Es ist bedauerlich, daß sich von den zahlreichen Erzeugnissen der königlichen Werkstätten nicht mehr als diese vereinzelten Reste erhalten haben. So ist die umfangreiche Ausstattung des Königspalastes auf der Ile-de-la-Cité mit den Statuen der französischen Könige bei einem Brand 1618 zugrunde gegangen[61]). Ausgrabungen in diesem Terrain, welche die Überreste einiger sitzender Figuren[62]) und eine stehende Figur, wahrscheinlich einen Gisant[63]), zutage förderten, zeigen, daß sich die Ausstattung der königlichen Gebäude nicht nur auf diese Ahnengalerie beschränkte. Auch die Anklageschrift gegen den Berater Philipps IV., Enguerrand de Marigny, der nach dem Tode des Königs der Entführung von 52 Statuen aus den Steinbrüchen der königlichen Werkstätten bezichtigt wurde, eine Tat, die man auf die in Ecouis erhaltenen Figuren zu beziehen pflegt, gibt eine Andeutung von dem Umfang der damaligen Skulpturenproduktion[64]). Die Stiftungen Philipps des Schönen aus Edelmetall sind ebenfalls fast alle verlorengegangen[65]). Das noch erhaltene Fingerreliquiar Ludwigs des Heiligen in S. Domenico zu Bologna gibt noch einen Eindruck vom bevorzugten Figurenstil, der auch hier von einem Rückblick auf die Skulptur der Zeit Ludwigs IX. bestimmt ist[66]).

Der fast vollständige Verlust der Erzeugnisse aus Pariser Werkstätten läßt den Figurenstil aus Poissy heute isoliert und beziehungslos erscheinen, obwohl sich eine generelle Bevorzugung dieses etwas kühl anmutenden Figurentyps im Umkreis des Königshofes vermuten läßt.

In groben Zügen vergleichbar sind noch die Archivoltenengel in St. Sulpice de Favières (Yvelines)[67], die ebenfalls in den Kreis der königlichen Stiftungen gehören könnten[68]). Sie haben dickwangige Gesichter auf stämmigen Hälsen, ähnlich wie der Verkündigungsengel vom Hochaltar; die glatt herabfallenden Gewänder sind mit parallelen, kaum voluminösen Faltenröhren gegliedert. Gewand- und Standmotive zeigen einige Parallelen zum Chorgestühl, so der oberste Archivoltenengel des rechten inneren Bogenlaufes, der sich neben die Tänzerin in Vierpaß NI 14 stellen läßt.

Es ist in der Forschung immer wieder betont worden, daß es sich bei den Kunstströmungen der Jahrhundertwende um eine retrospektive Kunst handelt, die keine neuen Erfindungen tätigte, sondern sich auf ein Anwenden und Verfeinern des bereits seit der Mitte des 13. Jahrhunderts entwickelten Motivschatzes beschränkte[69]). So gelten die Querhausfassaden von Notre-Dame zu Paris, das damit in Verbindung stehende Grab des Louis de France in St. Denis, aber auch die Apostelfiguren der Sainte Chapelle als Beziehungspunkte dieser Retrospektive[70]). Auch das Retabel von St. Germer-de-Fly[71]) weist bereits den später bevorzugten Formenschatz auf.

Eine Folge dieser versatzartigen Anwendung bekannter Motive ist die weite Verbreitung derselben, eine gewisse Uniformität des Repertoires.

Besonders auffällig ist dies bei Kleinkunst wie Elfenbeinen oder Minnekästchen, die ebenfalls an dieser Schematisierung der Motive partizipieren und diese als allgemeines Formengut verwenden. So entspricht das Minnekästchen Coll. Carrand 1346 im Bargello, Florenz[72]), in seinen formalen Ausdrucksmitteln den bisher vorgestellten Werken. Auf Grund seines Charakters als Dekorationskunst – es geht hier ebenfalls um die Füllung von Vierpaßfeldern – läßt es sich in mancher Beziehung sehr gut mit dem Kölner Chorgestühl in Verbindung bringen. Es zeigt eine ähnliche Anordnung der Füllmotive, die gleichen Bewegungen der Figuren und die gleichen Faltendetails.

Man datiert es in die Zeit um 1300, als Herkunftsort wird Paris angegeben[73]). Dies mag stimmen.

Doch müßten eigentlich deutlichere Charakteristika wie unterscheidbare Kopftypen, sichere Beurteilungsmöglichkeiten für Körperauffassung und Gewandbildung zur Absicherung eines solchen Urteils hinzukommen, die derartigen Erzeugnissen der Kleinkunst nur mit Mühe abzugewinnen sind.

Die deutlichen Koinzidentien bezüglich dieser Stilmerkmale mit den spärlichen noch erhaltenen Vertretern der Pariser Kunst um die Jahrhundertwende sichern jedoch eine Lokalisierung der zweiten Chorgestühlswerkstatt in den Pariser Kunstkreis weitgehend ab. Zudem bestehen gewisse Parallelen zu Figuren- und Dekorationsmustern der Werkstatt des Portail des Libraires der Kathedrale zu Rouen, die mit einiger Wahrscheinlichkeit selbst Pariser Vorbilder reflektiert.

Auch der zweite Hauptmeister dieser Chorgestühlswerkstatt, der die kalligraphischen Figürchen des Wangenaufsatzes SA schuf und stilistisch in die Nähe der Verkündigungsgruppe am Hochaltar zu rücken ist, entstammt wahrscheinlich diesem Kunstkreis, obwohl die Ausbildung der sehr feinen, gefältelten und gewellten Stoffe stärker auf den zweiten Trend der Pariser Kunst um 1300 bezogen scheint, der eben diese Vorliebe für schönfältelige Stoffe, appliziert auf steife, fast zylindrische Körpergerüste, an den Tag legt.

Diese Stilmittel werden am Portail de la Calende an der Südfassade der Roueneser Kathedrale benützt[74]). Auf einen deutlich erkennbaren Körperblock sind hier zarte Stoffe aufgelegt, die den Körper in fein geschichteten Bahnen umwickeln und Volumen nur in Form spitz vorstoßender Faltendreiecke oder parallel angeordneter, stäbig wirkender Röhren entwickeln. Derartige Tendenzen werden auch im Umkreis dieses Chorgestühlsmeisters sichtbar, vergleicht man etwa den östlichen Diener im Wangenaufsatz SA mit dem Engelstorso vom Portail de la Calende in der Cour d'Albane, den Diener auf der Westseite mit den Aposteln des linken Gewändes, Knäufe wie NII 8/9 (Westseite) und SI 7/8 (Westseite) oder auch die Dienerin im Wangenaufsatz mit Figuren aus dem Roueneser Tympanon. Das Verhältnis der Gewänder zum Körper, die Konsistenz der Stoffe sowie die gezierten Posen stimmen überein. Auch die Hochaltarsfigürchen sind in Bezug auf Statuarik und Gewandstil einigen Statuen des Portail de la Calende recht nahe, wie ein Blick auf einige Torsi an der Innenfassade deutlich zeigt. Die gedrehten langen Korkenzieherlocken und leicht schlitzigen Augen treten hier ebenfalls auf[75]). Die Figuren an Hochaltar und Chorgestühl sind in der Mehrzahl etwas gedrungen im Körperaufbau, was bei den meisten Statuetten des Portals in Rouen nicht der Fall ist. Tendenzen zu einer derartigen Körperauffassung sind jedoch am rechten Westportal der Stiftskirche in Mantes zu beobachten, das stilistisch in der Nachfolge des Portail de la Calende steht[76]). Zum Vergleich ließen sich hier etwa der Torso eines Apostels aus dem Gewände[77]), aber auch einige Archivoltenfiguren heranziehen. Übereinstimmungen genereller stilistischer Art zeigt zum weiteren die Statue des Salvators am Trumeau der Kirche St.-Sauveur in Petit-Andeli, die dem Umkreis dieser Werkstätten zuzurechnen ist[78]).

Dieser schönfältelige Gewandstil ist für französische Madonnen seit ungefähr der Jahrhundertwende außerordentlich beliebt. Die Prägung dieses Typs im Pariser Kunstkreis ist mit einiger Sicherheit vorauszusetzen[79]).

In diese Tendenzen der Pariser Kunst lassen sich auch die Figürchen der Hanna und der hl. Agnes vom Hochaltar einreihen, die durch gewisse Gemeinsamkeiten mit einigen Figuren in Ecouis[80]), aber vor allem zeitgenössischen Madonnenfiguren[81]) erkennen lassen, daß man sich hier auf die neuesten Entwicklungen des Nachbarlandes bezieht.

Auf Grund der Parallelen der zweiten Chorgestühlswerkstatt mit verschiedenen Skulpturengruppen der Jahrhundertwende aus Paris oder Umgebung lassen sich zwar keine eindeutigen Werkstattbeziehungen zu einem bestimmten Figurenensemble herstellen. Die Tatsache, daß die am Chorgestühl tätigen Bildhauer über Kenntnisse der wichtigsten Stilrichtungen in Paris verfügten, deutet aber mit Sicherheit darauf hin, daß wir es hier mit

174

einer Pariser Werkstatt zu tun haben. Die Tatsache, daß wir diese nicht exakt bestimmen können, ist wegen der Spärlichkeit des erhaltenen Bestandes kaum verwunderlich. So ist auch das Chorgestühl der Pariser Kathedrale nicht erhalten, das aus der gleichen Zeit wie das Kölner Gestühl stammte[82] und eventuell weitere Aufschlüsse hätte liefern können. Die Beziehungen zu den Querhausportalen von Rouen sind nicht so enger Natur, daß man eine Herkunft der Werkstatt von dort annehmen müßte. Es sieht vielmehr so aus, als seien an der Roueneser Kathedrale Pariser Stilrichtungen verwirklicht oder zumindest mit Pariser Formengut eng verwandte, für die es am Ursprungsort keine derart umfangreichen Zeugen mehr gibt. Die Tatsache, daß es sowohl für den ruhigen, klaren Figurenstil als auch für den schönfälteligen in Paris und Umgebung Vertreter gibt, kann hierfür als Beweis dienen.

Den Pariser Bildhauern, die zur Erstellung des Domchorgestühls nach Köln gerufen wurden, waren beide Stilrichtungen bekannt.

Paris war zweifellos auch in der Zeit um 1300 das Zentrum der Künste in Frankreich; die künstlerische Schaffenskraft der Hauptstadt muß außerordentlich gewesen sein[83]. Die erhaltenen Einwohnerlisten und Rechnungen vermitteln uns ein beeindruckendes Bild von der Anzahl und den Aufträgen der damals in Paris ansässigen Künstler und Handwerker[84]. Von daher sind auch zahlreiche Künstlernamen überliefert, wenn auch nur in seltenen Fällen noch mit einem erhaltenen Werk verbunden.

Auch aus dem Umkreis des Königshofes kennt man eine ganze Reihe von Namen. So beschäftigte der König zahlreiche Architekten, die möglicherweise auch als Bildhauer arbeiteten: Pierre de Chelles (Notre-Dame, St. Denis), Jean Ravi, Jean le Bouteiller (Notre-Dame), Jean d'Esserent (Palais de la Cité, Poissy?), Jean de Gisors, Richard d'Ambleville[85]. Der Bildhauer Jean d'Arras schuf die Grabfigur Philipps III. in St. Denis, Pierre de Chelles war für Transport und Aufbau 1307 verantwortlich[86]. Für die Arbeiten in Poissy wurden Pierre d'Hérouville und Guillaume de Berri bezahlt, dazu ein Magister Gaufridus carpentarius[87].

Bevorzugter Goldschmied des Königs war Guillaume Julien. Er fertigte unter anderem das heute nicht mehr erhaltene Kopfreliquiar Ludwigs des Heiligen für die Sainte Chapelle[88]. Außerordentlich zahlreich und renommiert müssen die Goldschmiedeateliers des damaligen Paris gewesen sein. Das Zeichen der Lilie entwickelte sich zum Markenzeichen dieser Werkstätten[89].

Nicht nur königliche Aufträge waren es, welche die Kunst in der französischen Hauptstadt auf allen Gebieten florieren ließen, sondern auch der Adel im Umkreis des Hofes trat zunehmend in der Mäzenatenrolle auf[90]. Pariser Kunst wurde weithin exportiert oder gelangte durch Stiftungen bis an entlegene Orte[91].

Daß man sich in Köln an den neuesten französischen Vorbildern orientierte, scheint bereits durch das Unternehmen selbst, den Bau einer Kathedrale im französischen gotischen Stil, veranlaßt worden zu sein. Doch gibt es weitere historische Begründungen dafür, daß eine Pariser Werkstatt den Weg an den Rhein fand. Diese beruhen auf den Beziehungen des französischen Königs Philipp IV. zum Kölner Erzbischof Heinrich von Virneburg, während dessen Amtszeit das Chorgestühl geschaffen wurde.

Heinrich, gewählt im Dezember 1305, war nämlich dem König von Frankreich durch schriftlich fixierte Eidesleistungen nach ligischem Lehnsrecht verbunden[92]. Er hatte sich sogar mit diesem Vertrag zur Waffenhilfe mit dem gesamten Aufgebot seiner Kirche verpflichtet[93]).

Es gehörte in den Rahmen der Ausdehnungspolitik Philipps in Richtung Westen, daß es ihm gelang, die damals ungefähr gleichzeitig freiwerdenden Erzstühle von Mainz, Köln und Trier mit Männern zu besetzen, die seine Parteigänger waren[94]). Er hoffte, auf diese Weise auf die deutsche Königswahl Einfluß nehmen zu können. Zur Erweiterung seiner Einflußsphäre schloß er auch Schirmverträge mit Kirchen, Domkapiteln und Städten am Westrand des Reiches ab und belohnte derartige Abhängigkeit mit beträchtlichen Geldzahlungen[95]).

So ist es nicht unwahrscheinlich, daß sich auch der Kölner Erzbischof für seine Vasallenstellung entschädigen ließ. Warum nicht durch eine direkte Unterstützung beim Kölner Kathedralbau? Zumindest scheint es einleuchtend, daß er durch seine enge Bindung an den französischen Königshof und vorauszusetzende Kenntnis der dort aktuellen Kunstrichtungen veranlaßt worden sein mag, eine Werkstatt von dort nach Köln kommen zu lassen.

Anmerkungen

[1]) Vgl. dazu das Inventar.
[2]) Sehr gut zu vergleichen sind dazu die Figürchen in der Spitze des Wangenaufsatzes.
[3]) Darauf werden wir im Zusammenhang mit der Beschreibung der Werkstattarbeiten noch einmal eingehen.
[4]) Vgl. dazu die Maße im Inventar.
[5]) Vgl. etwa die Miserikordie SI 10.
[6]) Vgl. das Mädchen auf der Ostseite, dessen Gürtelform ganz ähnlich ist, den bereits genannten Posaunenbläser oder den Mann, der sein Gewand über den Kopf zieht, auf der Ostseite von Knauf SI 7/8.
[7]) Ähnlich auch der Mann in Wangenrelief SB, rechts.
[8]) Obwohl König David auch solche Schüsseln an der rechten Körperseite aufweist.
[9]) Encyclopédie Photographique de l'art, Le musée du Louvre. Sculptures du moyen âge (Hrsg. M. Aubert), Paris 1948, S. 9; Lefrançois-Pillion, XIIIe, S. 229.
[10]) Schürenberg, S. 13 f.
[11]) W. Sauerländer, Französische Plastik. In: PKG, Das Mittelalter II (Hrsg. O. v. Simson), Berlin 1972, S. 107.
[12]) Transformations of the Court Style, S. 18; Lefrançois-Pillion, XIIIe, S. 230; J.-R. Gaborit, Art Gothique, Paris 1978, S. 68.
[13]) Vgl. hierzu auch das Kapitel zum Maßwerk.
[14]) W. Sauerländer, Rezension der Ausstellung Cathédrales. In: Kunstchronik 15, 1962, S. 234.
[15]) U. a.: Forsyth, Mediaeval Statues of the Virgin in Lorraine; Ders., The Virgin and the child in French 14. century sculpture; L. Lefrançois-Pillion, Les statues de la vierge à l'enfant dans la sculpture française au XIVe siécle. In: Gazette des Beaux-Arts XIV, 1935, S. 129–149 und 204–223; J. Borchgrave d'Altena, Vierge mosane gothique. In: Bulletin des Musées royaux d'Art et d'Histoire 3, 1931, S. 139 ff.; P. Quarrée, Les statues de la Vierge à l'Enfant des confins burgundo-champenois au debut du XIVe siècle. In: Gazette des Beaux-Arts 71, 1968; Schmoll, Neue Ausblicke; Ders., Madonnenstatuetten; R. Suckale, Studien zu Stilbildung und Stilwandel der Madonnenstatuen der Ile-de-France zwischen 1230 und 1300, Phil. Diss. München 1971.
[16]) Bei C. Schaefer, La sculpture en Ronde-Bosse au XIVe siècle dans le Duché de Bourgogne, Paris 1954; auch Forsyth, A group of 14. century mosan sculptures, Metropolitan Museum Journal I, 1968, S. 49–60; eine Kritik dieser Arbeitsmethode bei Suckale, Madonnenstatuen, S. 184 ff.
[17]) Suckale, Madonnenstatuen.
[18]) Vor allem Forsyth, Mediaeval Statues; Ders., The Virgin; Schmoll, Neue Ausblicke; allgemein zu diesem Problem R. Haussherr, Kunstgeographie – Aufgaben, Grenzen, Möglichkeiten. In: Rheinische Vierteljahrsblätter 30, 1965, S. 351–372; H. v. Wallthor, H. Quirin (Hrsg.), „Landschaft" als interdisziplinäres Forschungsproblem, Münster 1977.

[19]) Vgl. Sauerländer, PKG, S. 108: „Nie zuvor waren sich plastische Bildwerke in der französischen, ja europäischen Kunst über alle Grenzen hinweg so ähnlich wie diese Marienstatuen aus der 1. Hälfte des 14. Jahrhunderts". Diese Schwierigkeiten werden einmal wieder deutlich im neuen Pariser Katalog „Les fastes du gothique" (1981), wo gerade die Datierungen der Madonnen teilweise wenig begründet erscheinen. Als Beispiel sei Kat. Nr. 6 genannt, eine Madonna des Pariser Musée de Cluny, die Schmoll hier 1330–1340 ansetzt, was im Vergleich mit der mit Köln zusammengehenden lothringischen Skulptur gut 20 Jahre zu spät erscheint.

[20]) Vgl. die genannten Aufsätze von Schmoll; auch Suckale, Domchorstatuen, S. 233.

[21]) R. Didier, A propos de quelques sculptures françaises en bois du XIIIe siècle. In: Revue des archéologues et historiens d'art de Louvain XII, 1979, S. 81–103; S. 81 f.

[22]) Gillerman, Clôture, S. 4; auch A. Erlande-Brandenburg, Le tombeau de Saint Louis. In: Bulletin Monumental 126, 1968, S. 7–28, S. 22.

[23]) Schürenberg, S. 13; S. Salet, La sculpture à Paris sous Philippe le Bel. In: Document archéologia 3, 1973, S. 45–52; P. Pradel, Les ateliers des sculpteurs parisiens au début du XIVe siècle. In: Comptes rendues. Académie des Inscriptions et Belles Lettres 1957, S. 67 ff.; F. Baron, Enlumineurs, peintres et sculpteurs parisiens des XIVe et XVe siècles, d'après les archives de l'hôpital Saint-Jacques-aux-Pèlerins. In: Bulletin archéologique du Comité des Travaux historiques et scientifiques, nouv. Série 6, 1970 (1971) S. 77–115. Jüngst: R. Recht, Le portrait et le pricincipe de réalité dans la sculpture: Philippe le Bel et l'image royale. In: Europäische Kunst um 1300 (Akten des XXV. Internationalen Kongresses für Kunstgeschichte, Wien 4.–10. September 1983. Hrsg. H. Fillitz und M. Pippal), Wien, Köln, Graz 1986, S. 189–201.

[24]) R. Branner, St. Louis and the Court Style in Gothic Architecture, London 1965, S. 135 ff.; S. Moreau-Rendu, Le Prieuré Royal de St.-Louis de Poissy, Colmar 1968.

[25]) Suckale, Madonnenstatuen, S. 166–168; zur Kanonisierung Ludwigs und zum anschließenden Vorgehen Philipps vgl. auch: E. A. R. Brown, Philippe le Bel and the remains of Saint Louis. In: Gazette des Beaux-Arts 95, 1980, S. 175–182.

[26]) Gillerman, Clôture, S. 5 f.; Dies., The clôture of the Cathedral of Notre-Dame. Problems of reconstruction. In: Gesta XIV,1, 1975, S. 41–61; M. Bideault, Les croix triomphales de Notre-Dame de Paris et de la Cathédrale de Chartres; un document inédit. In: Bulletin Monumental 142, 1984, S. 7–17.

[27]) Gillerman, Clôture, S. 5 f., S. 176 ff.

[28]) A. Erlande-Brandenburg, La Priorale Saint-Louis de Poissy. In: Bulletin Monumental 129, 1971, S. 85–112, S. 102 f.

[29]) Vgl. A. Erlande-Brandenburg in: Bulletin de la Société nationale des Antiquaires de France, 1968, S. 154–160, S. 158; Gillerman, Clôture, S. 4 und S. 117 f.; Transformations of the Court Style, S. 18.

[30]) Gillerman, Clôture, S. 176 ff.; zu den Anstrengungen Philipps zur geistigen Untermauerung seiner Herrschaft vgl. auch P. E. Schramm, Der König von Frankreich, Darmstadt 1960, S. 222 ff.; auch Erlande-Brandenburg, Poissy, S. 90. Allgemein: J. R. Strayer, The reign of Philip the Fair, Princeton 1980.

[31]) Branner, Court Style.

[32]) Suckale, Madonnenstatuen, S. 166 f.; Transformations of the Court Style, S. 20 f.; Gillerman, Clôture, S. 116; Sauerländer, PKG, S. 108: „Mit einer unendlichen Subtilität verfeinert sie die aus dem großen vergangenen Jahrhundert überkommenen Formen".

[33]) Krohm, S. 94 f., leitet den Figurenstil des Portail des Libraires von Reims ab, eine Einordnung, die nach Sauerländer, PKG, S. 120, in keiner Weise überzeugt. Vgl. auch Transformations of the Court Style, S. 20.

[34]) Krohm, S. 102 ff.; Transformations of the Court Style, S. 20 f.; Gillerman, Clôture, S. 115 f.

[35]) Erlande-Brandenburg, Poissy, S. 107; Gillerman, Clôture, S. 106.

[36]) Krohm, S. 97 f.; bereits bei J. Heinrich, Die Entwicklung der Madonnenstatue in der Skulptur Nordfrankreichs von 1250–1350, Phil. Diss. Frankfurt/M. 1933, Leipzig 1933, S. 30. Vgl. auch Transformations of the Court Style, S. 20.

[37]) Vgl. das Kapitel „Vierpaß" dieser Arbeit; dazu die Hinweise im Inventar.

[38]) Vgl. die Bestandsaufnahme bei Krohm, S. 59 ff.

[39]) Heute in der Pfarrkirche Notre-Dame von Poissy aufgestellt; H: 116 cm; Europe Gothique, Kat. Paris 1968, Nr. 99, Taf. 39; Saint-Louis à la Sainte Chapelle, Kat. Paris 1960, Nr. 184, hier als Tochter Agnes († 1327) bezeichnet. La France de St. Louis, Kat. Paris 1970, Nr. 35; Suckale, Madonnenstatuen, S. 168 f.; Erlande-Brandenburg, Poissy, S. 104 ff.

[40]) A. Erlande-Brandenburg in: Bulletin de la Société nationale des Antiquaires de France, 1968, S. 154–160; Ders., Poissy, S. 104 ff., Abb. 14. Die Figur befindet sich in einer Privatsammlung.

41) Oxford Bodl., 2, fol. 31; Abb. bei Erlande-Brandenburg, Poissy, Fig. 8.
42) Ebd., Fig. 9 und 10, S. 103.
43) M. Aubert, M. Beaulieu, Déscription raisonnée des sculptures du moyen âge, de la renaissance et des temps modernes. 1. Moyen-Age, Paris 1950, S. 93, Nr. 114–117 bis, mit Abb., Stein, Höhe: 102–105 cm; Suckale, Madonnenstatuen, S. 168–170 und Anm. 10, S. 169 (zum Erhaltungszustand); La France de St. Louis, Paris 1971, Kat. Nr. 37 (Engel 114 und 115), mit Abb.; St. Louis à la Sainte Chapelle, Paris 1960, Nr. 185 (117 bis); Krohm, S. 149, Anm. 260 und S. 97 f.
44) Erlande-Brandenburg, Poissy, S. 109, mit Hinweis auf den anderen Stein der Nummern 114, 115 und 117, und auf die regelmäßige und trockene Ausführung. Diese drei Engel wurden 1838 vom Pfarrer von Notre-Dame de Poissy zusammen mit Nr. 116 gegen zwei Gipsfiguren getauscht; Nr. 117 bis wurde dagegen 1861 vom Musée de Cluny erworben und gelangte in die Sammlung des Louvre. Die Oberfläche ist bei dieser Figur – mit Ausnahme des Kopfes – beschädigt.
45) Ebd., S. 109; zu diesem Kopf: M. Beaulieu, Une tête d'ange provenant du prieuré Royal de St. Louis de Poissy. In: Monuments Piot 47, 1953, S. 171–180; auch R. Didier, Contribution à l'étude d'un type de Vierge française du XIVe siècle.In: Revue des Archéologues et Historiens d'Art Louvain III, 1970, S. 48–72, S. 58, Abb. 4.
46) Erlande-Brandenburg in: Bulletin de la Société nationale des Antiquaires de France 1968, S. 157; vgl. auch M. Aubert ebd., 1939/40, S. 151; Suckale, Madonnenstatuen, S. 169, Anm. 10; St. Louis à la Sainte Chapelle, Paris 1960, Nr. 183, Abb. 33; Büste heute in einer Privatsammlung.
47) Museum Mayer van den Bergh, Kat. 2, Antwerpen 1969, Nr. 2129 (Joz. de Coo), mit Abb., hier mit Hinweis auf eine mögliche Entstehung im 19. Jahrhundert. Für ein Werk dieser Zeit hält die Madonna auch F. Salet in: Bulletin Monumental 128, 1970, S. 175; P. Bloch, Neugotische Statuetten des Nikolaus Elscheidt. In: Festschrift O. v. Simson, Berlin 1977, S. 504–514, schreibt sie dem Kölner Neugotiker Elscheidt zu. Für echt halten die Madonna dagegen A. Kosegarten, Inkunabeln der gotischen Kleinplastik in Hartholz. In: Pantheon XXII, 1964, S. 302–321; R. Didier, Vierge française, S. 48–72; Suckale, Madonnenstatuen, S. 169 f. Nach eingehendem Vergleich mit gesicherten Werken Elscheidts möchte ich mich eher der zweiten Meinung anschließen. Es gibt mit Sicherheit Kopien der Madonna aus dem 19. Jahrhundert, etwa in Troisdorf (Rhein-Sieg-Kreis).

T52, 158   48) Man vergleiche die Köpfe an Wange NA mit dem Abguß eines Archivoltenengels im Musée Départementale des Antiquités (Krohm, Abb. 32).

105, 161   49) Man vergleiche die Tanzszene in Vierpaß NI 14 mit der Vertreibung aus dem Paradies in den Sockelreliefs (Krohm, Abb. 43), die sich sehr viel näherstehen als die von Krohm als Vergleich herangezogene

159   Miserikordie NII 2. Zur Ponderation siehe weiter den Abguß eines Posaunenengels (Krohm, Abb. 42)
160   oder die Figur einer klugen Jungfrau (Krohm, Abb. 19).

50) Vgl. die Figuren aus dem Tympanon, Krohm, Abb. 14.

159, 160   51) Vgl. den bereits angeführten Posaunenengel (Krohm, Abb. 42) oder die kluge Jungfrau (Krohm, Abb. 19).

52) Vgl. dazu die Abbildungen der Sockelreliefs bei Krohm (20, 22–28).

F 10, T 54   53) Sehr ähnlich sind die Köpfe der Delila auf der Ostseite, der Frau des Prassers in der Sterbeszene oder auch des Samson an Knauf NI 4/5.

54) Die Art der Kerben stimmt genau überein, wie sie ganz gerade, unvermittelt und plakativ in die Oberfläche eingegraben sind. Dieses Motiv ist nicht sehr häufig.
55) Gillerman, Clôture, S. 124; hier Abb. aller Schranken.
56) Zur Restaurierung siehe Gillerman, Clôture, S. 20 ff.
57) Vgl. Gillerman, Clôture, Abb. 8–10.

166   58) Vgl. für die Gürtel- und Armfalten die stehenden Könige der Anbetung, den Josef in der Flucht nach Ägypten, für die Fußfalten etwa die sitzenden Apostel des Abendmahles oder die Maria der Darstellung im Tempel; Abb. bei Gillerman, Clôture.

59) Vor allem die Kopftypen, so etwa die Dienerin im Hintergrund, scheinen vergleichbar.
60) In Mainneville erbaute Enguerrand de Marigny 1305–1307 ein Schloß, von dem noch spärliche Reste erhalten sind. Zwei Statuen aus diesem Schloß, der hl. Ludwig (H: 153 cm) und eine Madonna (H: 151 cm), befinden sich heute in der Dorfkirche des Ortes. Suckale, Madonnenstatuen, S. 181–183; Lefrançois-Pillion, Vierge, S. 146 ff.; Dies., XIVe, S. 70; P. Deschamps, La statue de St. Louis à Mainneville. In: Monuments Piot 37, 1941, S. 120 ff., mit Abb.; Ders., in: Bulletin Monumental 127, 1969, S. 35 ff.; Gillerman, Clôture, S. 117; Erlande-Brandenburg, Le tombeau de St. Louis, S. 20, hält die Statue für eine Darstellung Philipps des Schönen.

61) Erlande-Brandenburg, Poissy, S. 104; Gillerman, Clôture, S. 4 und 120; Transformations of the Court Style, S. 18; S. Salet, La sculpture à Paris sous Philippe le Bel. In: Document archéologia 3, 1973, S. 44 ff.
62) J. Guerout, Le Palais de la Cité à Paris des origines à 1417, 1950, S. 134, Nr. 5 und 6.
63) A. Prache, Une sculpture gothique parisienne inédite. In: Bulletin Monumental 135, 1977, S. 61–65.
64) Suckale, Madonnenstatuen, S. 173 f.
65) Suckale, Madonnenstatuen, S. 166 ff.; erhalten ein Reliquiar in Assisi, San Francesco, ein weiteres in Ascoli Piceno. Zu den verlorenen Aufträgen des Königs: J. Viard, Les journaux du Trésor de Philippe IV. le Bel, Collection des documents inédits sur l'histoire de France, Paris 1940.
66) Suckale, Madonnenstatuen, S. 167; S. Gnudi, Il reliquiario di San Luigi Re de Francia in S. Domenico. In: Critica d'Arte 18, 1958, S. 535–539; Europe Gothique Nr. 421, Abb. 112 und 113. Zwei Engel tragen den Schrein mit der Reliquie.
67) Suckale, Madonnenstatuen, S. 170 f.; zur Architektur: Branner, Court Style, S. 74; Schürenberg, S. 188, 194.
68) Dazu Suckale, Madonnenstatuen, S. 171; für St. Sulpice sind königliche Stiftungen nachgewiesen.
69) Suckale, Madonnenstatuen, S. 168 und 183; Sauerländer, PKG, S. 108.
70) Transformations of the Court Style, S. 20 f.; Gillerman, Clôture, S. 116.
71) Suckale, Madonnenstatuen, S. 127 ff.; Paris, Musée de Cluny; um 1260; Sauerländer, Taf. 281.
72) H. Kohlhaussen, Minnekästchen im Mittelalter, Berlin 1928, Kat. Nr. 17, Taf. 15.
73) Vgl. ebd. unter Kat. Nr. 17.
74) Krohm, S. 102 ff. mit zahlreichen Abb., für die folgenden Vergleiche Abb. 62, 49, 51, 74 und 80; hier datiert nach 1291; bei Sauerländer, PKG, S. 121: 1300/1310.
75) Vgl. den Propheten der Innenfassade (Krohm, Abb. 64) oder einen am westlichen Strebepfeiler (Krohm, Abb. 50).
76) Krohm, S. 123 ff.; hier datiert auf 1300.
77) Hier ähnlich wie in Köln, z. B. beim David, vorn eine plattgedrückte Faltenröhre, die auf dem Grund leicht bogenförmig aufsteht; Krohm, Abb. 79, 85, 86.
78) Krohm, S. 135, Abb. 96.
79) Suckale, Madonnenstatuen, S. 194.
80) Diese sind wahrscheinlich ein wenig später als das Chorgestühl: nach Suckale, Madonnenstatuen, S. 173–181, besonders S. 173, vor 1310 begonnen, 1314 vollendet; vgl. auch Lefrançois-Pillion, XIVe, S. 69 ff.; Europe Gothique Nr. 149 mit etwas späterer Datierung als Suckale, was dieser jedoch zurückweist; Regnier, L'Eglise Notre-Dame d'Ecouis, Paris/Rouen 1913. Man vergleiche etwa die Figur der Veronika (Gillerman, Clôture, Abb. 96) mit der Agnes, Beeh, Ikonographie, Abb. 1; zur Hanna vgl. ebd. Abb. 8
81) Etwa die Madonnen in Palaiseau (Yvelines), St. Loup-de-Naud (Seine et Marne) oder Couilly; Suckale, Madonnenstatuen, Abb. 27, 28 und 30.
82) Eine Neuerstellung des Gestühls im Rahmen der Chorumgestaltung nach 1296 mit Neubau der Chorschranken ist anzunehmen.
83) A. Erlande-Brandenburg, Gotische Kunst, Freiburg, Basel, Wien 1984, S. 104; Pradel, Ateliers, S. 73.
84) Baron, Rôles de la taille; Dies., Les archives de l'Hôpital; Pradel, Ateliers.
85) Erlande-Brandenburg, Poissy, S. 93; Pradel, Ateliers, S. 70 ff.
86) Baron, Rôles de la taille, S. 44 f.
87) Erlande-Brandenburg, Poissy, S. 91 ff.; nach: R. Fawtier, Comptes royaux (1285–1314), Bd. I, Paris 1953, und J. Viard, Les journaux du trésor de Philippe IV le Bel, Paris 1940.
88) Brown, Philippe le Bel, S. 176 ff, Fig. 1.
89) Art and the Courts, S. 21 ff.
90) Vgl. u. a. Baron, Les archives de l'Hôpital; Dies., Le décor sculpté et peint de l'Hôpital Saint-Jacques-aux-Pélerins. In: Bulletin Monumental 132-IV, 1974, S. 29 ff.
91) Art and the Courts, S. 21 ff. (P. Verdier); vgl. auch Kat. Nr. 179 in: Les Fastes du Gothique, eine Goldschmiedestatuette des hl. Jacobus, gestiftet von einem Ratgeber Philipps des Schönen, Geoffroy Coquatrix, für die Kathedrale von Santiago de Compostela.
92) H. Thomas, Das Reich um 1300. In: Balduin von Luxemburg, Erzbischof von Trier – Kurfürst des Reiches, 1285–1354, Festschrift Mainz 1985, S. 9–42, S. 36; vgl. auch ebendort E. Schubert, Kurfürsten und Wahlkönigtum, S. 101–117, S. 104. Zu Heinrich von Virneburg: Stehkämper, S. 18 f.; U. Seng, Heinrich II. von Virneburg als Erzbischof von Köln, Siegburg 1977; W. Wisplinghoff, Heinrich II. von Virneburg. In: Neue Deutsche Biographie 8, 1969, S. 364 f.

93) Zu Heinrichs Bündnis siehe MGH Const. 4, 2 Nr. 1202.
94) Thomas (92), S. 36; F. Kern, Die Anfänge der französischen Ausdehnungspolitik bis zum Jahre 1308, 1910, S. 341 ff.
95) M. Donecker, Schutzverträge im deutsch-französischen Grenzraum im Mittelalter. In: Rheinische Vierteljahrsblätter 43, 1979, S. 196–235.

6. Werkstattarbeiten

a. Beschreibung

Der überwiegende Teil des Chorgestühls ist der zweiten französischen Werkstatt zuzuschreiben. So war an der Wange ND ein Bildhauer tätig, der im Stil des Meisters von Wange NA arbeitete. Ein Vergleich der Reliefs mit den Darstellungen von Salomons Urteil und dem Schießen auf den toten Vater mit der ersten Wange der Nordseite zeigt, daß dieser Bildhauer über die gleiche Formensprache wie der Hauptmeister verfügt. Es kommen die gleichen Gesichtstypen, die gleichen Faltenschemata vor, ebenso wie eine vergleichbare Gestik und Ponderation der Figuren. Der Unterschied liegt in der weniger geschickten Einpassung der Figuren in den Rahmen, der ungünstigeren Raumaufteilung. Die Körper sind nicht so stark vorgewölbt, versinken stärker im Gewand, das selbst weniger fest ist, trotz der harten Einzelformen der Falten. Auch die Köpfe sind flacher, nicht so sorgfältig und fein gearbeitet und zeigen alle Motive der ersten Wange in schlafferer Durchbildung, so daß die Haare weniger Sprungkraft zeigen, die Gesichter aufgeblasen wirken. Die etwas steife Figurenhaltung an Wange NA wird hier zu marionettenhaften, etwas schwankend und unsicher anmutenden Bewegungen umgesetzt. Auch der Wangenaufsatz mit den hölzernen und leicht unsicher stehenden Ritterfiguren stammt von diesem Bildhauer.

In ähnlich harten Formen, jedoch noch steiferer Figurenbildung sind die Judenreliefs der Wange NC gearbeitet. Bei grundsätzlich übereinstimmender Motivwahl, man vergleiche etwa die Juden mit dem Büttel im Salomonischen Urteil, wirken die Figuren härter, fast pfahlartig gerade, unten stoßen steif zwei Faltenröhren aus dem Gewandschlitz hervor. Die Gesichter wirken wie Karikaturen der Chorpfeilerapostel mit ihren langen, üppig gelockten Bärten. Diese Tendenz der Motivübernahme aus dem Bereich der kölnischen Skulptur läßt sich in dieser Werkstatt vor allem bei den etwas weniger qualitätvollen Stükken feststellen. Dies könnte darauf hindeuten, daß auch weniger spezialisierte Kölner Kräfte zur Werkstatt gehörten, die ihren Fähigkeiten entsprechend das Formenrepertoire der führenden Bildhauer mit älteren Kölner Motiven mischten.

Von dem Bildhauer der Wange NC könnte auch der Wangenaufsatz SC mit seinen scharfen, mageren Faltenformationen stammen. Auf wiederum einen anderen Bildhauer treffen wir bei den Minnereliefs der Wangen SC und SD. Bei gleichen Gesichtstypen, die neben deutlicher Anlehnung an die Hauptmeister der Gruppe einen gewissen Bezug zu kölnischen Formen zeigen, versinken hier die Körper ganz in üppigen, vorgehängten Stoffmassen, die ornamental geringelte Saumlinien in den Stoffgehängen und am Boden bilden. Neben diesen Wellensäumen treten scharfe, jähe Kerben als Markierungspunkte in den stark verselbständigten Gewandfassaden auf, beispielsweise zur Abtrennung des dreieckigen Faltensegels vor dem Spielbein oberhalb des Fußes, was auch in der für diese Gruppe sehr typischen Form eines vorspringenden Dreiecks geschehen kann. Beides, das dreieckige Stoffsegel und diese seltsame Kerbenform, kommen in der älteren Domskulptur nicht vor. Ähnlich wie diese Wange sind noch zahlreiche Stücke gearbeitet, unter anderem der

181

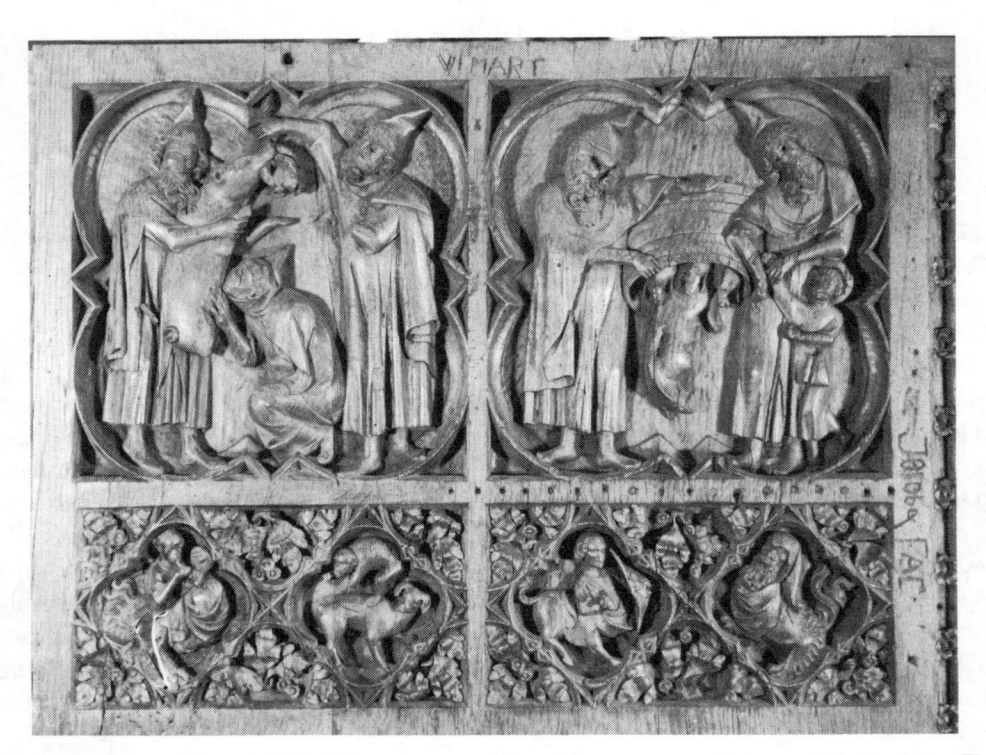

▲ T56 Judensau, Wange NC, Westseite   T57 Minneszenen, Wange SD, Ostseite ▼

182

Wangenaufsatz NC und zahlreiche Knäufe, beispielsweise NII 10/11, SII 1/2, NII 7/8, SII 15/16, NII 14/15, NI 10, NI 24/25, NII 11/12. Auch die Wangenzwickel SC, SD, SE und ND zeigen diese weichen Gewandformen wie auch – sofern man dies noch beurteilen kann – die Wangenreliefs der im 19. Jahrhundert restaurierten, im Kern aber noch mittelalterlichen Wangen NE und SE.

Bei anderen Darstellungen taucht die schärfere Formensprache der Wangen NC und ND wieder auf, so bei den Vierpaßreliefs NI 16, die trotz starker Anlehnung an den Stil des Meisters von NA auf Grund deutlich abfallender qualitativer Ausführung nicht von diesem stammen können. Auch die Knäufe SI 18, SI 21/22, SII 7/8, SII 9/10 oder die Miserikordie NII 11 sowie einige Masken, die Miserikordien NI 27, NII 22 oder SII 24 sind härter gearbeitet.

Die meisten Vierpässe unter den Sitzen sind in diesem Sinne als Werkstattarbeiten zu betrachten, so SI 10 ff. oder NI 19 ff., die eine sehr sparsame, magere Formensprache zeigen. Einige sehr qualitätvolle Bohlenstücke möchte man eventuell noch einem der Hauptmeister zuordnen, wie die Vierpässe NI 1–4, die sich sehr gut in das Oeuvre des Meister von NA einfügen würden.

Eine Händescheidung bis ins letzte Detail ist jedoch bei den zahlreichen dekorativen Formen, die im großen und ganzen von allen Bildhauern in überzeugender Weise ausgeführt wurden, nicht möglich und bringt auch keinerlei weiteren Gewinn für unsere Stilanalyse. Die vor allem in den westlichen Gestühlsbereichen angeordneten Werkstücke der Gesellen zeigen keinen so ausgeprägten Stil wie die Werke der Hauptmeister, sie variieren stärker, tauschen Motive und Formen aus und bilden eine Art Mischstil, wobei es in gewisser Weise möglich bleibt, bestimmte Werkgruppen zusammenzustellen. So befinden sich unter den Miserikordien der vorderen Sitzreihe auf der Südseite einige fast durchgehend nach heraldisch anmutenden Tiermotiven gestaltete Stücke (SII 10, 15, 16, 17, 20, 22). Sie zeigen alle recht schematisch den gleichen Aufbau und vergleichbare Bewegungsmotive. Die Ausarbeitung der Binnenformen ist etwas grob, was man sehr schön an der Haarbehandlung und den scharf umrandeten Augen sieht. Nach diesen Kriterien könnte man auch etwa die streitenden Männer der Miserikordie SII 23 oder NI 5 in diese Gruppe einordnen, die ebenfalls grobe, eklektizistisch kombinierte Formen aufweisen. Es könnte sich hier fast um Arbeiten eines in der Dekorationskunst weniger bewanderten Steinmetzen der Bauhütte handeln. Ähnlich in Gesamtausführung und Details sind beispielsweise einige Konsolfigürchen am Außenbau des Kölner Domes, und zwar im Bereich des Obergadens. Das stilistische Umfeld der Werkstattarbeiten am Chorgestühl ist durch die Darstellung ihrer Abhängigkeit von den französisch geschulten Meistern bei gleichzeitigen Übernahmen aus dem Bereich der kölnischen Gruppe – hier jedoch in erster Linie im Bereich des Motivischen – abgesteckt.

b. Nachfolgewerke

Haben sich andere Werke dieser umfangreichen Bildhauerwerkstatt im Kölner Kunstkreis erhalten? Im Fall der Hauptmeister muß dies verneint werden. Die Handschrift der Gesellen scheint jedoch aufgenommen bei den Figuren der Guten Helden im Hansasaal des Rathauses[1]). Diese neun, ungefähr 1,85 m hohen Standbilder aus Tuff sind an der Südwand des im ersten Stock des Rathauses gelegenen Saales unter Tabernakelbaldachinen aufgestellt. Ausgehend von den drei Zeitaltern der Heilsgeschichte des Augustinus „ante legem, sub lege, sub gratia", sind je drei Helden aus der jüdischen, römischen und christlichen Zeit dargestellt, und zwar (von rechts nach links) Alexander der Große, Hektor, Julius Caesar, die Juden Judas Makkabäus, David und Josua sowie (von links nach rechts) Karl der Große, König Artus und Gottfried von Bouillon. Sie stehen nebeneinander auf Figurensockeln, ähnlich wie in einem Portalgewände, gekleidet in ritterliche Tracht. Die Riesen der Baldachine überschneiden im oberen Geschoß fünf hinterglaste Spitzbogennischen. In den drei mittleren stehen kleinere Statuen (1,15 m und 1,25 m): in der Mitte ein Kaiser[2]), zu seinen Seiten die Personifikationen von Wehrhoheit und Rheinstapel, den wichtigsten städtischen Privilegien Kölns[3]). Die ganze Wand ist, dem spitzbogigen Tonnengewölbe des Saales folgend, von einer mit Blattwerk besetzten, spitzbogigen Kehle überfangen. Nach starken Kriegszerstörungen präsentiert sich die gesamte Wand mit eingestellten Skulpturen heute in ungefaßtem Zustand[4]).

Die genaue Entstehungszeit von Architektur und Figurenzyklus ist nicht bekannt. Lange Zeit war man von einer einheitlichen Herstellung in der Zeit nach dem Rathausbrand 1349 ausgegangen, eine Datierung, die teilweise in der neueren Literatur auch noch vertreten wird[5]). Der Kaiser in der oberen Fensterzone wäre demnach Karl IV.[6]). Bereits Beenken datiert die Guten Helden aus kostümgeschichtlichen und stilistischen Gründen um 1320–1340, wobei er von einer späteren Erbauung der Längsseiten des Saales mit den seiner Meinung nach späteren Maßwerkformen ausgeht[7]). Die Figuren der oberen Zone hält er für moderne Ergänzungen.

Die Theorie Beenkens, derzufolge man mit zwei Bauphasen für den Hansasaal rechnen müßte, wurde von H. Rosenau mit Hilfe einer Fotografie entkräftet, die während der Restaurierung des Hansasaales im 19. Jahrhundert aufgenommen wurde und die Einheitlichkeit des Mauerverbandes zwischen Quer- und Längswänden vor der Rekonstruktion der Längswände 1864/65 zeigt[8]). Der Hansasaal muß also einheitlich errichtet worden sein. Die Maßwerkformen aller Wände lassen sich aus dem Formenschatz der Kölner Dombauhütte ableiten[9]). Das Maßwerk an der im 19. Jahrhundert nach der alten Form wiedererrichteten westlichen Längswand entspricht der Folge sich überschneidender Bögen in der oberen Zone der Wange SI (außen) am Chorgestühl[10]). Die gegenüberliegende Ostwand ist sehr viel einfacher gestaltet (Blendarkaden mit Nasen), eine Tatsache, die bereits Mühlberg als ungewöhnlich auffiel, jedoch eine Entsprechung im ungleichmäßigen Dekor der Ostseiten der Maßwerkwangen am Chorgestühl findet[11]). Die Maßwerkgliederung der Nordwand geht in den Einzelformen ihrer Motive nicht über den Westfassadenriß F des Kölner Domes (um 1300) hinaus[12]).

Diese Verwandtschaft in den Maßwerkformen wie auch stilistische Gründe bewogen Mühlberg 1974 dazu, den Figurenzyklus im Anschluß an den Domhochaltar in die Zeit um 1330 zu datieren[13]). Stilistisch stehen seiner Meinung nach Hochaltar und Dreikönigenpförtchen, also die lothringisch geprägte Kölner Skulptur, den Guten Helden am nächsten[14]). Der dargestellte Kaiser wäre demnach Ludwig der Bayer, der in seinem Wahl- und Krönungsjahr 1314 der Stadt Köln ihre Privilegien und Rechte bestätigte[15]). Mühl-

T 58   Die neun Guten Helden. Köln, Rathaus, Hansasaal ▶

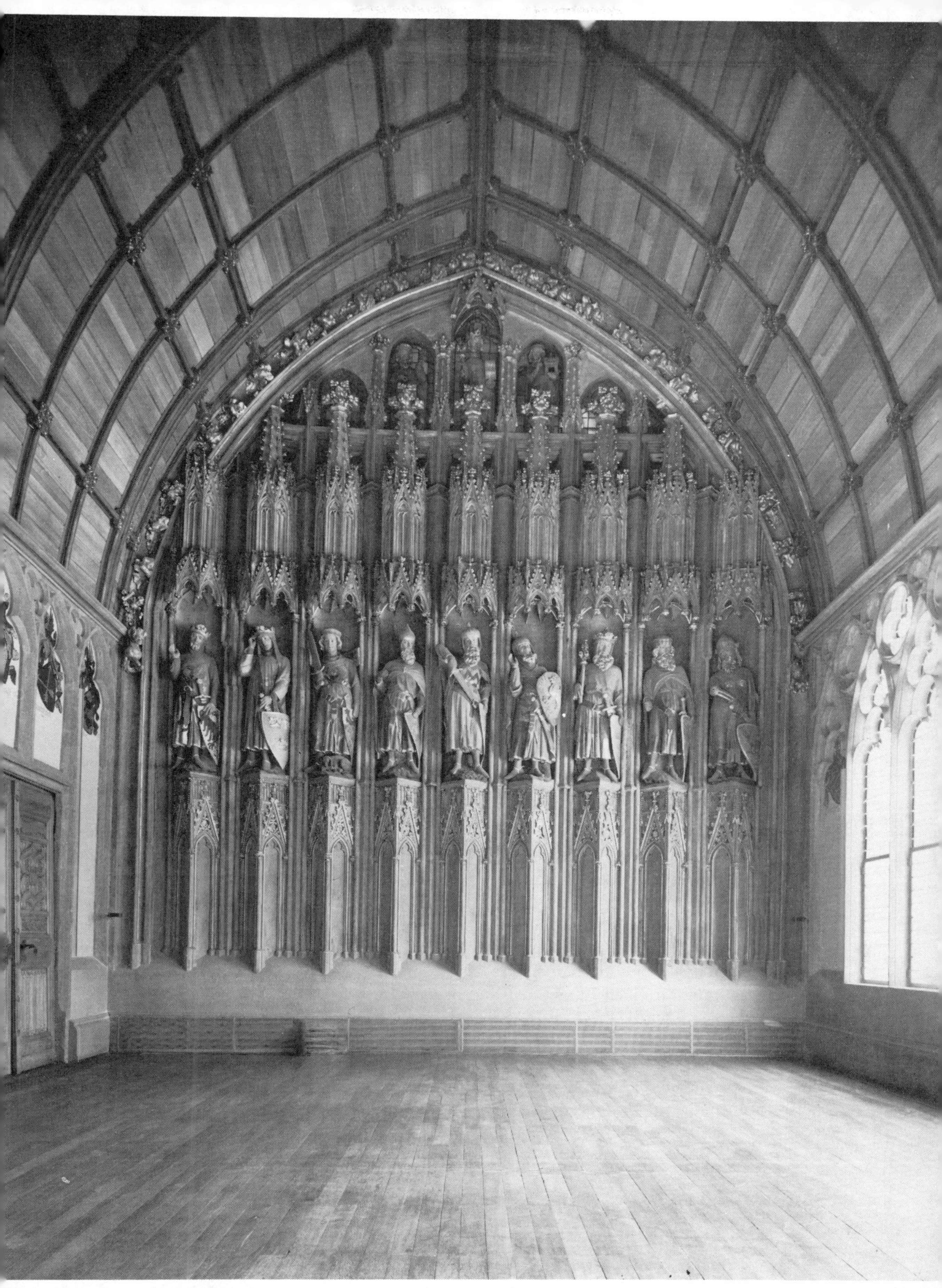

berg versuchte, seine Datierung um 1330 quellenmäßig mit einer Urkunde zu stützen, die für 1328/30 die Verankerung eines „lifbalkens" der „rame" in der Hauswand eines neben dem Rathaus gelegenen jüdischen Hauses festhält[16]). Diese Baumaßnahmen möchte er als Verankerung des Unterzuges der Balkenlage im Erdgeschoß des Rathauses deuten und schließt von daher auf ein größeres Bauunternehmen in dieser Zeit. Der Hansasaal habe also den Brand des Judenviertels 1349 einigermaßen unbehelligt überstanden. Diese Annahme wird durch den Fund von Brandspuren im oberen Bereich der südlichen Saalwand im Zuge der Wiederherstellungsarbeiten nach dem Krieg bestätigt.

Was den Stil der Figuren angeht, so war bereits des öfteren die im Verhältnis zur Entstehungszeit ausgesprochen altertümliche Tracht der Helden, aber auch ihr dementsprechend altmodischer Figurenstil aufgefallen[17]).

Im Vergleich zu der qualitätvollen Ausführung der Architektur wurden häufig die Guten Helden selbst geringschätzig beurteilt[18]). Bei einer näheren Betrachtung des Figurenzyklus ist die seltsam unstabile Körperhaltung der Statuen nicht zu übersehen. Die Helden stehen – mit teilweise stark hängenden Füßen – häufig an statisch sehr ungünstiger Stelle ihrer Figurenplinthen (vgl. z. B. Kaiser Karl oder König Artus). Ihre Körper pendeln fast marionettenhaft hin und her. Die Gestik ist hilflos, fast als würden die Arme an Schnüren hochgezogen (vgl. etwa die Figuren des Judas Makkabäus oder wiederum Karls des Großen). Die Gewandführung ist wenig geschmeidig, hakelige, etwas ungezielt angewandte Binnenformen bilden die Gliederung. Aus Gewandschlitzen treten starr mehrere Faltenröhren hervor. Die Gesichter sind ausdruckslos, etwas müde, mit weicher Detailbearbeitung.

In Haltung und Gestik erinnern die Guten Helden an einige Werkstattarbeiten am Chorgestühl. So treten an den Wangen NC und ND Figuren mit ähnlich schwankendem Gesamtaufbau und unbeholfener Gestik auf. Man vergleiche etwa den Büttel im Salomonischen Urteil mit Gottfried von Bouillon oder Karl dem Großen, den rechten Ritter im Wangenaufsatz mit David[19]). Hier stößt man auf die Einzelform der doppelten, starr aus einem Gewandschlitz vortretenden Röhrenfalten. Auch Einzelmotive der Gewänder lassen sich vergleichen[20]); gerade diese Werkgruppe der Chorgestühlsplastik zeigt weiche Gesichtsformen, im Gegensatz zu den übrigen Figuren[21]). Die stilistischen Gemeinsamkeiten können nur derart generell festgehalten werden, da der schlechte Erhaltungszustand dieser Teile des Gestühls und das unterschiedliche Format keine weiteren Beweise für mögliche Werkstattzusammenhänge erlauben. Daß die Figurengruppe im Umkreis der Dombauhütte entstanden sein muß, scheint aufgrund der engen Verwandtschaft in den Architekturformen gesichert, wobei speziell das Auftauchen einer sehr kleinen Maßwerkform des Chorgestühls in Monumentalgröße auffällig ist. Daher könnte man die Koinzidentien zwischen einer Werkgruppe des Chorgestühls und dem Figurenzyklus der Guten Helden gerade bezüglich der etwas ungewöhnlichen Gestik und Figurenhaltung als deutliches Indiz für einen Zusammenhang beider Gruppen werten.

Unterstützt wird diese These durch das Auftreten gemeinsamer dekorativer Einzelformen. Hier sind die Gestaltung der Kronen, die Maskenverzierung am Gewand des Alexander oder auch der Hund mit Knochen zu Füßen des Gottfried von Bouillon zu nennen[22]).

Die kleineren Figuren im oberen Geschoß der Saalwand sind stilistisch etwas anders einzuordnen. Sie sind mit ihrer kompakten Körperlichkeit, den schildförmigen Gesichtern und

T 59   Ritter, Wangenaufsatz ND, Ostseite

der Gestaltung der Gewänder unmittelbar mit lothringischen Skulpturen, etwa den stehenden Königen vom Dreikönigenpförtchen, zu vergleichen. Mit den lothringischen Figuren des Domhochaltars scheinen sie nicht unmittelbar verwandt, es ist hier wohl eher ein stadtkölnisches Atelier am Werk gewesen.

Die Entstehungszeit des Figurenzyklus im Hansasaal ist also noch früher als das bisher angesetzte früheste Datum von 1330 anzunehmen. Allein die Rüstung der Helden, die stark an den Victor des Xantener Doms (vor 1311) erinnert, bestätigt ein früheres Datum. Die Tatsache, daß noch stilistische Gemeinsamkeiten mit dem Grab des Erzbischofs Philipp von Heinsberg im Dom bestehen, das wohl noch vor 1300 entstanden ist, könnte ebenfalls als Indiz dafür gewertet werden, daß die Ausstattung des Hansasaales deutlich weiter als bisher an die Jahrhundertwende heranzurücken ist[23]).

Die ikonographischen Wurzeln der Guten Helden liegen in Frankreich. Sie sind die bei weitem früheste Darstellung eines Themas, das in der französischen Literatur Anfang des 14. Jahrhunderts zum ersten Male nachweisbar ist[24]), und zwar in dem 1312 datierten Gedicht „les voeux du paon" des Jacques du Longuyon. Als Idealgestalten des Rittertums kamen die Guten Helden in Frankreich vor allem im höfischen Bereich zur Darstellung[25]). Die bei Wyss aufgeführten Beispiele sind allerdings durchweg später als der Zyklus im Hansasaal[26]). Im deutschsprachigen Bereich erscheint das Thema vor allem an öffentlichen Plätzen im Auftrag des städtischen Patriziats wie auch später in Hamburg, Lüneburg und Mechelen[27]). So werden sie hier in Köln im Rahmen des Hansasaales zu Vorbildern des Rates und der Bürgerschaft. Das Grundthema der Gesamtikonographie des Hansasaales ist nach E. Trier[28]) die Gerechtigkeit. Die Guten Helden wären in diesem Zusammenhang als Assistenzfiguren des Gerichtes zu verstehen.

Das außerordentlich frühe Auftreten der Guten Helden im Kölner Rathaus – es handelt sich um die früheste bisher bekannte Darstellung in der bildenden Kunst überhaupt – spricht für eine direkte Übernahme aus dem französischsprachigen Raum.

Ähnlich wie bei einigen Szenen am Chorgestühl läßt sich auch hier auf ikonographischem Gebiet die ausgesprochen zeitige Adaptation eines Motivs aus Frankreich festhalten.

Anmerkungen

1) Zu diesen umfangreiche Literatur: H. Vogts, Das Rathaus zu Köln, Augsburg 1928, S. 9 und 17 ff.; Ders., KD der Stadt Köln, Bd. IV, 2, Düsseldorf 1930, S. 159 f. mit älterer Literatur S. 161; Ders., Köln im Spiegel seiner Kunst, Köln 1950, S. 166; Hamann, Elisabethkirche II, S. 256 ff.; G. Dehio, Handbuch der Deutschen Kunstdenkmäler, Die Rheinlande, bearb. von E. Gall, Berlin 1937, S. 207; Rheinland, bearb. von R. Schmitz-Ehmke, Darmstadt 1967, S. 400; Rosenau, Der Kölner Dom, S. 66; Beenken, Bildhauer des 14. Jahrhunderts, S. 99 ff.; R. L. Wyss, Die neun Helden. In: Zeitschrift für Schweizerische Archäologie und Kunstgeschichte 17, Heft 2, Basel 1957, S. 73 ff.; F. Mühlberg, Der Hansasaal des Kölner Rathauses. In: WRJb. XXXV, 1974, S. 65–98 mit Abb.; H. Adenauer, Das Schicksal des Kölner Rathauses vor, während und nach dem Zweiten Weltkrieg. In: Das Rathaus zu Köln (Hrsg. P. Fuchs), Köln 1973, S. 135–151.
2) In der Rechten ein Zepter, in der Linken eine Urkunde mit Siegel; Mühlberg, Abb. 6.
3) Ebenfalls männliche Figuren. Die Personifikation des Rheinstapels gießt einen Wasserstrom mit Fischen und Krebsen aus, die Wehrhoheit trägt einen Festungsturm; Mühlberg, Abb. 7 und 8.
4) Mühlberg, Abb. 5; die 1942 in den Rathauskeller ausgelagerten Figuren wurden im Krieg außerordentlich stark beschädigt. Sie barsten auseinander, die erst 1936–1938 unter der Ölfarbenübermalung des 19. Jahrhunderts freigelegte mittelalterliche Temperafassung wurde völlig vernichtet. Nach Kriegsende wurden die Einzelteile in mühseliger Kleinarbeit von den Bildhauerrestauratoren Dumpis und Reifschneider zusammengefügt und ergänzt. Die Ergänzungen an den beschädigten Sockeln und Baldachinen wurden in Savonnière-Kalkstein ausgeführt. Vgl. dazu H. Adenauer, Das Schicksal des Kölner Rathauses, S. 140 ff.
5) Lübbecke, Die gotische Kölner Plastik, S. 88 f.: nach 1360; ebenso E. Lüthgen, Malerei und Plastik in der kölnischen Kunst des 14. Jahrhunderts. In: Monatshefte für Kunstwissenschaft IX, 1916, S. 448; Hamann, Elisabethkirche II, S. 256 f.; H. Vogts noch 1950 in: Köln im Spiegel seiner Kunst, S. 166. E. Trier, Die Propheten des Kölner Rathauses, Phil. Diss. Bonn 1952, Kap. 10, datiert die Skulpturen in die späte Regierungszeit Karls IV., also in das sechste bis siebte Jahrzehnt des 14. Jahrhunderts.
6) Regierungszeit 1347–1378. Karl IV. bestätigte 1349 und 1355 die Kölner Privilegien.
7) Beenken, Bildhauer des 14. Jahrhunderts, S. 99 ff.
8) Rosenau, S. 66, Abb. 27.
9) Dazu vor allem Rosenau, S. 66 f., und Mühlberg, S. 80 ff.
10) Mühlberg, Abb. 3; vgl. im Inventar Wange SI, außen; ebenso Kapitel „Maßwerk"; diese Maßwerkgalerie auch am Bielefelder Grab.
11) Siehe im Kapitel „Maßwerk"; Mühlberg, S. 72, Abb. 3.
12) Die beiden äußeren großen Lanzettfenster des dreiteiligen Fenstermaßwerks entsprechen in ihrer unteren, wiederum dreibahnigen Binnengliederung – mit spitzblättrigen Dreipässen und in der Mitte einem liegenden Vierpaß in den Spitzen der Bahnen – der Außengliederung der Chorschranken (um 1300). Bogendreiecke wie in den Spitzen der Lanzettfenster treten in Fassadenriß F häufiger auf, z. B. in den Wimpergfüllungen über den Fenstern des ersten Turmgeschosses. Das Füllmotiv dieser Bogendreiecke, ein Dreistrahl, wiederum mit Bogendreiecken als Zwickelmotiven, kommt ebenfalls auf Riß F in den Wimpergen der Fenster des zweiten Geschosses vor. Die bekrönende Rose der Nordwand befindet sich an gleicher Stelle auf Riß F. Vgl. Mühlberg, Abb. 4.
13) Mühlberg, S. 88.
14) Ebd., S. 86.
15) Ebd., S. 88.
16) Ebd., S. 89.
17) So Vogts in: KD der Stadt Köln IV, 2, S. 217, der bei dem Meister der Guten Helden eine bewußt altertümliche Einstellung vermutet. Parallelen sieht er zum Grab Gottfrieds von Arnsberg im Dom, aber auch noch zu den Chorpfeilerfiguren; Ders. ähnlich in: Köln im Spiegel seiner Kunst, Köln 1950, S. 166; Hamann, Elisabethkirche II, S. 256 ff., konstatiert Ähnlichkeit mit dem Xantener Victor.
18) So bemerkt Hamann die „Unproportioniertheit der Einzelformen" und bemängelt sie als „rohen Zweig am edlen Stamm der französisch-deutschen Grabkunst" in: Elisabethkirche II, S. 257; nach Lübbecke fehlt dem Meister das Gefühl für die innere Stabilität des menschlichen Körpers, vgl. Lübbecke, Die gotische Kölner Plastik, S. 91; Beenken zufolge war hier ein wenig „ebenbürtiger Nachfolger des Meisters der Domchorplastik" am Werk, ein Steinmetz, kein Erfinder; Beenken, Bildhauer des 14. Jahrhunderts, S. 100 f. Aber auch Mühlberg sieht bei den meisten Figuren Schwächen, die qualitätvollsten sind seiner Meinung nach die Statuen der Kaisergruppe; Mühlberg, S. 88.

[19]) Der marionettenhafte Stand, die Gesten, mit denen die Schwerter gehalten werden, finden hier eine genaue Entsprechung.
[20]) So zeigt das Mischwesen Knauf SII 7/8 Gewandmotive wie Karl der Große, der Büttel im Salomonischen Urteil die gleichen wie Hektor. Auch der etwas altmodische, lange Zuschnitt der Gewänder ist vergleichbar.   273, T26
[21]) Vgl. die Ritter der Wangenbekrönung ND, den Mann in der linken Minneszene an SD. Dazu kommen die wallenden Bärte, die gut zu vergleichen sind, oder auch ähnliche Gestaltung der Gliedmaßen. Dazu stelle man die Hand des Artus neben die des Salomon.   T59, T57
[22]) Die Kronen von Karl und Artus auch bei Salomon; die Masken in völlig identischer Form in den Maßwerkrosetten der Sitzrückwände; der Hund genauso an Miserikordie SI 13, ebenfalls mit dem sehr charakteristisch geformten Kopf.   T26
[23]) Vgl. Bergmann, Jägers, Lauer, S. 38 f.
[24]) Wyss, S. 73 f.
[25]) Wyss, S. 85 f.
[26]) Als frühestes Beispiel nennt er Wandbehänge im Metropolitan Museum, New York, die 1385 vom Duc de Berry in Auftrag gegeben wurden; ebd., S. 75.
[27]) Vgl. Wyss, S. 75; Mühlberg, S. 95, Anm. 49.
[28]) Vgl. „Die Pariser Werkstatt", Anm. 90.

Zusammenfassung

Das Kölner Domchorgestühl ist das gemeinsame Werk einer ganzen Reihe von Bildhauern unterschiedlicher regionaler Schulung. Seine zahllosen kleinen Figürchen spiegeln wie in einer Art Mikrokosmos die wichtigsten Stilrichtungen der Kölner Kunst zur Zeit seiner Entstehung.
Entscheidend für die Planung und Gesamtkonzeption der Gestühlsanlage war eine dem Pariser Umkreis entstammende Werkstatt. Auf sie geht die Dekoration mit Vierpaßserien, die in der hier vorliegenden Form französischen Kathedralgewänden unmittelbar verwandt ist, zurück. Als Beiträge dieser Werkstatt sind zudem die außerordentlich fortschrittlichen Maßwerkformen der Chorgestühlssüdseite zu werten, welche die Kenntnis der neuesten Entwicklungen auf diesem Gebiet in der Rayonnant-Architektur des Nachbarlandes voraussetzen. Auch in der Ikonographie sind – was die von dieser Werkstatt gearbeiteten Bereiche angeht – deutliche Anlehnungen an französische Vorbilder zu bemerken.
Wir konnten festhalten, daß die Hauptmeister der Pariser Werkstatt die herausragendsten Chorgestühlswangen NA und SA (hier nur den Aufsatz) gearbeitet haben, dazu die meisten Pfeilerverkleidungen, einige Miserikordien und Vierpässe, sowie zahlreiche fein und kleinteilig ausgearbeitete Knäufe. Es ist eine hoch entwickelte Dekorationskunst, die uns an diesen Stücken gegenübertritt. Die Figürchen sind äußerst fein und detailreich gearbeitet. Die Anpassung an den auszufüllenden Raum ist hervorragend gelungen.
Stilistisch finden sich die nächsten Verwandten für diese Schnitzwerke im Pariser Kunstkreis der Jahrhundertwende. Von den Kopftypen her – die für eine Stiluntersuchung die fruchtbarste Grundlage boten – ließen sich Werke aus dem Umkreis der königlichen Werkstätten Philipps IV. wie die Skulpturen aus der Prioratskirche von Poissy unmittelbar mit den Figuren des Meisters von Wange NA vergleichen. Bezüge ließen sich hier auch bei der generellen Stilauffassung und Ponderation festhalten. Es ist ein ruhiger, ausgewogener Stil, in Grundkonzeption und Motivschatz retrospektiv auf die Kunst des vergangenen Jahrhunderts, der Zeit Ludwigs des Heiligen, ausgerichtet. Bevorzugt werden eine wenig bewegte, etwas hölzern wirkende Statuarik und kleinformatige, auf den Figurenkern aufgetragene Falten ohne Hang zu großem Volumen. Angestrebt ist eine dekorative Gestaltung der Oberfläche; bei größeren Stoffbahnen ist die Tendenz zu großzügigen, fließenden Faltenzügen zu bemerken.
Parallelen in diesem Sinne ließen sich auch im Umkreis anderer Pariser Kunstwerke dieser Zeit aufzeigen, etwa den Chorschranken von Notre-Dame in Paris (Nordseite). Dieser „klassische", wenig bewegte Figurenstil ist eine der wesentlichen Richtungen im Pariser Kunstkreis um 1300. Er tritt ähnlich am Nordportal der Roueneser Kathedrale auf (nach 1281) und ist hier wahrscheinlich ebenfalls aus Paris adaptiert. Was Stil, Ikonographie und auch Art der Dekoration betrifft, ließen sich zum Portail des Libraires in Rouen Übereinstimmungen feststellen.
Bei einigen Figürchen im Umkreis des Wangenaufsatzes SA kommt dagegen ein lebhafterer, kalligraphischer Figurenstil zur Anwendung. Dieser Stil ließ sich bei einigen Mensa-

figuren des Domhochaltars wiederfinden, bei der Verkündigungsgruppe und den damit zusammenhängenden Statuetten, etwa David und Salomon.

Beheimatet ist diese Stilrichtung ebenfalls in Paris. Beispiele dafür sind etwa die Außenreliefs am Chor von Notre-Dame, die Apostel von St. Jacques l'Hôpital und zahlreiche Madonnen. In der Folgezeit ist dieser Stil, nicht nur in Frankreich, weit verbreitet[1]). Als Beispiele dafür nannten wir bereits die Skulpturen des Portail de la Calende am Südquerhaus der Kathedrale von Rouen (nach 1290) und das rechte Westportal der Stiftskirche von Mantes (1300). Diese Figurenzyklen ließen sich von der generellen Stiltendenz her mit der Werkgruppe um Wangenaufsatz SA in Verbindung bringen.

Eine exakte Bestimmung der Pariser Werkstatt am Chorgestühl im Sinne einer eindeutigen Abhängigkeit von einer klar definierten Werkgruppe ist nicht möglich, sind doch die erhaltenen Skulpturen aus diesem Kunstkreis nicht besonders zahlreich.

Die deutlichen Bezüge zu Pariser Werken im Umkreis der königlichen Werkstätten, aber auch generell die Kenntnis der verschiedenen aktuellen Stilströmungen aus diesem Kunstkreis legen eine Lokalisierung dieser Chorgestühlswerkstatt in Paris nahe. Die hoch entwickelte Pariser Dekorationskunst dieser Zeit ist als die eigentliche Quelle für das Gesamtkonzept und den Figurenstil eines Teils der Chorgestühlsplastik anzusprechen.

Man hat also zur Anfertigung des Chorgestühls eigens eine Pariser Werkstatt angestellt, sicherlich mit Kräften, die in derartigen Aufgaben erfahren waren. Die engen politischen Beziehungen des Kölner Erzbischofs Heinrich von Virneburg zum französischen König Philipp IV., dem Schönen, und seinem Hof mögen – neben der noch unumstrittenen Rolle der französischen Hauptstadt – eine Erklärung für diese Wahl liefern.

Eine zweite Werkstatt am Gestühl ist aus dem Bereich der Dombauhütte hervorgegangen. Die Skulpturen dieser Gruppe zeigen eine deutliche Verwandtschaft mit der älteren Skulptur, namentlich Chorpfeilerfiguren und Skulpturenfragmenten. Eine zweite, wichtige Komponente dieses Figurenstils ist der lothringische Stileinfluß, dessen Wirksamkeit im Bereich der Dombauhütte bei der Hochaltarmensa bereits seit längerem angenommen wird. Im Fall des Chorgestühls sind die lothringischen Einflüsse, zumindest was den Hauptmeister dieser Werkgruppe angeht, weniger stark, das kölnische Stilidiom überwiegt deutlich. Andererseits wird die Veränderung kölnischer Stilgewohnheiten durch diese Übernahme lothringischer Elemente erklärt. Eine zweite Gruppe, im wesentlichen auf der Südseite vertreten, zeigt stärkere Anklänge an das Lothringische und ist Teilen der Mensafiguren eng verwandt.

Die Werkstattverbindungen zwischen Chorgestühl und Hochaltar sind sowohl für die kölnisch-lothringische als auch für die Pariser Werkgruppe von so enger Natur, daß man von einer in etwa zeitgleichen Entstehung der beiden Figurenensembles auf dem Werkplatz der Kölner Dombauhütte ausgehen muß.

Dank der großen Zahl der beteiligten Bildhauer war das Chorgestühl innerhalb der denkbar kurzen Zeit von knapp vier Jahren fertiggestellt.

Das Programm war nur in groben Zügen festgelegt: Es zeigt in allegorisierenden Bildern das irdische Dasein des Menschen zwischen Sündenfall und Erlösung, seine Heilserwartung und sein Schwanken zwischen Tugenden und Lastern. Entwickelt wurde diese moralische Gedankenwelt in den Lehrkompendien der Scholastik, unter anderem im „Speculum Majus" des Vincentius von Beauvais. Die Kämpfe des Menschen, seine Versuche, das

Heil zu erlangen mit Hilfe der Tugenden und der Wissenschaften, werden begleitet von der schrillen Welt der Monster und Mischwesen, die menschliche Aktionen parodieren und mit ihrem höllischen Spektakel untermalen.

Im Zusammenhang mit diesem übergeordneten Gesamtprogramm war ein großes Spektrum an Darstellungen zugelassen, die allerdings in ihren Grundzügen immer wiederkehren, wie ein Blick auf vergleichbare Zyklen an Kathedralbauten, Chorgestühlen und in Handschriftenminiaturen aufzeigen konnte. Dieser – wenn auch sehr weit gefaßte – Schematismus sowie die Wiederholung einiger Darstellungen innerhalb des Chorgestühls legen die Annahme von Musterbüchern nahe, die ein Repertoire derartiger Szenen und Figurenkompositionen enthielten. Außer dem großen Rahmen des Programms und der Zuordnung wichtiger Szenen zu den deutlich sichtbaren Stellen an Wangen und Pfeilerverkleidungen war offensichtlich keine exaktere Festlegung für den Ort einer Darstellung getroffen. Die einzelnen Bildhauer arbeiteten wahrscheinlich relativ ungebunden anhand der vorhandenen Musterbücher.

Insgesamt wurde arbeitsteilig vorgegangen, das heißt, es sind nicht ganze Gestühlskompartimente, noch nicht einmal die Verzierungen eines Sitzes, von ein und demselben Bildhauer geschaffen. Wohl sind jeweils mehrere Vierpässe – soweit eine Bohle reicht – von einer Hand. Es gibt auch Stallen, wo mehrere Knäufe hintereinander oder eine Serie von Miserikordien von demselben Meister stammen. So sind die Knäufe NI 1–9 vom Bildhauer der Wange NA, die folgenden von NI 10/11 bis 17/18 vom Meister der Wange NB. Diese Systematik in der Verteilung der Arbeiten ist auf der Nordseite stärker durchgehalten als auf der Südseite. Bei vielen Wangen stammen so die Reliefs und Aufsätze von verschiedenen Händen, etwa bei NC, SA, SB, SC und SD, demnach bei der Mehrzahl. Es ist generell zu beobachten, daß viele qualitätvolle Stücke auf die östlichen Gestühlsteile konzentriert sind, während im Westen eher Gesellenarbeiten anzutreffen sind. Dies gilt auch für die Wangen.

In jedem Fall ist hier von einem gut durchorganisierten Werkstattbetrieb auszugehen, der aufgrund rationeller Arbeitsmethoden und relativ undogmatischer Verfahrensweise in der Auswahl ikonographischer und dekorativer Vorlagen eine schnelle Erstellung des Gestühls ermöglichte. So wurde das mehrfache Auftreten einer Darstellung offensichtlich nicht als Manko angesehen. Bei der Auswahl der Maßwerkmotive wurde weniger auf eine durchgehende Systematik als vielmehr auf das Durchspielen aller dekorativen Möglichkeiten der Hauptakzent gelegt. Auch die mit Maßwerkarkaden und insgesamt zehn eingestellten Heiligenfiguren retabelartig gestaltete Ostansicht des Gestühls war nicht in einheitlichen Architekturformen gehalten.

Das Hauptaugenmerk galt der Dekoration. Demgegenüber traten ein exakt durchgeplantes ikonographisches System oder einheitliche Architekturformen in den Hintergrund. Die Verteilung des Blattwerks dagegen, die eher vom Gesichtspunkt der reinen Dekoration zu betrachten ist, wurde bei Knäufen und Vierpaßbohlen systematisch in alternierender Folge mit figürlichen Darstellungen durchgehalten.

Seinem repräsentativen Zweck hat das Domchorgestühl in seiner ursprünglichen Form nicht nur mit seinen überaus reichen Schmuckformen, sondern auch mit seiner beachtlichen Fassade zum Hochaltar hin entsprochen. Wir konnten für die hinteren Abschlußwangen hohe Aufbauten, wahrscheinlich in der Form stehender Voluten, rekonstruieren, vermutlich mit überfangenden Baldachinen, die in Form und Anordnung den an dieser Stelle bei anderen Gestühlen auftretenden Ehrensitzen entsprachen. An der Stelle der sonst vorhandenen Sitze nahmen die Statuen von Papst und Kaiser die Ehrenplätze ein. Den doppelten Aufbauten am östlichen Gestühlsabschluß entsprachen wahrscheinlich ähnlich gestaltete, jedoch einfache Voluten auf den westlichen hinteren Wangen.

Die Kölner Dombauhütte als zentraler Werkplatz der Künste im mittelalterlichen Köln hat im Domchorgestühl ein hervorragendes Paradigma für die Leistungsfähigkeit und undogmatische Arbeitsweise einer mittelalterlichen Kathedralwerkstatt geschaffen. Beispielhaft scheint die Fähigkeit und Bereitschaft zur Übernahme von außen herangetragener Neuerungen in den Bereichen von Stil, Ikonographie und einzelnen Architekturformen – zumindest im Rahmen dieser klar umrissenen, beschränkten Aufgabe[2]. Das Resultat ist ein flexibler, variationsfähiger Werkstattzusammenhang, in dem sich trotz der grundsätzlichen Bereitschaft zur Übernahme neuer Stiltendenzen eine deutliche eigene Tradition im Figurenstil entwickeln konnte.

Ausgangspunkt für die spätere Stilentwicklung im Bereich der Dombauhütte sind die Chorpfeilerfiguren, deren komplizierte Gewandsysteme die neuesten Entwicklungen in der französischen Skulptur voraussetzen und die grundsätzliche Bereitschaft der Kölner Auftraggeber zur Übernahme der modernsten Formen aus dem vorbildlichen Nachbarland auch auf diesem Gebiet verdeutlichen. Ein gleichzeitiger Import der Arbeitskräfte ist jedoch im Fall der Chorpfeilerfiguren unwahrscheinlich[3].

Die zahlreichen im Domchor ausgegrabenen Skulpturenfragmente, der steinerne Schmuck weiterer Ausstattungsstücke des mittelalterlichen Domes beweisen, daß sich in der Tradition der Chorpfeilerfiguren ein eigener, deutlich zu identifizierender Hüttenstil entwickelte. Die Skulpturen zeigen bereits die typische Gesichtsbildung – abgeleitet vor allem von den lächelnden Köpfen der Baldachinengel über den Chorpfeilerfiguren –, die später bei zahllosen Sitzmadonnen und Reliquienbüsten zum Markenzeichen für eine kölnische Herkunft werden sollte.

Die Erstellung von Chorgestühl und Hochaltar ging jedoch offensichtlich über das Leistungsvermögen der hütteneigenen Kräfte hinaus. Für diese neuen Aufgaben wurden spezialisierte Kräfte aus Frankreich angeworben. Im Falle des Hochaltars, der eine prunkvolle Marmorverzierung erhalten sollte, war das Engagement lothringischer Kräfte naheliegend, da eine Spezialisierung auf kleinformatige Werke in kostbarem Material in diesem Kunstkreis offenbar weiter verbreitet war[4].

Der lothringische Figurenstil fand zu dieser Zeit in Köln außerhalb der Dombauhütte bei wohlhabenden Auftraggebern bereits Anhänger, wie man aus dem Vorhandensein lothringischer Madonnenfiguren schließen darf. Das lothringische Figurenideal kam offenbar dem Zeitgeschmack entgegen, der zu einem breiteren, gesetzteren Typus tendierte, wie aus der Entwicklung innerhalb der Dombauhütte bereits vor Auftreten des lothringischen Stileinflusses ersichtlich ist[5]. Für die Planung und Erstellung des Chorgestühls wurden Pariser Kräfte herangezogen, die zusammen mit kölnischen Bildhauern aus dem Verband der Dombauhütte tätig waren.

Der Beitrag zweier regional verschiedener Werkstätten findet seinen Ausdruck in den unterschiedlichen Maßwerkformen. Man findet traditionelle Motive aus dem Formenschatz der Kölner Bauhütte neben neuen Rayonnant-Motiven aus Frankreich. Auch in der Iko-

nographie sind Unterschiede festzustellen: Während die Stücke der Kölner Werkstatt eher simpel gestaltet sind, einfache, dekorative Formen ohne komplizierte Inhalte bevorzugt werden, zeigen die französischen Meister eine Vorliebe für detailreich ausgeführte Szenen. Die noch nicht mit Sicherheit zu deutenden Darstellungen, etwa in Wangenaufsatz SA, fallen in ihren Bereich. Des weiteren bleibt festzuhalten, daß bei der kölnisch geprägten Skulpturengruppe, zumindest was den wichtigsten Meister angeht, eine verhältnismäßig großformatige und großteilige Arbeitsweise zu beobachten ist, die darauf hindeutet, daß hier ein Bildhauer tätig war, der sonst nicht in einem derart kleinen Format arbeitete.
Die Figuren der anderen Gruppe sind dagegen derart fein und kleinteilig, daß man hier schon eher eine Spezialisierung auf derartige Dekorationsaufgaben vermuten darf.
Das Chorgestühl ist ein weiteres Beispiel für die außerordentlich schnelle Aufnahme französischer Entwicklungen im Kölner Kunstkreis. Mit dem Engagement einer Pariser Werkstatt für diese Spezialaufgabe bewies das Kölner Domkapitel ein weiteres Mal seinen Willen, die Kölner Kathedrale nach der neuesten Zeitmode auszustatten. Dieser Werkstatt ist die Gesamtkonzeption des Chorgestühls zu verdanken, die Mehrzahl der Figürchen steht unter ihrem Einfluß. Sie schuf zudem einen – zahlenmäßig geringen – Teil der Mensafiguren.
Kölnische und lothringische Stileigenheiten verbinden sich zu einem neuen, unterschiedliche Nuancen zeigenden Stil bei der überwiegenden Zahl der Marmorstatuetten des Hochaltars sowie einem beträchtlichen Teil des Gestühls. Bei einem Meister dieser Chorgestühlswerkstatt, der unter anderem eine Reihe von Miserikordien mit einer fast wachsartig durchmodellierten Oberfläche und expressiver Gesamtgestaltung schuf, ist die Kölner Tradition im Sinne der vorher entwickelten Hüttengewohnheiten noch ungebrochen spürbar. Durch Integration der neu herangetragenen lothringischen Stileigenheiten wird das Kölnische noch weiter in Richtung eines untersetzteren Figurentypus und flächigerer Gesichtsformen abgewandelt. Festgehalten wird am typisch kölnischen Ausdruck und Typus der Gesichter, die sich in direkter Linie auf die Baldachinengel im Domchor zurückführen lassen. Die lächelnden Köpfe der Tänzerinnen am Chorgestühl sind ihnen unmittelbar verwandt. Es treten hier auch die charakteristischen Köpfe auf, die den verbreiteten Kölner Sitzmadonnen, die aus eben dieser Verbindung des kölnischen mit dem lothringischen Stil hervorgingen, eigen sind.
Dieser Stil, der als eigentlicher Vertreter der Stilentwicklung innerhalb der Kölner Dombauhütte betrachtet werden muß, war auch nach Beendigung der Arbeiten am Dom weiterhin erfolgreich, da er offensichtlich dem Geschmack der privaten Auftraggeber in Köln und der weiteren Umgebung eher entsprach als der etwas kühle, steifere Pariser Figurenstil.
Aus dem Werkstattverband der hütteneigenen und lothringischen Kräfte gingen zahlreiche Grabmäler und verschiedene kleinfigurige Werke im weiteren Ausstrahlungsbereich der Kunstmetropole Köln hervor – in Marburg, Bielefeld, Cappenberg und Münstereifel. Diese Skulpturen zeigen das Spektrum an Variationsmöglichkeiten, die sich aus dieser geglückten Kombination verschiedener regionaler Stilelemente schaffen ließen.
Der „Cappenberger Meister" ist folglich aus der Kölner Dombauhütte hervorgegangen. Auffällig ist die nahezu serienmäßige Fertigung von Figuren (man betrachte beispielsweise die zahlreichen Pleurants dieser Gräbergruppe), die bereits am Hochaltar zu beobachten ist

und durch einen derart umfangreichen, durchorganisierten Werkstattverband möglich wurde.

Zahlreiche, in der Folgezeit ebenfalls fast manufakturartig produzierte Kölner Sitzmadonnen[6] verdanken ihren behäbigen Charme der Kombination des typischen Kölner Kopftyps mit dem auf Lothringen zurückgehenden, untersetzten Figurenstil, eine Verschmelzung, die auf breiter Basis im Rahmen der Kölner Dombauhütte vollzogen worden war und von den Domwerkstätten mit großem Anklang variiert und weiterbetrieben wurde. Im Rahmen dieser Arbeit soll nicht in Einzelheiten auf diese Madonnen eingegangen werden[7]. Sie zeigen die unterschiedlichsten Kombinationen älterer Kölner Stilelemente mit lothringischen Formen und geben fast unlösbare Probleme auf, was eine exakte Datierung betrifft[8].

Nahe steht dem Chorgestühl außer der Cappenberger Madonna die Sitzmadonna aus St. Cyriakus in Weeze, die noch enge stilistische Bezüge zu den Schülerreliefs von Wange NB zeigt[9].

Eine Sitzmadonna der Berliner Museen weist lebhafte Anklänge an die Verkündigungsmadonna der Dommensa auf, steht also noch in Verbindung mit der Pariser Werkstatt am Dom, die im großen und ganzen nur geringe Nachwirkungen zeitigte[10].   314

Auch zahlreiche Standbilder von Madonnen und Heiligen sind im Kölner Kunstkreis in der Nachfolge der Werkstätten am Dom geschaffen worden. In Plastizität und Motiven des Gewandes steht der hl. Petrus aus Heisterbach im Kölner Schnütgen-Museum der   315
kölnisch-lothringischen Gruppe am Chorgestühl besonders nahe[11].

Ähnlich eng verwandt ist eine kleine Eichenfigur eines musizierenden Diakons in der Pfarrkirche von (Erftstadt-)Dirmerzheim[12]. Skulpturen aus dem maasländischen Bereich wie der hl. Laurentius aus Verviers[13] zeigen die weite Verbreitung des kölnisch-lothringi-   316
schen Figurenstils.

Zu erwähnen bleiben die zahlreichen Reliquienbüsten, die diesen charakteristischen Kölner Stil vertreten[14].

Als direkt mit den Erzeugnissen der Domwerkstätten verwandt können zuletzt noch Architektur- und Skulpturenschmuck des Hansasaales im Kölner Rathaus bezeichnet werden. Die Guten Helden an der Südwand sind Gesellenstücke, die mit den weniger ausgeprägten Werkstattarbeiten in den westlichen Chorgestühlsbereichen in Verbindung zu bringen sind. Sie zeigen Formen der französischen Gruppe, verbunden mit lothringischen und kölnischen Stilelementen.

Generell verläuft die Stilentwicklung innerhalb der kölnischen Skulptur wieder fort von den breiten, untersetzten Figuren, die durch die Domwerkstätten um Chorgestühl und Hochaltar so lange Verbreitung fanden, hin zu einem schlanken, fast pfahlhaften Figurenideal, das gegen Mitte des 14. Jahrhunderts wieder auf den Formenschatz der Chorpfeilerfiguren zurückgreift. Diese Stilrichtung läßt sich daher genauer zeitlich eingrenzen, weil einige ihrer Vertreter, so der Klarenaltar im Kölner Dom und mit ihm auch das Marienstatter Retabel, aber auch das kleine Boisserée-Altärchen im Bayerischen Nationalmuseum zu München, sich durch naturwissenschaftliche Untersuchungen einigermaßen exakt datieren ließen auf die Zeit um die Jahrhundertmitte[15]. Zu dieser Stilrichtung gehören auch zahlreiche mädchenhaft zierliche Reliquienbüsten und eine Reihe von Madonnen im Umkreis der Dietkirchen-Madonna, die sich jetzt in der Bonner Stiftskirche befindet[16].

Wie in anderen Kathedralstädten haben auch in Köln die Werkstätten der Bauhütte die Skulptur der Stadt nachhaltig bestimmt. Sind vor Einrichtung dieses zentralen Werkplatzes die Skulpturen im stadtkölnischen Bereich isoliert und im Stil Einzelwerke, so findet durch die Dombauhütte und ihre Bildschnitzer eine Stilvereinheitlichung statt und die Herausbildung eines weithin identifizierbaren, für Köln eigentümlichen Figurenstiles. Dieser Stil, der durch die Domskulptur aus der Zeit der Erbauung des Chores bestimmt wurde, bleibt bis über die Jahrhundertmitte hinaus gültig, um mit seinen späten Ausläufern überzugehen in die frühesten Anklänge der Parlerzeit, in der den an Südturm und Petersportal des Domes tätigen Werkstätten wiederum eine stilprägende Rolle zukommen sollte[17]).

Anmerkungen

[1]) Vgl. Krohm, S. 116 ff.
[2]) In das Formenrepertoire der Dombauhütte auf breiterer Ebene wurden die modernen französischen Maßwerkmotive nicht aufgenommen, man hielt im wesentlichen an den in Fassadenriß F (um 1300) bereits vertretenen Motiven fest.
[3]) Eine vergleichbare Übernahme neuester französischer Formen bei Beschäftigung heimischer Arbeitskräfte ist auch auf dem Gebiet der Architektur festzuhalten. Der Kölner Domchor setzt die Kenntnis der neuesten Entwicklung im französischen Kathedralbau voraus, die Bautechnik selbst ist jedoch zunächst nicht auf dem in den französischen Hütten bereits erreichten Entwicklungsstand, was eine Beschäftigung einheimischer Kräfte – wohl auch, was den Baumeister angeht – nahelegt. Vgl. dazu: D. Kimpel, Die Versatztechniken des Kölner Domchores. In: KDBl. 44/45, 1979/80, S. 277–292.
[4]) Schmoll, Madonnenstatuetten, S. 119 ff., vor allem S. 124 f.
[5]) Die Skulpturenfragmente zeigen bereits eine Tendenz zu einem breiteren Figurenumriß im Verhältnis zu den Chorpfeilerfiguren.
[6]) Bloch, Kölner Madonnen, S. 16.
[7]) An übergreifender Literatur ist hier vor allem Hamann, Elisabethkirche II, zu nennen. Hier werden fast alle Madonnen aufgeführt, nach Sitzmotiv geordnet; auch Bloch, Kölner Madonnen. Im übrigen ist in erster Linie auf Inventare und Ausstellungskataloge zu verweisen.
[8]) Weitere Aufschlüsse sind von der in Arbeit befindlichen Dissertation von R. Palm, Köln, zur kölnischen Plastik von 1250 bis 1350, zu erwarten.
[9]) Kisky, St. Cyriakus, S. 136 f. mit Abb.; Karpa, Hochgotische Plastik, S. 71 f.; Ders., Chronologie, S. 70; Lübbecke, S. 63; Hamann, Elisabethkirche II, S. 191 ff.
[10]) Demmler, Kat. Nr. 8027, S. 46; Nußbaum, H: 92 cm; Staatliche Museen Preußischer Kulturbesitz, Skulpturenabteilung; Bloch, Kölner Madonnen, Kat. Nr. 21, S. 16, hier datiert: um 1330.
[11]) Es handelt sich mit großer Sicherheit wegen der Tonsur um eine Petrusfigur, kaum um einen Bartholomäus, wie sonst häufig angegeben, z. B. Suckale, Dompfeilerfiguren, S. 233 und Anm. 40; weitere Literatur: Rhein und Maas I, S. 363, Kat. Nr. N 6 (A. Legner) mit Abb.; Schnütgen-Museum, Inv. Nr. A. 978; Nußbaum, H: 108 cm.
[12]) H: 47,5 cm; neue Fassung. Der Diakon steht sowohl den Chorpfeilerengeln als auch einigen Chorgestühlsfiguren sehr nahe. Er könnte möglicherweise sogar aus dem Dombereich stammen.
[13]) Rhein und Maas I, Kat. Nr. N 16 mit Abb., hier datiert 1310–1320 (R. Didier); Suckale, Dompfeilerfiguren, S. 253, Anm. 68; Les sculptures medievales, Kat. Nr. 1; mit in diesen Kreis gehört auch der hl. Albinus von Angers, Rhein und Maas I, Kat. Nr. N 15; beide Figuren bei Suckale, Dompfeilerfiguren, S. 245 f., auf 1280/1290 datiert.
[14]) Vgl. Karpa, Reliquienbüsten.
[15]) Der Klarenaltar wurde durch eine dendrochronologische Untersuchung eines Brettes der Rückseite auf die Zeit um die Jahrhundertmitte datiert, womit die historischen Daten zu den Stifterinnen des Altars ihre Bestätigung fanden. Vgl. zuletzt H. P. Hilger, Der Klarenaltar im Kölner Dom. In: KDBl. 43, 1978, S. 11–22; ebd. C. Schulze-Senger, Der Klarenaltar im Kölner Dom, S. 23–36; der Marienstatter Retabel ist etwas früher entstanden, vgl. R. Palm, Einzelheiten am Marienstatter Retabel. In: 750 Jahre Abteikirche Marienstatt, S. 37 ff. Zum Boisserée-Altärchen vgl. zuletzt H. P. Hilger, G. Goldberg, C. Ringer, Der „Kleine Dom" – Zum Kölnischen Schreinaltärchen des 14. Jahrhunderts im Bayerischen Nationalmuseum in München. In: Zeitschrift des Deutschen Vereins für Kunstwissenschaft XXXIX, Heft

1/4, 1985, S. 40–69. Durch eine dendrochronologische Untersuchung auf die Zeit kurz nach der Jahrhundertmitte datiert.

[16]) Rhein und Maas Bd. I, Nr. N 4 (A. Legner), hier noch auf um 1320 datiert.

[17]) Hierzu der Ausstellungskatalog Die Parler und der Schöne Stil 1350–1400. Europäische Kunst unter den Luxemburgern, Bd. 1, Köln 1978, S. 154 ff.

Literaturverzeichnis

Abteikirche Marienstatt, 750 Jahre Abteikirche Marienstatt. Festschrift zur Kirchweihe 1977 (Marienstatter Aufsätze V), Marienstatt 1977.

Adenauer, H. Adenauer, Das Schicksal des Kölner Rathauses vor, während und nach dem Zweiten Weltkrieg. In: Das Rathaus zu Köln (Hrsg. P. Fuchs), Köln 1973, S. 135–151.

Adhémar, Dordor, J. Adhémar, G. Dordor, Les tombeaux de la Collection Gaignières. Dessins d'Archéologie du XVIIIe Siècle. In: Gazette des Beaux-Arts, 84, 88, 90, 1974, 1976, 1977.

Adhémar, J.Adhémar, Influences antiques dans l'art du moyen âge français, London 1937.

Ahnne, Strasbourg, P. Ahnne, Les traveaux de mois à la cathédrale de Strasbourg. In: Zeitschrift für Schweizerische Archäologie und Kunstgeschichte 22, 1962, S. 44–47.

Allard, G.-H. Allard (Hrsg.), Aspects de la marginalité au Moyen-Age, Montreal 1975.

Anderson, Animal Carvings, M. D. Anderson, Animal Carvings in British Churches, Cambridge 1938.

Anderson, Drama, M. D. Anderson, Drama and Imagery in English medieval churches, Cambridge 1963.

Anderson, Iconography, M. D. Anderson, The Iconography of British Misericords. In: G. L. Remnant, A Catalogue of Misericords in Great Britain, Oxford 1969, S. XXIII–XL.

Anderson, Misericords, M. D. Anderson, Misericords. Medieval life in English Woodcarving, Harmondsworth 1954.

Appuhn, H. Appuhn, Beobachtungen und Versuche zum Bildnis Kaiser Friedrichs I. Barbarossa in Cappenberg. In: Aachener Kunstblätter 44, 1973, S. 129–192.

Appuhn, St. Johannes, H. Appuhn, Die Stiftskirche St. Johannes in Cappenberg (Große Baudenkmäler Heft 297), München, Berlin 1980.

Art and the Courts, Ausstellungskatalog Art and the Courts. France and England from 1259 to 1328, Ottawa 1973.

Asunto, R. Asunto, Die Theorie des Schönen im Mittelalter, Köln 1982.

Aubert, Beaulieu, M. Aubert, M. Beaulieu, Catalogue des Sculptures du Louvre, Moyen-Age I, Paris 1950.

Aubert, M. Aubert, La sculpture française au moyen-âge, Paris 1946.

Aubert, Kathedralen, M. Aubert, Gotische Kathedralen und Kunstschätze in Frankreich, Wiesbaden, o. J.

Aubert, Bulletin, M. Aubert. In: Bulletin de la société nationale des antiquaires de France, 1939/40, S. 151 f.

Aurenhammer, H. Aurenhammer, Lexikon der christlichen Ikonographie, Bd. I, 1967.

Bächtold-Stäubli, H. Bächtold-Stäubli, Handwörterbuch des deutschen Aberglaubens, 6 Bde, Berlin 1927–1942.

Balduin von Luxemburg, Balduin von Luxemburg. Erzbischof von Trier – Kurfürst des Reiches, 1285–1354, Festschrift Mainz 1985.

Baltrusaitis, Le moyen âge, J. Baltrusaitis, Le moyen âge fantastique. Antiquités et exotismes dans l'art gothique, Paris 1959.

Baltrusaitis, Réveils et prodiges, J. Baltrusaitis, Réveils et prodiges. Le gothique fantastique, Paris 1960.

Baron, Rôles de la taille, F. Baron, Enlumineurs, peintres et sculpteurs parisiens des XIIIe et XIVe siècles d'après les rôles de la taille. In: Bulletin archéologique du comité des travaux historiques et scientifiques, nouv. série 4, 1968, Paris 1969, S. 37–115.

Baron, Les archives de l'hôpital, F. Baron, Enlumineurs, peintres et sculpteurs parisiens des XIVe et XVe siècles d'après les archives de l'hôpital Saint-Jacques-aux-Pèlerins. In: Bulletin archéologique du comité des travaux historiques et scientifiques, nouv. série 6, 1970 (1971), S. 77–115.

Baron, Vierge, F. Baron, Une vierge lorraine du XIVe siècle. In: La revue du Louvre et des Musées de France XXX, 3, 1980, S. 174 f.

Bauch, Grabbild, K. Bauch, Das mittelalterliche Grabbild, Berlin 1976.

Beaulieu, M. Beaulieu, Une tête d'ange provenant du prieuré Royal de St. Louis de Poissy. In: Monuments Piot 47, 1953, S. 171–180.

Beaulieu, Sculpture lorraine, M. Beaulieu, La sculpture lorraine du Moyen Age au Musée du Louvre. In: La Lorraine. Etudes archéologiques. Actes du 103e congrès national des sociétés savantes. Art et archéologie, 1978, Nancy, Metz, Paris 1980, S. 63–74.

Becksmann, R. Becksmann, Die architektonische Rahmung des hochgotischen Bildfensters. Untersuchungen zur oberrheinischen Glasmalerei von 1250 bis 1350, Berlin 1967.

Beeh, Die Muttergottes von Schiffenberg, W. Beeh, Die Muttergottes des ehemaligen Augustinerchorherrenstiftes Schiffenberg. In: Kunst in Hessen und am Mittelrhein 1/2, 1961/62, S. 17 ff.

Beeh, Ikonographie, W. Beeh, Die Ikonographie des Hochaltars im Kölner Dom. In: Kölner Domblatt 18/19, 1960, S. 7–24.

Beenken, H. Beenken, Bildwerke Westfalens, Bonn 1923.

Beenken, Bildhauer des 14. Jahrhunderts, H. Beenken, Bildhauer des 14. Jahrhunderts am Rhein und in Schwaben, Leipzig 1927.

Bégule, L. Bégule, Monographie de la cathédrale de Lyon, Lyon 1880.

Behling, L. Behling, Gestalt und Geschichte des Maßwerks, Halle 1944.

Behling, Pflanzenwelt, L. Behling, Die Pflanzenwelt der mittelalterlichen Kathedralen, Köln, Graz 1964.

Bergenthal, M. T. Bergenthal, Elemente der Drolerie und ihre Beziehungen zur Literatur, Phil. Diss. Bonn 1934.

Bergmann, Jägers, Lauer, U. Bergmann, E. Jägers, R. Lauer, Mittelalterliche Skulpturenfragmente aus dem Kölner Domchor. In: Kölner Domblatt 47, 1982, S. 9–50.

Bergmann, Lauer, U. Bergmann, R. Lauer, Die Domwerkstatt und die Kölner Skulptur. In: Verschwundenes Inventarium. Der Skulpturenfund im Kölner Domchor, Köln 1984, S. 37–54.

Bergmann, Skulpturenfund, U. Bergmann, Der Skulpturenfund im Kölner Domchor. In: Verschwundenes Inventarium. Der Skulpturenfund im Kölner Domchor, Köln 1984, S. 19–36.

Bezold, Zwei Grabdenkmäler, G. v. Bezold, Zwei Grabdenkmäler aus der Frühzeit des 14. Jahrhunderts in St. Elisabeth in Marburg. In: Mitteilungen aus dem Germanischen Nationalmuseum, Nürnberg 1911, S. 11–18.

Blank, W. Blank, Zur Entstehung des Grotesken. In: Harms, Johnson (Hrsg.), Deutsche Literatur des späten Mittelalters, Berlin 1975, S. 35–46.

Blankenburg, W. v. Blankenburg, Heilige und dämonische Tiere, Leipzig 1943.

Bloch, Kölner Skulpturen, P. Bloch, Kölner Skulpturen des 14. Jahrhunderts. In: Sitzungsberichte der Kunstgeschichtlichen Gesellschaft zu Berlin, N. F., Heft 16, Oktober 1967 bis Mai 1968, S. 15.

Bloch, Kölner Madonnen, P. Bloch, Kölner Madonnen. Die Muttergottes in der Kölner Bildnerei des Mittelalters, Mönchengladbach 1970.

Bock, H. Bock, Der Decorated Style. Untersuchungen zur englischen Kathedralarchitektur der 1. Hälfte des 14. Jahrhunderts, Heidelberg 1962.

Boisserée, S. Boisserée, Geschichte und Beschreibung des Doms von Köln, 2. Aufl. München 1842.

Boisserée, Risse, S. Boisserée, Ansichten, Risse und einzelne Teile des Domes von Köln, neu hrsg. v. A. Wolff, Köln 1979.

Bond, Misericords, F. Bond, Wood Carvings in English Churches I, Misericords, London, New York, Toronto and Melbourne 1910.

Bony, J. Bony, The English Decorated Style. Gothic architecture transformed 1250–1350, Oxford 1979.

Borchgrave d'Altena, J. Borchgrave d'Altena, Vierge mosane gothique. In: Bulletin des Musées royaux d'Art et d'Histoire 3, 1931, S. 139 ff.

Borger, H. Borger, Der Dom zu Köln, Köln 1980.

Branner, R. Branner, St. Louis and the Court Style in Gothic Architecture, London 1965.

Bridaham, Gargoyles, L. B. Bridaham, Gargoyles, Chimaeras and the Grotesque in French Gothic Sculpture, New York 1969.

Brown, E. A. R. Brown, Philippe le Bel and the remains of Saint Louis. In: Gazette des Beaux-Arts 95, 1980, S. 175–182.

Bunjes, H. Bunjes, Die steinernen Altaraufsätze der hohen Gotik und der Stand der gotischen Plastik in der Ile-de-France um 1330, Phil. Diss. Marburg 1938.

Burnand, M. C. Burnand, La Lorraine Gothique, Nancy 1980.

Busch, Deutsches Chorgestühl, R. Busch, Deutsches Chorgestühl in sechs Jahrhunderten, Hildesheim, Leipzig 1928.

Cathédrales, Ausstellungskatalog Cathédrales, Paris 1962.

Clemen, Dom, P. Clemen, Der Dom zu Köln (KD RHP VI, 3), Düsseldorf 1938.

Clemen, Wandmalereien, P. Clemen, Von den Wandmalereien auf den Chorschranken des Kölner Domes. In: Wallraf-Richartz-Jahrbuch 1, 1924, S. 29–61.

Conrads, U. Conrads, Dämonen und Drolerien an romanischen und gotischen Kirchenbauten Frankreichs, Phil. Diss. Marburg 1950.

Coppens, M. Coppens, Gothic Choir Stalls in the Netherlands, Amsterdam, Elsevier, Brüssel, o. J.

Crombach, H. Crombach, Primitiae Gentium, Köln 1654.

Debidour, V. H. Debidour, Le bestiaire sculpté du Moyen Age en France, Paris 1961.

Dehio, G. Dehio, Handbuch der Deutschen Kunstdenkmäler, Die Rheinlande (bearbeitet von E. Gall), Berlin 1937.

Dehio, Deutsche Kunst, G. Dehio, Geschichte der deutschen Kunst, Bd. II, Berlin 1923.

Demmler, T. Demmler, Die Bildwerke des Deutschen Museums III. Die Bildwerke in Holz, Stein und Ton, Berlin, Leipzig 1930.

Deschamps, P. Deschamps, A propos de la statue de Saint Louis à Mainneville (Eure). In: Bulletin Monumental 127, 1969, S. 35 ff.

Devigne, M. Devigne, La sculpture mosane du XIIe au XVIe siècle. Contribution à l'étude de l'art dans la région de la Meuse Moyenne, Paris, Bruxelles 1932.

Didier, R. Didier, A propos de quelques sculptures françaises en bois du XIIIe siècle. In: Revue des Archéologues et Historiens d'Art de Louvain XII, 1979, S. 81–103.

Didier, Vierge française, R. Didier, Contribution à l'étude d'un type de Vierge française du XIVe siècle. In: Revue des Archéologues et Historiens d'Art de Louvain III, 1970, S. 48–72.

Duby, G. Duby, Die Zeit der Kathedralen. Kunst und Gesellschaft 980–1420, Frankfurt a. M. 1980.

Eichler, Hochaltar, H. Eichler, Die mittelalterliche Ausstattung des Hochaltars im Kölner Dom. In: Wallraf-Richartz-Jahrbuch, N. F. II/III, 1933/34, S. 95–99.

Ennen, L. Ennen, Der Dom zu Köln von seinem Beginn bis zu seiner Vollendung, Köln 1880.

Ennen, Dom, L. Ennen, Der Dom zu Köln, Köln 1872.

Erlande-Brandenburg, Le tombeau de Saint Louis, A. Erlande-Brandenburg, Le tombeau de Saint Louis. In: Bulletin Monumental 126, 1968, S. 7–28.

Erlande-Brandenburg, Bulletin, A. Erlande-Brandenburg, L'identification de la statue de Pierre d'Alençon provenant de l'église du prieuré de Saint-Louis de Poissy. In: Bulletin de la societé nationale des Antiquaires de France 1968, S. 154–160.

Erlande-Brandenburg, Poissy, A. Erlande-Brandenburg, La Priorale Saint Louis de Poissy. In: Bulletin Monumental 129, 1971, S. 85–112.

Erlande-Brandenburg, Le Roi est mort, A. Erlande-Brandenburg, Le Roi est mort. Etudes sur les funérailles, les sepultures et les tombeaux des rois de France jusqu'à la fin du XIIIe siècle, Genf, Paris 1975.

Erlande-Brandenburg, A. Erlande-Brandenburg, Gotische Kunst, Freiburg, Basel, Wien 1984.

Europe Gothique, Ausstellungskatalog Europe Gothique, Paris 1968.

Evans, E. P. Evans, Animal Symbolism in Ecclesiastical Architecture, London 1896.

Feulner, Müller, A. Feulner, T. Müller, Geschichte der deutschen Plastik, München 1953.

Flavigny, R. C. Flavigny, A propos du Portail des Libraires à la Cathédrale de Rouen. Notes sur les grotesques. In: Les amis des monuments rouennais, Bulletin 38, 1935, S. 89–104.

Formigé, J. Formigé, L'abbaye royale de St.-Denis. Recherches nouvelles. Ouvrage publié avec le concours du Centre National de la Recherche scientifique, Paris 1960.

Forstner, D. Forstner, Die Welt der Symbole, Innsbruck, Wien, München 1967.

Forsyth, Mediaeval Statues, W. H. Forsyth, Mediaeval Statues of the Virgin in Lorraine related in Type to the Saint-Dié Virgin. In: Metropolitan Museum Studies V, 2, 1936, S. 235–258.

Forsyth, The Virgin, W. H. Forsyth, The Virgin and the Child in French 14. century sculpture. A method of classification. In: Art Bulletin XXXIX, 3, 1957, S. 171–182.

Forsyth, Mosan Sculpture, W. H. Forsyth, A Group of XIVth Century Mosan Sculpture. In: Metropolitan Museum Journal 1, 1968, S. 49–60.

Friedländer, R. Friedländer, Über die Malereien der Kölner Domchorschranken. Erwägungen zum Forschungsstand über die Frage des ostenglischen Einflusses, Magisterarbeit, Freiburg i. Br. 1969.

Ganz, Seeger, P. L. Ganz, T. Seeger, Das Chorgestühl in der Schweiz, Frauenfeld 1946.

Gillerman, Clôture, D. Gillerman, The Clôture of Notre-Dame and Its Role in the Fourteenth Century Choir Program, New York, London 1977.

Gmelin, H. G. Gmelin, Die Neustädter Marienkirche zu Bielefeld (Große Baudenkmäler Heft 282), München, Berlin 1974.

Grimme, E. G. Grimme, Europäische Bildwerke vom Mittelalter zum Barock, Köln 1977.

Grimme, Madonnenskulpturen, E. G. Grimme, Beobachtungen zu einigen Madonnenskulpturen des hohen Mittelalters im Lüttich-Aachener Raum. In: Aachener Kunstblätter 24/25, 1962/63, S. 158–170.

Grössinger, C. Grössinger, Eine Studie zu der stilgeschichtlichen Entwicklung englischer Misericordien im 13. und 14. Jahrhundert, Phil. Diss. Wien 1972.

Grössinger 1975, C. Grössinger, English misericords of the 13th and 14th century and their relationship to manuscript illuminations. In: Journal of the Warburg and Cortauld Institutes XXXVIII, 1975, S. 97–108.

Große Kunst, Ausstellungskatalog Große Kunst des Mittelalters aus Privatbesitz, Köln 1960.

Großmann, D. Großmann, Die Elisabethkirche zu Marburg/Lahn, Berlin 1980.

Guerout, J. Guerout, Le Palais de la Cité à Paris des origines à 1417. In: Paris et Ile-de-France, Fédération des Sociétés historiques et archéologiques de Paris et de l'Ile-de-France, Mémoires, I, 1949, S. 28–31, II, 1950, S. 61 ff., III, 1951, S. 88 ff.

Guibert, J. Guibert, Les dessins d'archéologie de Roger de Gaignières, publié sous les auspices et avec le concours de la société d'histoire de l'art français, Paris 1912–1913, série I, tombeaux, 9 Bde.

Hahnloser, H. R. Hahnloser, Villard de Honnecourt. Kritische Gesamtausgabe des Bauhüttenbuches ms. fr. 19093 der Pariser Nationalbibliothek, Wien 1935.

Hamann, Elisabethkirche II, R. Hamann, K. Wilhelm-Kästner, Die Elisabethkirche zu Marburg und ihre künstlerische Nachfolge, Bd. II, Die Plastik, Marburg 1929.

d'Hame, A. E. d'Hame, Historische Beschreibung der berühmten Hohen Erz-Domkirche zu Köln am Rhein, Köln 1821.

Hasak, M. Hasak, Der Dom des hl. Petrus zu Köln am Rhein, Berlin 1911.

Haussherr, R. Haussherr, Die Chorschrankenmalereien des Kölner Doms. In: Vor Stefan Lochner. Die Kölner Maler 1300–1430. Ergebnisse der Ausstellung und des Colloquiums, Köln 1974, S. 28–59.

Haussherr, Der Kölner Domchor, R. Haussherr, Der Kölner Domchor und seine Ausstattung. Bericht über ein Colloquium in Köln 2.–3. November 1978. In: Kunstchronik 32, 1979, S. 229–238.

Heinz-Mohr, G. Heinz-Mohr, Lexikon der Symbole. Bilder und Zeichen der christlichen Kunst, Köln 1971.

Hertel, L. Hertel, Die Bildwerke des Kölner Domes, Berlin 1923.

Hilger, H. P. Hilger, Das mittelalterliche Erscheinungsbild des Kölner Domchores. In: Verschwundenes Inventarium. Der Skulpturenfund im Kölner Domchor, Köln 1984, S. 83–92.

Hoffmann, Studien, A. Hoffmann, Studien zur Plastik in Lothringen im 14. Jahrhundert, Phil. Diss. München 1954.

Hollstein, E. Hollstein, Jahresringchronologien aus dem Chorgestühl im Kölner Dom. In: Kölner Domblatt 26/27, 1967, S. 57–64.

Hoster, Chorgestühl, J. Hoster, Das Chorgestühl des Kölner Domes. In: Köln, Vierteljahresschrift für die Freunde der Stadt Köln, Heft 4, 1968.

Hoster, Symbolik, J. Hoster, Zur Symbolik des Kölner Domchores. In: Kölner Domblatt 4/5, 1950, S. 65 ff.

Hoster, Dom, J. Hoster, Der Dom zu Köln, Köln 1964.

Hüffer, H. Hüffer, Forschungen auf dem Gebiete des französischen und rheinischen Kirchenrechts nebst geschichtlichen Nachrichten über das Bistum Aachen und das Domkapitel zu Köln, Münster 1863.

Hurtig, Gisant, J. W. Hurtig, The Armored Gisant before 1400, New York, London 1979.

Janson, Apes, H. W. Janson, Apes and Ape Lore in the Middle Ages and the Renaissance, Studies of the Warburg Institute 20, London 1952.

Johag, H. Johag, Die Beziehungen zwischen Klerus und Bürgerschaft in Köln zwischen 1250 und 1350, Rheinisches Archiv 103, Bonn 1977.

Karpa, Chronologie, O. Karpa, Zur Chronologie der Kölnischen Plastik im 14. Jahrhundert. In: Wallraf-Richartz-Jahrbuch N. F. II/III, 1933/34, S. 53–87.

Karpa, Hochgotische Plastik, O. Karpa, Die hochgotische Plastik des Kölner Domes. In: Der Dom zu Köln, Festschrift, Köln 1930, S. 71 ff.

Karpa, Einzel- und Doppelgrab, O. Karpa, Das Marburger Einzel- und Doppelgrab. Historische Grundlegung ihrer Zuschreibung. In: Wallraf-Richartz-Jahrbuch N. F. II/III, 1933/34, S. 88–94.

Karpa, Reliquienbüsten, O. Karpa, Kölnische holzgeschnitzte Reliquienbüsten von ca. 1300 bis ca. 1450, Phil. Diss. Düsseldorf 1934.

Katzenellenbogen, A. Katzenellenbogen, Allegories of the Virtues and Vices in Medieval Art from Early Christian Times to the Thirteenth Century, New York 1964.

Kiesow, G. Kiesow, Das Maßwerk in der deutschen Baukunst bis 1350, Phil. Diss. Göttingen 1956.

Kimpel, Notre-Dame, D. Kimpel, Die Querhausarme von Notre-Dame zu Paris und ihre Skulpturen, Phil. Diss. Bonn 1971.

Kisky, W. Kisky, Die Domkapitel der geistlichen Kurfürsten in ihrer persönlichen Zusammensetzung im 14. und 15. Jahrhundert, Weimar 1906.

Kisky, St. Cyriakus, H. Kisky, Die Kunstwerke der St. Cyriakus-Pfarrkirche in Weeze. In: Festbuch zur Elfhundert-Jahrfeier der St. Cyriakus-Pfarre Weeze am 5. Oktober 1963, Weeze 1963, S. 135–146.

Kleff, W. Kleff, Der Dom im Kriege. In: Kölner Domblatt 1, 1948, S. 50–60.

Klingender, F. Klingender, Animals in art and thought to the end of the middle ages, London 1971.

Koechlin, R. Koechlin, Les ivoires gothiques français, 3 Bde, Paris 1924.

Kohlhaussen, H. Kohlhaussen, Minnekästchen im Mittelalter, Berlin 1928.

Kosegarten, A. Kosegarten, Inkunabeln der gotischen Kleinplastik in Hartholz. In: Pantheon XXII, 1964, S. 302–321.

Kraus, D. und H. Kraus, The hidden world of misericords, London 1976.

Kraus, Elsaß-Lothringen, F. X. Kraus, Kunst und Altertum in Elsaß-Lothringen, Bd. I, Unterelsaß, Straßburg 1876.

Krohm, H. Krohm, Die Skulptur der Querhausfassaden an der Kathedrale von Rouen. In: Aachener Kunstblätter 40, 1971, S. 40–153.

Kroos, R. Kroos, Liturgische Quellen zum Kölner Domchor. In: Kölner Domblatt 44/45, 1979/80, S. 35–202.

Kroos, 1984, R. Kroos, Der Domchor: Bildwerke und Nutzung. In: Verschwundenes Inventarium. Der Skulpturenfund im Kölner Domchor, Köln 1984, S. 93–104.

Küch, Cruzifixus, F. Küch, Der Cruzifixus von Caldern. In: Hessen-Kunst XII, 1918, S. 27 ff.

Küch, Klagefiguren, F. Küch, Die Klagefiguren an den Grabmälern des Marburger Lettnermeisters. In: Hessen-Kunst XVI, 1922, S. 33 ff.

Küch, Landgrafengräber, F. Küch, Die Landgrafengräber in der Elisabethkirche zu Marburg. In: Zeitschrift für hessische Geschichte und Landeskunde N. F. Bd. 26, 1903, S. 145 ff.

Künstle, K. Künstle, Ikonographie der christlichen Kunst, Freiburg 1926.

Kurmann, P. Kurmann, La Cathédrale St.-Etienne de Meaux, Genf 1971.

Kutter, Domhochaltarmeister, P. Kutter, Die Grabmäler der Werkstatt des Kölner Domhochaltarmeisters in der 1. Hälfte des 14. Jahrhunderts. In: Wallraf-Richartz-Jahrbuch 5, 1928, S. 13–26.

Landau, Die fürstlichen Grabmäler, G. Landau, Die fürstlichen Grabmäler in der Kirche der hl. Elisabeth zu Marburg. In: Zeitschrift für Hessische Geschichte 5, 1850, S. 181 ff.

La France de St. Louis, Ausstellungskatalog La France de St. Louis, Paris 1970.

Lasteyrie, R. de Lasteyrie, L'architecture religieuse en France à l'époque gothique, Bd. I und II, Paris 1926.

Lauer, R. Lauer, Das Grabmal des Rainald von Dassel und der Baldachin der Mailänder Madonna. In: Verschwundenes Inventarium. Der Skulpturenfund im Kölner Domchor, Köln 1984, S. 9–18.

Lefrançois-Pillion, XIVe, L. Lefrançois-Pillion, J. Lafond, L'art du XIVe siècle en France, Paris 1954.

Lefrançois-Pillion, XIIIe, L. Lefrançois-Pillion, Les sculpteurs français du XIIIe siècle, Paris 1924.

Lefrançois-Pillion, Vierge, L. Lefrançois-Pillion, Les statues de la vierge à l'enfant dans la sculpture française au XIVe siècle. In: Gazette des Beaux-Arts XIV, 1935, S. 129–149 und 204–223.

Lefrançois-Pillion, Rouen, L. Lefrançois-Pillion, Les portails latéraux de la cathédrale de Rouen. Etude historique et iconographique sur un ensemble de bas-reliefs de la fin du 13e siècle, Paris 1907.

Le Goff, 1970, J. Le Goff, Kultur des europäischen Mittelalters, München 1970.

Le Goff, 1984, J. Le Goff, Für ein anderes Mittelalter. Zeit, Arbeit und Kultur im Europa des 5.–15. Jahrhunderts, Frankfurt a. M., Berlin, Wien 1984.

Legner, Rhein und Maas I, A. Legner, Marmor- und Steinskulptur des 14. Jahrhunderts. In: Rhein und Maas I, S. 371–376.

Legner, Rhein und Maas II, A. Legner, Anmerkungen zu einer Chronologie der gotischen Skulptur des 13. und 14. Jahrhunderts im Rhein-Maas-Gebiet. In: Rhein und Maas II, S. 445–456.

Legner, Festschrift Swarzenski, A. Legner, Die Grabfigur des Erzbischofs Konrad von Hochstaden. In: Intuition und Kunstwissenschaft, Festschrift H. Swarzenski, Berlin 1973, S. 261 ff.

Lehmann-Brockhaus, O. Lehmann-Brockhaus, Schriftquellen zur Kunstgeschichte des 11. und 12. Jahrhunderts für Deutschland, Lothringen und Italien, 2 Bde, Berlin 1938.

Lehmann-Brockhaus, England, O. Lehmann-Brockhaus, Lateinische Schriftquellen zur Kunst in England, Wales und Schottland vom Jahre 901 bis zum Jahre 1307 (Veröffentlichungen des Zentralinstituts für Kunstgeschichte), 5 Bde, München 1955–1960.

Les Fastes du Gothique, Ausstellungskatalog Les Fastes du Gothique. Le siècle de Charles V., Paris 1981/82.

Pleurants, Ausstellungskatalog Les Pleurants dans l'Art du Moyen Age en Europe, Dijon 1971.

Sculptures médiévales, Ausstellungskatalog Les sculptures médiévales allemandes dans les collections Belges, Brüssel 1977.

Trésors, Ausstellungskatalog Les Trésors des Eglises de France, Paris 1965.

Loesch, W. v. Loesch, Die Kölner Zunfturkunden nebst anderen Kölner Gewerbeurkunden bis zum Jahre 1500, 2 Bde, Bonn 1907.

Loose, W. Loose, Die Chorgestühle des Mittelalters, Heidelberg 1931.

Lübbecke, F. Lübbecke, Die gotische Kölner Plastik, Straßburg 1910.

Lüthgen, Niederrheinische Plastik, E. Lüthgen, Die niederrheinische Plastik von der Gotik bis zur Renaissance, Straßburg 1917.

Lüthgen, Gotische Plastik, E. Lüthgen, Gotische Plastik in den Rheinlanden, Bonn 1921.

Lüthgen, Domaltar, E. Lüthgen, Ein Kopf des Meisters der Marmorfiguren vom Kölner Domaltar. In: Monatshefte für Kunstwissenschaft II, 1909, S. 570 ff.

Lüthgen, Malerei, E. Lüthgen, Malerei und Plastik in der Cölnischen Kunst des 14. Jahrhunderts. In: Monatshefte für Kunstwissenschaft IX, 1916, S. 448 ff.

Maeterlinck, L. Maeterlinck, Le genre satirique, fantastique e licensieux dans la sculpture flamande et wallone, Paris 1910.

Mâle, XIIIe, E. Mâle, L'art religieux du XIIIe siècle en France, Paris 1958.

Mâle, 13. Jh., E. Mâle, Die kirchliche Kunst des 13. Jahrhunderts in Frankreich, Straßburg 1907.

Marçais, G. Marçais, Le carré polylobé. Histoire d'une forme décorative de l'art gothique. In: Etudes d'art publiées par le Musée des Beaux-Arts d'Alger 1, 1945, S. 67–78.

Marle, R. v. Marle, Iconographie de l'art profane au moyen âge e à la Renaissance, 2 Bde, Den Haag 1932.

Medding, Hochchorstatuen, W. Medding, Die Hochchorstatuen des Kölner Domes und ihr künstlerischer Ursprung. In: Wallraf-Richartz-Jahrbuch N. F. IX, 1936, S. 108–147.

Meier, Dortmunder Plastik, B. Meier, Drei Kapitel Dortmunder Plastik. In: Monatshefte für Kunstwissenschaft VI, 1913, S. 62 ff.

Michel, P. Michel, Tiere als Symbol und Ornament. Möglichkeiten und Grenzen der ikonographischen Deutung gezeigt am Beispiel des Zürcher Großmünster-Kreuzgangs, Wiesbaden 1979.

Mittelalterliche Kunst, Ausstellungskatalog Mittelalterliche Kunst aus Kölner Privatbesitz, Köln 1927.

Mode, Fabeltiere, H. Mode, Fabeltiere und Dämonen, Leipzig 1977.

Mohr, C. Mohr, Die Kirchen von Köln, ihre Geschichte und Kunstdenkmäler, Berlin 1889.

Molsdorf, W. Molsdorf, Christliche Symbolik der mittelalterlichen Kunst, Leipzig 1926.

Moreau-Rendu, S. Moreau-Rendu, Le Prieuré Royal de Saint-Louis de Poissy, Colmar 1968.

Mühlberg, F. Mühlberg, Der Hansasaal des Kölner Rathauses. In: Wallraf-Richartz-Jahrbuch XXXVI, 1974, S. 65–98.

Neugass, F. Neugass, Mittelalterliches Chorgestühl in Deutschland, Studien zur deutschen Kunstgeschichte, Heft 249, Straßburg 1927.

Noel, M. J. de Noel, Der Dom zu Köln, Köln 1837.

Nordenfalk, C. Nordenfalk, Drolleries. In: Burlington Magazine 1967, S. 418–421.

Nordström, F. Nordström, The Auxerre reliefs: a harbinger of the Renaissance in France during the Reign of Philip le Bel, Uppsala 1974.

Olles, P. Olles, Die Wandmalereien auf den Chorschranken des Kölner Domes. Die Wandmalerei in den Rheinlanden von 1330 bis 1430, Phil. Diss. Bonn 1929.

Palm, Maßwerk, R. Palm, Das Maßwerk am Chorgestühl des Kölner Domes. In: Kölner Domblatt 41, 1976, S. 57–82.

Peters, H. Peters, Der Dom zu Köln 1248–1948, Düsseldorf 1948.

Pinder, W. Pinder, Die deutsche Plastik des 14. Jahrhunderts, München 1925.

Pinder, Deutsche Plastik, W. Pinder, Die deutsche Plastik vom ausgehenden Mittelalter bis zum Ende der Renaissance, Handbuch der Kunstwissenschaft Bd. I, Berlin, Potsdam 1924.

Prache, A. Prache, Une sculpture gothique parisienne inédite. In: Bulletin Monumental 135, 1977, S. 61–65.

Pradel, P. Pradel, Les ateliers des sculpteurs parisiens au début du XIVe siècle. In: Comptes rendues, Académie des Inscriptions et Belles Lettres 1957, S. 67 ff.

Quarré, P. Quarré, Les statues de la Vierge à l'Enfant des confins burgundo-champenois au début du XIVe siècle. In: Gazette des Beaux-Arts 71, 1968, S. 193–204.

Quednau, U. Quednau, Die Westportale der Kathedrale von Auxerre, Wiesbaden 1979.

Randall, Images, L. M. Randall, Images in the margins of Gothic manuscripts, Berkeley 1966.

Randall, Exempla, L. M. Randall, Exempla as a source of Gothic marginal illumination. In: Art Bulletin XXXIX, 1957, S. 97–107.

Réau, L. Réau, Iconographie de l'art chrétien, Paris 1955 ff.

Régnier, L. Régnier, L'église Notre-Dame d'Ecouis, autrefois collégiale, Paris, Rouen 1913.

Reiners, Rheinische Chorgestühle, H. Reiners, Die rheinischen Chorgestühle der Frühgotik. Ein Kapitel der Rezeption der Gotik in Deutschland, Strassburg 1909.

Reiners, H. Reiners, Kölner Kirchen, Köln 1921.

Reiners, Das Chorgestühl des Domes, H. Reiners, Das Chorgestühl des Domes zu Köln. In: Zeitschrift für christliche Kunst 21, 1908, Sp. 269–282, 309–316.

Reith, A. Reith, Das Chorgestühl des Domes zu Köln, zugleich ein Lehrbuch gotischer Ornamentik, Heft 1–2, Dresden 1878.

Reitzenstein, Ritter, A. v. Reitzenstein, Der Ritter im Heergewäte. Bemerkungen über einige Bildgrabsteine der Hochgotik. In: Festschrift T. Müller, München 1965, S. 73–91.

Religiöse Kunst, Ausstellungskatalog Religiöse Kunst aus Hessen und Nassau. Kritischer Gesamtkatalog der Ausstellung Marburg 1928 (Hrsg. H. Deckert, R. Freyhan, K. Steinbart), Marburg 1932.

Remnant, G. L. Remnant, A Catalogue of Misericords in Great Britain, Oxford 1969.

Rhein und Maas, Ausstellungskatalog Rhein und Maas. Kunst und Kultur 800–1400, Bd. I, Köln 1972, Bd. II (Ergebnisband), Köln 1973.

Rode, Veränderungen, H. Rode, Zu den Veränderungen der westlichen Teile des Chorgestühls im Barock und im 19. Jahrhundert. In: Kölner Domblatt 6/7, 1952, S. 141–143.

Rode, Chorschrankenmalereien, H. Rode, Die Chorschrankenmalereien des Kölner Domes als Abbild des Sacrum Imperium. In: Kölner Domblatt 6/7, 1952, S. 20–38.

Rode, Wiederherstellung, H. Rode, Zur Wiederherstellung der Ausstattung des Domes. In: Kölner Domblatt 6/7, 1952, S. 143 f.

Rode, Clemens August, H. Rode, Erzbischof Clemens August I. und der Kölner Dom. Zum 200. Todestag am 6. Februar 1961. In: Kölner Domblatt 20, 1961/62, S. 15–26.

Rode, Rhein und Maas II, H. Rode, Plastik des Kölner Doms in der zweiten Hälfte des 13. Jahrhunderts. Das Hochstaden-Grabmal und die Chorpfeilerskulpturen. In: Rhein und Maas Bd. II, S. 429–444.

Rode, Glasmalereien, H. Rode, Die mittelalterlichen Glasmalereien des Kölner Domes (Corpus Vitrearum Medii Aevi. Hrsg. Deutscher Verein für Kunstwissenschaft, Bd. IV, 1), Berlin 1974.

Rode, Konrad von Hochstaden, H. Rode, Zur Grablege und zum Grabmal des Erzbischofs Konrad von Hochstaden. Eine Entgegnung. In: Kölner Domblatt 44/45, 1979/80, S. 203–222.

Rosenau, H. Rosenau, Der Kölner Dom. Seine Baugeschichte und historische Stellung, Köln 1931.

Roussel, J. Roussel, Catalogue Général du Musée de Sculpture comparée au Palais du Trocadéro, 3 Bde, Paris 1926.

Rowland, B. Rowland, Animals with Human Faces. A Guide to Animal Symbolism, University of Tennessee 1973.

Saint Louis, Ausstellungskatalog Saint Louis à la Sainte Chapelle, Paris 1960.

Salet, S. Salet, La sculpture à Paris sous Philippe le Bel. In: Document archéologia 3, 1973, S. 45–52.

Sauer, Symbolik, J. Sauer, Symbolik des Kirchengebäudes und seiner Ausstattung in der Auffassung des Mittelalters, Freiburg 1902.

Sauerländer, W. Sauerländer, Gotische Skulptur in Frankreich 1140–1270, München 1970.

Sauerländer, Sens, W. Sauerländer, Von Sens bis Straßburg, Berlin 1966.

Sauerländer, Cathédrales, W. Sauerländer, Rezension der Ausstellung Cathédrales. In: Kunstchronik 15, 1962, S. 230 ff.

Sauerländer, PKG, W. Sauerländer, Französische Plastik. In: Propyläen Kunstgeschichte, Das Mittelalter II (Hrsg. O. v. Simson), Berlin 1972, S. 102–124.

Schade, H. Schade, Dämonen und Monstren, Regensburg 1962.

Schaefer, C. Schaefer, La sculpture en Ronde-Bosse au XIVe siècle dans le Duché de Bourgogne, Paris 1954.

Scheuber, J. Scheuber, Die mittelalterlichen Chorstühle in der Schweiz, Straßburg 1910.

Schiller, G. Schiller, Ikonographie der christlichen Kunst, 5 Bde, 1966–1980.

Schlosser, J. v. Schlosser, Quellenbuch zur Kunstgeschichte des abendländischen Mittelalters, Nachdruck Hildesheim, New York 1975.

Schmidt, H. Schmidt, Die Darstellung der stehenden Muttergottes in der deutschen Skulptur des 13. und 14. Jahrhunderts, Phil. Diss. München 1939.

Schmitt, O. Schmitt, Gotische Skulpturen des Straßburger Münsters, 2 Bde, Frankfurt a. M. 1924.

Schmitz, Ennen, F. Schmitz, L. Ennen, Der Dom zu Coeln, seine Construction und Ausstattung, Köln, Neuß 1875.

Schmitz-Ehmke, R. Schmitz-Ehmke (Hrsg.), Handbuch der Deutschen Kunstdenkmäler, Nordrhein-Westfalen I. Rheinland, Darmstadt 1967 (Dehio).

Schmoll, Neue Ausblicke, J. A. Schmoll gen. Eisenwerth, Neue Ausblicke zur hochgotischen Skulptur Lothringens und der Champagne (1290–1350). In: Aachener Kunstblätter 30, 1965, S. 49–99.

Schmoll, Morhange, J. A. Schmoll, Die Madonna von Morhange (Mörchingen). Ein unbeachtetes lothringisches Meisterwerk des frühen 14. Jahrhunderts. In: Annales Universitatis Saraviensis, Philosophie V-3/4-1956, S. 276–280.

Schmoll, Vergaville, J. A. Schmoll, St. Eustasius in Vergaville (Widersdorf). Ein unbeachtetes Meisterwerk hochgotischer Skulptur in Lothringen. In: Pantheon XVIII, 1960, S. 172–178.

Schmoll, Madonnenstatuetten, J. A. Schmoll, Lothringische Madonnenstatuetten des 14. Jahrhunderts. In: Festschrift F. Gerke, Baden-Baden 1962, S. 119–148.

Schmoll, Rheinlande, J. A. Schmoll, Lothringen und die Rheinlande. In: Rheinische Vierteljahrsblätter 33, 1969, S. 60–77.

Schneider, F. Schneider, Der Dom zu Köln, Köln 1862(?).

Schramm, P. E. Schramm, Der König von Frankreich, Darmstadt 1960.

Schürenberg, L. Schürenberg, Die kirchliche Baukunst in Frankreich zwischen 1270 und 1380, Berlin 1931.

Schulte, A. Schulte, Deutsche Könige, Kaiser, Päpste als Kanoniker in deutschen und römischen Kirchen. In: Historisches Jahrbuch der Görresgesellschaft 54, 1934, S. 161 ff.

Sedlmayr, H. Sedlmayr, Die Entstehung der Kathedrale, Zürich 1950.

Seidler, Wolff, M. Seidler, A. Wolff, Der Kölner Domchor und seine Ausstattung zur Zeit des Kölnischen Krieges. In: Verschwundenes Inventarium. Der Skulpturenfund im Kölner Domchor, Köln 1984, S. 79–82.

Sheridan, Ross, R. Sheridan, A. Ross, Gargoyles and grotesques. Paganism in the medieval church, Boston 1975.

Sommers, G. R. Sommers, Royal Tombs at St. Denis in the Reign of St. Louis, Phil. Diss. Columbia University 1966.

Stange, A. Stange, Bernhard von Tieschowitz, Das Chorgestühl des Kölner Domes. In: Kritische Berichte 3/4, 1930–1932, S. 122 ff.

Stehkämper, H. Stehkämper, Die Kölner Erzbischöfe und das Domkapitel zwischen Grundsteinlegung und Chorweihe des gotischen Domes (1248–1322). In: Kölner Domblatt 44/45, 1979/80, S. 11–34.

Stelzmann, A. Stelzmann, Kaiser und Papst als Kanoniker am Kölner Dom. In: Kölner Domblatt 8/9, 1954, S. 131 ff.

Suckale, Madonnenstatuen, R. Suckale, Studien zu Stilbildung und Stilwandel der Madonnenstatuen der Ile-de-France zwischen 1230 und 1300, Phil. Diss. München 1971.

Suckale, Domchorstatuen, R. Suckale, Die Kölner Domchorstatuen. Kölner und Pariser Skulptur in der 2. Hälfte des 13. Jahrhunderts. In: Kölner Domblatt 44/45, 1979/1980, S. 223–254.

Tieschowitz, B. v. Tieschowitz, Das Chorgestühl des Kölner Domes, Berlin 1930.

Tieschowitz, Chorgestühl, B. v. Tieschowitz, Das Chorgestühl des Kölner Domes (Der Kunstbrief), Berlin 1948.

Transformations of the Court Style, Ausstellungskatalog Transformations of the Court Style. Gothic Art in Europe 1270–1330, Providence, Rhode Island 1977.

Trier, E. Trier, Die Propheten des Kölner Rathauses, Phil. Diss. Bonn 1952.

Tuve, R. Tuve, Allegorical Imagery, Princeton 1966.

Uhlworm, J. Uhlworm, Beziehungen zwischen Chorgestühl und Orgelprospekt in England, Berlin 1973.

Urban, M. Urban, Artikel „Chorgestühl". In: Reallexikon zur Deutschen Kunstgeschichte Bd. III, Stuttgart 1954, Sp. 514–537.

Verbeek, A. Verbeek, Zur Vollendung des Dominnern im Jahre 1863. In: Kölner Domblatt 21/22, 1963, S. 95–104.

Verschwundenes Inventarium, Ausstellungskatalog Verschwundenes Inventarium. Der Skulpturenfund im Kölner Domchor, Köln 1984.

Viollet-le-Duc, E. Viollet-le-Duc, Dictionnaire raisonné de l'architecture, Bd. I–X, Paris 1867 ff.

Vitry, Brière, P. Vitry, G. Brière, Documents sur la Sculpture française au moyen âge, Paris 1904.

Vitry, P. Vitry, Gotische Plastik Frankreichs 1226–1270, Florenz, München 1929.

Vitry, Brière, St. Denis, P. Vitry, G. Brière, L'Eglise abbatiale de St. Denis et ses tombeaux, Paris 1925.

Vogelsang, W. Vogelsang, Veetien D'Euwsche Beeldhouwers in Utrecht en Keulen. In: De Kunst der Nederlanden 1, 1930/31, S. 456–463.

Vogts, Rathaus, H. Vogts, Das Rathaus zu Köln, Deutsche Kunstführer an Rhein und Mosel 8, Augsburg 1928.

Vogts, H. Vogts, Köln im Spiegel seiner Kunst, Köln 1950.

Vogts, Patriziergeschlechter, H. Vogts, Die Kölner Patriziergeschlechter des Mittelalters als Bauherren und Förderer der Kunst. In: Annalen des Historischen Vereins für den Niederrhein 155/156, 1954, S. 501–525.

Volkelt, Lothringische Plastik, P. Volkelt, Zum Stand der Forschung über die lothringische Plastik im 14. Jahrhundert. Beiträge zur mittelalterlichen Plastik in Lothringen und am Oberrhein, 1. Folge, Beitrag II. In: Annales Universitatis Saraviensis, Philosophie V-3/4-1956, S. 281–290.

Wachsmann, U. Wachsmann, Die Chorschrankenmalereien im Kölner Dom. Untersuchungen zur Ikonologie, 2 Bde, Phil. Diss. Bonn 1985.

Walter, E. Walter, Die Ehrenseite im Kölner Dom. In: Kölner Domblatt 8/9, 1954, S. 92 ff.

Wehnert-Tosetti, M. Wehnert-Tosetti, Die Darstellung der stehenden Muttergottes in der kölnisch-niederrheinischen Plastik von etwa 1300 bis 1380, Phil. Diss. Köln 1944.

Weigert, H. Weigert, Die Stilstufen der deutschen Plastik von 1250–1350. In: Marburger Jahrbuch für Kunstwissenschaft 3, 1927, S. 147–271.

Weise, Mittelalterliche Bildwerke, G. Weise, Mittelalterliche Bildwerke des Kaiser-Friedrich-Museums und ihre nächsten Verwandten, Reutlingen 1924.

Weismann, W. Weismann, Kirche und Schauspiele, Würzburg 1972.

Weltkunst, Ausstellungskatalog Weltkunst aus Privatbesitz, Köln 1968.

Weyres, Prasser, W. Weyres, Der reiche Prasser und der arme Lazarus am Chorgestühl des Kölner Doms. In: Kölner Domblatt 41, 1976, S. 237–239.

Weyres, Apostel, W. Weyres, Die Apostel im Kölner Dom. In: Kölner Domblatt 6/7, 1952, S. 11–19.

Weyres, Aristoteles, W. Weyres, Die Zähmung des Aristoteles durch Phyllis im Chorgestühl des Kölner Doms. In: Kölner Domblatt 38/39, 1974, S. 157–160.

Weyres, Mönchsdarstellungen, W. Weyres, Empirie und Intuition. Bemerkungen zu zwei Mönchsdarstellungen am Chorgestühl des Kölner Domes. In: Kölner Domblatt 40, 1975, S. 213–216.

Wißgott, N. Wißgott, Die Drolerie in europäischen Handschriften vom Ende des 13. Jahrhunderts bis zum Beginn des 16. Jahrhunderts, Phil. Diss. Wien 1933.

Witsen Elias, J. S. Witsen Elias, De nederlandse Koorbanken tijdens Gothiek en Renaissance, Amsterdam 1937.

Witte, Parallelen, F. Witte, Parallelen zwischen der französischen und niederrheinischen gotischen Plastik. In: Zeitschrift für christliche Kunst XXIV, 1911, Sp. 65 ff.

Witte, Slg. Schnütgen, F. Witte, Die Skulpturen der Sammlung Schnütgen in Köln, Berlin MCMXII.

Witte, Tausend Jahre, F. Witte, Tausend Jahre deutscher Kunst am Rhein (Jahrtausendausstellung Köln), Bd. I Textband, II–IV Bildbände, Berlin 1932.

Wolff, Nachwort, A. Wolff, Nachwort zu E. Hollstein, Jahresringchronologien aus dem Chorgestühl im Kölner Dom. In: Kölner Domblatt 26/27, 1967, S. 63 f.

Wolff, Chronologie, A. Wolff, Die Chronologie der ersten Bauzeit des Kölner Domes 1248–1277. In: Kölner Domblatt 28/29, 1968, S. 7–229.

Wolff, Mittelalterliche Planzeichnungen, A. Wolff, Mittelalterliche Planzeichnungen für das Langhaus des Kölner Doms. In: Kölner Domblatt 30, 1969, S. 137–178.

Wolff, Dom, A. Wolff, Der Kölner Dom, Stuttgart 1974.

Wolff, Skulpturenfragmente, A. Wolff, Die Auffindung der Skulpturenfragmente unter dem Hochchor des Kölner Domes 1966/1967. In: Verschwundenes Inventarium. Der Skulpturenfund im Kölner Domchor, Köln 1984, S. 7 f.

Wortmann, R. Wortmann, Der Westbau des Straßburger Münsters von 1275–1318, Phil. Diss. Freiburg i. Br. 1957.

Wyss, R. L. Wyss, Die neun Helden. In: Zeitschrift für Schweizerische Archäologie und Kunstgeschichte 17, Heft 2, 1957, S. 73 ff.

Zimmermann-Deissler, E. Zimmermann-Deissler, Das Erdgeschoß des Südturms vom Kölner Dom. In: Kölner Domblatt 14/15, 1958, S. 61–96.

Abkürzungen

DBA	Dombauarchiv
DBV	Dombauverwaltung
FM	Foto Marburg
Fs.	Festschrift
HAStK	Historisches Archiv der Stadt Köln
KDBl.	Kölner Domblatt
KD RHP	Die Kunstdenkmäler der Rheinprovinz
LCI	Lexikon der Christlichen Ikonographie
MA	Mittelalter
ma	mittelalterlich
MGH	Monumenta Germaniae Historica
Ms.	Manuskript
PKG	Propyläen Kunstgeschichte
RAC	Revue de l'Art Crétien
RBA	Rheinisches Bildarchiv Köln
RDK	Reallexikon der Deutschen Kunstgeschichte
WRJb.	Wallraf-Richartz-Jahrbuch

Hinweise zu den Marginalien:

F	Farbtafeln in Band 1
S	Schemazeichnungen in Band 2
T	Textabbildungen in Band 1

Die Zahlen ohne Buchstaben beziehen sich auf die Abbildungen in Band 2

Nachweis der Abbildungen

Textabbildungen (T) Rheinisches Bildarchiv, Köln: 2–4, 6, 9, 11, 13–15, 18–21, 23, 26–29, 34, 37–40, 42–48, 52–54, 56–58
W. Sander, Aachen: 5, 7, 16, 24, 25, 30–33, 35, 36, 41, 49, 59
Bildarchiv Foto Marburg: 50, 55
Westfälisches Amt für Denkmalpflege, Münster: 51
Dombauarchiv, Köln: 1, 10 (Mappe VI, Nr. 6)
Aus R. Hahnloser, Villard de Honnecourt, Wien 1935, Taf. 37: 8
Aus A. Wolff, Boisserée, Anhang, Taf. 19: 12
Aus Schmitz, Lfg. 18: 17 (Bl. 4, Fig. 5) 22 (Bl. 6, Fig. 4) 22

Farbtafeln (F) W. Sander, Aachen: 2–16
H. Buchen, Rheinisches Bildarchiv, Köln: 1

Ortsregister

Aachen, Dom, Barbarossaleuchter 86
– – Sitzmadonna 141, 155
– – Domschatz, Kaiserfigur 52, 58
– Suermondt-Museum 54
Aachen-Kornelimünster, Chorgestühl 59, 64
Aarschot 62
Albi 65
Altenberg 59, 62, 64
Amiens, Kathedrale, Chorgestühl 60
– – Südquerhausportal 75
– – Westfassade 80
Antwerpen 170, 178
Ascoli Piceno 179
Assisi 179
Auxerre, Kathedrale, Chorgestühl 60
– – Nordrose 69
– – Westportale 79–81, 157
– St. Germain 84

Barsham (Suffolk) 74
Basel 62
Bayeux 75
Beaupré 152
Berlin 195 f.
Bern 62, 63
Bielefeld, Neustädter Marienkirche, Doppelgrab
– – 81, 112 ff., 141 ff., 148 f., 152, 156 f., 194
– – Lettner 150
Bologna 173, 179
Bonn, Rheinisches Landesmuseum 132
– Stiftskirche 195
Bordeaux 58
Breslau 157
Brügge 62
Brüssel 91, 109

Caldern 112 f., 156
Canterbury, Kathedrale 80
– Kapitelbibliothek 85
Cappenberg, St. Johannes, Kopf Friedrichs I. 52
– – Doppelgrab 112 ff., 141, 142, 144 f., 150, 194
– – Sitzmadonna 113, 141, 142, 144, 150 f., 156
Celles-les-Dinant 62, 65
Chartres 82, 97, 151, 158
Chichester 60–62
Chielleux 152
Citeaux 158
Couilly 179
Coutance 69

Dax 60
Diest 62
(Erftstadt-) Dirmerzheim 195 f.
Durham 84

Ecouis 173 f., 179
Ely 60
Exeter, Kathedrale, Chorgestühl 60, 62
– – Nordquerhausfenster 74, 84
– – Chor 84

Floreffe 112
Florenz 80, 90, 109, 173
Freiburg im Breisgau 83
Fribourg (Schweiz) 62

Gloucester 60

Hastières 62, 65
Hesdin 169
Hereford 83
Herford 84
Hoogstraten 62

Josaphat 158

Kairo 85
Kappel (Schweiz) 62
Kleve 144 f., 151, 156
Köln, Alter Dom 14
– Dom, Gotischer Chor 14, 83, 108, 116, 183, 196
– – Sakristei 25, 26
– – Kapitelsaal 25, 26
– – Westwand 14, 17, 22, 36, 42, 47, 48
– – Fassadenriß F 75, 77, 85, 184, 188, 196
– – Orgelbühne 42, 47, 48, 56
– – Petersportal 72, 84, 196
– – Triforium 77
– – Chorschranken 14–16, 18, 24, 27, 31, 35, 36, 42, 48, 51, 54 f., 56, 58, 85, 108, 132, 188
– – Chorkapellenschranken 78
– – Choreingangsportale 16, 26, 58, 132 f.
– – Obergadenfenster 17, 72, 77, 80
– – Chorkapellenfenster 18, 75, 80, 81
– – Dreikönigenschrein 18, 19, 48
– – Dreikönigenmausoleum 18, 23
– – Chorgitter 14, 16, 26, 50
– – Celebrantenstuhl (Dreisitz) 15, 36, 132 f.
– – Sakramentshaus 15, 36
– – Lesebühne 16, 26, 36, 58, 132 f.
– – Hochaltar 15, 21, 36, 37, 55, 111 ff., 132 f., 136 ff., 145, 154 f., 166 f., 176, 184, 187, 191 f., 193 f.

214

– – Silberne Apostelfiguren   15
– – Silvester-Reliquiar   15
– – Sitzmadonna   15
– – Altarleuchter   15
– – Kathedra   15
– – Chorpfeilerfiguren   17, 19, 21, 42 f., 111, 114, 116, 118, 131 ff., 140, 146, 155, 194
– – Mailänder Madonna   18
– – Gerokreuz   18, 23
– – Arkadenengel   17, 22
– – Grab des Konrad von Hochstaden   19, 83, 86, 114, 131
– – Grab des Rainald von Dassel   18
– – Grab des Philipp von Heinsberg   187
– – Grab des Wilhelm von Gennep   17, 48
– – Klarenaltar   195 ff.
– – Schlußstein   17, 22
– St. Aposteln, Apostelfiguren   54
– – Chorgestühl   59
– St. Gereon, Chorgestühl   34, 35, 59, 62, 64
– St. Kunibert   14
– St. Pantaleon, Maurinusschrein   80
– St. Severin, Chorgestühl   59
– St. Ursula   114, 141, 155
– Rathaus   155, 183 ff., 188 f., 195
– Schnütgen-Museum   114, 132, 141 f., 146, 155, 184, 187, 195 f.
– Diözesanbibliothek   82, 86
– Dreikönigenpförtchen   114, 141 f., 155, 184, 187
– Sammlung Neuerburg   141, 154
Konstanz   63

La-Chaise-Dieu   35, 51, 54, 60
Lisieux   54
La-Chaize-le-Vicomte   110
Laon, Kathedrale   72, 75
– St. Martin   85
Lausanne   61
Le Mans   60
Lemgo   84
Lévis-St.-Nom   158
Limoges   83
Lincoln, Kathedrale, Chorgestühl   60
– – Westfassade   84
London, St. Etheldreda-Kapelle   75
– British Museum   91
Luceney-l'Evêque   158
Ludwigshafen   141, 148
Lüttich, Ste. Croix   62, 112
– St. Jacques   62
Lyon, Museum   80
– Kathedrale   80, 90, 108

Maastricht   86
Magdenau (Maigrauge)   62
Mainneville   172, 178
Mantes   174, 191

Marburg, Elisabethkirche, Einzelgrab   81, – – 112 ff., 141 ff., 152, 156 f., 194
– – Lettner   82, 113, 141, 143, 148, 155 f.
– – Doppelgrab   112 ff., 141 ff., 152, 156, 194
Marienstatt, Chorgestühl   35, 51, 59
– Hochaltar   54, 195
Marsal (Lothringen)   81, 141
Meaux   69, 132
Minden   84
München   195 f.
(Bad) Münstereifel   144, 151

Nivelles   86, 112, 157
Norwich   60
Noyon   80

Osnabrück   98
Oberwesel, Hochaltar   54, 84
– Chorgestühl   59
Oxford   85

Palaiseau (Yvelines)   179
Palermo   51
Pamplona   87
Paris, Louvre   169 f., 178
– Musée de Cluny   177 f.
– Sainte Chapelle   14, 80, 82, 131, 154, 173, 175
– Königspalast   169, 172, 175
– Notre-Dame, Chorgestühl   60, 64, 175, 179
– – Chorschranken   60, 83, 112, 172, 178, 190
– – Lettner   60
– – Südquerhaus   78, 80, 112, 153, 173
– – Porte Rouge   80
– – Strebepfeilerreliefs   80, 83, 169, 191
– – Nordquerhaus   80, 81, 84, 112, 154, 173
– – Westportale   82
– – Gräber   157
– St. Jacques   63, 169, 191
– Bibliothèque Nationale   80, 86
– Handwerker   63
Petit-Andeli   174
Plailly (Oise)   81
Pöhlde   67
Poissy   168 ff., 177 f., 190
Pontoy   141
Poitiers   35, 59, 61, 64
Prag, Veitsdom, Chorgestühl   62
– – Südportal   83

Redon (Ile et Vilaine)   75, 85
Reims   79, 112
Rodez   51
Rouen, Kathedrale, Chorgestühl   60
– – Südrose   72
– – Portail des Libraires   80–82, 90–92, 106, 108, 112, 132, 169 f., 174, 177 f., 179, 190
– – Portail de la Calende   80, 169, 174 f., 191
– – Gräber   157

215

Royaucourt 75
Royaumont 157 f.

Salem 75
Samarra 85
St. Denis, Kathedrale, Chorgestühl 60
– – Westportale 82
– – Gräber 158, 173
St.-Germain-des-Prés 158
St.-Germer-de-Fly 154, 173
St.-Hilaire-la-Croix 110
St. Loup-de-Naud 179
St. Omer 132
St. Sulpice de Favières 173, 179
St.-Thibault 152, 158
Schwäbisch Gmünd 83
Sées 69
Sens 90, 109
Sittard 62
Soissons 60
Southwell 83
Stavelot 86
Straßburg, Münster 72
– – Westfassade 80, 112
– – Riß B 75, 84
– – Westportale 82
– – Katharinenkapelle 84
– – Turmfriese 90, 91, 108, 112
– Dominikanerkirche 84

Toul 58, 59
Toulouse 60
Troisdorf 178
Troyes 75, 85

Utrecht 112

Verviers 195 f.

Walcourt 62
Wassenberg 59, 62, 64
Weeze 195
Wells, Kathedrale, Chorgestühl 60
– – Lady Chapel, Maßwerk 72
– – Nordwestturm 84
– Bischofspalast 84
Wienhausen 58
Winchester, Kathedrale, Chorgestühl 35, 60, 62, 65
– – Nordquerhaus 84
Worcester, Kathedrale, Chorgestühl 60
– – Kapitelhaus 84

Xanten, Dom, Chorgestühl 34, 48, 59
– – Chorpfeilerfiguren 141, 151, 155, 187 f.

York, Kathedrale, Obergadenfenster 74

Zaltbommel 62
Zürich 110